高等职业教育财经类专业群 **智慧财经** 系列教材

高等职业教育财务会计类专业 **“岗课赛证”** 融通教材

iCVE 智慧职教 高等职业教育在线开放课程新形态一体化教材

智慧化
税费申报与管理

冯秀娟　李　辉　主编

吴凤霞　郝万丽　朱红云　副主编

- 大数据与会计
- 大数据与财务管理
- 大数据与审计
- 会计信息管理
- 财税大数据应用

中国教育出版传媒集团

高等教育出版社·北京

内容提要

本书是高等职业教育财经类专业群智慧财经系列教材之一，是《职业教育专业目录（2021年）》《职业教育专业简介（2022年修订）》中财务会计类专业核心课程"智慧化税费申报与管理"的配套教材。

本书以截至2024年1月的最新税法及纳税申报表为依据进行编写，依托国家税务总局"金税四期"智慧税务平台上真实的工作场景，涵盖了最新的增值税、消费税及附加税费整合申报，企业所得税、个人所得税的预缴申报及年度汇算清缴申报，通过中国国际贸易单一窗口进行的关税申报，其他税费的简并申报等内容，同时包含了在"金税四期"智慧税务征管背景下各税种常见的涉税风险点，并给出了企业涉税风险管理的建议。全书共七个项目，每个项目下分若干个任务，通过工作任务引领企业办税业务活动，训练学生在"金税四期"智慧税务工作场景中，应用电子税务局完成税费申报工作的能力，并能够关注相关涉税风险点，进行有效的税务风险防控。为推动理论与实践相结合的一体化教学，本书配套开发了教学课件、微课视频工作任务练习等数字化教学资源，具体获取方式参见书后"郑重声明"页的资源服务提示。

本书适用于高等职业教育专科、本科院校财经商贸大类相关专业"智慧化税费申报与管理""税费计算与申报""税法基础"等课程教学，也可以作为企业财税工作人员、税务征收机关工作人员的工作参考资料。

图书在版编目（CIP）数据

智慧化税费申报与管理 / 冯秀娟，李辉主编. -- 北京 : 高等教育出版社，2024.2
ISBN 978-7-04-061435-0

Ⅰ. ①智… Ⅱ. ①冯… ②李… Ⅲ. ①税费－计算－高等职业教育－教材②纳税－税收管理－中国－高等职业教育－教材③税收筹划－中国－高等职业教育－教材
Ⅳ. ①F810.423②F812.423

中国国家版本馆CIP数据核字(2023)第239880号

智慧化税费申报与管理
ZHIHUIHUA SHUIFEI SHENBAO YU GUANLI

策划编辑 马 一 张雅楠　　责任编辑 张雅楠　　封面设计 李树龙　　版式设计 马 云
责任绘图 李沛蓉　　责任校对 马鑫蕊　　责任印制 高 峰

出版发行	高等教育出版社	咨询电话	400-810-0598
社　　址	北京市西城区德外大街4号	网　　址	http://www.hep.edu.cn
邮政编码	100120		http://www.hep.com.cn
印　　刷	廊坊十环印刷有限公司	网上订购	http://www.hepmall.com.cn
开　　本	889mm×1194mm 1/16		http://www.hepmall.com
印　　张	18.75		http://www.hepmall.cn
字　　数	510千字	版　　次	2024年2月第1版
插　　页	2	印　　次	2024年2月第1次印刷
购书热线	010-58581118	定　　价	49.80元

本书如有缺页、倒页、脱页等质量问题，请到所购图书销售部门联系调换

物 料 号　61435-00

前　言

为全面贯彻《中华人民共和国职业教育法》，加快推进《职业教育专业目录（2021年）》《职业教育专业简介（2022年修订）》的实施，满足全国各地高等职业院校财务会计类和财政税务类专业实施新版人才培养方案的教学急需，中国职业技术教育学会智慧财经专业委员会组织全国高职院校和行业企业百余名专家，依据有关专业基础课和专业核心课的教学改革新要求，编写了本套高等职业教育财经类专业群智慧财经系列教材。本书是该系列教材之一，是按照财务会计类专业核心课程“智慧化税费申报与管理”的教学需求而编写的通用教材。

大数据、云计算等新一代数字技术赋能企业财务工作后，对财税人员的数字化工作能力和财务综合素养提出了更高的要求。本书立足于数字化工作场景下企业纳税申报相关岗位的典型工作任务，从知识、能力和素养三个维度培养新型财务人员数字化税务管理的职业素养。本书呈现五个方面的特色及亮点：

一、有机融入党的二十大精神，落实立德树人根本任务

本书以习近平新时代中国特色社会主义思想为指导，有机融入党的二十大精神，将我国税收法律体系建设与党的二十大报告中提出的“建设现代化产业体系”“全面推进乡村振兴”“推进高水平对外开放”“增进民生福祉，提高人民生活品质”等国家战略结合起来，通过学习税法知识，深刻理解各税种在国家宏观调控中的地位和作用。本书设有“税收与新发展格局”栏目，将立德树人根本任务融入学生的素养培养；通过完成智慧化税费申报等技能练习，培养学生精益求精的专业精神、职业精神、工匠精神；通过学习“金税四期”税务风险管理，了解以数治税的国家税收治理体系，提升学生全面业财融合的能力，增强风险防控的意识。

二、契合新目录、新专标，培育数字化时代的新型财税人才

教育部发布的《职业教育专业目录（2021年）》将财务会计类专业名称前冠以“大数据与”，《职业教育专业简介（2022年修订）》将财务会计类专业的核心课程“纳税实务”调整为“智慧化税费申报与管理”，要求财务人员不仅能够熟练使用电子税务局等平台完成企业的发票管理、纳税申报等工作，而且需要了解“金税四期”以数治税的智慧税收征管体系，全过程、全覆盖的税务稽查，也要求纳税人做好全面的税务风险防范与管理。本书紧密契合新目录、新专标的要求编写，全面融入了智慧税务的相关数字化工作场景，包括应用电子税务局、电子发票服务平台、税务数字账户等完成增值税、消费税、企业所得税、个人所得税等税种的纳税申报工作，并培养全局管理、税务风险管理等职业能力。

三、编排创新，突出理论和实践相统一

本书内容编排的创新主要体现在两个方面：一是以各税种的纳税申报表填写逻辑为主线，进行内容编排，例如增值税按照一般纳税人和小规模纳税人的不同申报要求进行编写，企业所得税按照月（季）度预缴申报和年度汇算清缴申报进行分类编写，培养智慧化税费申报应用能力；二是将税务风险管理融入教材，使学生能够站在企业经营视角看税务管理中的风险，实现在智慧税务征管背景下，提升企业纳税遵从的能力。

同时，本书全面对接国际先进职业教育理念，突出理论和实践相统一，强调实践性。本书以真实

项目、典型工作任务为导向，进行教学单元设计，以一案解析的方式开展针对增值税、消费税、企业所得税、个人所得税等税种进行纳税申报的实操训练，便于学生将税法知识与纳税申报工作实践有机结合起来，同时讲解在“金税四期”数字化税收治理的背景下，各税种的涉税风险防控，使学生具备能够准确识别、分析并进行有效税务管理的能力。

四、校企“双元”合作开发，“岗课赛证”融通

本书的编写得到了财务数智化领域头部企业的大力支持，全面融入智慧税务相关岗位的新标准、新规范、新应用等，综合1+X证书中关于智慧化税费申报与管理的职业技能要求，并结合会计实务、业财税融合大数据应用职业技能大赛内容，在教材内容的选取和编排上实现“岗课赛证”融通。

五、配备丰富数字资源，实现线上线下融合互动

本书充分利用数字资源拓展学生线上线下学习空间，将相关的税收法规、申报表的填写说明、任务完成提示等数字化学习资源通过二维码的形式来呈现，提供全方位、立体化的学习资源。同时本书将配套建设在线精品课程，实现线上与线下、知识与技能、行为与素养有机融合的沉浸式学习模式。

本书由北京经济管理职业学院冯秀娟教授担任第一主编，负责内容规划、项目一、项目四、项目六的撰写，以及全书统稿与总纂定稿；苏州信息职业技术学院李辉教授担任第二主编，负责项目三编写；北京经济管理职业学院的吴凤霞、郝万丽、朱红云担任副主编，分别负责项目二、项目五、项目七的编写；北京商贸学校张丽娟参与项目一编写；中联集团教育科技有限公司刘春梅参与本书案例设计等工作。在本书编写过程中得到了中联企业管理集团、百望股份有限公司、北京华微互联科技有限公司等单位的大力支持，在此表示诚挚的感谢。

由于编者水平有限，书中内容难免疏漏，敬请读者批评指正。

编者

2024年1月

目　录

项目一

电子税务局的应用

【素养目标】

1. 通过学习了解我国税务信息化的发展历程，树立坚定的制度自信。
2. 通过学习电子税务局的主要功能及应用，提升数字素养和财务工作能力。
3. 通过全面了解税务数字账户的功能，能够全局思考经营业务与企业税收结果的逻辑关系，提升综合防范财务风险、税务风险的能力。

【知识目标】

1. 了解电子税务局的概念。
2. 熟悉电子税务局的主要功能。
3. 掌握电子发票服务平台的主要功能。

【能力目标】

1. 能够在电子税务局上完成注册登录。
2. 能够使用电子发票服务平台开具发票。
3. 能够使用税务数字账户完成抵扣类发票勾选。

思维导图

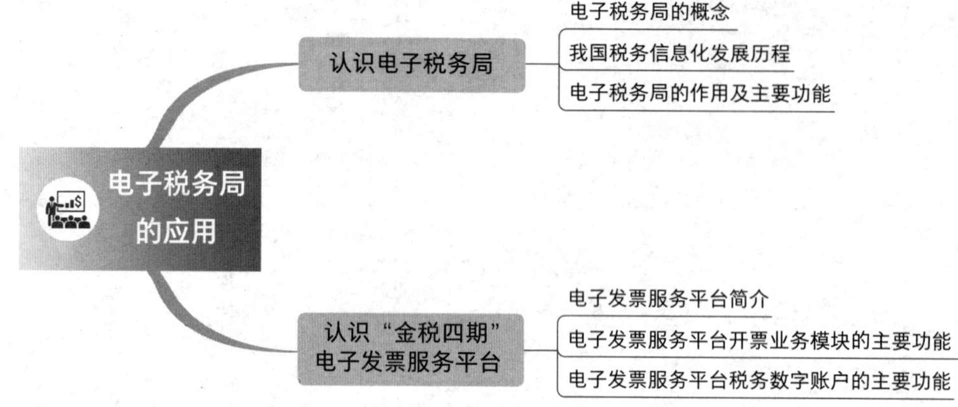

任务一　认识电子税务局

任务描述

天津佳佳乐商贸有限责任公司是一家已取得工商营业执照，设立银行账户，公司章、发票专用章刻制完成的新开办纳税人，企业基本信息如下：

公司名称：天津佳佳乐商贸有限责任公司；

地址：天津市和平区佳发路甲88号；

统一社会信用代码：121890367433458378；

法人代表：马强；

手机号：18834567890；

法人身份证号码：120101123456789011。

任务要求：根据企业基本信息完成电子税务局注册登录。

知识准备

一、电子税务局的概念

电子税务局是依托现代信息技术建设的综合性税务管理平台，以互联网为依托，开展办税服务、发票服务等工作，同时拓展了信息服务、智能应用等业务场景，是互联网的创新成果与税收工作深度融合的成果，为实现税收现代化、服务国家治理提供重要的保障。

广义上的电子税务局包括税务端和纳税人端两个部分。对内的税务端包含税务人员使用的各类行政办公系统、业务审批、业务办理等系统，税务人员通过电子化办公系统处理税收征管、税务风险防控、发票管理、绩效考评、人事管理等各类税务机关内部业务；对外的纳税人端是依托信息技术，在网络平台能够方便、快捷办理各项涉税业务的电子税务平台，是税务机关提供纳税服务的一种新模式。纳税人端通过提供税务办理、信息查询、政策宣传、公众服务、互动中心等涉税事项实现电子化纳税服务。狭义上的电子税务局就是供纳税人使用的电子税务平台。

二、我国税务信息化发展历程

我国税务信息化发展的进程大致经历了起步期、发展期和完善期三个阶段，电子税务局是随着我国税务信息化发展的重要组成部分，电子税务局的功能也在随着数字技术发展，功能不断完善和优化。

（一）起步期（1982—1993年）

1982年湖北省税务局购进一台计算机，用于对部分税收会统报表进行处理，标志着我国进入税务信息化的起步阶段。1988年国家税务总局设立计算机管理处，统一组织税务系统的计算机应用工作，使用计算机编制会计报表，统计软件开始使用。到1989年年底，全国有29个省、自治区、直辖市税务局已将微机配备到县，税务人员计算机应用意识逐渐加强。1990年4月，国家税务总局召开了全国税务系统第一次计算机应用工作会议，首次提出实现税务工作管理现代化的总目标。1993年我国建立了基层税收征管部门具有税务登记、纳税申报、税款征收和发票管理监控等功能的集成系统。国家税务总局为加强应用系统的管理，制定了一系列制度规范。计算机应用开始在局域网条件下进行尝试，并逐步开展各类单项软件的开发、研制和应用，应用软件开发也呈现“百花齐放”的态势。

（二）发展期（1994—2014年）

1994年我国进行了较大规模的财税体制改革，为配合分税制和国地税机构分设的格局，国税系统开始建设金税工程，简称“金税一期”工程，将增值税的征管纳入电子管理模式。1995年《国家税务总局关于进一步加强税收科技工作的通知》发布，1996年国家税务总局公布实施《税收电子化工程“九五”时期发展规划》，1997年开发税收征管信息系统（CTAIS），税收信息化进入了快速发展期，基础征管的信息化基于城域网的环节初步实现，大量基于网络的应用，如CTAIS、各种征管软件、出口退税软件等开发实施。1998年启动“金税二期”工程建设，扩大全国征管软件应用，促进税收征管业务在广域网上应用。2000年12月，国家税务总局制定了“十五”时期税务管理信息化发展规划，提出建立依托信息技术和现代管理科学的现代化税收征管体系。2001年CTAIS改版，在山东、浙江、河南和深圳试点运行成功，2001年7月金税工程在全国国税税务系统联网运行成功。2005年9月，“金税三期”工程立项建设，2008年9月，国家发改委正式批准“金税三期”初步设计方案和中央投资概算，标志着“金税三期”工程正式启动，2013年在重庆、山东等国税局、地税局系统上线运行，标志着“金税三期”工程正式投入使用，“金税三期”工程搭建了“一个平台、两级处理、三个覆盖、四类系统”的现代化税收管理信息化系统。

（三）完善期（2015年至今）

2015年国家税务总局发布了关于印发《“互联网+税务”行动计划》的通知，提出把互联网的创新成果与税收工作深度融合，拓展信息化应用领域，推动效率提升和管理变革，实现税收现代化。该计划提出到2020年，形成线上线下融合、前台后台贯通、统一规范高效的电子税务局，为税收现代化奠定坚实基础，为服务国家治理提供重要保障的行动目标。“金税三期”不断优化发展，经历了集中版、优化版、并库版，依托网上办税平台，整合更多线下纳税服务功能，优化业务办理流程，建成了功能较为完善的电子税务局。2018年，国地税合并后，电子税务局对其功能进行进一步的优化，纳税服务更加贴合实际。2020年“金税四期”启动建设，“金税四期”重点围绕智慧税务建设，以发票电子化改革为突破口，以税收大数据为驱动，推动构建全量税费数据多维度、实时化归集、连接和聚合。在“金税三期”覆盖全税种的基础上，“金锐四期”覆盖到社保、文化事业建设费等非税业务也可以通过电子税务局申报缴纳。“金锐四期”实现了与银行对接，实现了对业务更全面的监控，同时搭建了各部委、人民银行以及商业银行等参与机构之间信息共享和核查的通道。“金税四期”主体功能有“数电票”“视频指挥台”“重大事项”“重要日程”四大项。2022年起天津等地先后对电子税务局登录认证相关功能进行了升级优化。

税收与新发展格局

“金税四期”智慧税务助力我国经济高质量发展

智慧税务就是充分运用大数据、云计算等数字技术，推进内外涉税数据汇聚联通、线上线下有机贯通，驱动税务执法、服务、监管制度创新和业务变革，逐步实现精确执法、精细服务、精准监管、精诚共治，提升纳税人税法遵从度和社会满意度，有效降低征纳成本，充分发挥税收在国家治理中的基础性、支柱性、保障性作用，为推动高质量发展提供有力支撑。

“金税四期”体现以下几方面优势：

一是实现精确执法和精准监管，通过税收数据智能归集和智效管理，实现税务执法过程可控、结果可评、违纪可查、责任可追。二是实现依法纳税和精细服务，通过税务数据智能归集和智敏监控，实现纳税人、缴费人税收风险自我监测、自我识别、自我应对、自我防范，推动税费服务从被动遵从到自动遵从。三是实现数字政府和税收共治，通过税务数据智能归集和智能展现，实现金融、海关、市场监管、公安、支付平台等其他涉税方数据共建、数据共享、数据协同、数据治理。

三、电子税务局的作用及主要功能

（一）电子税务局的作用

建成线上线下融合、前台后台贯通、统一规范高效的电子税务局是国家税务总局落实党中央、国务院推进“互联网＋”行动的战略部署，推进“互联网＋税务”行动计划的重要举措。电子税务局的作用体现在几个方面：

1. 优化纳税服务，提升纳税人满意度

电子税务局已经基本实现全天候、全覆盖，突破了时间、空间限制，纳税人能够通过互联网办理涉税事项，按照转变政府职能、建立服务型政府的总体目标实现纳税服务的优化升级。其有助于税务局在新形势下，为纳税人提供更加科学、高效、便捷的公共服务，满足人民的需求。

2. 深化“放管服”改革，规范税收执法的精确度

电子税务局对现有的税务组织结构、运行方式和流程环节进行重组和再造，简化办税事项，优化办税流程，推动机构扁平化，从纳税人需求出发，建立需求征集、需求分析、需求响应及结果应用等需求管理机制，在提升纳税服务质量的同时，增强税收执法的精确度。

3. 推动以数治税，加强税收风险管控

电子税务局是深化征管方式转变，推动以服务纳税人、缴费人为中心、以税收大数据为驱动力的智慧税务建设的重要依托，支持我国全面转向“以数治税”。电子税务局能够加强税收风险管控，实现

税收征管全过程监管，实现从经验执法向精确执法转变，从无差别服务向精细化、智能化、个性化服务转变，从“以票管税”向“以数治税”分类精准监管转变。

（二）电子税务局的主要功能

电子税务局主要包括我的信息、我要办税、我要查询、互动中心以及公众服务五个业务模块。

电子税务局的主要功能

（1）我的信息。该模块功能是维护纳税人自身基本信息和账户管理，包括纳税人信息、纳税人电子资料查阅和维护、用户管理和用户登录等具体功能。

（2）我要办税。该模块功能是向纳税人提供涉税事项的办理，包括纳税人综合信息报告、发票使用、各种税费申报与缴纳、税收减免、证明开具、退税办理、税务行政许可、核定办理、增值税抵扣凭证管理、税务代保管资金收取、预约定价安排谈签申请、纳税信用、涉税专业服务机构管理以及法律追责和行政救济事项等具体功能。“金税四期”上线后，电子税务局模块增加了开票业务、税务数字账户、特别纳税调整等功能。

（3）我要查询。该模块的功能是用于向纳税人提供状态查询，包括办税进度及结果信息、发票信息、申报信息、缴款信息、欠税信息、优惠信息、定额核定、违法违规、证明信息、涉税中介机构信息、纳税信用状态、电子资料等具体功能。

（4）互动中心。该模块的功能是提供税务机关与纳税人之间的信息互动。纳税人可获取税务机关推送及纳税人定制的各类消息，以及涉及风险、信用、待办事项提醒信息，并实现在线预约办税和征纳交互。其包括我的待办、我的提醒、预约办税、在线交互、办税评价、纳税人需求等具体功能。

（5）公众服务。该模块的功能用于向纳税人提供税务机关通知公告、咨询辅导以及公开信息查询等服务，无须注册登录即可直接使用，包括公告类，主要有政策法规通知公告、重大税收违法案件公告、信用级别A级纳税人公告、欠税公告、涉税专业服务机构信息公告；辅助办税类，主要有纳税人学堂、税收政策及解读、办税指南、操作规程、下载服务、热点问题、重点专题、办税地图、办税日历；公开信息查询类，主要有发票状态、重大税收违法案件查询、信用级别A级纳税人查询、欠税查询、证明信息查询、涉税专业服务机构信息查询等具体功能。

此外，电子税务局还提供部分一键办理入口，例如“我的待办”中可获取税务机关向纳税人主动推送的消息、通知、待办事项提醒等信息。“我要预约”中可预约线上线下办税事项。“通知公告”中可直接查询税务机关向纳税人和社会公众发布的涉税通知、重要提醒、公告等文件、资讯等信息。“个性服务”中可办理办税套餐等个性化办税事项、定制服务事项和创新服务事项。

（三）电子税务局的登录与认证

国家税务总局为保障纳税人和缴费人（简称“纳税人”）的数据安全，要求各地方对电子税务局登录认证相关功能进行升级优化，国家税务总局天津市税务局升级版于2022年12月25日上线运行。新版电子税务局为纳税人提供“企业业务”“自然人业务”和“代理业务”登录入口。以国家税务总局天津市电子税务局为例介绍不同业务入口的登录方法：

（1）“企业业务”入口登录：企业录入统一社会信用代码、居民身份证号码（或手机号码/用户名）、个人用户密码，将滑块拖动到最右边完成登录。“企业业务”登录界面见图1-1。

（2）“自然人业务”入口登录：自然人单击“自然人业务”下方的“用户注册”，通过校验身份信息、基本信息填写和人脸识别验证后，完成注册。注册后的自然人可通过“自然人业务”入口登录电子税务局。“自然人业务”登录界面见图1-2。

图 1-1 “企业业务”登录界面

图 1-2 “自然人业务”登录界面

（3）“代理业务”入口登录：代理机构登录后可以查看本机构所代理的纳税人的基本信息，也可以切换到本机构所代理的其他企业中。代理机构登录后，平台展示本机构所代理的纳税人列表。代理机构依次输入代理机构统一社会信用代码、居民身份证号码（或手机号码/用户名）、个人用户密码，将滑块拖动到最右边，单击“登录”按钮进行登录。“代理业务”登录界面见图1-3。

图1-3 “代理业务”登录界面

电子税务局登录认证相关功能操作指引

电子税务局各模块实现的功能见表1-1。

表1-1 电子税务局登录认证功能及操作一览表

业务类型	主要功能	相关操作
企业业务	企业登录	(1) 适用范围：支持法定代表人、财务负责人、办税员和开票员（统称办税人员）登录办理企业涉税（费）业务。 (2) 办税人员输入企业统一社会信用代码、本人证件号码（手机号码或用户名）和个人用户密码（初始化密码为本人证件号码后6位），支持扫码登录
	特定主体登录	适用跨区域报验户、跨区税源登记纳税人办理，登录方法同上
	企业信息管理	“企业信息管理”菜单下的“企业基本信息”，可查看登录账号的“基本信息”和“人员信息”
	人员权限管理	企业法定代表人、财务负责人在电子税务局中为本企业添加办税人员。办税员需先到自然人业务入口登录确认授权，实现人企关联关系绑定后，再通过新版的企业业务登录入口登录，可办理企业税费业务
	历史信息管理	单击“历史管理信息”菜单，系统显示所有已删除、已撤回以及被拒绝的所有办税人员信息
	现有办税人员	企业法定代表人、财务负责人可以查看本企业当前已有的办税人员信息，也可以对除法定代表人和财务负责人以外的办税人员进行查看、修改或删除等操作
	手机号码维护	可以对登录电子税务局或账户中心中的账号的手机号码信息进行维护，如发生手机号码变更，可以通过手机号码修改功能变更手机号码
	个人信息维护	办税人员可在用户信息维护界面修改用户名、邮箱地址、证件有效期和用户住址。办税员可以完成身份切换，包括企业内身份企业、其他企业身份切换、个人办税、跨区域办税等身份切换

业务类型	主要功能	相关操作
企业业务	日志管理	按“登录类型”“登录时间”“姓名”“身份类型”等条件进行查询登录本企业账户的记录
自然人业务	自然人注册	选择“自然人业务”—“用户注册”模块进行个人信息注册，填写个人姓名、证件类型、证件号码、性别、国籍等信息，设置用户名、密码，进行人脸识别认证等
	个人信息管理	当自然人需要查看个人基本信息，修改登录密码、手机号码、邮箱及住址以及证件有效期时，可在个人信息管理菜单进行选择操作
	企业授权管理	企业添加自然人为办税人员时，需要自然人通过此功能进行确认授权
	个人实名等级	自然人实名登记采用五级实名等级管理，等级逐级提升。线上实名等级最高可以提升至四级，如需提升至五级需要到办税服务场所办理
	个人证件管理	自然人通过该功能可办理本人各类身份证件信息的关联，将本人名下多种证件联通使用
	日志管理	用于查询登录日志，查询该自然人的登录记录
代理业务	快捷登录	依次输入代理机构统一社会信用代码、本人居民身份证号码（或手机号码/用户名）、个人用户密码（初始密码为证件号码后六位），展示该代理企业所有被代理企业列表信息
	企业信息管理	通过企业基本信息查询可以查看当前登录的企业基本信息
	人员权限查看	查看当前登录的代理机构用户的功能权限
	身份切换	从企业业务中切换至个人业务

任务实施

天津佳佳乐商贸有限责任公司为新开办纳税人，第一次登录电子税务局，申请人需要进行身份注册认证。具体操作如下：

扫描二维码下载“天津税务APP”或进入国家税务总局天津市电子税务局网站，申请人单击“自然人业务”中的“用户注册”。自然人业务的用户注册界面见图1-4。

图1-4 自然人用户注册界面

勾选我已阅读并同意《个人信息保护告知同意书》《人脸识别服务协议》，单击“下一步”，输入身份信息（企业法人），单击“下一步”，填写基本信息，单击“下一步”，使用“天津税务APP”，扫码进行人脸识别验证后，即可注册成功。账户注册步骤见图1-5。

图 1-5　账户注册界面

注册成功后，输入设置的居民身份证号码（或手机号码/用户名）、个人用户密码后，单击“登录”，进入电子税务局。

任务二　认识“金税四期”电子发票服务平台

任务描述

天津长阳科技有限公司是一家从事计算机软件研究开发、软件销售，信息系统设计、集成、运行维护，信息技术咨询以及其他一切无须报经审批的合法项目的增值税小规模纳税人企业。

（1）企业信息如下：

名称：天津长阳科技有限公司；

纳税人识别号：911120220803CY001A；

地址：天津市和平区甲180号；

电话：022-86457210；

开户行：中国建设银行南开区支行；

银行账号：143905969770。

（2）经济业务描述：

2023年3月8日，向天津滨海物业管理有限公司销售一台网络连接设备，规格型号：TP-LINK，每台含税单价1 200元，增值税征收率为3%，银行已收到货款，开具电子发票（增值税专用发票）一份，开票员为王静。

（3）购买方信息如下：

名称：天津滨海物业管理有限公司；

纳税人识别号：911120220804QH00A1；

地址：天津市滨海新区滨海路23号；

电话：022-86453210；

开户行：中国建设银行滨海新区支行；

银行账号：256903969871。

任务要求：请根据天津长阳科技有限公司的销售业务开具蓝字发票。

知识准备

一、电子发票服务平台简介

我国从2021年12月率先在上海开展全面数字化的电子发票（简称“数电票”或“全电发票”），试点以来，截至2022年8月28日，开展全电发票的开票试点省（市、自治区）包括：广东（不含深圳）、上海、内蒙古，全电发票受票方试点省市计划单列市已经累计36个，包括：四川、北京、江苏等。电子发票服务平台是在全电发票试点的基础上，提升纳税人全电发票使用体验，税务机关对电子发票服务平台进行升级，并在纳税人中开展试点，试点纳税人分为通过电子发票服务平台开具发票的纳税人和通过电子发票服务平台使用税务数字账户的纳税人。

电子发票服务平台的功能升级主要体现在：一是完善优化开票业务功能，增加纸质专票和纸质普票开具、特定业务发票开具、纳税人个性化发票附加内容填写等功能；二是完善优化用票业务功能，健全税务数字账户功能，完善发票查询统计、查验功能，实现发票流转状态实时记录和发票查验、发票风险信息提醒等服务，优化增值税用途确认功能，增加加计扣除农产品进项税额确认等功能。

电子发票服务平台操作指引

二、电子发票服务平台开票业务模块的主要功能

电子发票服务平台的开票业务模块可以实现蓝字发票开具、红字发票开具、纸质发票业务，以及开票信息维护四项主要功能。

（一）蓝字发票开具

电子发票服务平台拥有功能完善、应用场景多样的蓝字发票开具功能，纳税人开票更便捷，极大提高了工作效率，具体变化体现在以下几方面：

（1）发票的填写和开具更加便捷、人性化，当纳税人发生销售行为，需要开具蓝字全电发票时，可以按照如下步骤：

第一步：登录电子税务局“我要办税”模块，选择“开票业务”下的“立即开票”。开票业务界面见图1-6。

图1-6　开票业务界面

第二步：在“立即开票”页面选择发票票种、特定业务等信息后，可以进入蓝字发票开具表单视图界面，或切换成票样视图进行填写。立即开票界面见图1-7。

第三步：填写购买方信息。可以通过手工填写或直接导入来维护客户的信息，也可以通过提供二维码的方式供购买方扫描填写，购买方上传后再进行选择。填写购买方信息界面见图1-8。

第四步：填写发票项目信息。可以手工填写，系统通过智能匹配提供相似选项供选择，也可以选择已维护的项目信息，或在弹出的明细导入页面下载Excel模板填写后再导入。纳税人可以根据实际情况对已填的项目添加折扣信息，选择单价和金额是否属于含税。如果属于特定业务，纳税人还需填写特定业务对应的特定要素，备注信息中填写备注的内容，或者单击“选择场景模板”，在带出的附加信息中填写内容，填写经办信息，包括购买方经办人姓名、经办人证件类型以及经办人证件号码。填写发票项目信息界面见图1-9。

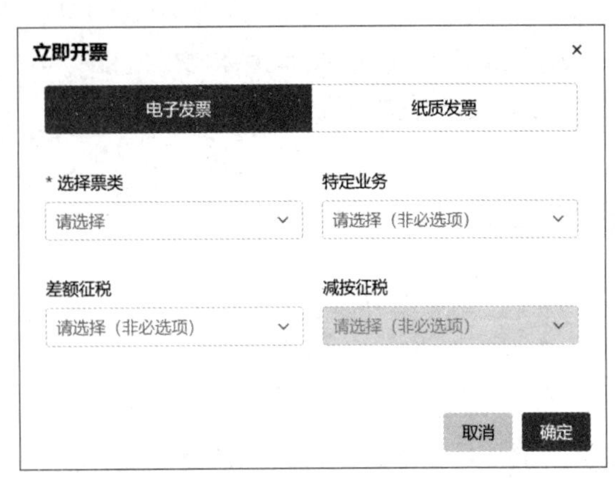

图 1-7　立即开票界面

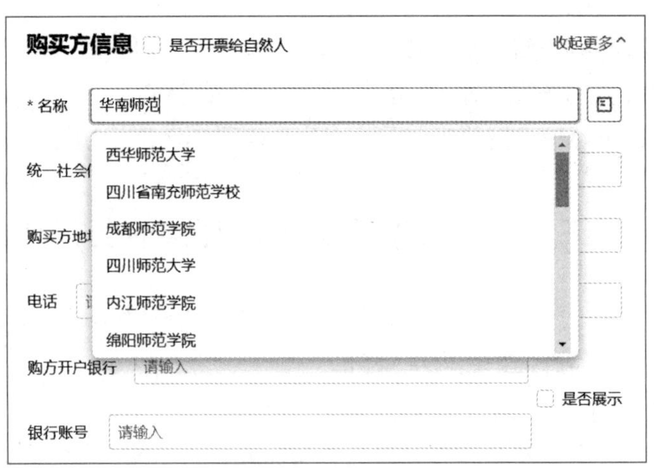

图 1-8　填写购买方信息界面

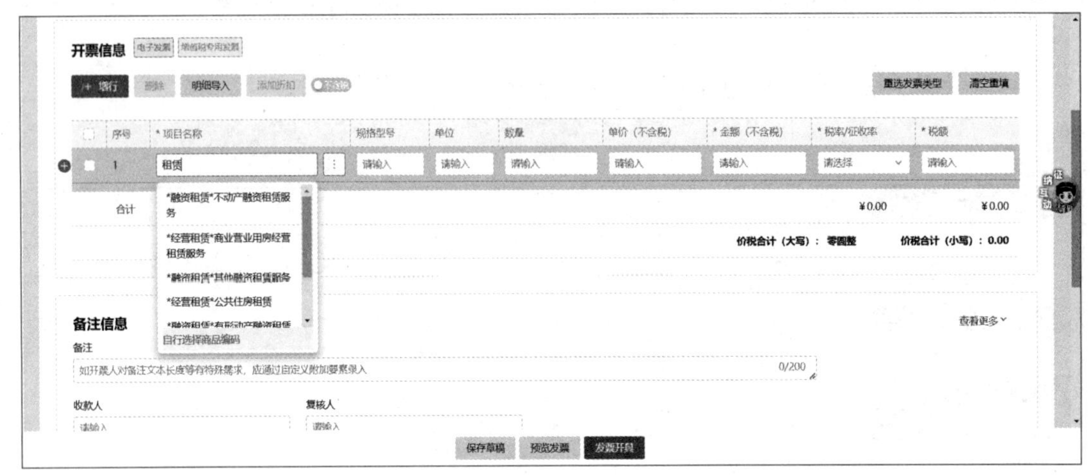

图 1-9　填写发票项目信息界面

第五步：发票预览。填写完毕后，可单击“保存草稿”，保存所填信息并同步到发票草稿模块。单击“预览发票”，预览正式票样的发票内容。可单击“发票开具”，系统将对发票填写规范、业务逻辑进行校验。若校验通过，系统将自动进行发票赋码，加盖电子印章并生成电子发票，显示开票成功提示；若校验不通过，则显示开票失败的原因。发票预览界面见图1-10。

第六步：开票成功后交付发票。纳税人可通过邮箱、二维码，或者发票下载（可以选用PDF/OFD/XML等格式）等方式将发票交付给购买方。开票成功界面见图1-11。

（2）电子发票服务平台设置了多种进入方式，纳税人不仅可以通过“立即开票”方式进入蓝字发票开具模块，而且还可以通过“发票草稿”“扫码开票”和“添加快捷方式”等方式进入。

① 发票草稿。纳税人在填写发票内容时，由于种种原因，需中断当前开票操作，可将已填写的发票内容保存成草稿，纳税人后续可根据实际需要选择相关的草稿继续开具发票，有效地避免了纳税人重复工作。

② 扫码开票。纳税人可以通过展示二维码的方式供购买方扫描填写发票抬头信息，以便纳税人快捷引用购买方信息进行发票开具。扫码开票的方式节约了纳税人的开票时间，并能提高开票正确率。

③ 添加快捷方式。纳税人根据实际需求对不同的发票类型、票种标签、特定业务、差额、减按、

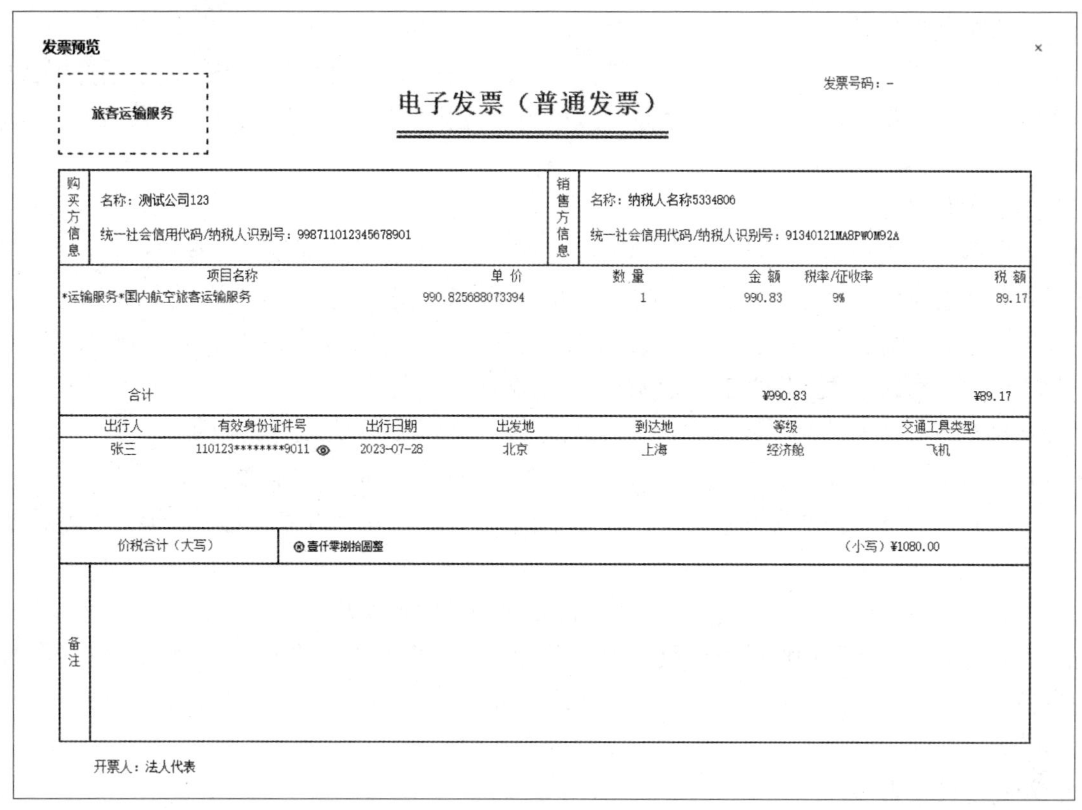

图 1-10　发票预览界面

图 1-11　开票成功界面

项目信息、客户信息等内容进行设置，以便后续可以直接单击快捷方式进入既定的内容页面进行发票开具，有效提高了工作效率。

（3）电子发票服务平台增加了便于纳税人实时了解开票信息的模块，包括“数据概览”“最近开票”等模块。

①“数据概览”模块显示纳税人的授信额度、纸质发票开具情况、本月蓝字发票开具情况，方便纳税人在开具发票前，作为参考。

②“最近开票”模块显示纳税人最近开具的10张发票，便于查询纳税人最近所得的发票，也可以

用于复制开票和查看发票详情。

（4）电子发票服务平台增加了“批量开具”模块，纳税人可以通过补充电子发票服务平台提供的通用发票要素信息和特殊标签发票要素信息导入模板，将发票数据批量导入电子发票服务平台进行发票开具。

（二）红字发票开具

电子发票服务平台红字发票开具功能也更加完善，使发票管理更加便捷，开票轨迹更加清晰。当纳税人开具蓝字发票后，发生销货退回（包括全部退回和部分退回）、开票有误、服务终止（包括全部终止和部分终止）、销售折让等情形，按规定开具红字发票。红字发票开具要经过“红字发票确认信息录入”“红字发票确认信息处理”“红字发票开具”三个环节来完成。

经过购销双方确认后的红字发票信息确认单，销售方可在红字发票开具模块，开具红字发票；或者销售方开具蓝字发票后，蓝字全电发票的“增值税用途标签”为空、“消费税用途标签”为“未勾选库存”，“入账状态标签”为“未入账”或“已入账撤销”的，由销售方发起红字冲销，不需对方确认，开具红字发票。

需要注意的是税控开具的普通发票（电子普通发票和纸质普通发票），均不能在电子发票服务平台发起红字发票信息确认单。由电子发票服务平台开具的蓝字发票在发起红字冲销时能够实现自动带入红字发票信息确认单。若发起的红字发票信息确认单需要对方进行确认，对方超过72小时未进行操作则该红字发票信息确认单作废。

（三）纸质发票业务

电子发票服务平台具备“纸质发票作废”“纸质发票退回”“纸质发票号段分配”等功能。

1. 纸质发票作废

若纳税人当月出现开票有误、服务终止、销货退回等情形时，纳税人可以对纸质蓝字或红字发票进行作废，但不包括成品油发票、机动车销售统一发票、二手车销售统一发票、跨月发票以及已做用途确认的发票。需要注意以下几方面：

（1）已开具的蓝字全电纸质发票，若被部分红字冲销或完全红字冲销，不允许作废。

（2）已开具的蓝字全电纸质发票的开具日期若非当月，不允许作废。

（3）对于作废的发票，必须填写“作废原因”。

（4）发票作废后，作废的发票金额同步调整到纳税人当期可用授信额度。

（5）纳税人在作废空白发票时，作废的空白纸质发票份数如果大于号码段计算出的发票份数，则作废不成功。

（6）开票员身份无空白发票作废和纸质发票退回功能。

2. 纸质发票退回

若纳税人存在大量空白纸质发票或发生纸质发票信息与电子信息不一致的问题，可向税务机关申请纸质发票退回。税务机关受理后，纳税人可通过邮寄退回、办税服务厅退回等方式退回与申请信息一致的纸质发票，税务数字账户中该段发票信息不可使用。

3. 纸质发票号段分配

纳税人授权的领票员需要将领用到的纸质发票分配给开票员。领票员可通过选择发票种类、发票代码，查询可分配纸质发票号段信息，输入分配数量之后，系统自动生成分配号段；如需重新分配纸质发票号段，需先将对应号段从开票员纸质发票号段库退回至纳税人纸质发票号段库，再进行分配。

（四）开票信息维护

纳税人根据实际需要对开票信息中的项目信息进行维护，以便在开票时根据需求选择预设的项目信息来填写开票信息，便捷完成发票开具。其主要包括商品和服务信息、客户信息、附加要素及场景模板等的维护。

三、电子发票服务平台税务数字账户的主要功能

（一）税务数字账户的作用

税务数字账户是电子发票服务平台的重要功能模块，其作用主要体现在以下三方面：

1. 展现数字化税务优质服务

税务数字账户是税务应用和纳税人交互的重要接口，是纳税人在税务应用中的身份通行证明和办税操作工具，既用于储存纳税人详细信息，又可使办税流程更加简易。

2. 支撑电子发票服务平台的大数据能力

税务数字账户基于电子发票服务平台的建立，以数据集中和共享为途径，打通信息壁垒，形成一套可供多部门使用的全国通用账户。

3. 高度契合纳税人生产经营特点

税务数字账户具有开放性，能够实现纳税人自由定制，是高度契合纳税人生产经营需要的一站式平台。纳税人可将自行开发的满足规范的子系统，自行部署后接入税务数字账户。

（二）税务数字账户的功能模块

1. 发票勾选确认

电子发票服务平台“发票勾选确认”模块集成了抵扣类勾选、不抵扣勾选、逾期抵扣申请和注销勾选等多个功能，以增值税扣税凭证为链条，汇集了纳税人进项税额抵扣、变更税款所属期、逾期发票抵扣申请、办理注销、出口退税等多种应用场景。纳税人通过登录“税务数字账户”–“发票勾选确认”完成需要的发票勾选确认。“发票勾选确认”模块逻辑结构见图1–12。

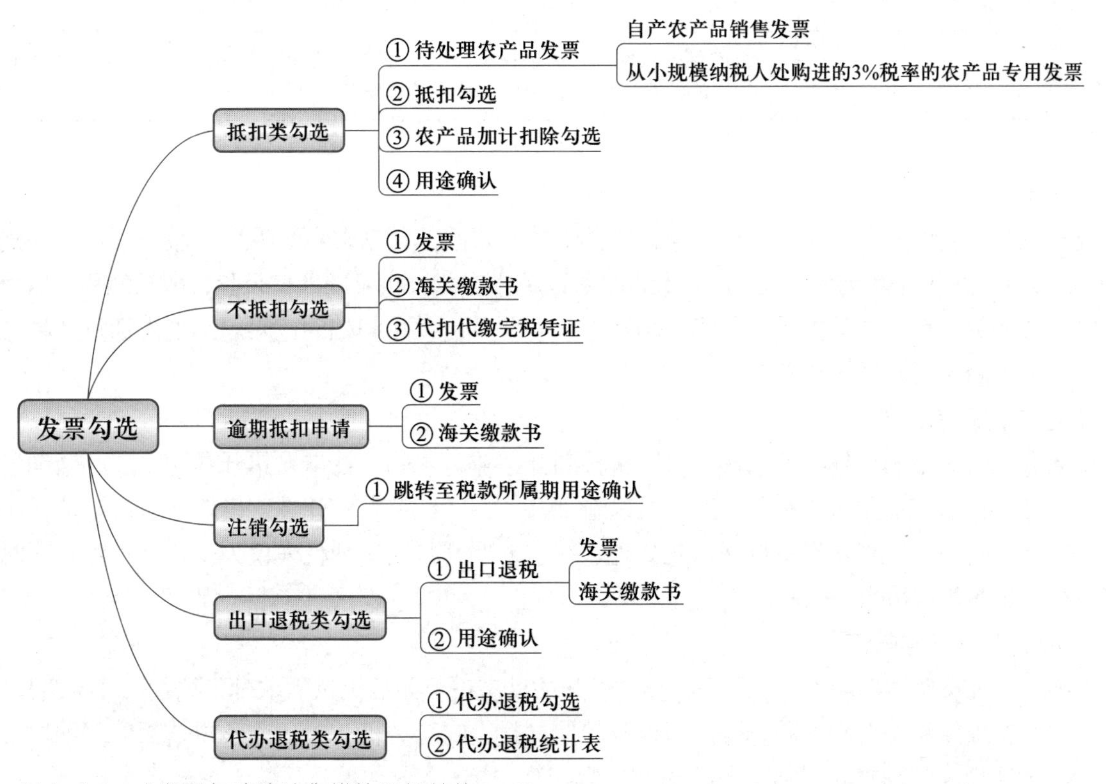

图1–12 “发票勾选确认”模块逻辑结构

其中，抵扣类勾选，主要是对符合规定的增值税扣税凭证用途确认（含农产品加计扣除），支持变更税款所属期申请；不抵扣勾选，主要对不用于进项税额抵扣、出口退税、代办出口退税等用途的增值税扣税凭证进行勾选；逾期抵扣申请，纳税人取得的2016年12月31日及以前开具的增值税专用发票、海关进口增值税专用缴款书、机动车销售统一发票等，超过认证确认、稽核比对、申报抵扣期限，但符合规定条件的抵扣凭证，可继续用于抵扣进项税额；注销勾选，纳税人办理注销业务时，可提前对注销当期的税款所属期的增值税扣税凭证进行勾选统计确认；出口退税类勾选，用于对出口退税的增值税扣税凭证进行勾选统计；代办退税类勾选，用于对代办退税的增值税扣税凭证进行确认。

2. 发票查询统计

“发票查询统计”模块主要供纳税人实时了解各类情形下的发票数据及票据状态，包括全量发票、汇总纳税总机构汇总分支机构开票等六种情形，主要通过登录“税务数字账户”–“发票查询统计”开展查询统计工作。发票查询统计的类型及范围见表1–2。

表1–2　发票查询统计的类型及范围

序号	查询类型	统计范围
1	全量发票查询	各个渠道开出和收到的发票、海关缴款书的票据数据、票据状态； 实现电子发票交付（邮箱交付、二维码交付）
2	汇总纳税总机构汇总分支机构开票数据查询	汇总缴纳增值税的总机构汇总非独立核算分支机构开票数据确认查询
3	发票领用及开票数据查询	电子发票只统计“正数发票份数”和“负数发票份数”； 纸质发票需要统计全部数据
4	未到勾选日期发票查询	没有到勾选日期的各类可抵扣勾选发票和海关缴款书信息
5	出口转内销发票查询	查询各类可抵扣勾选出口转内销发票和海关缴款书信息
6	进项税额转出情况查询	查询对应属期应做进项税额转出的发票和海关缴款书信息，以及应做进项税额转出的红字发票信息确认单信息查询统计

3. 发票查验

税务机关通过电子发票服务平台（包括网页端、客户端、移动端和数据接口服务渠道）为纳税人提供7×24小时在线的发票查验服务。发票查验可以单张查验，也可以批量查验，即对纳税人取得的全部发票（含海关缴款书）数据进行归集，防范电子发票重复入账归档的危险。纳税人通过“税务数字账户”–“发票查验”开展该项工作。

4. 红字信息确认单

税务数字账户中的“红字信息确认单”链接到开票业务中的“红字发票开具”功能，当纳税人是全电发票开票试点及受票试点纳税人时，可以看到并使用“红字发票开具”模块下所有功能，包括红字发票确认信息录入、红字发票确认信息处理、红字发票开具；当纳税人仅为受票试点纳税人时，不能使用红字发票开具功能。

5. 授信额度调整申请

当纳税人现有授信额度不足，且系统自动发起的动态授信无法满足需求时，纳税人经实名验证后，可以通过补充提供购销合同、固定资产清单及其他材料，向税务机关申请调整授信额度。纳税人通过“税务数字账户”–“授信额度调整申请”开展该项工作。

税务机关根据纳税人所提交的申请与资料进行审核，对于满足受理条件的制发受理通知书，对于资料不齐全的制发补正通知书，对于审核不通过的制发不予受理通知书。

终审同意后系统自动将动态授信额度调整情况，包括调整额度、调整日期，同步到数据支撑服务平台，并对纳税人开具发票的金额上限进行控制。信息终审通过的，提交至发放岗，由发放岗将授信调整申请处理结果反馈纳税人，打印《税务事项通知书》(电子发票开具金额总额度调整通知)，送达纳税人。

6. 涉税信息查询

纳税人登录“税务数字账户”-“涉税信息查询”，可以查询税收政策和《税务事项通知书》。

7. 海关缴款书采集

纳税人登录“税务数字账户”-“海关缴款书采集”，可以采集双抬头海关缴款书(即既有纳税人信息，又有进出口业务的代理企业信息)，对无法清分下发以及对清分结果有异议的单抬头海关缴款书（指仅有纳税人信息)，系统自动进行稽核比对并反馈稽核结果。经稽核比对，结果为“不符”“缺联”“重号”的，若纳税人对稽核比对结果有异议，在确认数据采集无误后可以向主管税务机关发起海关缴款书核对申请，由主管税务机关审核通过后，推送到异地协作平台，会同海关进行核查。

核查完成返回核查结果，供纳税人查询，结果为“允许抵扣或退税”的海关缴款书可用于后续勾选。纳税人也可以通过此功能查询所有海关缴款书的稽核状态和核对申请状态。

8. 成品油业务

纳税人登录“税务数字账户”-“成品油业务”，该模块可以完成以下几大类业务：

一是支持成品油的油品调拨、回退业务及查询。

二是支持成品油相关标准及信息查询。

三是支持成品油库存查询。

四是支持成品油发票管理。

9. 申请原税率

增值税一般纳税人或转登记纳税人，登录“税务数字账户”-“申请原税率”，手动申请开具原适用税率发票，税务机关审核通过后，纳税人端自动调整纳税人税率。

10. 发票入账标识

纳税人登录“税务数字账户”-“发票入账标识”，可对纳税人取得的全部发票（含海关缴款书）数据进行归集，发票入账，防范电子发票重复入账归档的危险。

任务实施

（1）登录国家税务总局天津市电子税务局，录入纳税人识别号、法人身份证号码、个人用户密码，选择“法定代表人”身份类型，确认登录。登录企业业务界面见图1-13。

（2）登录后，单击开票业务图标，进入开票业务模块，单击左侧“蓝字发票开具”，在电子发票服务平台界面中单击“立即开票”，选择“电子发票”—“增值税专用发票”，在此可直接填写相关开票信息或者单击右上角的“切换至票样视图”，切换为常规开票界面。常规开票界面见图1-14。

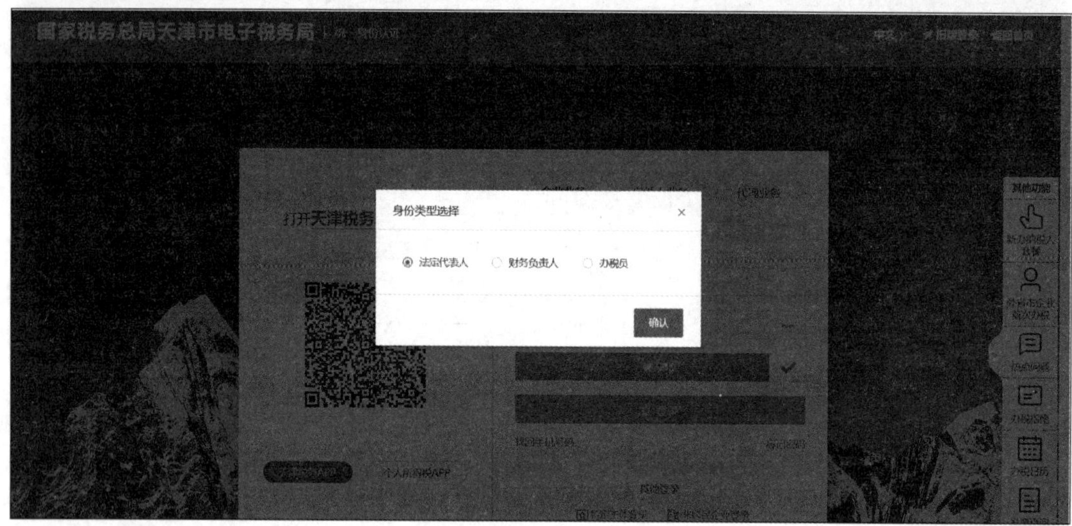

图 1–13　企业业务登录界面

图 1–14　常规开票界面

（3）在票样视图模式下填开一张电子发票（增值税专用发票）。销售方信息会根据企业注册信息自动带出，购买方信息根据案例中提供的信息进行录入填写。填写完毕后单击发票开具即可。票样视图界面见图1–15。

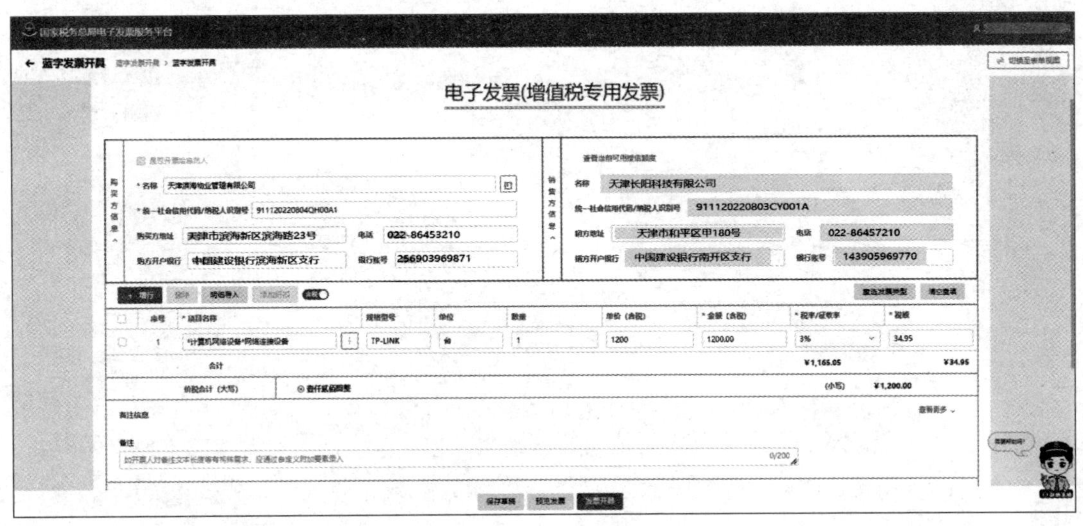

图1–15　票样视图界面

职业能力测评表

（在□中打✓，A掌握，B基本掌握，C未掌握）

评价指标	自测结果
1. 已了解电子税务局的主要功能	□A　□B　□C
2. 已熟悉电子税务局的注册方法	□A　□B　□C
3. 已了解电子发票服务平台的主要功能	□A　□B　□C
4. 已熟悉电子发票服务平台的税务数字账户	□A　□B　□C
5. 能够准确使用电子发票服务平台开具发票	□A　□B　□C
6. 能够正确理解我国的数字技术与税收征管正不断融合，精准监管能力不断提升，树立坚定的制度自信	□A　□B　□C
7. 能够全局思考经营业务与企业税收结果的逻辑关系，提升综合防范财务风险、税务风险的能力	□A　□B　□C
8. 基本形成严谨细致的工作态度和精益求精的职业习惯	□A　□B　□C
教师评语：	
成绩：	教师签字：

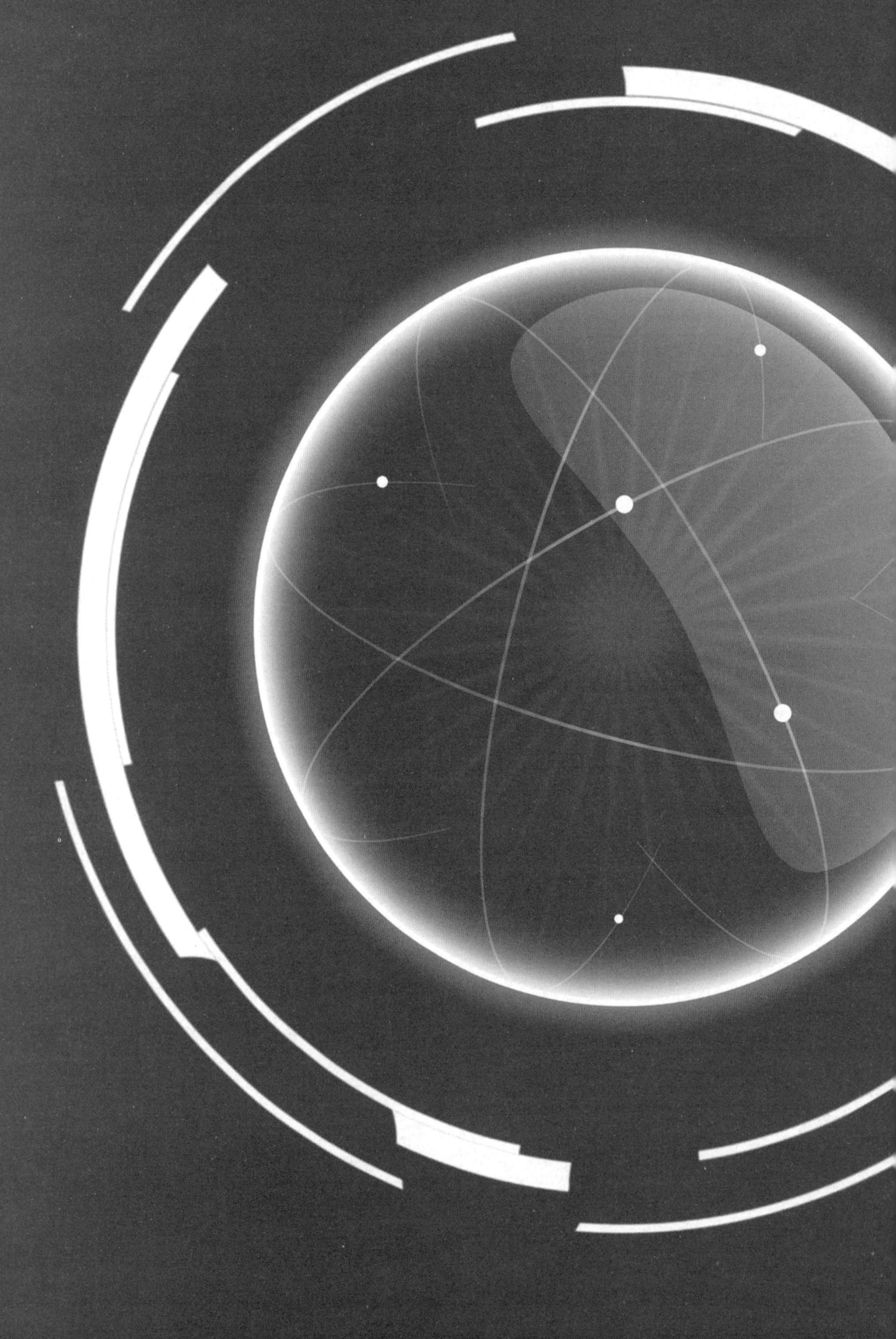

项目二

增值税智慧化申报与管理

【素养目标】

1. 通过学习增值税基本税制要素，把握增值税在经济发展中的重要作用，树立诚信纳税意识。
2. 通过学习应用电子税务局进行增值税纳税申报，提升数字化工作能力。
3. 通过学习增值税及附加税费的纳税申报，掌握各表单间的勾稽关系，培养全面系统的思维能力。
4. 通过了解“金税四期”下以数治税的国家税收管理体系，提升风险防范意识。

【知识目标】

1. 了解增值税的基本税制要素。
2. 掌握一般纳税人增值税申报流程及各申报表单之间的逻辑。
3. 掌握小规模纳税人增值税申报流程及各申报表单之间的逻辑。
4. 熟悉“金税四期”背景下增值税的风险防控及管理。

【能力目标】

1. 能够准确掌握增值税的基本税制要素。
2. 能够应用电子税务局办理增值税申报。
3. 能够做好“金税四期”背景下增值税的风险防控及管理。

思维导图

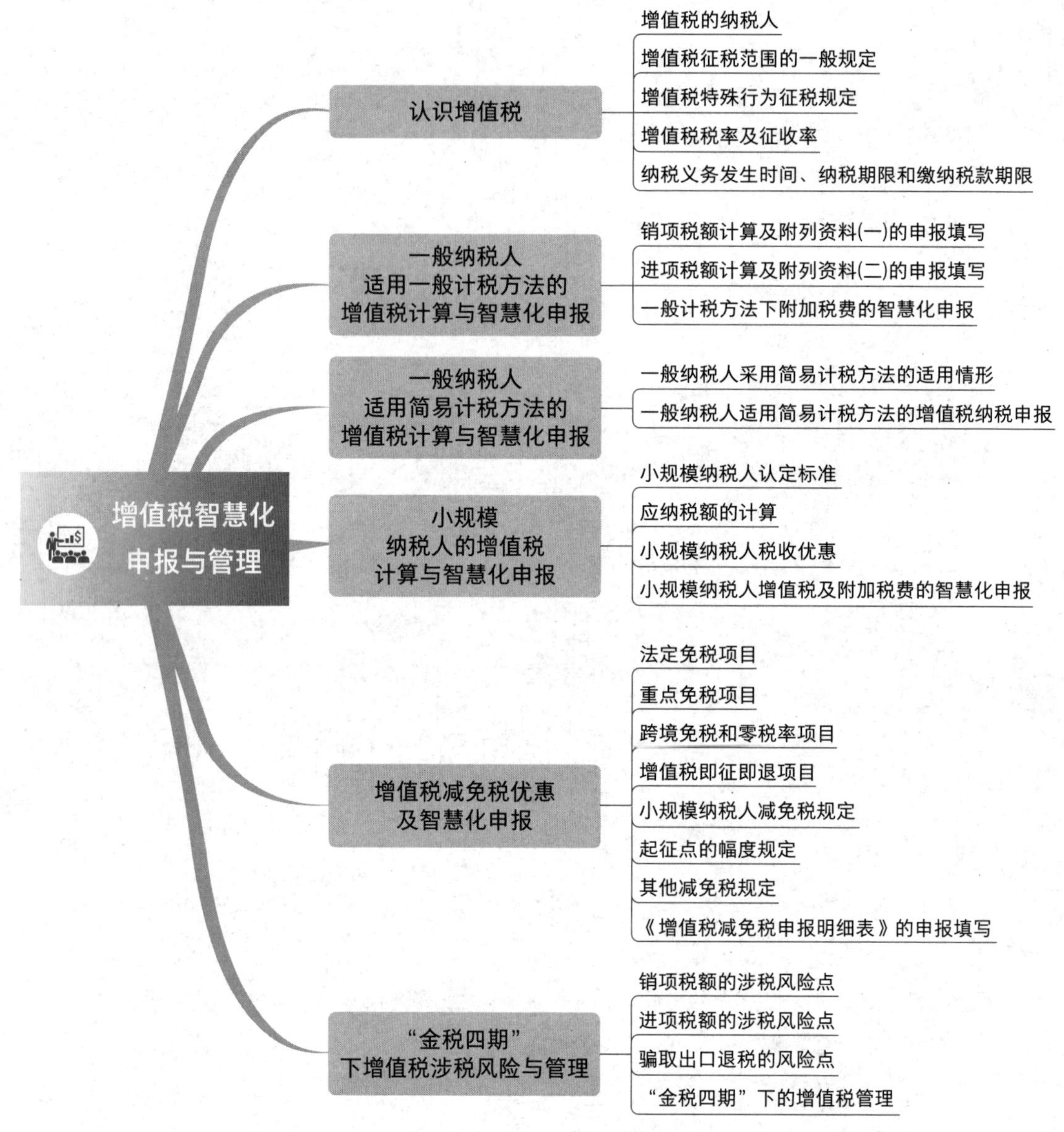

任务一 认识增值税

任务描述

单位名称：北京新发展科技股份有限公司（简称“新发展公司”）。

经营范围：计算机软件的设计、程序编制、分析、测试、修改、咨询；技术开发、技术转让、技术咨询、技术服务等。

截至2023年3月31日，季度平均从业人数为100人。

截至2023年3月31日，季度平均总资产为7 134.36万元。

截至2023年3月31日，应纳税所得额为466.98万元。

2023年度的经营业务：境内销售软件产品；境内提供软件编程、技术咨询、软件设计、计算机测试服务；境内转让专利技术。

其他信息：新发展公司2016年5月18日被认定为软件生产企业。该公司2016年已申请成为增值税一般纳税人。

任务要求：根据新发展公司的相关信息完成下列工作任务：

1. 判定新发展公司是否属于增值税纳税人？
2. 确定新发展公司的各经营业务所属增值税征税范围。
3. 确定新发展公司的各经营业务所适用的增值税税率。
4. 简述新发展公司的增值税纳税期限。

知识准备

一、增值税的纳税人

（一）纳税人的概念

凡在我国境内销售货物、劳务、服务、无形资产、不动产，进口货物的单位和个人，为增值税的纳税人。

单位是指企业、行政事业单位、社会团体、军事单位及其他单位；个人是指个体工商户者和其他个人。

单位以承包、承租、挂靠方式经营的，承包人、承租人、挂靠人（简称“承包人”）发生应税行为，承包人以发包人、出租人、被挂靠人（简称“发包人”）名义对外经营并由发包人承担相关法律责任的，以发包人为纳税人。

（二）纳税人的分类

根据纳税人的经营规模以及会计核算健全程度的不同，增值税的纳税人可划分为小规模纳税人和一般纳税人，增值税纳税人分类及标准见表2-1。

表2-1 增值税纳税人分类及标准

纳税人分类	一般纳税人	小规模纳税人
标准	年应税销售额超过500万元	年应税销售额500万元及以下
特殊规定	小规模纳税人会计核算健全可以申请登记为一般纳税人	(1) 其他个人（非个体户）必须按照小规模纳税人纳税； (2) 非企业性单位、不经常发生应税行为的企业可选择为小规模纳税人
计税规定	一般计税方法，增值税进项税额可以抵扣	简易计税方法，不得抵扣增值税进项税额
发票使用	使用增值税专用发票	使用增值税普通发票。除其他个人外，根据需要可自愿开具增值税专用发票

注意：除国家税务总局另有规定外，纳税人一经登记为一般纳税人后，不得转为小规模纳税人。

二、增值税征税范围的一般规定

（一）销售或进口货物

销售货物是指有偿转让货物的所有权，货物是指有形动产，包括电力、热力和气体在内。

进口货物，是指申报进入中国海关境内的货物。只要是报关进口的应税货物，除享受免税政策外，在进口环节缴纳增值税

（二）提供应税劳务

劳务是指纳税人提供加工、修理修配劳务。加工是指受托加工，委托方提供原料主料，受托方对货物加工修理，收取加工费。修理修配是指受托对损伤或丧失功能的货物进行修复，使其恢复原状和功能的业务。

提供应税劳务，是指有偿提供劳务。单位或个体工商户聘用的员工为本单位或雇主提供加工、修理修配劳务不包括在内。

（三）销售服务

服务包括交通运输服务、邮政服务、电信服务、建筑服务、金融服务、现代服务和生活服务等。服务的含义及范围见表2-2。

表2-2　服务的含义及范围

项目	含义	范围
交通运输服务	利用运输工具将货物或旅客运至目的地，使其空间位置得到转移的活动	陆路、水路、铁路、管道运输等
邮政服务	中国邮政集团公司及其所属邮政企业提供邮件寄递、邮政汇兑、机要通信和邮政代理等邮政基本服务的业务活动	邮政普遍服务、邮政特殊服务和其他邮政服务
电信服务	利用有线、无线的电磁系统或者光电系统等各种通信网络资源，提供语音通话服务，传送、发射、接收或者应用图像、短信等电子数据和信息的业务活动	基础电信服务和增值电信服务
建筑服务	各类建筑物、构筑物及其附属设施的建造、修缮、装饰，线路、管道、设备、设施等的安装以及其他工程作业的业务活动	工程服务、安装服务、修缮服务、装饰服务和其他建筑服务
金融服务	经营金融保险的业务活动	贷款服务、直接收费金融服务、保险服务和金融商品转让
现代服务	围绕制造业、文化产业、现代物流产业等提供技术性、知识性服务的业务活动	研发和技术服务、信息技术服务、文化创意服务、物流辅助服务、租赁服务、鉴证咨询服务、广播影视服务、商务辅助服务和其他现代服务
生活服务	满足城乡居民日常生活需求提供的各类服务活动	文化体育服务、教育医疗服务、旅游娱乐服务、餐饮住宿服务、居民日常服务和其他生活服务

（四）销售无形资产

销售无形资产是指转让无形资产所有权或使用权的活动。其中无形资产包括技术、自然资源使用权和其他权益性无形资产等。

（五）销售不动产

销售不动产是指转让不动产所有权的业务活动。其中不动产是指依照其物理性质不能移动或者移动将严重损害其经济价值的财产，包括建筑物、构筑物等。

在转让建筑物或者构筑物时一并转让其所占土地的使用权的，按照销售不动产缴纳增值税。

三、增值税特殊行为征税规定

（一）视同销售行为

单位或个体工商户发生下列行为应视同发生应税销售行为：

（1）将货物交付其他单位或者个人代销。

（2）销售代销货物。

（3）设有两个以上机构并实行统一核算的纳税人，将货物从一个机构移送到其他机构用于销售，但相关机构设在同一县（市）的除外。

（4）将自产或委托加工的货物用于非应税项目。

（5）将自产、委托加工或购进的货物作为投资，提供给其他单位或个体工商户。

（6）将自产、委托加工或购进的货物分配给股东或投资者。

（7）将自产、委托加工的货物用于集体福利或个人消费。

（8）将自产、委托加工或购进的货物无偿赠送其他单位或者个人。

（9）单位或者个体工商户向其他单位或者个人无偿提供服务、无偿转让无形资产或者不动产，但用于公益事业或者以社会公众为对象的除外。

（二）混合销售与兼营行为

增值税的混合销售与兼营行为税务处理对比见表2-3。

表2-3　混合销售与兼营行为税务处理对比

行为	特征	税务处理
混合销售	一项销售行为，既涉及货物又涉及服务	从事货物的生产、批发或者零售的单位和个体工商户，按照销售货物缴纳增值税
		其他单位和个体工商户，按照销售服务缴纳增值税
兼营行为	混业经营，涉及增值税不同税目的经营业务	分别核算、分别纳税；未分别核算的，从高适用税率

四、增值税税率及征收率

（一）税率

增值税税率有13%、9%、6%和零税率四档。增值税税率明细表见表2-4。

表2-4　增值税税率明细表

税率	项目
13%	(1) 销售和进口除执行9%低税率的货物以外的货物； (2) 提供加工、修理修配劳务； (3) 有形动产租赁服务
9%	(1) 销售交通运输、邮政、基础电信、建筑、不动产租赁服务。 (2) 销售不动产、转让土地使用权。 (3) 销售或者进口下列货物： ① 粮食等农产品、食用植物油、食用盐； ② 自来水、暖气、冷气、热水、煤气、石油液化气、天然气、二甲醚、沼气、居民用煤炭制品； ③ 图书、报纸、杂志、音像制品、电子出版物； ④ 饲料、化肥、农药、农机、农膜
6%	增值电信、金融、现代服务（租赁除外）、生活服务、销售无形资产（转让土地使用权除外）
零税率	(1) 出口货物（国务院另有规定的除外）； (2) 境内单位和个人跨境销售下列服务、无形资产： ① 国际运输服务、航天运输服务； ② 向境外单位提供的完全在境外消费的下列服务：研发服务；合同能源管理服务；设计服务；广播影视节目（作品）的制作和发行服务；软件服务；电路设计及测试服务；信息系统服务；业务流程管理服务；离岸服务外包业务；转让技术

（二）征收率

1. 3%征收率

小规模纳税人以及一般纳税人选择简易办法计税的，一般情况下的征收率为3%。

2. 3%征收率减按2%

适用3%征收率减按2%征收的情形见表2-5。

表2-5　3%征收率减按2%征收的情形

类型	情形	计税公式
一般纳税人	销售旧货	简易计税：应纳税额＝含税售价÷(1＋3%)×2%
	销售自己使用过的不得抵扣且未抵扣进项税额的固定资产	
小规模纳税人（不含其他个人）	销售自己使用过的固定资产、销售旧货	

3. 5%征收率

适用5%征收率的情形见表2-6。

表2-6　适用5%征收率的情形

纳税人		具体情形
一般纳税人	非房地产开发企业	转让、出租其2016年4月30日前取得的不动产且选择简易方法计税的
	房地产开发企业	销售自行开发的房地产老项目且选择简易方法计税的
小规模纳税人	非房地产开发企业	转让、出租其取得的不动产（不含个人出租住房）
	房地产开发企业	销售自行开发的房地产项目

续表

纳税人		具体情形
一般纳税人和小规模纳税人		纳税人提供劳务派遣服务，选择差额纳税的
个人出售住房	购买年限＜5年	上海、广州、深圳全额征收增值税
	购买年限≥5年	上海、广州（9区）、深圳普通住宅免征增值税，非普通住宅差额征收增值税
	购买年限＜2年	其他地区全额征收增值税
	购买年限≥2年	北京普通住宅免征增值税，非普通住宅差额征收增值税，北京、上海、广州、深圳外的其他地区所有住宅免征增值税

4. 适用5%征收率并减按1.5%征收

（1）住房租赁企业中的一般纳税人向个人出租住房，选择简易计税方式适用5%的征收率并减按1.5%征收。

（2）住房租赁企业中的小规模纳税人向个人出租住房，适用5%的征收率并减按1.5%征收。

5. 0.5%征收率

自2020年5月1日至2023年12月31日，从事二手车经销的纳税人销售其收购的二手车，改为按0.5%的征收率征收增值税。

五、纳税义务发生时间、纳税期限和缴纳税款期限

（一）纳税义务发生时间

（1）基本规定：先开具发票的，为开具发票的当天；进口货物，为报关进口的当天。

（2）针对货物、劳务的纳税义务发生时间规定见表2-7。

表2-7 纳税义务发生时间明细表

结算方式	纳税义务发生时间
直接收款	收到销售额或取得索取销售额的凭据的当天
托收承付和委托银行收款	发出货物并办妥托收手续的当天
赊销和分期收款	(1) 书面合同约定的收款日期的当天。 (2) 无书面合同的或者书面合同没有约定收款日期的，为货物发出的当天
预收货款	(1) 货物发出的当天。 (2) 纳税人提供建筑服务、租赁服务，采用预收货款方式的，为收到预收货款当天
委托其他纳税人代销货物	(1) 收到代销单位销售的代销清单的当天； (2) 收到全部或者部分货款的当天； (3) 未收到代销清单及货款的，其纳税义务发生时间为发出代销货物满180天的当天
提供应税劳务、应税服务	提供劳务同时收讫销售款或取得索取销售款凭据的当天
发生视同销售货物行为	货物移送的当天
从事金融商品转让	金融商品所有权转移的当天
发生视同销售服务、无形资产、不动产情形	服务、无形资产转让完成的当天或者不动产权属变更的当天

（二）纳税期限及缴纳税款期限

1. 纳税期限

增值税的纳税期限为1日、3日、5日、10日、15日、1个月、1个季度。以1个季度为纳税期限的，仅适用于小规模纳税人。

2. 缴纳税款期限

（1）以1个月或1个季度为纳税期限的，自期满之日起15日内缴纳税款。

（2）以1日、3日、5日、10日、15日为纳税期限的，自期满之日起5日内预缴税款，次月1日起15日内申报纳税并结清上月应纳税款。

3. 进口货物纳税期限

进口货物自海关填发缴款书之日起15日内缴纳税款。

任务实施

1. 新发展公司经营范围为计算机软件的设计、程序编制、分析、测试、修改、咨询；技术开发、技术转让、技术咨询、技术服务等。其属于境内销售应税劳务，转让无形资产，因此属于增值税纳税人。

2. 新发展公司销售软件产品属于销售货物，提供的软件编程、技术咨询、软件设计、软件测试服务属于现代服务。专利技术转让属于销售无形资产。

3. 新发展公司销售软件产品适用13%的税率，提供的软件编程服务、软件设计服务、技术咨询和专利技术转让适用6%的税率。

4. 新发展公司为增值税一般纳税人，增值税纳税期限一般为1个月，缴纳税款期限为自期满之日15日内。

任务二　一般纳税人适用一般计税方法的增值税计算与智慧化申报

一般纳税税人主表及其相关附列资料样表

一般纳税人，通常采用一般计税方法计算增值税应纳税额。一般计税方法的计算公式为：应纳税额＝当期销项税额－当期进项税额。

一般纳税人采用一般计税方法进行增值税纳税申报时需要填写《增值税及附加税费申报表（一般纳税人适用）》（简称“主表”）及其相关附列资料。通常涉及的附列资料有：《增值税及附加税费申报表附列资料（一）（本期销售情况明细）》（简称“附列资料（一）”）、《增值税及附加税费申报表附列资料（二）（本期进项税额明细）》（简称“附列资料（二）”）、《增值税及附加税费申报表附列资料（三）（服务、不动产和无形资产扣除项目明细）》（简称“附列资料（三）”）、《增值税及附加税费申报表附列资料（四）（税额抵减情况表）》（简称“附列资料（四）”）、《增值税及附加税费申报表附列资料（五）（附加税费情况表）》（简称“附列资料（五）”）、《增值税减免税申报明细表》。

一般纳税人增值税智慧化申报需登录电子税务局进行操作申报，申报流程如下：

第一步：登录进入申报界面。

登录电子税务局，单击“我要办税”—“税费申报及缴纳”，见图2-1，进入“按期应申报”界面。

图 2-1 税费申报界面

第二步：单击“按期应申报”—“增值税及附加税费申报表（一般纳税人适用）”，进入报表填写界面，见图2-2。

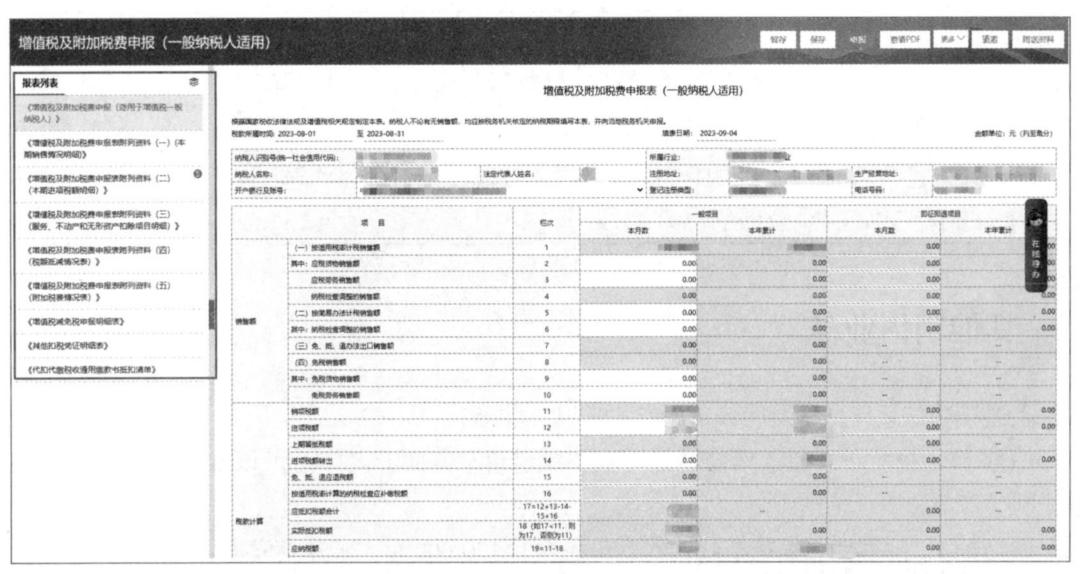

图 2-2 增值税及附加税费申报表界面

子任务一 销项税额计算及附列资料（一）的申报填写

任务描述

北京新发展公司2023年4月销售情况如下：

一、开具增值税专用发票的销售业务

增值税专用发票开票信息明细表如表2-8所示。

表2-8　增值税专用发票开票信息明细表（发票号码略）　　单位：元

日期	摘要	销售额	销项税额
4月2日	销售软件A产品，价税合计799 000元，收取手续费1 000元	707 964.60	92 035.40
4月4日	收取软件编程服务费，价税合计400 000元	377 358.49	22 641.51
4月14日	销售软件A产品，价税合计1 000 000元，7折销售，折扣额与销售额开在一张发票上	619 469.03	80 530.97
4月16日	收取计算机测试服务费，价税合计200 000元	188 679.25	11 320.75
4月18日	以软件A产品换取设备，A产品价税合计900 000元	796 460.18	103 539.82
4月23日	收取技术咨询服务费，价税合计300 000元	283 018.87	16 981.13
4月25日	收取软件后期维护费，价税合计600 000元	566 037.74	33 962.26

二、开具增值税普通发票的销售业务

增值税普通发票开票信息明细表如表2-9所示。

表2-9　增值税普通发票开票信息明细表（发票号码略）　　单位：元

日期	摘要	销售额	销项税额
4月3日	销售软件A产品，价税合计498 000元，收取手续费2 000元	442 477.88	57 522.12
4月5日	收取软件编程服务费，价税合计400 000元	377 358.49	22 641.51
4月10日	销售软件A产品，价税合计1 000 000元	884 955.75	115 044.25
4月16日	收取计算机测试服务费，价税合计100 000元	94 339.62	5 660.38

三、其他销售业务

除了上述销售信息外，新发展公司还发生了以下业务：

（1）4月6日，将新研发的老年公寓管理软件赠送给某健康养老中心，该软件研发成本100 000元，市场上无同类产品。

（2）4月12日，向消费者销售游戏软件，价税合计120 000元，未开具发票。

假定软件产品的成本利润率为10%。

任务要求：根据新发展公司的相关信息完成下列工作任务：

1. 计算新发展公司2023年4月的销项税额；
2. 完成附列资料（一）的填报。

知识准备

一、销项税额的确定

销项税额的确定

销项税额是指纳税人发生应税行为按照销售额和规定的税率计算并向购买方收取的增值税税额。计算公式如下：

$$销项税额=销售额\times适用税率$$

（一）销售额的一般规定

销售额是指纳税人发生应税销售行为时，收取的全部价款和价外费用，但是不包括收取的销项税额。价外费用包括价外向购买方收取的手续费、补贴、基金等各种性质的价外收费，但不包括代收转付的费用。

增值税一般纳税人（包括纳税人自己或代其他部门）向购买方收取的价外费用和逾期包装物押金，应视为含税收入，在征税时应换算成不含税收入再并入销售额。

（二）特殊销售方式下销售额的确定

纳税人为了达到促销、融资等目的，经常会采取折扣、折让、以旧换新、以物易物等特殊销售方式。不同销售方式的增值税销售额的确定也不同。

1. 折扣及折让方式销售的增值税处理

折扣及折让方式销售的增值税处理见表2-10。

表2-10　折扣及折让方式销售的增值税处理表

类型	概念	税务处理
折扣销售（商业折扣）	销货方在发生应税行为时，因购货方购货数量较大等原因而给予购货方的价格优惠	价款和折扣额在同一张发票上的“金额”栏分别注明的，可按折扣后的销售额征收增值税；在同一张发票上的“备注”栏注明或者另开发票的，折扣额不得从销售额中减除
销售折扣（现金折扣）	销货方在发生应税销售行为后，为了鼓励购货方及时偿还货款而协议许诺给予购货方的一种价格优惠	不得从销售额中减除现金折扣额，现金折扣计入“财务费用”
实物折扣	销货方将自产、委托加工和购买的应税销售行为用于实物赠送购买者	按视同销售中“无偿赠送”处理
销售折让	销货方因售出商品的质量不合格等原因而在售价上给予的减让	按规定开具红字发票，可以从销售额中减除折让额

2. 以旧换新销售的增值税处理

以旧换新是指纳税人在销售自己的货物时，有偿收回旧货物的行为。采取以旧换新方式销售货物的，应按新货物的同期销售价格确定销售额，不得扣减旧货物的收购价格。但金银首饰允许销售方按照新货物售价扣减旧货折算的价款后的金额计算增值税。

3. 以物易物的增值税处理

以物易物是一种较为特殊的购销活动，是指购销双方不是以货币结算，而是以同等价款的应税销售行为相互结算，实现应税销售行为购销的一种方式。以物易物双方都应作购销处理。

（三）视同销售行为销售额的确定

纳税人发生应税销售行为，价格明显偏低并无正当理由或不具有合理商业目的的，或者发生应税销售行为而无销售额的，主管税务机关有权按照下列顺序确定销售额：

（1）按照纳税人最近时期销售同类应税销售行为的平均价格确定。

（2）按照其他纳税人最近时期销售同类应税销售行为的平均价格确定。

（3）按照组成计税价格确定。组成计税价格的公式为：

$$组成计税价格=成本\times（1+成本利润率）$$

成本利润率由国家税务总局确定。

（四）差额计税项目销售额的确定及申报

差额计税是指以取得的全部价款和价外费用扣除支付给规定范围纳税人的规定项目价款后的不含税余额为销售额的计税方法。

1. 差额计税项目销售额的确定

差额计税项目销售额的确定见表2-11。

表2-11　差额计税项目销售额的确定表

项目	销售额
金融商品转让	销售额＝卖出价－买入价－上期交易负差
经纪代理服务	销售额＝全部价款＋价外费用－向委托方收取并代为支付的政府性基金或行政事业性收费
融资租赁和融资性售后回租业务	销售额＝全部价款＋价外费用－借款利息－发行债券利息
航空运输	销售额＝全部价款＋价外费用－机场建设费－代售其他航空运输企业客票而代收转付的价款
客运场站服务	销售额＝全部价款＋价外费用－承运方运费
旅游服务	销售额＝全部价款＋价外费用－住宿费、餐饮费、交通费、签证费、门票费、地接费
销售不动产	销售额＝全部价款＋价外费用－土地出让金
建筑服务	销售额＝全部价款＋价外费用－分包费

附列资料（三）填报说明

2. 差额计税项目的申报

差额计税项目由于销售额存在扣除项目，增值税申报时需要填写附列资料（三）。

二、附列资料（一）的填写申报

附列资料（一）填报说明

附列资料（一）主要填报纳税人销售额及销项税额明细，分为19栏，分为一般计税方法计税、简易计税方法计税、免抵退税和免税四项。

任务实施

1. 增值税专用发票开票信息明细表中的销售额与销项税额

（1）4月2日，销售软件A产品，价税合计799 000元，收取手续费1 000元。

手续费属于价外费用，应视为含税收入，应换算为不含税收入，并入销售额。

销售额＝（799 000＋1 000）÷（1＋13%）＝707 964.60（元）

（2）4月4日，收取软件编程服务费，价税合计400 000元。

销售额＝400 000÷（1＋6%）＝377 358.49（元）

（3）4月14日，销售软件A产品，价税合计1 000 000元，7折销售。

销售额＝1 000 000×70%÷（1＋13%）＝619 469.03（元）

（4）4月16日，收取计算机测试服务费，价税合计200 000元。

销售额＝200 000÷（1＋6%）＝188 679.25（元）

（5）以软件A产品换取设备，A产品价税合计900 000元。

以软件A产品换取设备，A产品应作为销售处理。

销售额 = 900 000 ÷（1 + 13%）= 796 460.18（元）

（6）4月23日，收取技术咨询服务费，价税合计300 000元。

销售额 = 300 000 ÷（1 + 6%）= 283 018.87（元）

（7）4月25日，收取软件后期维护费，价税合计600 000元。

销售额 = 600 000 ÷（1 + 6%）= 566 037.74（元）

（8）开具增值税专用发票适用13%税率的销售额及销项税额合计为：

销售额 = 707 964.60 + 619 469.03 + 796 460.18 = 2 123 893.81（元）

销项税额 = 2 123 893.81 × 13% = 276 106.20（元）

（9）开具增值税专用发票适用6%税率的销售额及销项税额合计为：

销售额 = 377 358.49 + 188 679.25 + 283 018.87 + 566 037.74 = 1 415 094.35（元）

销售税额 = 1 415 094.35 × 6% = 84 905.66（元）

2. 增值税普通发票开票信息明细表中的销售额与销项税额

（1）4月3日，销售软件A产品，价税合计498 000元，收取手续费2 000元。手续费属于价外费用，应视为含税收入，应换算为不含税收入，并入销售额。

销售额 =（498 000 + 2 000）÷（1 + 13%）= 442 477.88（元）

（2）4月5日，收取软件编程服务费，价税合计400 000元。

销售额 = 400 000 ÷（1 + 6%）= 377 358.49（元）

（3）4月10日，销售软件A产品，价税合计1 000 000元。

销售额 = 1 000 000 ÷（1 + 13%）= 884 955.75（元）

（4）4月16日，收取计算机测试服务费，价税合计100 000元。

销售额 = 100 000 ÷（1 + 6%）= 94 399.62（元）

（5）开具增值税普通发票适用13%税率的销售额及销项税额合计为：

销售额 = 442 477.88 + 884 955.75 = 1 327 433.63（元）

销项税额 = 1 327 433.63 × 13% = 172 566.37（元）

（6）开具增值税普通发票适用6%税率的销售额及销售税额合计为：

销售额 = 377 358.49 + 94 399.62 = 471 758.11（元）

销项税额 = 471 758.11 × 6% = 28 305.49（元）

3. 其他销售业务涉及的销售额与销项税额

（1）4月6日，将新研发的老年公寓管理软件赠送给某健康养老中心，该软件研发成本100 000元，市场上无同类产品。

按照增值税视同销售的规定，将新研发的老年公寓管理软件赠送给某健康养老中心，该软件应视同销售处理。

销售额 = 100 000 ×（1 + 10%）= 110 000（元），适用税率13%。

（2）4月12日，向消费者销售游戏软件，价税合计120 000元，未开具发票。

未开具发票的销售额 = 120 000 ÷（1 + 13%）= 106 194.69（元）

（3）未开具发票适用13%税率的销售额及销项税额合计为：

销售额 = 110 000 + 106 194.69 = 216 194.69（元）

销项税额 = 216 194.69 × 13% = 28 105.31（元）

新发展公司附列资料（一）的填写见表2-12。

表2-12 增值税及附加税费申报表附列资料（一）（部分表）
（本期销售情况明细）

税款所属时间：2023年4月1日至2023年4月30日

纳税人名称：（公章）北京新发展科技股份有限公司 金额单位：元（列至角分）

项目及栏次				开具增值税专用发票		开具其他发票		未开具发票		纳税检查调整		合计			服务、不动产和无形资产扣除项目本期实际扣除金额	扣除后	
				销售额	销项（应纳）税额	销售额	销项（应纳）税额	销售额	销项（应纳）税额	销售额	销项（应纳）税额	销售额	销项（应纳）税额	价税合计		含税（免税）销售额	销项（应纳）税额
				1	2	3	4	5	6	7	8	9=1+3+5+7	10=2+4+6+8	11=9+10	12	13=11−12	14=13÷（100%+税率或征收率）×税率或征收率
一、一般计税方法计税	全部征税项目	13%税率的货物及加工修理修配劳务	1	2 123 893.81	276 106.20	1 327 433.63	172 566.37	216 194.69	28 105.31			3 667 522.13	476 777.88	—	—	—	—
		13%税率的服务、不动产和无形资产	2														
		9%税率的货物及加工修理修配劳务	3											—	—	—	—
		9%税率的服务、不动产和无形资产	4														
		6%税率	5	1 415 094.35	84 905.66	471 758.11	28 305.49					1 886 852.46	113 211.15	2 000 063.61	0	2 000 063.61	113 211.15

续表

项目及栏次				开具增值税专用发票		开具其他发票		未开具发票		纳税检查调整		合计			服务、不动产和无形资产扣除项目本期实际扣除金额	扣除后	
				销售额	销项（应纳）税额	销售额	销项（应纳）税额	销售额	销项（应纳）税额	销售额	销项（应纳）税额	销售额	销项（应纳）税额	价税合计		含税（免税）销售额	销项（应纳）税额
				1	2	3	4	5	6	7	8	9=1+3+5+7	10=2+4+6+8	11=9+10	12	13=11−12	14=13÷（100%+税率或征收率）×税率或征收率
一、一般计税方法计税	其中：即征即退项目	即征即退货物及加工修理修配劳务	6	—	—	—	—	—	—	—	—			—	—	—	—
		即征即退服务、不动产和无形资产	7	—	—	—	—	—	—	—	—						

填写说明：根据开具增值税专用发票业务销售额及销项税额的计算，适用13%税率的销售额2 123 893.81元、销项税额276 106.20元分别填入第1行第1列、第2列，将适用6%税率的销售额1 415 094.35元、销项税额84 905.66元分别填入第5行第1列，第2列。根据开具增值税普通发票业务销售额及销项税额的计算，将适用13%税率的销售额1 327 433.63元、销项税额172 566.37元分别填入第1行第3列、第4列，将适用6%税率的销售额471 758.11元、销项税额28 305.49元分别填入第5行第3列、第4列。根据其他业务销售额及销项税额的计算，将适用13%税率的销售额216 194.69元、销项税额28 105.31元分别填入第1行第5列、第6列。还需注意，新发展公司不存在差额计税项目，第5行和第12列填写0元。

子任务二　进项税额计算及附列资料（二）的申报填写

任务描述

新发展公司2023年4月份购进业务情况如下：

一、取得增值税专用发票

取得增值税专用发票并已认证的抵扣信息明细表见表2-13。

表2-13　增值税专用发票并已认证的抵扣信息明细表（发票号码略）

单位：元

日期	摘要	金额	税额
4月3日	购入研发A材料	88 495.58	11 504.42
4月6日	购入办公用车辆	309 734.51	40 265.49
4月8日	支付技术咨询服务费	150 943.40	9 056.60
4月12日	购入研发设备	353 982.30	46 017.70
4月14日	支付技术使用费	94 339.62	5 660.38
4月21日	购入测试设备	123 893.81	16 106.19
4月23日	支付高速通行费	1 941.75	58.25
4月25日	购入研发辅料C材料	141 592.92	18 407.08

二、其他扣税凭证

（1）接受甲国服务商提供的信息技术服务，海关进口增值税专用缴款书上注明金额1 886 792.45元，税额113 207.55元。

（2）本月差旅费报销情况如下：

① 小王提供注明旅客身份信息的航空运输电子客票行程单2份，票价共1 800元，燃油附加费100元，民航发展基金80元；

② 小李提供注明旅客身份信息的铁路车票2份，票面金额共计520元。

（3）收到税控机技术维护费发票，其为增值税普通发票，注明金额264.15元，税额15.85元。

三、其他情况

4月30日在月末存货盘点中发现，2月购入测试用的B材料发生毁损，账面价值为30 000元，B材料在购入时已经抵扣过进项税额（该材料未用于即征即退项目）。

任务要求：根据新发展公司的相关信息完成下列工作任务：

1. 计算新发展公司2023年4月的进项税额；
2. 完成附列资料（二）的填报。

知识准备

一、准予从销项税额中抵扣的进项税额

进项税额，是指纳税人购进货物、劳务、服务、无形资产或者不动产，支付或者负担的增值税税额。

（一）扣税凭证

（1）从销售方取得的增值税专用发票（含税控机动车销售统一发票）上注明的增值税税额。

（2）从海关取得的海关进口增值税专用缴款书上注明的增值税税额。

（3）纳税人从境外单位或者个人购进劳务、服务、无形资产或者境内的不动产，从税务机关或者扣缴义务人取得的代扣代缴税款的完税凭证上注明的增值税税额。

（二）购进国内旅客运输服务抵扣进项税额规定

购进国内旅客运输服务抵扣进项税额规定见表2-14。

表2-14　国内旅客运输服务抵扣进项税额规定汇总表

扣税凭证的类型	具体抵扣规定
增值税电子普通发票	按照发票上注明的税额
标明旅客身份信息的航空运输电子客票行程单	(票价＋燃油附加费)÷(1＋9%)×9%
注明旅客身份信息的铁路车票	票面金额÷(1＋9%)×9%
注明旅客身份信息的公路、水路等其他客票	票面金额÷(1＋3%)×3%

（三）购入农产品抵扣进项税额规定

购入农产品可抵扣进项税额汇总表见表2-15。

表2-15　购入农产品可抵扣进项税额汇总表

供货方性质	购货凭证	可抵扣进项税额
一般纳税人	增值税专用发票	专用发票上注明的税额抵扣
境外单位	海关进口专用缴款书	缴款书上注明的税额抵扣
小规模纳税人	增值税专用发票	进项税额＝买价（或专用发票上注明的金额）×扣除率；用于生产13%税率的货物时扣除率为10%；用于生产9%税率的货物或者用于提供6%税率的服务时扣除率为9%
农业生产者个人	农产品收购发票	

（四）增值税税控系统专用设备和技术维护费用全额抵扣规定

（1）增值税纳税人2011年12月1日（含）以后初次购买增值税税控系统专用设备（包括分开票机）支付的费用，可凭购买增值税税控系统专用设备取得的增值税专用发票，在增值税应纳税额中全额抵减（抵减额为价税合计额），不足抵减的可结转下期继续抵减。

（2）增值税纳税人2011年12月1日以后缴纳的技术维护费（不含补缴的2011年11月30日以前的技术维护费），可凭技术维护服务单位开具的技术维护费发票，在增值税应纳税额中全额抵减，不足抵减

的可结转下期继续抵减。

二、不得从销项税额中抵扣的进项税额

纳税人购进货物、劳务、服务、无形资产、不动产，纳税人取得的增值税扣税凭证不符合法律、行政法规或者国家税务总局有关规定的，其进项税额不得从销项税额中抵扣。

下列项目的进项税额不得从销项税额中抵扣：

（1）用于简易计税方法计税项目、免征增值税项目、集体福利或者个人消费的购进货物、加工修理修配劳务、服务、无形资产和不动产。其中涉及的固定资产、无形资产、不动产，仅指专用于上述项目的固定资产、无形资产（不包括其他权益性无形资产）、不动产。交际应酬消费属于个人消费。

（2）非正常损失的购进货物，以及相关的加工修理修配劳务和交通运输服务。

（3）非正常损失的在产品、产成品所耗用的购进货物（不包括固定资产）、加工修理修配劳务和交通运输服务。

（4）非正常损失的不动产，以及该不动产所耗用的购进货物、设计服务和建筑服务。

（5）非正常损失的不动产在建工程所耗用的购进货物、设计服务和建筑服务。纳税人新建、改建、扩建、修缮、装饰不动产，均属于不动产在建工程。

（6）购进的贷款服务、餐饮服务、居民日常服务和娱乐服务。

纳税人接受贷款服务向贷款方支付的与该笔贷款直接相关的投融资顾问费、手续费、咨询费等费用，其进项税额不得从销项税额中抵扣。

（7）兼营而无法划分不得抵扣的进项税额。一般纳税人兼营免税项目或者简易计税项目而无法划分不得抵扣的进项税额的，纳税人购进"混用"的非固定资产类的其他货物，其不得抵扣的进项税额按下列公式计算：

不得抵扣的进项税额 = 当期无法划分的全部进项税额 × 当期免税项目销售额、当期简易计税项目销售额合计 ÷ 当期全部销售额

（8）一般纳税人已抵扣进项税额的固定资产、无形资产发生进项税额转出情形的，按照下列公式计算不得抵扣的进项税额：

不得抵扣的进项税额 = 固定资产、无形资产或者不动产净值 × 适用税率

固定资产、无形资产或者不动产净值，是指纳税人根据财务会计制度计提折旧或摊销后的固定资产、无形资产或者不动产的价值。

（9）有下列情形之一者，应按销售额依照增值税税率计算应纳税额，不得抵扣进项税额，也不得使用增值税专用发票：

① 一般纳税人会计核算不健全，或者不能够提供准确税务资料的；

② 除年应税销售额超过小规模纳税人标准的其他个人（按小规模纳税人纳税）、非企业性单位、不经常发生应税行为的企业，可选择按小规模纳税人纳税外，纳税人销售额超过小规模纳税人标准，未申请办理一般纳税人资格登记手续的。

三、进项税额转出

（1）纳税人购进货物、劳务、服务时已经抵扣过进项税额，后来发生进项税额不得抵扣的情形，需要将原抵扣的进项税额直接转出。无法确定已经抵扣的进项税额的，按当期外购项目的实际成本计

算应扣减的进项税额。

（2）购进固定资产、无形资产、不动产已经抵扣的进项税额，发生了转出，按照下列公式计算转出金额：

不得抵扣的进项税额 = 资产净值 × 适用税率

四、原未抵扣进项税额的项目发生可以抵扣情形的处理

在取得时属于不得抵扣且未抵扣进项税额的固定资产、无形资产、不动产，后来发生用途改变，用于允许抵扣进项税额的应税项目，可在改变用途的次月，依据合法有效的增值税扣税凭证，计算可抵扣的进项税额。相关计算公式如下：

可抵扣的进项税额 = 固定资产、无形资产、不动产净值 ÷（1 + 适用税率）× 适用税率

或者　可抵扣的进项税额 = 增值税扣税凭证上注明或计算的进项税额 × 净值率

其中：　净值率 =（净值 ÷ 原值）× 100%

五、增值税加计抵减政策及申报流程

（一）增值税加计抵减政策

增值税加计抵减政策见表2-16。

表2-16　增值税加计抵减政策规定

享受主体	优惠内容	享受时间	享受条件
生产性服务业纳税人	按照当期可抵扣进项税额加计5%抵减应纳税额	自2023年1月1日至2023年12月31日	（1）增值税一般纳税人 （2）生产性服务业纳税人，是指提供邮政服务、电信服务、现代服务、生活服务取得的销售额占全部销售额的比重超过50%的纳税人；生活性服务业纳税人，是指提供生活服务取得的销售额占全部销售额的比重超过50%的纳税人；先进制造业企业是指高新技术企业（含所属的非法人分支机构）中的制造业一般纳税人 （3）销售额包括纳税申报销售额、稽查查补销售额、纳税评估调整销售额 （4）纳税人可计提但未计提的加计抵减额，可在确定适用加计抵减政策当期一并计提
生活性服务业纳税人	按照当期可抵扣进项税额加计10%抵减应纳税额		
先进制造业纳税人	（1）按照当期可抵扣进项税额的5%计提当期加计抵减额 （2）抵减前的应纳税额等于零的，当期可抵减加计抵减额全部结转下期抵减 （3）抵减前的应纳税额大于零，且大于当期可抵减加计抵减额的，当期可抵减加计抵减额全额从抵减前的应纳税额中抵减 （4）抵减前的应纳税额大于零，且小于或等于当期可抵减加计抵减额的，以当期可抵减加计抵减额抵减应纳税额至零；未抵减完的当期可抵减加计抵减额，结转下期继续抵减 （5）先进制造业企业出口货物劳务、发生跨境应税行为不适用加计抵减政策，其对应的进项税额不得计提加计抵减额	自2023年1月1日至2027年12月31日	

（二）增值税加计抵减申报流程

1. 提交声明

（1）登录电子税务局，单击“我要办税”—“综合信息报告”—“资格信息报告”，再单击“生产性服务业增值税加计抵减政策声明申请”或“生活性服务业增值税加计抵减政策声明申请”。具体操作见图2-3。

图 2-3 增值税加计抵减政策声明申请界面

（2）单击并选择纳税人适用的加计抵减政策声明并填写提交。

2. 加计抵减政策增值税申报表填写

纳税人在进行增值税纳税申报时，填写完当期附列资料（二）后，在附列资料（四）中根据当期进项税额计算相应的当期可加计抵减金额，并填写在“一般项目加计抵减额计算”的“本期发生额”中，见表2-17。

表2-17 附列资料（四）（部分表）

二、加计抵减情况							
序号	加计抵减项目	期初余额	本期发生额	本期调减额	本期可抵减额	本期实际抵减额	期末余额
		1	2	3	4=1+2-3	5	6=4-5
6	一般项目加计抵减额计算						
7	即征即退项目加计抵减额计算						
8	合计						

增值税期末留抵税额退税制度

六、增值税期末留抵税额退税制度及申报流程

自2019年4月1日起，试行增值税期末留抵税额退税（简称“留抵退税”）制度。

（一）享受主体

符合条件的小微企业（含个体工商户）以及“制造业”“科学研究和技术服务业”“电力、热力、燃气及水生产和供应业”“软件和信息技术服务业”“生态保护和环境治理业”和“交通运输、仓储和邮政业”（简称“制造业等行业”）企业（含个体工商户）及“批发和零售业”“农、林、牧、渔业”“住宿和餐饮业”“居民服务、修理和其他服务业”“教育”“卫生和社会工作”和“文化、体育和娱乐业”（简称“批发零售业等行业”）企业（含个体工商户）。

（二）享受条件

纳税人享受退税需同时符合以下条件：

（1）纳税信用等级为A级或者B级；

（2）申请退税前36个月未发生骗取留抵退税、骗取出口退税或虚开增值税专用发票情形；

（3）申请退税前36个月未因偷税被税务机关处罚两次及以上；

（4）2019年4月1日起未享受即征即退、先征后返（退）政策。

税收与新发展格局

强健制造业根基的重要举措——增值税留抵退税

制造业是实体经济的主体，加快建设以实体经济为支撑的现代化产业体系是构建新发展格局、推动高质量发展的需要。党的二十大报告中提出：“坚持把发展经济的着力点放在实体经济上，推进新型工业化，加快建设制造强国、质量强国、航天强国、交通强国、网络强国、数字中国”。增值税留抵退税能够有效减少企业资金占用，是一项重要的支持制造业发展的税收政策。

2018年，我国率先在装备制造业和研发等现代服务业实施退还增值税留抵退税，于2019年将政策享受范围扩大至所有企业，且按60%的比例退税，之后又对先进制造业取消60%的退税限制。2022年，我国又继续加大对先进制造业的退税力度，采用按月全额退还增值税增量留抵税额和一次性退还存量留抵税额的优惠政策规定。实施增值税留抵退税，有效地缓解了企业资金压力，对提升制造业发展信心，强健制造业根基，优化和稳定产业链和供应链，推动我国经济高质量发展发挥了重要作用。

（三）优惠内容

1. 增量留抵税额政策规定

增量留抵税额政策规定见表2-18。

表2-18　增量留抵税额政策规定

符合条件的主体	政策规定	增量留抵税额	留抵税额计算
小微企业	自2022年4月，申请退还增量留抵	（1）获得一次性存量留抵退税前，增量留抵税额＝当期期末留抵税额－2019年3月31日的留抵税额 （2）获得一次性存量留抵退税后，增量留抵税额＝当期期末留抵税额	允许退还的增量留抵税额＝增量留抵税额×进项构成比例×100%
制造业等行业企业	自2022年4月，申请退还增量留抵		
批发零售业等行业企业	自2022年7月，申请退还增量留抵		

2. 存量留抵税额政策规定

存量留抵税额政策规定见表2-19。

表2-19　存量留抵税额政策规定

符合条件的主体	政策规定	存量留抵税额	留抵税额计算
微型企业	自2022年4月，申请一次性退还存量留抵	(1) 获得一次性存量留抵退税前，当期期末留抵税额大于等于2019年3月31日的期末留抵税额的，存量留抵税额等于2019年3月31日的期末留抵税额 (2) 获得一次性存量留抵退税前，当期期末留抵税额小于2019年3月31日的期末留抵税额的，存量留抵税额等于当期的期末留抵税额 (3) 获得一次性存量留抵退税后，存量留抵税额为零	允许退还的存量留抵税额＝存量留抵税额×进项构成比例×100%
小型企业	自2022年5月，申请一次性退还存量留抵		
制造业等中型企业	自2022年5月，申请一次性退还存量留抵		
制造业等大型企业	自2022年6月，申请一次性退还存量留抵		
批发零售业等行业企业	自2022年7月，申请一次性退还存量留抵		

说明：表2-18和表2-19中的进项构成比例，为2019年4月至申请退税前一税款所属期已抵扣的增值税专用发票（含带有"增值税专用发票"字样全面数字化的电子发票、税控机动车销售统一发票）、收费公路通行费增值税电子普通发票、海关进口增值税专用缴款书、解缴税款完税凭证注明的增值税税额占同期全部已抵扣进项税额的比重。

（四）申报流程

《退（抵）税申请表》样表及填报说明

申请增值税期末留抵退税的纳税人，应在纳税申报期内，完成当期增值税纳税申报后，在规定的留抵退税申请期间内通过电子税务局或办税服务厅提交《退（抵）税申请表》，纳税人在收到税务机关准予留抵退税的《税务事项通知书》的当期，应以税务机关核准的允许退还的增量留抵税额冲减期末留抵税额，填列附列资料（二）第22行"上期留抵税额退税"相应栏次。

通过电子税务局申请留抵退税流程如下：

登录电子税务局，依次单击菜单栏"我要办税"—"一般退（抵）税管理"—"增值税制度性留抵退税"，进入办理页面。系统弹出办理须知，单击"继续办理"进入留抵退税申请表填写界面，然后填写相关信息和数据进行申请。办理一般退（抵）税界面见图2-4，办理增值税制度性留抵退税界面见图2-5。

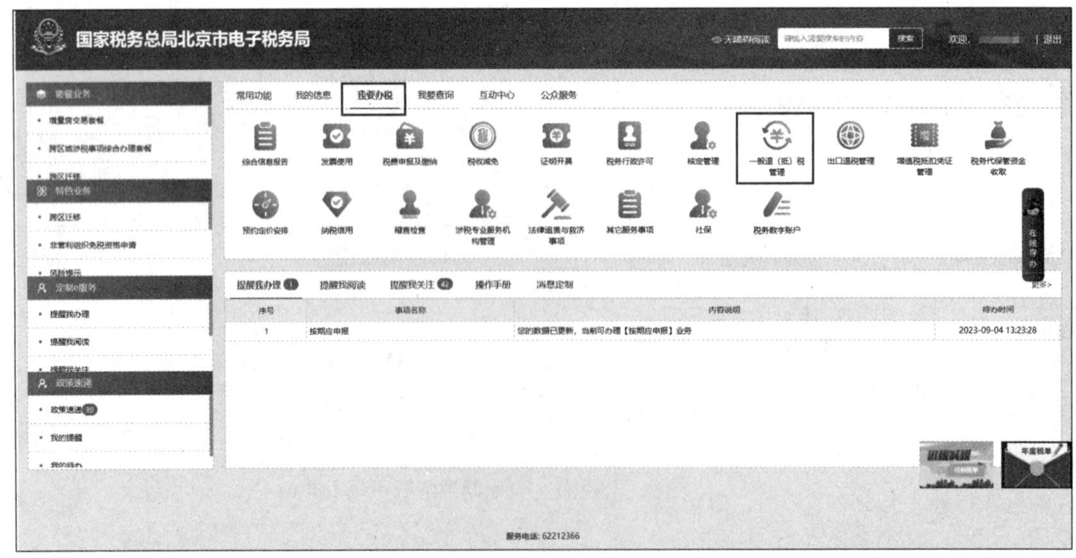

图2-4　办理一般退（抵）税界面

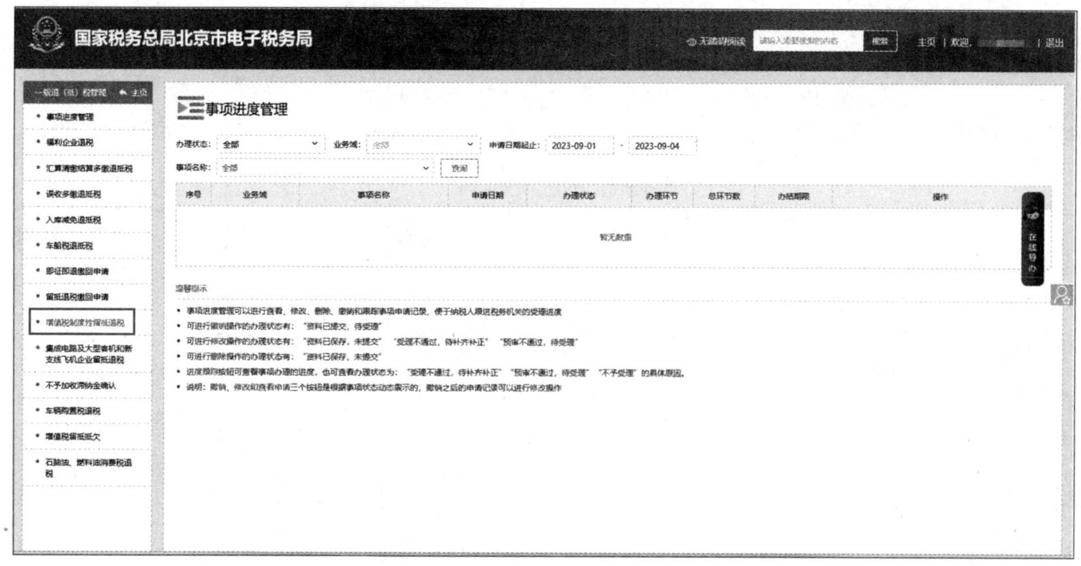

图 2-5　办理增值税制度性留抵退税界面

七、附列资料（二）的填写

企业存在可抵扣的进项税额，需填写附列资料（二），附列资料（二）主要反映纳税人进项税额明细情况，共36栏，分为申报抵扣的进项税额、进项税额转出额、待抵扣进项税额和其他四大项。

附列资料（二）填报说明

任务实施

1. 进项税额的计算

（1）增值税专用发票可抵扣的进项税额 = 11 504.42 + 40 265.49 + 9 056.6 + 46 017.7 + 5 660.38 + 16 106.19 + 58.25 + 18 407.08 = 147 076.11（元）。

（2）海关进口增值税专用缴款书可抵扣的进项税额 = 113 207.55（元）。

（3）差旅费可以抵扣的进项税额：

① 航空运输电子客票行程单可抵扣的进项税额 =（1 800 + 100）÷（1 + 9%）× 9% = 156.88（元）；

② 火车票可抵扣的进项税额 = 520 ÷（1 + 9%）× 9% = 42.94（元）；

差旅费合计可抵扣 = 156.88 + 42.94 = 199.82（元）。

（4）税控机技术维护费在增值税应纳税额中可全额抵减，税控机技术维护费可抵扣的进项税额 = 264.15 + 15.85 = 280（元）。该抵减额应填列在附列资料（四）中，附列资料（四）的具体填写参考任务三。

（5）毁损材料转出的进项税额 = 30 000 × 13% = 3 900（元）。

（6）当月可抵扣的进项税额合计 = 147 076.11 + 113 207.55 + 156.88 + 42.94 + 280−3 900 = 256 863.48（元）。

2. 附列资料（二）的填写

新发展公司附列资料（二）的具体填写见表2-20。

表2-20　增值税及附加税费申报表附列资料（二）（部分表）
（本期进项税额明细）

税款所属时间：2023年4月1日至2023年4月30日

纳税人名称：（公章）北京新发展科技股份有限公司　　　　金额单位：元（列至角分）

一、申报抵扣的进项税额				
项目	栏次	份数	金额	税额
（一）认证相符的增值税专用发票	1＝2＋3	8	1 264 923.89	147 076.11
其中：本期认证相符且本期申报抵扣	2	8	1 264 923.89	147 076.11
前期认证相符且本期申报抵扣	3			
（二）其他扣税凭证	4＝5＋6＋7＋8a＋8b		1 889 012.63	113 407.37
其中：海关进口增值税专用缴款书	5		1 886 792.45	113 207.55
农产品收购发票或者销售发票	6			
代扣代缴税收缴款凭证	7		—	
加计扣除农产品进项税额	8a	—	—	
其他	8b		2 220.18	199.82
（三）本期用于购建不动产的扣税凭证	9			
（四）本期用于抵扣的旅客运输服务扣税凭证	10		2 220.18	199.82
（五）外贸企业进项税额抵扣证明	11	—	—	
当期申报抵扣进项税额合计	12＝1＋4＋11		3 153 936.52	260 483.48

二、进项税额转出额		
项目	栏次	税额
本期进项税额转出额	13＝14至23之和	3 900
其中：免税项目用	14	
集体福利、个人消费	15	
非正常损失	16	3 900
简易计税方法征税项目用	17	
免抵退税办法不得抵扣的进项税额	18	
纳税检查调减进项税额	19	
红字专用发票信息表注明的进项税额	20	
上期留抵税额抵减欠税	21	
上期留抵税额退税	22	
异常凭证转出进项税额	23a	
其他应作进项税额转出的情形	23b	

填写说明：本期认证相符的增值税专用发票共8份，金额1 264 923.89元，税额147 076.11元，将其填入第1栏和第2栏的金额和税额栏中。海关进口增值税专用缴款书上注明金额1 886 792.45元，税额113 207.55元，将其填入第5栏的金额和税额栏中。其他扣税凭证中的其他项，金额2 220.18元，税额199.82元，将其填入第8b栏的金额和税额栏中。由于非正常损失产生的进项税额转出额3 900元填入第16栏中。

子任务三　一般计税方法下附加税费的智慧化申报

任务描述

承接子任务一和子任务二，假定新发展公司城市维护建设税税率5%，教育费附加征收率3%，地方教育附加征收率2%，新发展公司所在省份针对符合规定的企业实施“六税两费”减半优惠政策。

任务要求：根据新发展公司2023年4月的业务信息，不考虑其他因素，完成以下任务：

1. 计算4月份应缴纳的增值税。
2. 计算4月份应缴纳的附加税费。
3. 完成附列资料（五）的填写申报。

知识准备

一、城市维护建设税和教育费附加的税制要素

（一）纳税义务人

纳税人是在我国境内缴纳增值税、消费税（简称“两税”）的单位和个人。

扣缴义务人是负有两税扣缴义务的单位和个人，在扣缴两税的同时扣缴城市维护建设税和教育费附加。

（二）税率及征收率

1. 城市维护建设税税率

城市维护建设税税率见表2-21。

表2-21　城市维护建设税税率表

地区	税率
市区	7%
县城、镇	5%
不在市区、县城或者镇	3%

2. 教育费附加征收率

所有地区统一采用3%的征收比率。

（三）应纳税额的计算

1. 城市维护建设税应纳税额的计算

应纳税额 =（实缴增值税 + 实缴消费税 − 期末留抵退税退还的增值税）× 适用税率

需注意的是，增值税留抵退税额自实际收到之日起的下一个纳税申报期从城市维护建设税计税依据中扣除。

2. 教育费附加的计算

应纳教育费附加 =（实际缴纳增值税 + 消费税）× 3%

（四）税收优惠

（1）进口货物、境外单位和个人向境内销售劳务、服务、无形资产缴纳的增值税、消费税的，不征收城市维护建设税和教育费附加。

（2）出口业务计算的增值税免抵税额，应计入计税依据，征收城市维护建设税和教育费附加。

（3）对两税实行先征后返、先征后退、即征即退办法的，除另有规定外，对随两税附征的城市维护建设税，一律不予退（返）还。

（4）"六税两费"减半政策。

2022年1月1日至2024年12月31日，由省、自治区、直辖市人民政府根据本地区实际情况，以及宏观调控需要确定，对增值税小规模纳税人、小型微利企业和个体工商户可以在50%的税额幅度内减征资源税、城市维护建设税、房产税、城镇土地使用税、印花税（不含证券交易印花税）、耕地占用税和教育费附加、地方教育附加（简称"六税两费"）。

其中，小型微利企业，是指从事国家非限制和禁止行业，且同时符合年度应纳税所得额不超过300万元、从业人数不超过300人、资产总额不超过5 000万元等三个条件的企业。

从业人数和资产总额指标，应按企业全年的季度平均值确定。具体计算公式如下：

季度平均值 =（季初值 + 季末值）÷ 2

全年季度平均值 = 全年各季度平均值之和 ÷ 4

二、增值税及附加税费申报表附列资料（五）的申报填写

附列资料（五）样表及填报说明

自2021年8月1日起，增值税、消费税分别与城市维护建设税、教育费附加、地方教育附加申报表整合，附加税费的申报需要填写主表及附列资料（五）。

任务实施

1. 计算应缴纳的增值税

根据子任务一的销项税额589 989.03元（476 777.88 + 113 211.15 = 589 989.03）和子任务二的当月可抵扣的进项税额256 583.48元，再考虑税控机技术服务费280元可全额抵减，新发展公司4月份应缴纳的增值税 = 589 989.03 − 256 583.48 − 280 = 333 125.55（元）。

2. 判断是否满足享受"六税两费"减半政策

新发展公司季度平均资产7 134.36万元和截至2023年3月31日的应纳税所得额为466.98万元，不满足小型微利企业的条件，不能享受"六税两费"的减半优惠政策。

3. 计算应缴纳的附加税费

应缴纳的附加税费 = 333 125.55 ×（5% + 3% + 2%）= 33 312.56（元）。

4. 附列资料（五）的填报

新发展公司附列资料（五）的具体填写见表2-22。

表2-22 增值税及附加税费申报表附列资料（五）
（附加税费情况表）

税（费）款所属时间：2023年4月1日至2023年4月30日

纳税人名称：（公章）北京新发展科技股份有限公司　　　　金额单位：元（列至角分）

<table>
<tr><th colspan="2" rowspan="3">税（费）种</th><th colspan="3">计税（费）依据</th><th rowspan="2">税（费）率</th><th rowspan="2">本期应纳税（费）额</th><th colspan="2">本期减免税（费）额</th><th colspan="2">试点建设培育产教融合型企业</th><th rowspan="2">本期已缴税（费）额</th><th rowspan="2">本期应补（退）税（费）额</th></tr>
<tr><th>增值税税额</th><th>增值税免抵税额</th><th>留抵退税本期扣除额</th><th>减免性质代码</th><th>减免税（费）额</th><th>减免性质代码</th><th>本期抵免金额</th></tr>
<tr><th>1</th><th>2</th><th>3</th><th>4</th><th>5=（1+2−3）×4</th><th>6</th><th>7</th><th>8</th><th>9</th><th>10</th><th>11=5−7−9−10</th></tr>
<tr><td>城市维护建设税</td><td>1</td><td>333 125.55</td><td></td><td></td><td>5%</td><td>16 656.28</td><td></td><td></td><td>—</td><td>—</td><td>0</td><td>16 656.28</td></tr>
<tr><td>教育费附加</td><td>2</td><td>333 125.55</td><td></td><td></td><td>3%</td><td>9 993.77</td><td></td><td></td><td></td><td></td><td>0</td><td>9 993.77</td></tr>
<tr><td>地方教育附加</td><td>3</td><td>333 125.55</td><td></td><td></td><td>2%</td><td>6 662.51</td><td></td><td></td><td></td><td></td><td>0</td><td>6 662.51</td></tr>
<tr><td>合计</td><td>4</td><td>—</td><td>—</td><td>—</td><td>—</td><td>33 312.56</td><td>—</td><td></td><td>—</td><td></td><td></td><td>33 312.56</td></tr>
<tr><td colspan="5" rowspan="3">本期是否适用试点建设培育产教融合型企业抵免政策</td><td rowspan="3">□是　☑否</td><td colspan="4">当期新增投资额</td><td>5</td><td colspan="2"></td></tr>
<tr><td colspan="4">上期留抵可抵免金额</td><td>6</td><td colspan="2"></td></tr>
<tr><td colspan="4">结转下期可抵免金额</td><td>7</td><td colspan="2"></td></tr>
<tr><td colspan="6" rowspan="3">可用于扣除的增值税留抵退税额使用情况</td><td colspan="4">当期新增可用于扣除的留抵退税额</td><td>8</td><td colspan="2"></td></tr>
<tr><td colspan="4">上期结存可用于扣除的留抵退税额</td><td>9</td><td colspan="2"></td></tr>
<tr><td colspan="4">结转下期可用于扣除的留抵退税额</td><td>10</td><td colspan="2"></td></tr>
</table>

填写说明：增值税税额333 125.55元作为计税依据填入行1、行2和行3的“增值税税额”栏中，新发展公司不存在免抵税额和留抵退税本期扣除额，列5根据增值税税额333 125.55元乘以相应税（费）率计算填写，新发展公司无减免税额，不属于试点建设培育产教融合型企业，本期已缴纳税（费）额为0，本期应补（退）税（费）额填入第11列中。

任务三　一般纳税人适用简易计税方法的增值税计算与智慧化申报

任务描述

上海A房地产开发公司（简称“A公司”）2023年5月发生业务信息如下：

一、销售开发的房地产

A公司销售自行开发的房地产，《建筑工程施工许可证》注明该房地产项目开工日期为2016年3月25日，2016年6月预售房屋收取预售款0.8亿元，2023年5月取得房屋销售收入及价外费用1.11亿元，A公司开发该项目支付的地价款为2亿元，房地产项目可供销售的建筑面积为20 000平方米，本次销售的面积为3 500平方米。

二、房屋租赁

2023年5月出租其位于北京的一处办公场所，该办公场所2016年2月购入，月租金30万元。

任务要求：根据A公司的相关业务信息完成如下任务：

1. A公司销售房地产缴纳增值税是否可以采用简易计税方法？
2. 2016年6月收到的预售款是否需要缴纳增值税？如需要，计算需要缴纳的增值税金额。
3. A公司如果可以采用简易计税方法，分别计算采用一般计税方法和简易计税方法下2023年5月销售房地产应缴纳的增值税。
4. A公司出租房屋缴纳增值税是否可以按照简易计税方法？
5. 计算出租房屋需要缴纳的增值税。
6. 假定A公司销售房产、出租房屋均开具增值税专用发票，并假定预缴款均在当期纳税申报时全部抵减，完成A公司2023年5月的增值税纳税申报。

知识准备

简易计税方法是指增值税一般纳税人因行业的特殊性，无法取得原材料或货物的增值税进项发票，按照一般计税方法核算增值税应纳税额税负过高，因而对特殊的行业采取按照简易征收率征收增值税的方法。简易计税方法应纳税额的计算公式为：

不含税销售额 × 征收率或含税销售额 ÷（1 + 征收率）× 征收率

采用简易计税方法不得抵扣进项税额。

一、一般纳税人采用简易计税方法的适用情形

（一）提供应税服务简易计税方法

一般纳税人提供应税服务简易计税方法见表2-23。

表2-23 提供应税服务简易计税方法情形汇总表

适用情形	具体内容
可选择按照3%征收率纳税的服务	(1) 公共交通运输服务； (2) 经认定的动漫企业进行的动漫产品的设计、制作服务，以及在境内转让动漫版权； (3) 电影放映服务； (4) 仓储服务； (5) 装卸搬运服务； (6) 收派服务； (7) 文化体育服务； (8) 以营改增试点前取得的有形动产，提供的“有形动产经营租赁服务”； (9) 营改增试点前签订的，尚未执行完毕的“有形动产租赁”合同

（二）提供建筑服务简易计税方法

一般纳税人提供建筑服务简易计税方法见表2-24。

表2-24 提供建筑服务简易计税方法汇总表

适用情形	具体内容	备注
可选择按照3%征收率纳税	以清包工方式提供的建筑服务	清包工是指施工方不采购建筑工程所需的材料或只采购辅助材料，并收取人工费、管理费或者其他费用
	为甲供工程提供的建筑服务	甲供工程是指全部或部分设备、材料、动力由工程发包方自行采购的建筑工程
	为建筑工程老项目提供的建筑服务	建筑工程老项目，是指： (1)《建筑工程施工许可证》注明的合同开工日期在2016年4月30日前的建筑工程项目； (2) 未取得《建筑工程施工许可证》的，建筑工程承包合同注明的开工日期在2016年4月30日前的建筑工程项目
	一般纳税人跨县（市）提供建筑服务	以取得的全部价款和价外费用扣除支付的分包款后的余额为销售额纳税

（三）销售、转让不动产简易计税方法

一般纳税人销售、转让不动产简易计税应纳税额计算见表2-25。

表2-25 销售、转让不动产简易计税应纳税额计算表

适用情形	应纳税额	备注
销售2016年4月30日前取得（不含自建）的不动产	(全部价款和价外费用－不动产购置原价或者取得不动产时的作价)÷(1＋5%)×5%	在不动产所在地按5%税率差额预缴增值税后，向机构所在地主管税务机关进行纳税申报
销售2016年4月30日前自建的不动产	全部价款和价外费用÷(1＋5%)×5%	在不动产所在地按5%税率全额预缴增值税后，向机构所在地主管税务机关进行纳税申报
房地产开发企业销售自行开发房地产老项目	含税销售额÷(1＋5%)×5%	预售款需按照3%征收率预缴增值税

（四）不动产经营租赁简易计税方法

一般纳税人不动产经营租赁简易计税应纳税额计算见表2-26。

表2-26　不动产经营租赁简易计税应纳税额计算表

项目	征收率或适用税率	应纳税额	备注
出租2016年4月30日前取得的不动产	5%征收率	含税租金÷（1+5%）×5%	不动产所在地与机构所在地不在同一县（市），需按照5%的征收率在不动产所在地预缴增值税
住房租赁企业向个人出租住房	5%征收率减按1.5%	含税租金÷（1+5%）×1.5%	不动产所在地与机构所在地不在同一县（市），需按照1.5%的征收率在不动产所在地预缴增值税
出租2016年5月1日后取得的不动产	适用税率9%	应纳税额＝含税租金÷（1+9%）×9%	不动产所在地与机构所在地不在同一县（市），需按照3%的征收率在不动产所在地预缴增值税

（五）销售旧货与自己使用过的物品简易计税方法

1. 销售旧货简易计税方法

一般纳税人销售旧货简易计税应纳税额计算见表2-27。

表2-27　销售旧货简易计税应纳税额计算表

旧货类别	征收率	应纳税额
从事二手车经销的纳税人销售其收购的二手车	自2020年5月1日至2023年12月31日，改按0.5%征收增值税	应纳税额＝含税售价÷（1+0.5%）×0.5%
销售其他旧货	适用3%征收率并减按2%	应纳税额＝含税售价÷（1+3%）×2%

说明：旧货，是指进入二次流通的具有部分使用价值的货物，但不包括自己使用过的物品。

2. 销售自己使用过的物品简易计税方法

一般纳税人销售自己使用过的物品应纳税额计算见表2-28。

表2-28　销售自己使用过的物品应纳税额计算表

项目及税率、征收率	应纳税额
（1）销售2009年以前购入的固定资产； （2）销售购入时不得抵扣且未抵扣过进项税额的固定资产适用3%征收率并减按2%	应纳税额＝含税售价÷（1+3%）×2%
销售2009年1月1日以后购进或者自制的固定资产，按照适用税率缴纳增值税	应纳税额＝含税售价÷（1+适用税率）×适用税率

（六）其他适用简易计税方法的情况

一般纳税人其他适用简易计税方法的情况见表2-29。

表2-29　其他适用简易计税方法的情况汇总表

适用情形	具体内容
销售自产货物可选择按照3%征收率纳税的货物	(1) 自来水； (2) 县级及以下小型水力发电单位生产的电力； (3) 用微生物、血液或组织等制成的生物制品； (4) 建筑用和生产建筑材料所用的砂、土、石料； (5) 以自己采掘的砂、土、石料或其他矿物连续生产的砖、瓦、石灰； (6) 商品混凝土
只能适用3%征收率	(1) 寄售商店代销寄售物品（包括居民个人寄售的物品在内）； (2) 典当业销售死当物品； (3) 经国务院或国务院授权机关批准的免税商店零售的免税品

二、一般纳税人适用简易计税方法的增值税纳税申报

一般纳税人采用简易计税方法因进项税额不得抵扣，在增值税纳税申报时需要填写的表单一般有主表、附列资料（一）、附列资料（三）和附列资料（四）。

附列资料（四）样表及填报说明

附列资料（四）分为两大项：税额抵减情况和加计抵减情况。其中第1栏至第5栏为税额抵减情况，共5列。第6栏至第8栏为加计抵减情况，共6列。销售不动产、出租不动产和提供建筑服务涉及预缴增值税，以及生产、生活性服务业、先进制造业企业涉及进项税额加计抵减时需填报附列资料（四）。

任务实施

1. A公司销售房地产，《建筑工程施工许可证》注明该房地产项目开工日期为2016年3月25日，日期在2016年4月30日前，属于房地产老项目，可以选择适用简易计税方法和一般计税方法。

2. 销售房地产收到预售款，需要在收到预售款次月按照3%的征收率计算申报缴纳增值税。如该企业采用简易计税方法，应缴纳增值税＝80 000 000÷（1＋5%）×3%＝228 571.43（元），按照一般计税方法，预售款应缴纳增值税＝80 000 000÷（1＋9%）×3%＝2 201 834.86（元）。

3. A公司采用简易计税方法，地价款不能扣除，销售房产应缴纳增值税＝111 000 000÷(1＋5%)×5%＝5 285 714.29（元），采用一般计税方法，地价款可以扣除，按照差额计税，当期允许扣除的土地价款＝3 500÷20 000×200 000 000＝35 000 000（元），应缴纳增值税＝(111 000 000−35 000 000)÷(1＋9%)×9%＝6 275 229.36（元）。考虑税负高低，应选择简易计税方法。

4. A公司出租的房屋于2016年2月购入，在2016年4月30日前取得，可选择简易计税方法缴纳增值税。

5. 如A公司出租房屋选择简易计税方法，由于房产所在地与机构所在地不一致，需按照5%税率全额预缴增值税，然后在机构所在地进行纳税申报。预缴增值税＝300 000÷（1＋5%）×5%＝14 285.71（元），应缴增值税＝300 000÷（1＋5%）×5%＝14 285.71（元）。如A公司采用一般计税方法，预缴增值税＝300 000÷（1＋9%）×3%＝8 256.88（元），应缴增值税＝300 000÷（1＋9%）×9%＝24 770.64（元）。考虑税负高低，应选择简易计税方法。

6. 如上分析，A公司2023年5月应采用简易计税方法计算缴纳增值税，增值税纳税申报需填写主表、附列资料（一）和附列资料（四）。具体填报如表2-30、表2-31和表2-32所示。

表2-30 增值税及附加税费申报表
（一般纳税人适用）

金额单位：元（列至角分）

税款所属时间：自2023年5月1日至2023年5月31日　　　　填表日期：2023年6月10日

纳税人识别号（统一社会信用代码）：（略）　　　　所属行业：房地产

纳税人名称：上海A房地产开发公司	法定代表人姓名	（略）	注册地址	（略）	生产经营地址	（略）
开户银行及账号		（略）	登记注册类型	（略）	电话号码	（略）
项目		栏次	一般项目		即征即退项目	
			本月数	本年累计	本月数	本年累计
销售额	（一）按适用税率计税销售额	1				
	其中：应税货物销售额	2				
	应税劳务销售额	3				
	纳税检查调整的销售额	4				
	（二）按简易办法计税销售额	5	106 000 000			
	其中：纳税检查调整的销售额	6				
	（三）免、抵、退办法出口销售额	7			—	—
	（四）免税销售额	8			—	—
	其中：免税货物销售额	9			—	—
	免税劳务销售额	10			—	—
税款计算	销项税额	11				
	进项税额	12				
	上期留抵税额	13				—
	进项税额转出	14				
	免、抵、退应退税额	15			—	—
	按适用税率计算的纳税检查应补缴税额	16			—	—
	应抵扣税额合计	17＝12＋13−14−15＋16		—		—
	实际抵扣税额	18（如17<11，则为17，否则为11）				
	应纳税额	19＝11−18				
	期末留抵税额	20＝17−18				—
	简易计税办法计算的应纳税额	21	5 300 000			
	按简易计税办法计算的纳税检查应补缴税额	22			—	—

续表

项目		栏次	一般项目		即征即退项目	
			本月数	本年累计	本月数	本年累计
税款计算	应纳税额减征额	23				
	应纳税额合计	24＝19＋21－23	5 300 000			
税款缴纳	期初未缴税额（多缴为负数）	25	0			
	实收出口开具专用缴款书退税额	26			—	—
	本期已缴税额	27＝28＋29＋30＋31	14 285.71			
	① 分次预缴税额	28	14 285.71	—		—
	② 出口开具专用缴款书预缴税额	29		—	—	—
	③ 本期缴纳上期应纳税额	30				
	④ 本期缴纳欠缴税额	31				
	期末未缴税额（多缴为负数）	32＝24＋25＋26－27				
	其中：欠缴税额（≥0）	33＝25＋26－27		—		—
	本期应补（退）税额	34＝24－28－29	5 285 714.29	—		—
	即征即退实际退税额	35	—	—		
	期初未缴查补税额	36			—	—
	本期入库查补税额	37			—	—
	期末未缴查补税额	38＝16＋22＋36－37			—	—
附加税费	城市维护建设税本期应补（退）税额	39			—	—
	教育费附加本期应补（退）费额	40			—	—
	地方教育附加本期应补（退）费额	41			—	—

声明：此表是根据国家税收法律法规及相关规定填写的，本人（单位）对填报内容（及附带资料）的真实性、可靠性、完整性负责。

纳税人（签章）：（略）　　2023年6月10日

经办人： 经办人身份证号： 代理机构签章： 代理机构统一社会信用代码：	受理人： 受理税务机关（章）： 受理日期：　　年　月　日

填写说明：

第5栏“一般项目”的“本月数”来自附列资料（一）简易计税方法计税中第9列数据。第21栏“一般项目”的“本月数”来自附列资料（一）简易计税方法计税中第10列数据，第28栏“一般项目”的“本月数”来自附列资料（四）第5行、第4列数据。

表2-31　增值税及附加税费申报表附列资料（一）（部分表）
（本期销售情况明细）

税款所属时间：2023年5月1日至2023年5月31日

纳税人名称：（公章）上海A房地产开发公司　　　　金额单位：元（列至角分）

项目及栏次				开具增值税专用发票		开具其他发票		未开具发票		纳税检查调整		合计			服务、不动产和无形资产扣除项目本期实际扣除金额	扣除后	
				销售额	销项（应纳）税额	销售额	销项（应纳）税额	销售额	销项（应纳）税额	销售额	销项（应纳）税额	销售额	销项（应纳）税额	价税合计		含税（免税）销售额	销项（应纳）税额
				1	2	3	4	5	6	7	8	9=1+3+5+7	10=2+4+6+8	11=9+10	12	13=11−12	14=13÷（100%+税率或征收率）× 税率或征收率
二、简易计税方法计税	全部征税项目	6%征收率	8							—	—			—	—	—	—
		5%征收率的货物及加工修理修配劳务	9a							—	—			—	—	—	—
		5%征收率的服务、不动产和无形资产	9b	106 000 000.00	5 300 000.00					—	—	106 000 000.00	5 300 000.00	111 300 000.00	0.00	111 300 000.00	5 300 000.00
		4%征收率	10							—	—			—	—	—	—

填写说明：

第9b行，第1列数据“106 000 000”为销售房产和收取房屋租金的合计数，即111 000 000÷（1+5%）+300 000÷（1+5%）=106 000 000（元）；第9b行，第2列数据“5 300 000”为销售房地产应缴纳增值税和出租房屋收取租金应缴纳增值税的合计数，即5 285 714.29+14 285.71=5 300 000（元）。

表2-32　增值税及附加税费申报表附列资料（四）（部分表）
（税额抵减情况表）

税款所属时间：2023年5月1日至2023年5月31日
纳税人名称：（公章）上海A房地产开发公司　　金额单位：元（列至角分）

一、税额抵减情况						
序号	抵减项目	期初余额	本期发生额	本期应抵减税额	本期实际抵减税额	期末余额
		1	2	3=1+2	4≤3	5=3-4
1	增值税税控系统专用设备费及技术维护费					
2	分支机构预征缴纳税款					
3	建筑服务预征缴纳税款					
4	销售不动产预征缴纳税款					
5	出租不动产预征缴纳税款	0	14 285.71	14 285.71	14 285.71	0

填写说明：出租房屋预缴的增值税14 285.71元填入第5行、第2列，本题假定税额抵减期初余额为0元，本期实际抵减为预缴增值税全部抵减。

任务四　小规模纳税人的增值税计算与智慧化申报

任务描述

B公司是一家咨询管理有限公司，为小规模纳税人，2023年第一季度，B公司业务情况如下：

（1）购进办公用品支出3 700元，取得了普通发票。

（2）本季度提供咨询服务开具普通发票10张，实现不含税收入500 000元；由税务机关代开的增值税专用发票1张，实现不含税销售收入28 000元，增值税税款280元和附加税费14元代开发票时预缴。

（3）本季度B公司销售自己使用过的一辆汽车，卖价20 000元，利用税控器具开具普通发票，该汽车原值78 000元，已经计提折旧38 000元。

（4）出租商品房一套，月租金20 000元，开具普通发票。

假定城市维护建设税税率5%，教育费附加3%，地方教育附加2%，B公司所在省份执行“六税两费”减半优惠政策。

任务要求：根据B公司的相关信息完成下列工作任务：

1. 2023年第一季度提供咨询服务开具普通发票是否需要缴纳增值税？如需要，应缴纳多少？
2. 销售旧汽车是否可以免税？如不能，应缴纳的增值税是多少？
3. 出租商品房应缴纳的增值税是多少？
4. 计算2023年第一季度应缴纳的附加税费。
5. 完成2023年第一季度B公司增值税及附加税费的纳税申报。

知识准备

一、小规模纳税人认定标准

关于小规模纳税人的认定标准已在本项目任务一中讲述，在此不再赘述。

二、应纳税额的计算

应纳税额计算公式：应纳税额 = 销售额 × 征收率

式中，销售额是指销售货物、劳务、服务或提供无形资产和不动产过程中向购买方收取的全部价款和价外费用。如果纳税人采用销售额和应纳增值税合并的定价方法，按照下列公式计算销售额：

销售额 = 含税销售额 ÷（1 + 征收率）

（一）一般业务应纳税额的计算

一般情况下，小规模纳税人销售商品、提供劳务及应税服务适用3%征收率。其应纳税额的计算公式为：

应纳税额 = 不含税销售额 × 3%

（二）出租不动产的应纳税额计算

小规模纳税人出租不动产应纳税额的计算见表2-33。

表2-33　出租不动产应纳税额计算表

项目	征收率	应纳税额	备注
出租其取得的不动产（不含个人出租住房）	5%	含税租金 ÷（1＋5%）×5%	不动产所在地与机构所在地不在同一县（市），需按照5%的征收率在不动产所在地预缴增值税
住房租赁企业向个人出租住房	5%征收率减按1.5%	含税租金 ÷（1＋5%）×1.5%	不动产所在地与机构所在地不在同一县（市），需按照1.5%的征收率在不动产所在地预缴增值税

（三）转让不动产（不包括住房）的应纳税额计算

小规模纳税人转让不动产（不包括住房）应纳税额的计算见表2-34。

表2-34　转让不动产（不包括住房）应纳税额计算表

项目	征收率	应纳税额	备注
出售非自建的不动产	5%	（销售额－买价）÷（1＋5%）×5%	不动产所在地与机构所在地不在同一县（市），需按照5%的征收率在不动产所在地差额预缴增值税
自建房出售	5%	销售额 ÷（1＋5%）×5%	不动产所在地与机构所在地不在同一县（市），需按照5%的征收率在不动产所在地全额预缴增值税

（四）销售旧货及自己使用的固定资产应纳税额计算

小规模纳税人销售旧货及自己使用的固定资产应纳税额计算见表2-35。

表2-35　销售旧货及自己使用的固定资产应纳税额计算表

货物类别	征收率	应纳税额
从事二手车经销的纳税人销售其收购的二手车	自2020年5月1日至2023年12月31日，改按0.5%征收增值税	应纳税额＝含税售价÷（1＋0.5%）×0.5%
销售其他旧货	适用3%征收率并减按2%	应纳税额＝含税售价÷（1＋3%）×2%
销售自己使用的固定资产	适用3%征收率并减按2%	应纳税额＝含税售价÷（1＋3%）×2%

（五）劳务派遣应纳税额计算

劳务派遣应纳税额的计算公式为：

应纳税额＝（全部价款和价外费用－工资－福利－社会保险费－住房公积金）÷（1＋5%）×5%

（六）两项费用全额抵减应纳税额的规定

根据“财税〔2012〕15号”规定，自2011年12月1日起，无论是增值税一般纳税人还是小规模纳税人，购买增值税税控系统专用设备支付的费用以及缴纳的技术维护费用（简称“两项费用”），可在增值税应纳税额中全额抵减，不足抵减的可结转下期继续抵减。增值税纳税人非初次购买增值税税控系统专用设备支付的费用，由其自行负担，不得在增值税应纳税额中抵减。

三、小规模纳税人税收优惠

2023年1月1日至2027年12月31日，小规模纳税人增值税采取以下减免政策：

（1）对月销售额10万元以下（含本数）的增值税小规模纳税人，免征增值税。

（2）增值税小规模纳税人适用3%征收率的应税销售收入，减按1%征收率征收增值税；适用3%预征率的预缴增值税项目，减按1%预征率预缴增值税。

四、小规模纳税人增值税及附加税费的智慧化申报

小规模纳税人进行增值税及附加税费纳税申报时，应在规定的期限内，登录电子税务局网站，单击“我要办税”—“税费申报及缴纳”，进入“按期应申报”界面进行纳税申报，如图2-6所示，小规模纳税人增值税申报及附加税费申报界面见图2-7。

小规模纳税人申报表及附列资料样表及填报说明

纳税人需向主管税务机关报送《增值税及附加税费申报表（小规模纳税人适用）》（简称“主表（小规模适用）”）、增值税及附加税费申报表（小规模纳税人适用）附列资料（一）（服务、不动产和无形资产扣除项目明细）（简称“附列资料（一）（小规模纳税人适用）”）、增值税及附加税费申报表（小规模纳税人适用）附列资料（二）（附加税费情况表）》（简称“附列资料（二）（小规模纳税人适用）”），如涉及增值税减免税和销售不动产，还需要填报《增值税减免税申报明细表》和《销售不动产情况表》。

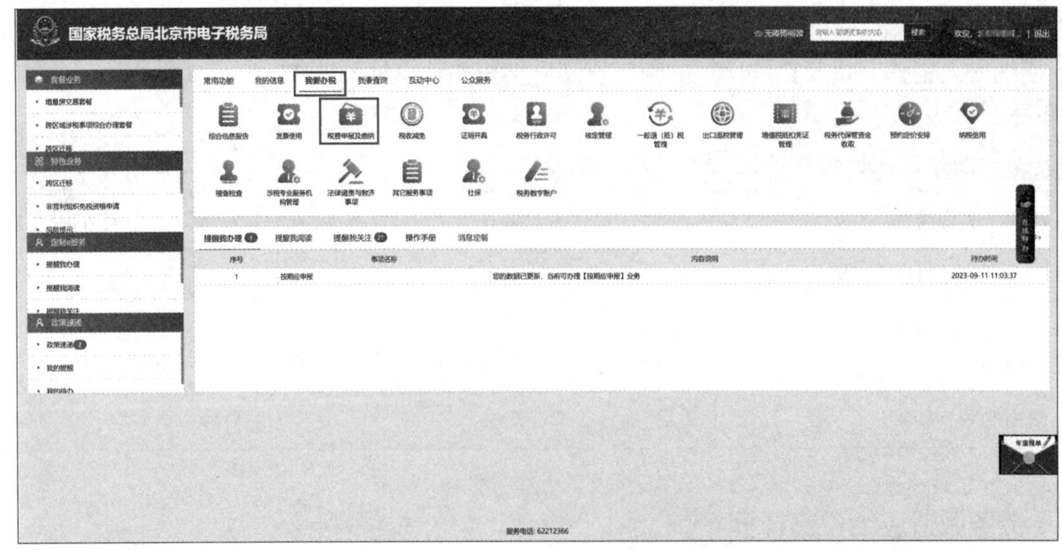

图 2-6　税费申报及缴纳界面

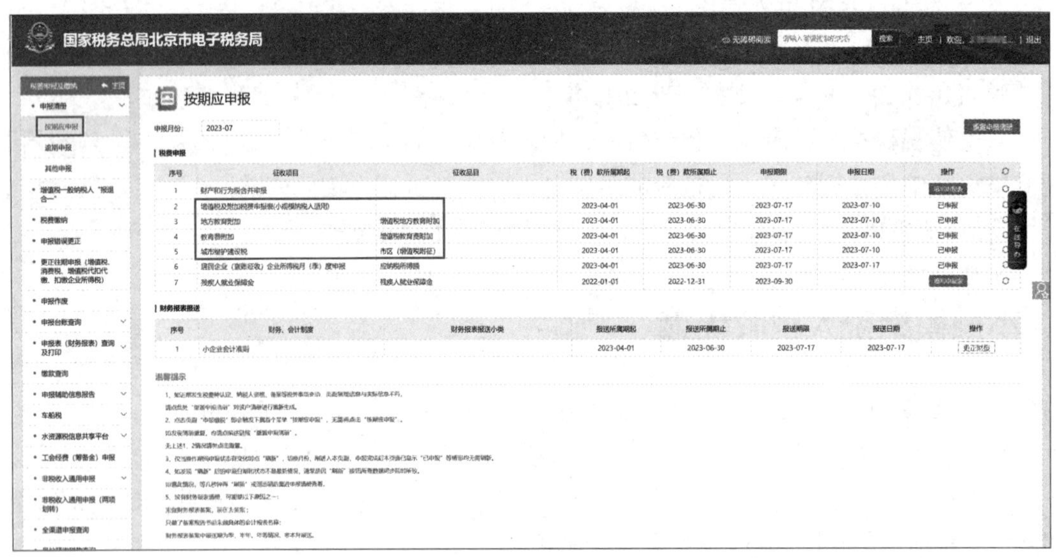

图 2-7　小规模纳税人增值税申报及附加税费申报界面

任务实施

1. 自2023年1月1日至2023年12月31日，增值税小规模纳税人季度合计收入超过30万元，不免征增值税，适用3%征收率的应税销售收入，减按1%征收率缴纳增值税。提供咨询服务收入应纳税额＝500 000×1%＝5 000（元）。

2. 销售旧汽车适用3%征收率减按2%缴纳增值税，不含税收入＝20 000÷（1＋3%）＝19 417.48（元），应纳税额＝19 417.48×2%＝388.35（元）。

3. 出租商品房季度不含税租金＝20 000×3÷（1＋5%）＝57 142.86（元），应纳税额＝57 142.86×5%＝2 857.14（元）。

4. 附加税费＝（5 000＋388.35＋280＋2 857.14）×（5%＋3%＋2%）×50%＝426.27（元）。

5. B公司第一季度增值税及附加税费的纳税申报需填写主表（小规模纳税人适用）、《增值税减免税申报明细表》和附列资料（二）（小规模纳税人适用），具体如表2-36、表2-37和表2-38所示。

表2-36 增值税及附加税费申报表
（小规模纳税人适用）

纳税人识别号（统一社会信用代码）：（略）
纳税人名称：B公司　　　　　　　　　　　　　　　　　　　　　　　　　　　　金额单位：元（列至角分）
税款所属期：2023年1月1日至2023年3月31日　　　　　　　　　　　　　　　　　填表日期：2023年4月10日

	项目	栏次	本期数		本年累计	
			货物及劳务	服务、不动产和无形资产	货物及劳务	服务、不动产和无形资产
一、计税依据	（一）应征增值税不含税销售额（3%征收率）	1		528 000.00		
	增值税专用发票不含税销售额	2		28 000.00		
	其他增值税发票不含税销售额	3		500 000.00		
	（二）应征增值税不含税销售额（5%征收率）	4	—	57 142.86	—	
	增值税专用发票不含税销售额	5	—		—	
	其他增值税发票不含税销售额	6	—	57 142.86	—	
	（三）销售使用过的固定资产不含税销售额	7（7≥8）	19 417.48	—		—
	其中：其他增值税发票不含税销售额	8	19 417.48	—		—
	（四）免税销售额	9＝10＋11＋12				
	其中：小微企业免税销售额	10				
	未达起征点销售额	11				
	其他免税销售额	12				
	（五）出口免税销售额	13（13≥14）				
	其中：其他增值税发票不含税销售额	14				
二、税款计算	本期应纳税额	15	582.52	18 697.14		
	本期应纳税额减征额	16	194.17	10 560.00		
	本期免税额	17				
	其中：小微企业免税额	18				
	未达起征点免税额	19				
	应纳税额合计	20＝15－16	388.35	8 137.14		
	本期预缴税额	21	0	280	—	—
	本期应补（退）税额	22＝20－21	388.35	7 857.14	—	—
三、附加税费	城市维护建设税本期应补（退）税额	23	206.13			
	教育费附加本期应补（退）费额	24	123.68			
	地方教育附加本期应补（退）费额	25	82.46			
声明：此表是根据国家税收法律法规及相关规定填写的，本人（单位）对填报内容（及附带资料）的真实性、可靠性、完整性负责。 纳税人（签章）：（略）2023年4月10日						
经办人： 经办人身份证号： 代理机构签章： 代理机构统一社会信用代码：			受理人： 受理税务机关（章）： 受理日期：　　年　月　日			

填写说明：开具增值税专用发票，不含税销售收入28 000元填入栏次2“服务、不动产和无形资产”的“本期数”中。开具普通发票，不含税咨询收入500 000元填入栏次3“服务、不动产和无形资产”的“本期数”中，出租商品房季度不含税租金57 142.86元适用征收率5%，需填入栏次4“服务、不动产和无形资产”的“本期数”中。销售旧汽车不含税卖价19 417.48元应填入栏次8“货物及劳务”的“本期数”中。栏次16“本期应纳税额减征额”数据来源于表2-37中，附加税费栏次23、24、25数据来自附列资料（二）（小规模纳税人适用），其他数据系统自动计算生成，无须填写。

表2-37　增值税减免税申报明细表

税款所属时间：自2023年1月1日至2023年3月31日
纳税人名称（公章）：B公司　　　　金额单位：元（列至角分）

一、减税项目						
减税性质代码及名称	栏次	期初余额	本期发生额	本期应抵减税额	本期实际抵减税额	期末余额
		1	2	3=1+2	4≤3	5=3-4
0001011608|SXA031901121对湖北省外的小规模纳税人减按1%征收率征收增值税		0	10 560	10 560	10 560	0
1129902已使用固定资产减征增值税		0	194.17	194.17	194.17	0
合计	1					

填写说明：咨询服务收入528 000元增值税减征额528 000×2%＝10 560元填入到“一、减税项目”中，减税性质代码及名称为“0001011608|SXA031901121对湖北省外的小规模纳税人减按1%征收率征收增值税”。销售旧汽车的收入19 417.48元增值税减征额19 417.48×1%＝194.17元填入“一、减税项目”中，减税性质代码及名称选择“1129902已使用固定资产减征增值税”。假设期初余额为0元，本期实际抵减税额等于本期应抵减税额。

表2-38　增值税及附加税费申报表（小规模纳税人适用）附列资料（二）（附加税费情况表）

税（费）款所属时间：2023年1月1日至2023年3月31日
纳税人名称：（公章）B公司　　　　金额单位：元（列至角分）

税（费）种	计税（费）依据	税（费）率（%）	本期应纳税（费）额	本期减免税（费）额		增值税小规模纳税人“六税两费”减征政策		本期已缴税（费）额	本期应补（退）税（费）额
	增值税税额			减免性质代码	减免税（费）额	减征比例（%）	减征额		
	1	2	3=1×2	4	5	6	7=（3-5）×6	8	9=3-5-7-8
城市维护建设税	8 525.49	5%	426.27			50%	213.14	7.00	206.13
教育费附加	8 525.49	3%	255.76			50%	127.88	4.20	123.68
地方教育附加	8 525.49	2%	170.51			50%	85.25	2.80	82.46
合计	—	—	852.54	—		—	426.27	14.00	412.27

填写说明：增值税应纳税额为8 137.14＋388.35＝8 525.49（元），填入“计税（费）依据”栏中。享受“六税两费”减征政策，减征比例系统自动显示，减征额自动计算出结果。本期已缴税（费）额为代开增值税发票缴纳的税费额，其中城市维护建设税缴纳的7元，教育费附加缴纳的4.2元，地方教育附加缴纳的2.8元填入相应栏次，本期应补（退）税（费）额系统自动出具。

任务五　增值税减免税优惠及智慧化申报

任务描述

假定新发展公司满足享受即征即退的优惠条件，其他条件同任务一、任务二的子任务一和子任务二。

任务要求：根据新发展公司的业务信息完成如下任务：

1. 计算新发展公司即征即退的应退税额。
2. 编制新发展公司4月份的《增值税减免税申报明细表》。
3. 完成新发展公司4月份的增值税及附加税费纳税申报。

知识准备

一、法定免税项目

（1）农业生产者销售的自产农产品。

（2）避孕药品和用具。

（3）古旧图书。

（4）直接用于科学研究、科学试验和教学的进口仪器、设备。

（5）外国政府、国际组织无偿援助的进口物资和设备。

（6）由残疾人的组织直接进口供残疾人专用的物品。

（7）销售的自己使用过的物品。

二、重点免税项目

（1）托儿所、幼儿园提供的保育和教育服务。

（2）养老机构提供的养老服务。

（3）提供社区养老、托育、家政等服务取得的收入。

（4）婚姻介绍服务。

（5）殡葬服务。

（6）家政服务企业由员工制家政服务员提供家政服务取得的收入。

（7）医疗机构提供的医疗服务。

（8）从事学历教育的学校（不包括职业培训机构）提供的教育服务。

（9）政府举办的从事学历教育的高等、中等和初等学校（不含下属单位），举办进修班、培训班取得的全部归该学校所有的收入。

（10）残疾人本人为社会提供的服务。

（11）残疾人福利机构提供的育养服务。

（12）学生勤工俭学提供的服务。

（13）农业机耕、排灌、病虫害防治、植物保护、农牧保险以及相关技术培训业务，家禽、牲畜、水生动物的配种和疾病防治。

（14）将土地使用权转让给农业生产者用于农业生产。

（15）土地所有者出让土地使用权和土地使用者将土地使用权归还给土地所有者。

（16）纪念馆、博物馆、文化馆、文物保护单位管理机构、美术馆、展览馆、书画院、图书馆在自己的场所提供文化体育服务取得的第一道门票收入。

（17）寺院、宫观、清真寺和教堂举办文化、宗教活动的门票收入。

（18）福利彩票、体育彩票的发行收入。

（19）金融同业往来利息收入。

（20）行政单位之外的其他单位收取的符合规定的政府性基金和行政事业性收费。

（21）个人转让著作权。

（22）个人销售自建自用住房。

（23）纳税人提供技术转让、技术开发和与之相关的技术咨询、技术服务。

（24）涉及家庭财产分割的个人无偿转让不动产、土地使用权。

三、跨境免税和零税率项目

（一）零税率项目

中华人民共和国境内（简称“境内”）的单位和个人销售的部分服务和无形资产，适用增值税零税率，此知识点已在任务一“增值税税率与征收率”中讲解，在此不再赘述。

（二）免税项目

境内的单位和个人销售的下列服务和无形资产免征增值税，但财政部和国家税务总局规定适用增值税零税率的除外。

（1）免征增值税的服务：

① 工程项目在境外的建筑服务。

② 工程项目在境外的工程监理服务。

③ 工程、矿产资源在境外的工程勘察勘探服务。

④ 会议展览地点在境外的会议展览服务。

⑤ 存储地点在境外的仓储服务。

⑥ 标的物在境外使用的有形动产租赁服务。

⑦ 在境外提供的广播影视节目（作品）的播映服务。

⑧ 在境外提供的文化体育服务、教育医疗服务、旅游服务。

（2）为出口货物提供的邮政服务、收派服务、保险服务，包括出口货物保险和出口信用保险。

（3）向境外单位提供的完全在境外消费的服务和无形资产，具体包括：

① 电信服务。

② 知识产权服务。

③ 物流辅助服务（仓储服务、收派服务除外）。

④ 鉴证咨询服务。

⑤ 专业技术服务。

⑥ 商务辅助服务。

⑦ 广告投放地在境外的广告服务。

⑧ 无形资产。

（4）以无运输工具承运方式提供的国际运输服务。

（5）为境外单位之间的货币资金融通及其他金融业务提供的直接收费金融服务，且该服务与境内的货物、无形资产和不动产无关。

（6）财政部和国家税务总局规定的其他服务。

四、增值税即征即退项目

（一）管道运输服务即征即退

一般纳税人提供管道运输服务，对其增值税实际税负超过3%的部分实行增值税即征即退政策。

（二）融资租赁即征即退

经人民银行、银保监会或者商务部批准从事融资租赁业务的试点纳税人中的一般纳税人，提供有形动产融资租赁服务和有形动产融资性售后回租服务，对其增值税实际税负超过3%的部分实行增值税即征即退政策。

（三）飞机维修即征即退

飞机维修劳务增值税实际税负超过6%的部分实行由税务机关即征即退的政策。

（四）软件产品即征即退

增值税一般纳税人销售其自行开发生产的软件产品，按13%税率征收增值税后，对其增值税实际税负超过3%的部分实行即征即退政策。

软件产品增值税即征即退税额的计算公式为：

即征即退税额＝当期软件产品增值税应纳税额－当期软件产品销售额×3%

（五）动漫产业增值税即征即退

自2018年1月1日至2023年12月31日，动漫企业增值税一般纳税人销售其自主开发生产的动漫软件，对其增值税实际税负超过3%的部分，实行即征即退政策。

（六）资源综合利用产品和劳务的即征即退

符合条件的纳税人销售自产的资源综合利用产品和提供资源综合利用劳务可享受增值税即征即退政策。

五、小规模纳税人减免税规定

小规模纳税人享受的减免税规定已在任务四中讲解，此处不再赘述。

其他减免税规定

六、起征点的幅度规定

增值税的起征点的适用范围仅限于个人，包括个体工商户和其他个人。不适用于登记为一般纳税人的个体工商户。

按期纳税的，增值税起征点幅度为月销售额5 000～20 000元（含本数）。

按次纳税的，增值税起征点幅度为每次（日）销售额300～500元（含本数）。

《增值税减免税申报明细表》样表及填报说明

七、《增值税减免税申报明细表》的申报填写

《增值税减免税申报明细表》由享受增值税减免税优惠政策的增值税一般纳税人和小规模纳税人填写。仅享受支持小微企业免征增值税政策或未达起征点的增值税小规模纳税人不需要填报本表。

任务实施

1. 即征即退应退税额的计算

（1）软件产品的销售额及销项税额。

销售额＝2 123 893.81＋1 327 433.63＋216 194.69＝3 667 522.13（元）；

销项税额＝276 106.20＋172 566.37＋28 105.31＝476 777.88（元）；

总销售额＝3 667 522.13＋1 886 852.46＝5 554 374.59（元）；

软件产品所占销售比重＝3 667 522.13÷5 554 374.59×100%＝66.03%。

（2）软件产品的进项税额。

直接用于软件开发的进项税额＝11 504.42＋46 017.7＋16 106.19＋18 407.08＝92 035.39（元）。

其他无法划分的进项税额＝260 483.48−92 035.39＝168 448.09（元），该部分进项税额需做分摊，软件产品分摊的进项税额＝168 448.09×66.03%＝111 226.27（元）。

用于软件开发的进项税额合计＝92 035.39＋111 226.27＝203 261.66（元）。

（3）软件产品的应纳税额及应退税额。

应纳税额＝476 777.88−203 261.66＝273 516.22（元）；

实际税负＝273 516.22÷3 667 522.13×100%＝7.46%；

3%的税负对应的增值税税额＝3 667 522.13×3%＝110 025.66（元）；

应退税额＝273 516.22−110 025.66＝163 490.56（元）。

2. 新发展公司4月份增值税及附加税费的智慧化申报

根据该公司4月份发生的业务信息，该公司增值税及附加税费申报除了需要完成附列资料（一）和附列资料（二），还需要完成附列资料（四）、附列资料（五）及主表的填写。

新发展公司4月份增值税及附加税费智慧化申报操作如下：

（1）登录电子税务局。

单击“我要办税”—“税费申报及缴纳”，进入“按期应申报”界面进行申报填写。

（2）主表及附列资料的智慧化申报。

主表填报说明

新发展公司增值税及附加税费申报，应先填写附列资料（一）、附列资料（二）、附列资料（四）和附列资料（五），最后完成主表的填写。由于享受即征即退和不考虑即征即退的进项税额相同，另享受即征即退优惠税收的企业，随增值税缴纳的附加税费不予退还，附列资料（二）和附列资料（五）填写申报和任务二中子任务二和子任务三填写相同，此处不再展示。其他表单的具体填报如表2-39、表2-40和表2-41所示。

表2-39　增值税及附加税费申报附列资料（一）（部分表）

纳税人名称：（公章）北京新发展科技股份有限公司　　　　金额单位：元（列至角分）

项目及栏次				开具增值税专用发票		开具其他发票		未开具发票		纳税检查调整		合计			服务、不动产和无形资产扣除项目本期实际扣除金额	扣除后	
				销售额	销项（应纳）税额	销售额	销项（应纳）税额	销售额	销项（应纳）税额	销售额	销项（应纳）税额	销售额	销项（应纳）税额	价税合计		含税（免税）销售额	销项（应纳）税额
				1	2	3	4	5	6	7	8	9=1+3+5+7	10=2+4+6+8	11=9+10	12	13=11−12	14=13÷(100%+税率或征收率)×税率或征收率
一、一般计税方法计税	全部征税项目	13%税率的货物及加工修理修配劳务	1	2 123 893.81	276 106.20	1 327 433.63	172 566.37	216 194.69	28 105.31			3 667 522.13	476 777.88	—	—	—	—
		13%税率的服务、不动产和无形资产	2														
		9%税率的货物及加工修理修配劳务	3											—	—	—	—
		9%税率的服务、不动产和无形资产	4														
		6%税率	5	1 415 094.35	84 905.66	471 758.11	28 305.49					1 886 852.46	113 211.15	2 000 063.61	0	2 000 063.61	113 211.15
	其中：即征即退项目	即征即退货物及加工修理修配劳务	6	—	—	—	—	—	—	—	—	3 667 522.13	476 777.88	—	—	—	—
		即征即退服务、不动产和无形资产	7	—	—	—	—	—	—	—	—						

填写说明：和本项目任务二的子任务一填报相比，享受即征即退优惠政策，需要把软件产品销售额及相关销项税额分别填入到第6行的第9列和10列中。

表2-40 增值税及附加税费申报表附列资料（四）（部分表）
（税额抵减情况表）

税款所属时间：2023年4月1日至2023年4月30日
纳税人名称：（公章）北京新发展科技股份有限公司　　金额单位：元（列至角分）

一、税额抵减情况						
序号	抵减项目	期初余额	本期发生额	本期应抵减税额	本期实际抵减税额	期末余额
		1	2	3=1+2	4≤3	5=3-4
1	增值税税控系统专用设备费及技术维护费	0	280	280	280	0
2	分支机构预征缴纳税款					
3	建筑服务预征缴纳税款					
4	销售不动产预征缴纳税款					
5	出租不动产预征缴纳税款					

填写说明：因新发展公司存在税控机技术维护费，该费用可以全额抵减，需在附列资料（四）中填写说明，本题假定全额抵减，本期应抵减税额等于本期实际抵减额，期末余额为0元。

表2-41 增值税及附加税费申报表
（一般纳税人适用）

根据国家税收法律法规及增值税相关规定制定本表。纳税人不论有无销售额，均应按税务机关核定的纳税期限填写本表，并向当地税务机关申报。
税款所属时间：自2023年4月1日至2023年4月30日　　填表日期：2023年5月10日
纳税人识别号（统一社会信用代码）：（略）　　所属行业：（略）　　金额单位：元（列至角分）

纳税人名称：北京新发展科技股份有限公司		法定代表人姓名	（略）	注册地址	（略）	生产经营地址	（略）
开户银行及账号	（略）	登记注册类型		（略）		电话号码	（略）
项目		栏次		一般项目		即征即退项目	
				本月数	本年累计	本月数	本年累计
销售额	（一）按适用税率计税销售额	1		1 886 852.46		3 667 522.13	
	其中：应税货物销售额	2				3 667 522.13	
	应税劳务销售额	3					

续表

项目		栏次	一般项目		即征即退项目	
			本月数	本年累计	本月数	本年累计
销售额	纳税检查调整的销售额	4				
	（二）按简易办法计税销售额	5				
	其中：纳税检查调整的销售额	6				
	（三）免、抵、退办法出口销售额	7			—	—
	（四）免税销售额	8			—	—
	其中：免税货物销售额	9			—	—
	免税劳务销售额	10			—	—
税款计算	销项税额	11	113 211.15		476 777.88	
	进项税额	12	57 221.82		203 261.66	
	上期留抵税额	13				—
	进项税额转出	14	3 900			
	免、抵、退应退税额	15			—	—
	按适用税率计算的纳税检查应补缴税额	16			—	—
	应抵扣税额合计	17＝12＋13−14−15＋16	53 321.82	—	203 261.66	—
	实际抵扣税额	18（如17<11，则为17，否则为11）	53 321.82		203 261.66	
	应纳税额	19＝11−18	59 889.33		273 516.22	
	期末留抵税额	20＝17−18				—
	简易计税办法计算的应纳税额	21				
	按简易计税办法计算的纳税检查应补缴税额	22			—	—
	应纳税额减征额	23	280			
	应纳税额合计	24＝19＋21−23	59 609.33		273 516.22	
税款缴纳	期初未缴税额（多缴为负数）	25				
	实收出口开具专用缴款书退税额	26			—	—

续表

项目		栏次	一般项目		即征即退项目	
			本月数	本年累计	本月数	本年累计
税款缴纳	本期已缴税额	27＝28＋29＋30＋31				
	① 分次预缴税额	28		—		—
	② 出口开具专用缴款书预缴税额	29		—	—	—
	③ 本期缴纳上期应纳税额	30				
	④ 本期缴纳欠缴税额	31				
	期末未缴税额（多缴为负数）	32＝24＋25＋26－27	59 609.33		273 516.22	
	其中：欠缴税额（≥0）	33＝25＋26－27		—		—
	本期应补（退）税额	34＝24－28－29	59 609.33	—	273 516.22	—
	即征即退实际退税额	35	—	—		
	期初未缴查补税额	36			—	—
	本期入库查补税额	37			—	—
	期末未缴查补税额	38＝16＋22＋36－37			—	—
附加税费	城市维护建设税本期应补（退）税额	39	16 656.28		—	—
	教育费附加本期应补（退）费额	40	9 993.77		—	—
	地方教育附加本期应补（退）费额	41	6 662.51		—	—
声明：此表是根据国家税收法律法规及相关规定填写的，本人（单位）对填报内容（及附带资料）的真实性、可靠性、完整性负责。 纳税人（签章）：（略）2023年5月10日						
经办人： 经办人身份证号： 代理机构签章： 代理机构统一社会信用代码：			受理人： 受理税务机关（章）： 受理日期：　年　月　日			

填写说明：将附列资料（一）中“即征即退货物及加工修理修配劳务”的销售额和销项税额填入本表“即征即退项目”的“本月数”的第2栏次和第11栏次，将软件产品对应的进项税额填入到第12栏次的“即征即退项目”的“本月数”。本表中的“一般项目”进项税额和“即征即退项目”的进项税额合计应等于附列资料（二）的“当期申报抵扣进项税额合计”。由于进项税额转出3 900元未用于即征即退项目，将附列资料（二）中的“本期进项税额转出额”3 900元填入到本表第14栏次“一般项目”中，将附列资料（四）的“增值税税控系统专用设备费及技术维护费”280元的实际抵减额填入本表第23栏次“一般项目”中，将附列资料（五）计算的应缴纳的城市维护建设税及附加税费填入本表第39栏次至第41栏次中。

任务六　“金税四期”下增值税涉税风险与管理

任务描述

新发展公司在2023年7月的年中税务自查时发现如下事项：

（1）2023年1月，将公司自主研发的一款智慧家庭管理系统200套作为职工福利发放给在职职工，该软件市场价值5万元，开发成本3万元，新发展公司未确认收入并缴纳增值税。

（2）新发展公司账上存在一笔长达3年账期的预收账款，账面金额2万元。

（3）2023年2月，和某技术服务公司虚签技术合同一份，双方约定技术服务款为30万元（含税），取得对方开具的增值税专用发票并完成认证抵扣。

（4）2023年3月，因火灾导致外购研发用A材料发生损失，账面价值为4万元，该材料在购入时已抵扣过进项税额，公司税务会计认为火灾不属于管理不善导致，未做进项税额转出，经查，该火灾系仓库管理人员违规吸烟导致。

任务要求：

1. 识别新发展公司增值税主要的涉税风险点。
2. 简述在“金税四期”下新发展公司如何进行增值税税务风险管理。

知识准备

“金税四期”应用大数据技术，对企业经营情况可做到精准把握，企业存在虚开发票或异常行为都会受到监管和识别。在“金税四期”下，不合规的税务操作将会使企业面临极高的税务风险。

一、销项税额的涉税风险点

（一）隐瞒收入少缴纳增值税

“金税四期”可以借用大数据来核查企业是否存在隐瞒收入情形。如企业存在收入不记账而转入私人账户，或将收入长期挂往来款的情形，“金税四期”实现了税务、金融、支付平台等联网，可利用金融或支付平台数据核查到企业将收入转到个人账户的情形，针对长期挂账的预收款，可根据行业平均预收款占比来推测该企业预收款的合理性，从而核查出企业隐瞒收入的情况，企业应确保收入的完整性和及时性，不能隐瞒收入而少缴纳增值税。

（二）视同销售行为未缴纳增值税

企业存在将“自产或委托加工的货物用于非增值税应税项目、集体福利或个人消费”等视同销售行为时，应计算缴纳增值税，如果企业存在不计或少计行为，“金税四期”可利用大数据分析出材料采购量与销售量不匹配，从而核查出企业视同销售行为少缴纳增值税的情形。

（三）逾期包装物押金未按规定缴纳增值税

通过企业近几年的报表数据，分析出企业是否存在有逾期包装物押金，从而可核查出逾期包装物押金未缴纳增值税的情形，企业财务人员不能存在侥幸心理，按规定如实报税。

（四）免税项目是否正规核算

企业同时销售免税产品和非免税产品时，应分开核算，如未分开核算的，将不能享受免税优惠。

如企业故意增大免税产品的销售额，擅自扩大免税范围的，“金税四期”可利用企业进销比并和同行业其他企业对比，分析出企业存在的异常，从而核查出企业不正规核算的免税项目。

二、进项税额的涉税风险点

（一）虚开发票

实务中存在企业为了增加成本降低税负而虚开发票的行为。国家税务总局将企业成本与取得的进项发票金额作对比，可查出企业存在的异常，“金税四期”下国家税务总局采集企业正常开具发票、虚开发票等样本数据，通过大数据风控模型来描绘虚开发票公司的特征，从而精准实施监管，虚开发票将无处可躲。

（二）运费、电费、水费等可抵扣发票金额是否合理

“金税四期”能够依托行业大数据来分析企业发生的运费、水费、电费等费用的合理性，如企业存在虚增运费、电费或其他管理费用等情形，税务企业会被给予数据不合理警示，从而使企业面临被稽查的风险。

（三）非正常损失的进项税额是否正规转出

如果企业发生非正常损失，应将进项税额做转出处理。如果企业未做进项税额转出，“金税四期”通过增值税申报和所得税申报进行对比分析，找到企业所得税计入营业外支出而增值税未予以进项税额转出的情形，从而核查出企业存在少缴增值税的税务风险。

三、骗取出口退税的风险点

实务中，有企业通过“真实票单、有货流动、虚构资金”方式来骗取出口退税。“金税四期”下国家税务总局通过与海关实现数据共享，对报关行、货物代理等特殊行业将进行检测，来核查出异常的涉税行为。

四、“金税四期”下的增值税管理

（一）提升税务人员的专业素质，确保增值税税务合规

近年来，增值税在减税降费助力经济高质量发展方面出台了许多新政策，有些企业少缴纳增值税并不是企业故意行为，而是税务人员因专业受限误报错报所导致，税务人员应加强税收政策的学习，提升专业技能，正规报税，从而降低税收风险。

（二）合理进行税收筹划

企业可通过合理的税收筹划来降低增值税税负。如针对新成立企业，可通过选择成立一般纳税人或小规模纳税人来降低增值税税负，对于房地产、建筑行业，可考虑通过选择简易计税或一般计税方法来降低税负，对于人力资源企业，可通过采用选择全额计税或差额计税来降低税负。营改增后，增值税给予企业很大的税务筹划空间，企业财税人员应合理利用税收规定，通过纳税筹划，降低企业税收成本。

（三）充分利用“减税降费”优惠政策

“减税降费”给予了企业一系列税收优惠政策，企业应充分利用优惠政策来降低税收负担。

任务实施

1. 新发展公司的涉税风险点

（1）将自主研发软件作为福利发放给职工应视同销售按照市场价值计算缴纳增值税，故应增加销项税额 = 200 × 5 ÷（1 + 13%）× 13% = 115.04（万元）。

（2）长期挂账的预收账款2万元应确认收入并缴纳增值税，故应增加销项税额 = 2 ÷（1 + 13%）× 13% = 0.23（万元）。

（3）虚签技术合同一份并取得增值税专用发票属于虚开发票行为，"金税四期"下涉税风险非常大，企业应主动补缴相关税款，故应减少进项税额 = 30 ÷（1 + 6%）× 6% = 1.70（万元）。

（4）火灾系仓库管理人员违规吸烟导致，属于管理不善，新发展公司应将毁损材料做进项税额转出，故应补缴增值税 = 4 × 13% = 0.52（万元）。

2. 新发展公司增值税税务风险管理

因"金税四期"数据共享、以数治税等特点，在"金税四期"下，新发展公司财务人员应合规纳税、通过税务筹划降低税负，不应走虚开发票、故意隐瞒收入等非法偷税逃税路径。

项目二任务完成要点提示

职业能力测评表

（在□中打✓，A掌握，B基本掌握，C未掌握）

评价指标	自测结果
1. 已了解增值税的主要税制要素	□A □B □C
2. 已熟悉增值税的纳税申报表体系及其勾稽关系	□A □B □C
3. 已掌握增值税一般纳税人及小规模纳税人的智慧化申报	□A □B □C
4. 已熟悉"金税四期"背景下增值税的风险防控及管理	□A □B □C
5. 能够准确完成增值税应纳税额的计算	□A □B □C
6. 能够准确完成一般纳税人增值税及附加税费申报表的填写	□A □B □C
7. 能够准确完成小规模纳税人增值税及附加税费申报表的填写	□A □B □C
8. 能够应用电子税务局办理增值税各项申报业务	□A □B □C
9. 能够正确理解增值税在经济发展中的重要作用，牢固树立诚信纳税意识	□A □B □C
10. 基本形成严谨细致的工作态度和精益求精的职业习惯	□A □B □C
11. 基本具备较强的增值税风险防控意识	□A □B □C

教师评语：

成绩：	教师签字：

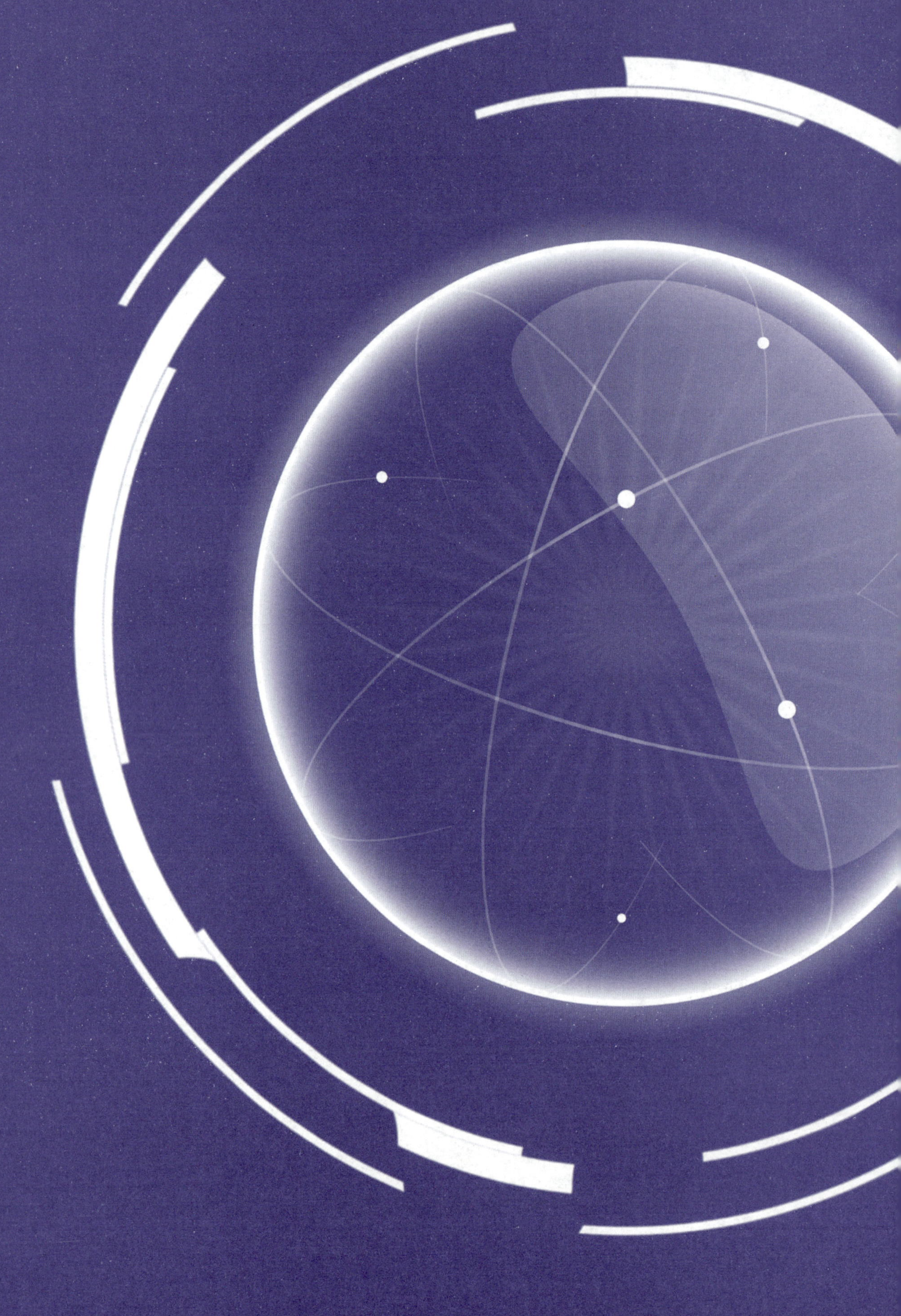

项目三

消费税智慧化申报与管理

【素养目标】

1. 通过学习消费税税制要素，了解消费税作为我国税收体系的重要组成部分，不仅对我国财政收入有巨大贡献，而且能够引导消费、平衡供需，产生积极的调节作用。
2. 通过学习应用电子税务局进行消费税纳税申报，提升数字化工作能力。
3. 通过学习消费税的计算与申报，养成全面系统的思维习惯和谨慎细致的工作态度。
4. 通过了解“金税四期”下以数治税的国家税收治理体系，提升全面业财融合的能力，增强风险防控的意识。

【知识目标】

1. 了解消费税的主要税制要素。
2. 理解外购应税消费品消费税的特殊计算。
3. 理解委托加工及进口应税消费品的消费税计算。
4. 掌握消费税及附加税费申报表的填写。
5. 熟悉“金税四期”背景下消费税的风险防控及管理。

【能力目标】

1. 能够准确掌握消费税的税制要素。
2. 能够应用电子税务局办理消费税申报。
3. 能够正确填写消费税及附加税费申报表。
4. 能够做好“金税四期”背景下消费税的风险防控及管理。

思维导图

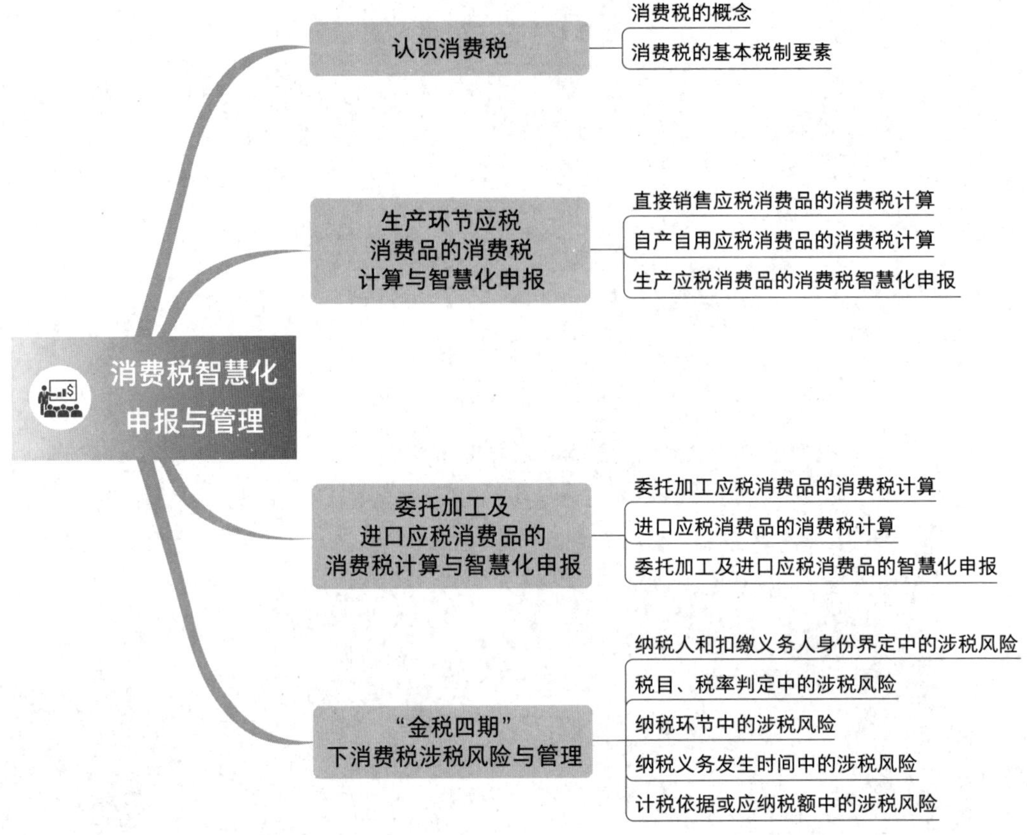

任务一　认识消费税

任务描述

北京新云世纪集团（简称"新云世纪集团"）从事多种经营活动，下设化妆品生产公司、酒类生产企业等多家企业。2023年4月发生如下业务：

（1）北京新云化妆品有限公司生产销售高档香水新云Ⅰ号3 000瓶，每瓶200毫升，不含税售价4 000元/瓶。生产销售护发素10万瓶，取得不含税销售额500万元。

（2）北京新云酒品有限公司委托北京新科酒品有限公司生产20吨黄酒，当期全部收回，收回后直接销售。生产销售酒精10吨，取得不含税价款50万元。

任务要求：根据新云世纪集团的相关信息完成下列工作任务：

1. 判定新云世纪集团内各公司的哪些产品属于消费税的税目。
2. 确定新云世纪集团内各公司的消费税在哪个环节缴纳。
3. 判断新云世纪集团内各公司是否属于消费税纳税义务人。
4. 确定新云世纪集团内各公司的消费税纳税地点。
5. 简述新云世纪集团消费税的纳税期限。

知识准备

一、消费税的概念

消费税是对在中华人民共和国境内生产、委托加工和进口特定应税消费品的单位和个人征收的一种流转税。

目前我国消费税相关的主要法律规范包括：2008年11月5日国务院第34次常务会议修订通过的《中华人民共和国消费税暂行条例》（简称《消费税暂行条例》），财政部、国家税务总局于2008年12月15日联合颁布的《中华人民共和国消费税暂行条例实施细则》（简称《消费税暂行条例实施细则》），以及《国家税务总局关于增值税 消费税与附加税费申报表整合有关事项的公告》（国家税务总局公告2021年第20号）等。

二、消费税的基本税制要素

（一）纳税义务人

在中华人民共和国境内生产、委托加工和进口应税消费品的单位和个人，以及国务院确定的销售《消费税暂行条例》规定的应税消费品的其他单位和个人，为消费税的纳税人。

生产销售、委托加工以及进口应税消费品的生产方、受托方、进口方，属于消费税的纳税义务人。金银首饰、铂金首饰和钻石及钻石饰品销售给最终消费者的零售方、将超豪华小汽车销售给最终消费者的零售方，以及在中华人民共和国境内从事卷烟批发业务的批发商，也属于消费税的纳税义务人。

（二）税率与税目

1. 税率

我国消费税的税率有三种形式，即定额税率、比例税率以及复合税率，其中个别应税消费品采用定额税率和复合税率，其他税目采用比例税率。消费税的税率形式见表3-1。

表3-1　消费税的税率形式

税目	税率形式	举例说明
啤酒、黄酒、成品油	定额税率	黄酒适用税率为每吨240元
白酒、卷烟	复合税率	白酒适用税率为20%+0.5元/500克（或毫升）
其他税目	比例税率	高档化妆品适用税率15%

2. 税目

我国消费税采用列举式确定征税范围，征收消费税的共计15个税目，并在个别税目下设有若干子税目。

（1）烟。本税目下设有四个子目：卷烟、雪茄烟、烟丝、电子烟，其税目税率见表3-2。

表3-2　烟的税目税率

应税消费品名称	比例税率	定额税率	计量单位
一、烟			
1．卷烟			
(1) 工业			
① 甲类卷烟（调拨价70元（不含增值税）/条以上（含70元））	56%	30元/万支	万支
② 乙类卷烟（调拨价70元（不含增值税）/条以下）	36%	30元/万支	
(2) 商业批发	11%	50元/万支	
2．雪茄烟	36%	—	支
3．烟丝	30%	—	千克
4．电子烟			
(1) 工业	36%		盒
(2) 商业批发	11%		盒

（2）酒。本税目下设有四个子目：白酒、黄酒、啤酒、其他酒，其税目税率见表3-3。

表3-3　酒的税目税率

应税消费品名称	比例税率	定额税率	计量单位
二、酒			
1．白酒	20%	0.5元/500克（或毫升）	500克（或毫升）
2．黄酒	—	240元/吨	吨
3．啤酒			
(1) 甲类啤酒（出厂价格3 000元（不含增值税）/吨以上（含3 000元））	—	250元/吨	吨
(2) 乙类啤酒（出厂价格3 000元（不含增值税）/吨以下）	—	220元/吨	
4．其他酒	10%	—	吨

（3）高档化妆品。高档化妆品的征收范围包括高档美容、修饰类化妆品、高档护肤类化妆品和成套化妆品，适用15%的比例税率。

高档美容、修饰类化妆品和高档护肤类化妆品是指生产（进口）环节销售（完税）价格（不含增值税）在10元/毫升（或克）或15元/片（或张）及以上的美容、修饰类化妆品和护肤类化妆品。美容、修饰类化妆品是指香水、香水精、香粉、口红、指甲油、胭脂、眉笔、唇笔、蓝眼油、眼睫毛以及成套化妆品。

舞台、戏剧、影视演员化妆用的上妆油、卸妆油、油彩不属于高档化妆品的征税范围。

（4）贵重首饰及珠宝玉石。贵重首饰及珠宝玉石的征收范围包括各种金银珠宝首饰和经采掘、打磨、加工的各种珠宝玉石。具体包括金银首饰、铂金首饰、钻石及钻石饰品及其他贵重首饰和珠宝玉石(含宝石坯)。其中，金银首饰、铂金首饰、钻石及钻石饰品仅在零售环节纳税，适用5%的比例税率。其他贵重首饰和珠宝玉石在生产、进口、委托加工环节纳税，适用10%的比例税率。

（5）鞭炮、焰火。鞭炮、焰火征收范围不包括体育上用的发令纸、鞭炮药引线等，适用15%的比例税率。

（6）成品油。本税目下设有七个子目:汽油、柴油、航空煤油、石脑油、溶剂油、润滑油、燃料油，采用定额税率计征消费税，详见表3-4。其中，航空煤油暂缓征收消费税。

表3-4　成品油的税目税率

应税消费品名称	比例税率	定额税率	计量单位
六、成品油			
1. 汽油	—	1.52元/升	升
2. 柴油	—	1.20元/升	
3. 航空煤油	—	1.20元/升	
4. 石脑油	—	1.52元/升	
5. 溶剂油	—	1.52元/升	
6. 润滑油	—	1.52元/升	
7. 燃料油	—	1.20元/升	

（7）摩托车。摩托车的征税范围不包括气缸容量250毫升以下的小排量摩托车。气缸容量为250毫升的摩托车适用3%的比例税率，气缸容量大于250毫升的摩托车适用10%的比例税率。

（8）小汽车。本税目下设有三个子目：乘用车、中轻型商用客车、超豪华小汽车。

小汽车采用比例税率计征消费税，详见表3-5。

表3-5　小汽车的税目税率

应税消费品名称	比例税率	定额税率	计量单位
八、小汽车			
1. 乘用车			
(1) 气缸容量（排气量，下同）≤1.0升	1%	—	辆
(2) 1.0升<气缸容量≤1.5升	3%	—	
(3) 1.5升<气缸容量≤2.0升	5%	—	
(4) 2.0升<气缸容量≤2.5升	9%	—	
(5) 2.5升<气缸容量≤3.0升	12%	—	
(6) 3.0升<气缸容量≤4.0升	25%	—	
(7) 气缸容量>4.0升	40%	—	
2. 中轻型商用客车	5%	—	
3. 超豪华小汽车	10%(零售环节加征)	—	

注：超豪华小汽车是指每辆零售价格在130万元（不含增值税）及以上的乘用车和中轻型商用客车。

（9）高尔夫球及球具。高尔夫球及球具是指从事高尔夫球运动所需的各种专用装备，包括高尔夫球、高尔夫球杆及高尔夫球包（袋）等。

本税目征收范围包括高尔夫球、高尔夫球杆、高尔夫球包（袋）。高尔夫球杆的杆头、杆身和握把属于本税目的征收范围。

本税目适用10%的比例税率，计量单位为实际使用计量单位。

（10）高档手表。高档手表是指销售价格（不含增值税）每只在10 000元（含）以上的各类手表。征收范围包括符合以上标准的各类手表。

本税目适用20%的比例税率，计量单位为只。

（11）游艇。游艇是指长度大于8米小于90米，船体由玻璃钢、钢、铝合金、塑料等多种材料制作，可以在水上移动的水上浮载体。按照动力划分，游艇分为无动力艇、帆艇和机动艇。

本税目征收范围包括艇身长度大于8米（含）小于90米（含），内置发动机，可以在水上移动，一般为私人或团体购置，主要用于水上运动和休闲娱乐等非牟利活动的各类机动艇。

本税目适用10%的比例税率，计量单位为艘。

（12）木制一次性筷子。木制一次性筷子，又称卫生筷子，是指以木材为原料经过锯段、浸泡、旋切、刨切、烘干、筛选、打磨、倒角、包装等环节加工而成的各类一次性使用的筷子。

本税目征收范围包括各种规格的木制一次性筷子。未经打磨、倒角的木制一次性筷子属于本税目征税范围。

本税目适用5%的比例税率，计量单位为万双。

（13）实木地板。实木地板是指以木材为原料，经锯割、干燥、刨光、截断、开榫、涂漆等工序加工而成的块状或条状的地面装饰材料。

本税目征收范围包括各类规格的实木地板、实木指接地板、实木复合地板及用于装饰墙壁、天棚的侧端面为榫、槽的实木装饰板。未经涂饰的素板属于本税目征税范围。

本税目适用5%的比例税率，计量单位为平方米。

（14）电池。电池的征收范围包括原电池、蓄电池、燃料电池、太阳能电池和其他电池。

本税目适用4%的比例税率，计量单位为只。

（15）涂料。涂料是指涂于物体表面能形成具有保护、装饰或特殊性能的固态涂膜的一类液体或固体材料之总称。

本税目适用4%的比例税率，计量单位为吨。

税收与新发展格局

消费税助力发展方式绿色转型

习近平总书记指出，建设生态文明、推动绿色低碳循环发展，不仅可以满足人民日益增长的优美生态环境需要，而且可以推动实现更高质量、更有效率、更加公平、更可持续、更为安全的发展。在党的二十大报告中再次提出“必须牢固树立和践行绿水青山就是金山银山的理念，站在人与自然和谐共生的高度谋划发展。”

消费税通过对特定应税消费品征收税款，引导生产者采用更加有利于生态环境的生产方式进行生产，促使消费者树立绿色环保的消费理念，从而在抑制高污染、高耗能产品的生产与消费上贡献力量，在源头控制污染、最大限度地保护生态环境。我国消费税改革持续推进，包括调整优化征收范围、税率和征收环节，涉及成品油、小汽车、电池、涂料、烟酒、化妆品等多个品目，在引导合理消费、促进产业结构调整、转变生产方式方面，发挥了重要的作用。

3. 税率的特殊规定

纳税人兼营不同税率的应税消费品，应当分别核算不同税率应税消费品的销售额、销售数量；未分别核算销售额、销售数量，或者将不同税率的应税消费品组成成套消费品销售的，从高适用税率。

（三）纳税环节

一般情况下，我国的消费税主要在生产、委托加工或进口三个环节进行单环节征税，其他流转环节不再征税。特殊情形下，卷烟和超豪华小汽车会在批发环节、零售环节加征一道消费税；金银首饰、铂金首饰和钻石及钻石饰品仅在零售环节征收消费税，其他环节不征收消费税。

1. 生产环节

纳税人生产应税消费品用于销售的，由生产方在销售时纳税。

纳税人生产应税消费品自产自用的，用于连续生产应税消费品的，在移送使用环节不纳税，最终应税消费品按规定纳税；用于其他方面的，在移送使用环节纳税。

用于连续生产应税消费品，是指纳税人将自产自用的应税消费品作为直接材料生产最终应税消费品，自产自用应税消费品构成最终应税消费品的实体。

用于其他方面，是指纳税人将自产自用应税消费品用于生产非应税消费品、在建工程、管理部门、非生产机构、提供劳务、馈赠、赞助、集资、广告、样品、职工福利、奖励等方面。

2. 委托加工环节

纳税人委托加工的应税消费品，由受托方在向委托方交货时代收代缴税款。委托个人加工的应税消费品，由委托方向其机构所在地或者居住地主管税务机关申报纳税。

委托加工的应税消费品，是指由委托方提供原料和主要材料，受托方只收取加工费和代垫部分辅助材料加工的应税消费品。对于由受托方提供原材料生产的应税消费品，或者受托方先将原材料卖给委托方，然后再接受加工的应税消费品，以及由受托方以委托方名义购进原材料生产的应税消费品，不论在财务上是否作销售处理，都不得作为委托加工应税消费品，而应当按照销售自制应税消费品缴纳消费税。

3. 进口环节

消费税由税务机关征收，纳税人进口应税消费品的消费税由税务机关委托海关代征。海关应当将受托代征消费税的信息和货物出口报关的信息共享给税务机关。

4. 零售环节

（1）金银首饰、铂金首饰和钻石及钻石饰品。

金银首饰、铂金首饰和钻石及钻石饰品在生产、进口和批发等环节不征收消费税，纳税人仅在零售环节一次性缴纳消费税。

（2）超豪华小汽车。根据《财政部 国家税务总局关于对超豪华小汽车加征消费税有关事项的通知》（财税〔2016〕129号）规定，自2016年12月1日起，对超豪华小汽车在零售环节加征一道消费税。

目前，超豪华小汽车在生产（进口）环节按现行税率征收消费税基础上，在零售环节加征消费税，税率为10%。

5. 批发环节

根据《财政部 国家税务总局关于调整烟产品消费税政策的通知》（财税〔2009〕84号）规定，自2009年5月1日起，卷烟在生产、委托加工、进口环节按现行税率征收消费税的基础上，在批发环节加征一道消费税。纳税人销售给纳税人以外的单位和个人的卷烟于销售时纳税。纳税人（卷烟批发商）之间销售的卷烟不缴纳消费税。

（四）纳税地点

纳税人销售的应税消费品，以及自产自用的应税消费品，除国务院财政、税务主管部门另有规定外，应当向纳税人机构所在地或者居住地的主管税务机关申报纳税。纳税人的总机构与分支机构不在同一县（市）的，应当分别向各自机构所在地的主管税务机关申报纳税；经财政部、国家税务总局或者其授权的财政、税务机关批准，可以由总机构汇总向总机构所在地的主管税务机关申报纳税。

卷烟批发企业应当在其机构所在地申报纳税，总机构与分支机构不在同一地区的，由总机构申报纳税。

委托加工的应税消费品，除受托方为个人外，由受托方向机构所在地或者居住地的主管税务机关解缴消费税税款。

纳税人到外县（市）销售或者委托外县（市）代销自产应税消费品的，于应税消费品销售后，向机构所在地或者居住地主管税务机关申报纳税。

进口的应税消费品，应当向报关地海关申报纳税。

（五）纳税期限

1. 按期纳税

纳税人的具体纳税期限，由主管税务机关根据纳税人应纳税额的大小分别核定。

纳税人以1个月或者1个季度为一个纳税期限的，自期满之日起15日内申报纳税。

纳税人以1日、3日、5日、10日或15日为一个纳税期限的，自期满之日起5日内预缴纳税，于次月1日起15日内申报纳税并结清上月应纳税款。

纳税人进口应税消费品，应当自海关填发海关进口消费税专用缴款书之日起15日内缴纳税款。

2. 按次缴纳

纳税人不能按照固定期限纳税的，可以按次纳税。

任务实施

1. 北京新云化妆品有限公司的高档香水新云I号属于消费税税目；北京新云酒品有限公司的黄酒属于消费税税目。

2. 北京新云化妆品有限公司在生产销售环节缴纳消费税，北京新云酒品有限公司在委托加工环节缴纳消费税。

3. 北京新云化妆品有限公司和北京新云酒品有限公司均属于消费税纳税义务人。

4. 北京新云化妆品有限公司的纳税地点为机构所在地；北京新云酒品有限公司委托加工的黄酒应当由北京新科酒品有限公司代收代缴消费税，纳税地点为其机构所在地。

5. 北京新云化妆品有限公司和北京新云酒品有限公司如果以1个月或者1个季度为一个纳税期限的，自期满之日起15日内申报纳税；如果以1日、3日、5日、10日或15日为一个纳税期限的，自期满之日起5日内预缴纳税，于次月1日起15日内申报纳税并结清上月应纳税款；如果不能按照固定期限纳税，可以按次纳税。

任务二　生产环节应税消费品的消费税计算与智慧化申报

任务描述

北京新云化妆品有限公司为增值税一般纳税人，2023年4月发生业务如下：

（1）生产销售高档香水新云I号3 000瓶，每瓶200毫升，不含税售价4 000元/瓶。

（2）研发新款香水新云V号100瓶，每瓶50毫升，生产成本1 200元/瓶。研发新款XY面膜1 000盒，每盒10片，生产成本130元/盒。高档化妆品的成本利润率为5%。领用10瓶新云V号香水和100盒XY面膜奖励给年度优秀员工。

（3）购入已税A型号香水，取得增值税专用发票，注明金额370万元，用于连续生产高档香水新云II号。A型号香水期初库存110万元，期末库存310万元。生产销售高档香水新云II号2 000瓶，每瓶150 ml，不含税销售价格3 000元/瓶。

假定城市维护建设税、教育费附加、地方教育附加适用的税率分别为7%、3%、2%。

任务要求：根据以上业务填写申报消费税及附加税费申报表。

知识准备

纳税人生产出应税消费品后，既可以用于直接对外销售，也可以自产自用。

一、直接销售应税消费品的消费税计算

（一）直接销售应税消费品计税依据的确定

消费税的计税依据分别采用从价和从量两种计税方法。实行从价计税办法征税的应税消费品，计税依据为应税消费品的销售额。实行从量定额办法计税时，通常以每单位应税消费品的重量、容积或数量为计税依据。消费税的计税依据见表3-6。

表3-6　消费税的计税依据

税目	计税方法	计税依据
啤酒、黄酒、成品油	从量定额计征	销售数量
白酒、卷烟	复合计征（从价定率＋从量定额）	销售额、销售数量
其他税目	从价定率计征	销售额

1. 销售数量的确定

销售应税消费品的，计税依据为应税消费品的销售数量；自产自用应税消费品的，计税依据为应税消费品的移送使用数量；委托加工应税消费品的，计税依据为纳税人收回的应税消费品数量；进口应税消费品的，计税依据为海关核定的应税消费品进口征税数量；通过自设非独立核算门市部销售应税消费品的，计税依据为门市部对外销售数量。

2. 销售额的确定

（1）销售额。销售额为销售应税消费品从购买方收取的全部价款和价外费用。

销售额，不包括应向购买方收取的增值税税款。如果纳税人应税消费品的销售额中未扣除增值税税款或者因不得开具增值税专用发票而发生价款和增值税税款合并收取的，在计算消费税时，应当换算为不含增值税税款的销售额。

价外费用，是指价外向购买方收取的手续费、补贴、基金、集资费、返还利润、奖励费、违约金、滞纳金、延期付款利息、赔偿金、代收款项、代垫款项、包装费、包装物租金、储备费、优质费、运输装卸费以及其他各种性质的价外收费。但下列项目不包括在内：

① 同时符合以下条件的代垫运输费用：承运部门的运输费用发票开具给购买方的；纳税人将该项发票转交给购买方的。

② 同时符合以下条件代为收取的政府性基金或者行政事业性收费：由国务院或者财政部批准设立的政府性基金，由国务院或者省级人民政府及其财政、价格主管部门批准设立的行政事业性收费；收取时开具省级以上财政部门印制的财政票据；所收款项全额上缴财政。

（2）包装物押金的处理。应税消费品连同包装物销售的，无论包装物是否单独计价以及在会计上如何核算，均应并入应税消费品的销售额中缴纳消费税。如果包装物不作价随同产品销售，而是收取押金，此项押金则不应并入应税消费品的销售额中征税。但对因逾期未收回的包装物不再退还的或者已收取的时间超过12个月的押金，应并入应税消费品的销售额，按照应税消费品的适用税率缴纳消费税。对既作价随同应税消费品销售，又另外收取押金的包装物押金，凡纳税人在规定的期限内没有退还的，均应并入应税消费品的销售额，按照应税消费品的适用税率缴纳消费税。

（3）其他特殊情形。

① 纳税人自产的应税消费品用于换取生产资料和生活资料、投资入股和抵偿债务等方面，应当按纳税人同类应税消费品的最高销售价格作为计税依据。

② 纳税人销售的应税消费品，以人民币以外的货币结算销售额的，其销售额的人民币折合率可以选择销售额发生的当天或者当月1日的人民币汇率中间价。纳税人应事先确定采用何种折合率，确定后1年内不得变更。

③ 纳税人应税消费品的计税价格明显偏低并无正当理由的，由主管税务机关核定其计税价格。

（二）直接销售应税消费品应纳税额的计算

消费税实行从价定率、从量定额，或者从价定率和从量定额复合计税（简称“复合计税”）的办法计算应纳税额。消费税应纳税额的计算见表3-7。

表3-7　消费税应纳税额计算表

计税方法	计算公式
从量定额计征	应纳税额 = 销售数量 × 定额税率
复合计税（从价定率 + 从量定额）	应纳税额 = 销售额 × 比例税率 + 销售数量 × 定额税率
从价定率计征	应纳税额 = 销售额 × 比例税率

（三）外购应税消费品已纳消费税税款扣除计算

如果企业领用外购的应税消费品用于连续生产应税消费品，在对连续生产出的最终应税消费品计算征税时，根据税法的相关规定，准予按照当期生产领用的金额或数量计算扣除外购应税消费品已经缴纳的消费税税款。

1. 外购应税消费品准予扣除的范围

（1）外购已税烟丝生产的卷烟；

（2）外购已税高档化妆品生产的高档化妆品；

（3）外购已税珠宝玉石生产的贵重首饰及珠宝玉石；

（4）外购已税鞭炮、焰火生产的鞭炮、焰火；

（5）对外购已税汽油、柴油、石脑油、燃料油、润滑油用于连续生产应税成品油；

（6）外购已税杆头、杆身和握把生产的高尔夫球杆；

（7）外购已税木制一次性筷子生产的木制一次性筷子；

（8）外购已税实木地板生产的实木地板；

（9）外购葡萄酒连续生产应税葡萄酒；

（10）啤酒生产集团内部企业间用啤酒液连续灌装生产的啤酒。

2. 外购应税消费品准予扣除的已纳税款的计算

当期准予从消费税应纳税额中扣除的外购应税消费品的已纳消费税税款，应按当期生产领用数量计算。

（1）实行从价定率办法计算应纳税额的。

当期准予扣除外购应税消费品已纳税款 = 当期准予扣除外购应税消费品买价 × 外购应税消费品适用税率

当期准予扣除外购应税消费品买价 = 期初库存外购应税消费品买价 + 当期购进的外购应税消费品买价 − 期末库存的外购应税消费品买价

（2）实行从量定额办法计算应纳税额的。

当期准予扣除的外购应税消费品已纳税款 = 当期准予扣除外购应税消费品数量 × 外购应税消费品单位税额

当期准予扣除外购应税消费品数量 = 期初库存外购应税消费品数量 + 当期购进外购应税消费品数量 − 期末库存外购应税消费品数量

二、自产自用应税消费品的消费税计算

（一）自产自用应税消费品计税依据的确定

自产自用应税消费品的消费税计算

自产自用，是指纳税人将生产出的应税消费品用于连续生产应税消费品或者用于其他方面。其中，用于连续生产应税消费品的应税消费品，是指作为生产最终应税消费品的直接材料、并构成最终产品实体的应税消费品，在自产自用环节无须缴纳消费税；用于其他方面的应税消费品，是指纳税人用于生产非应税消费品和在建工程、管理部门、非生产机构、提供劳务以及用于馈赠、赞助、集资、广告、样品、职工福利、奖励等方面的应税消费品，在移送使用时应当缴纳消费税。

纳税人自产自用的应税消费品用于连续生产的，按照纳税人生产的同类消费品的销售价格为计税依据计算纳税；没有同类消费品销售价格的，按照组成计税价格为计税依据计算纳税。

1. 实行从价定率办法下自产自用应税消费品组成计税价格的计算公式

组成计税价格 =（成本 + 利润）÷（1−比例税率）

2. 实行复合计税办法下自产自用应税消费品组成计税价格的计算公式

组成计税价格 =(成本 + 利润 + 自产自用数量 × 定额税率) ÷ (1− 比例税率)

实行从量定额办法下自产自用应税消费品的计税依据为移送使用数量。

（二）自产自用应税消费品应纳税额的计算

1. 实行从价定率办法下自产自用应税消费品应纳税额的计算公式

（1）有同类消费品销售价格的：

应纳税额 = 同类应税消费品销售价格 × 比例税率

（2）没有同类消费品销售价格的：

应纳税额 = 组成计税价格 × 比例税率

2. 实行从量定额办法下自产自用应税消费品应纳税额的计算公式

应纳税额 = 自产自用数量 × 定额税率

3. 实行复合计税办法下自产自用应税消费品应纳税额的计算公式

（1）有同类消费品销售价格的：

应纳税额 = 同类应税消费品销售价格 × 比例税率 + 自产自用数量 × 定额税率

（2）没有同类消费品销售价格的：

应纳税额 = 组成计税价格 × 比例税率 + 自产自用数量 × 定额税率

三、生产应税消费品的消费税智慧化申报

（一）电子税务局操作

（1）登录申报界面。

以国家税务总局江苏省电子税务局为例，操作人员进入国家税务总局江苏省电子税务局网站，单击“登录”，选择企业，采取“企业业务办理”，在账号、CA、电子证照、移动端扫码登录中选择登录方式，登录后，单击“我要办税”—“税费申报及缴纳”，进入“消费税及附加税费申报”界面，见图3−1。

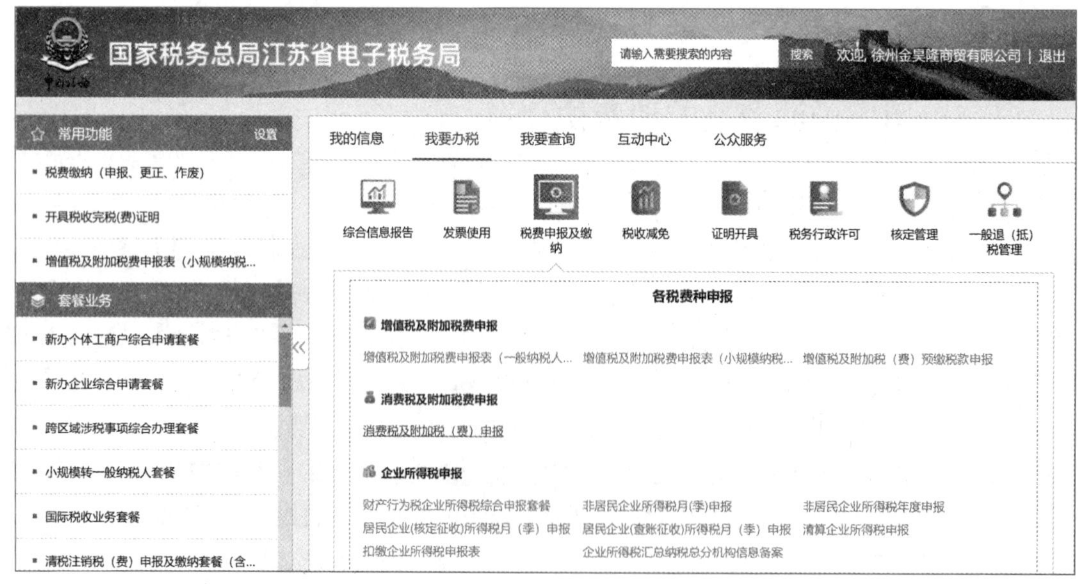

图 3−1 进入消费税及附加税费申报界面

（2）单击“纳税申报”—“消费税及附加税费申报表”，进入申报表填写，见图3-2。

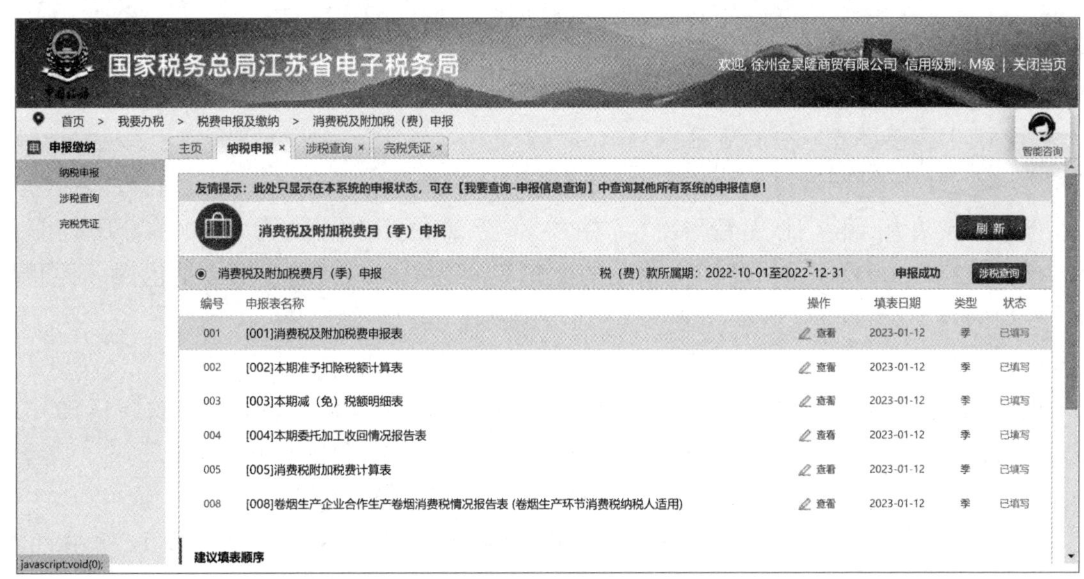

图 3-2　消费税及附加税费申报表填写界面

（二）消费税及附加税费申报表填写

自2021年8月1日起，消费税与城市维护建设税、教育费附加、地方教育附加申报表整合为《消费税及附加税费申报表》，包括主表1张、附表7张。具体如下：

《消费税及附加税费申报表》，附表1-1《本期准予扣除税额计算表》，附表1-2《本期准予扣除税额计算表（成品油消费税纳税人适用）》，附表2《本期减（免）税额明细表》，附表3《本期委托加工收回情况报告表》，附表4《卷烟批发企业月份销售明细清单（卷烟批发环节消费税纳税人适用）》，附表5《卷烟生产企业合作生产卷烟消费税情况报告表（卷烟生产环节消费税纳税人适用）》，附表6《消费税附加税费计算表》。

消费税纳税申报表样表及填写说明

使用新申报表后，消费税纳税申报表主要有两大变化。一是将原分税目的8张消费税纳税申报表主表整合为1张主表，基本框架结构维持不变，包含销售情况、税款计算和税款缴纳三部分，增加了栏次和列次序号及表内勾稽关系，删除不参与消费税计算的“期初未缴税额”等3个项目，方便纳税人平稳过渡使用新申报表。二是将原分税目的22张消费税纳税申报表附表整合为7张附表，其中4张为通用附表，1张成品油消费税纳税人填报的专用附表、2张卷烟消费税纳税人填报的专用附表。

使用新申报表后，适用不同征收品目的消费税纳税人并不需要填报所有主表、附表。新申报表将原分税目的消费税纳税申报表主表、附表进行了整合。系统根据纳税人登记的消费税征收品目信息，自动带出申报表主表中的“应税消费税名称”“适用税率”等内容以及该纳税人需要填报的附表，方便纳税人填报。成品油消费税纳税人、卷烟消费税纳税人需要填报的专用附表，其他纳税人不需填报，系统也不会带出。

企业在委托加工环节由受托方代收代缴的消费税不再需要填报《代收代缴税款计算表》，而是填报各税种通用的《代扣代缴、代收代缴税款明细报告表》。

企业从事润滑油生产业务的，启用新申报表后不再填报原《成品油消费税纳税申报表》，新申报表已最大化地兼容原有各类消费税申报表的功能，并与税种登记信息自动关联。申报时系统将成品油消费税纳税人专用的《本期准予扣除税额计算表（成品油消费税纳税人适用）》自动带出，成品油期初库存自动带入，纳税人可以继续计算抵扣税额。

任务实施

1. 业务（1）直接销售应税消费品

高档香水新云I号单价 = 4 000 ÷ 200 = 20（元/毫升），其大于10元/毫升，应当征收消费税。

应纳税额= 销售额 × 比例税率，高档香水新云I号销售量为600 000毫升，销售额= 3 000 × 4 000 = 12 000 000（元），高档化妆品的比例税率为15%，应纳税额 = 销售额 × 比例税率 = 12 000 000 × 15% = 1 800 000（元）。

2. 业务（2）自产自用应税消费品

① 10瓶新云V号香水，共计500毫升，组成计税价格 = 10 × 1 200 ×（1 + 5%）÷（1−15%）= 14 823.53（元）。

新云V号香水单价 = 14 823.53 ÷（10 × 50）= 29.65（元/毫升），其大于10元/毫升。

10瓶新云V号香水应纳税额 = 14 823.53 × 15% = 2 223.53（元）。

② 100盒XY面膜，共计1 000片，组成计税价格 = 100 × 130 ×（1 + 5%）÷（1−15%）= 16 058.82（元）。

XY面膜单价 = 16 058.82 ÷（100 × 10）= 16.06（元/片），其大于15元/片。

100盒XY面膜应纳税额 = 16 058.82 × 15% = 2 408.82（元）。

3. 业务（3）外购应税消费品的已纳消费税款扣除计算

当期准予扣除外购应税消费品已纳税款 = 当期准予扣除外购应税消费品买价 × 外购应税消费品适用税率 =（110 + 370−310）× 15% × 10 000 = 255 000（元）。

当期销售高档香水新云II号2 000瓶，共计300 000毫升，销售额 = 2 000 × 3 000 = 6 000 000（元），应纳税额 = 2 000 × 3 000 × 15%−255 000 = 900 000−255 000 = 645 000（元）。

4. 报表填列

《本期准予扣除税额计算表》《消费税及附加税费申报表》的填写见表3-8、表3-9。

表3-8　本期准予扣除税额计算表

金额单位：元（列至角分）

准予扣除项目 \ 应税消费品名称			高档化妆品	合计
一、本期准予扣除的委托加工应税消费品已纳税款计算	期初库存委托加工应税消费品已纳税款	1		
	本期收回委托加工应税消费品已纳税款	2		
	期末库存委托加工应税消费品已纳税款	3		
	本期领用不准予扣除委托加工应税消费品已纳税款	4		
	本期准予扣除委托加工应税消费品已纳税款	5 = 1 + 2−3−4		

续表

<table>
<tr><td colspan="4">应税消费品名称 / 准予扣除项目</td><td>高档化妆品</td><td>合计</td></tr>
<tr><td rowspan="13">二、本期准予扣除的外购应税消费品已纳税款计算</td><td rowspan="6">（一）从价计税</td><td>期初库存外购应税消费品买价</td><td>6</td><td>1 100 000.00</td><td>1 100 000.00</td></tr>
<tr><td>本期购进应税消费品买价</td><td>7</td><td>3 700 000.00</td><td>3 700 000.00</td></tr>
<tr><td>期末库存外购应税消费品买价</td><td>8</td><td>3 100 000.00</td><td>3 100 000.00</td></tr>
<tr><td>本期领用不准予扣除外购应税消费品买价</td><td>9</td><td>0.00</td><td>0.00</td></tr>
<tr><td>适用税率</td><td>10</td><td>15%</td><td>15%</td></tr>
<tr><td>本期准予扣除外购应税消费品已纳税款</td><td>11＝(6＋7−8−9)×10</td><td>255 000.00</td><td>255 000.00</td></tr>
<tr><td rowspan="7">（二）从量计税</td><td>期初库存外购应税消费品数量</td><td>12</td><td></td><td></td></tr>
<tr><td>本期外购应税消费品数量</td><td>13</td><td></td><td></td></tr>
<tr><td>期末库存外购应税消费品数量</td><td>14</td><td></td><td></td></tr>
<tr><td>本期领用不准予扣除外购应税消费品数量</td><td>15</td><td></td><td></td></tr>
<tr><td>适用税率</td><td>16</td><td></td><td></td></tr>
<tr><td>计量单位</td><td>17</td><td></td><td></td></tr>
<tr><td>本期准予扣除的外购应税消费品已纳税款</td><td>18＝(12＋13−14−15)×16</td><td></td><td></td></tr>
<tr><td colspan="3">三、本期准予扣除税款合计</td><td>19＝5＋11＋18</td><td>255 000.00</td><td>255 000.00</td></tr>
</table>

表3-9　消费税及附加税费申报表

税款所属期：自2023年4月1日至2023年4月30日
纳税人识别号（统一社会信用代码）：（略）
纳税人名称：北京新云化妆品有限公司　　　　金额单位：人民币元（列至角分）

<table>
<tr><td rowspan="3">项目 / 应税消费品名称</td><td colspan="2">适用税率</td><td rowspan="2">计量单位</td><td rowspan="2">本期销售数量</td><td rowspan="2">本期销售额</td><td rowspan="2">本期应纳税额</td></tr>
<tr><td>定额税率</td><td>比例税率</td></tr>
<tr><td>1</td><td>2</td><td>3</td><td>4</td><td>5</td><td>6＝1×4＋2×5</td></tr>
<tr><td>高档化妆品</td><td></td><td>15%</td><td>毫升</td><td>900 500.00</td><td>18 014 823.53</td><td>2 702 223.53</td></tr>
<tr><td>高档化妆品</td><td></td><td>15%</td><td>片</td><td>1 000.00</td><td>16 058.82</td><td>2 408.82</td></tr>
<tr><td></td><td></td><td></td><td></td><td></td><td></td><td></td></tr>
<tr><td>合计</td><td>—</td><td>—</td><td>—</td><td>—</td><td>—</td><td>2 704 632.35</td></tr>
<tr><td colspan="3"></td><td colspan="2">栏次</td><td colspan="2">本期税费额</td></tr>
<tr><td colspan="3">本期减（免）税额</td><td colspan="2">7</td><td colspan="2"></td></tr>
<tr><td colspan="3">期初留抵税额</td><td colspan="2">8</td><td colspan="2"></td></tr>
</table>

续表

<table>
<tr><td rowspan="3">项目
应税
消费品名称</td><td colspan="2">适用税率</td><td rowspan="2">计量单位</td><td rowspan="2">本期销售数量</td><td rowspan="2">本期销售额</td><td rowspan="2">本期应纳税额</td></tr>
<tr><td>定额税率</td><td>比例税率</td></tr>
<tr><td>1</td><td>2</td><td>3</td><td>4</td><td>5</td><td>6=1×4+2×5</td></tr>
<tr><td colspan="3"></td><td colspan="2">栏次</td><td colspan="2">本期税费额</td></tr>
<tr><td colspan="3">本期准予扣除税额</td><td colspan="2">9</td><td colspan="2">255 000.00</td></tr>
<tr><td colspan="3">本期应扣除税额</td><td colspan="2">10=8+9</td><td colspan="2">255 000.00</td></tr>
<tr><td colspan="3">本期实际扣除税额</td><td colspan="2">11 [10<(6−7)，则为10，否则为（6−7）]</td><td colspan="2">255 000.00</td></tr>
<tr><td colspan="3">期末留抵税额</td><td colspan="2">12=10−11</td><td colspan="2"></td></tr>
<tr><td colspan="3">本期预缴税额</td><td colspan="2">13</td><td colspan="2"></td></tr>
<tr><td colspan="3">本期应补（退）税额</td><td colspan="2">14=6−7−11−13</td><td colspan="2">2 449 632.35</td></tr>
<tr><td colspan="3">城市维护建设税本期应补（退）税额</td><td colspan="2">15</td><td colspan="2">171 474.26</td></tr>
<tr><td colspan="3">教育费附加本期应补（退）费额</td><td colspan="2">16</td><td colspan="2">73 488.97</td></tr>
<tr><td colspan="3">地方教育附加本期应补（退）费额</td><td colspan="2">17</td><td colspan="2">48 992.65</td></tr>
<tr><td colspan="7">声明：此表是根据国家税收法律法规及相关规定填写的，本人（单位）对填报内容（及附带资料）的真实性、可靠性、完整性负责。
纳税人（签章）：（略）　　2023年5月10日</td></tr>
<tr><td colspan="4">经办人：
经办人身份证号：
代理机构签章：
代理机构统一社会信用代码：</td><td colspan="3">受理人：
受理税务机关（章）：
受理日期：　年　月　日</td></tr>
</table>

（注：本书税费申报类表格样式与国家税务总局公布的样表保持一致。全书下同。）

任务三　委托加工及进口应税消费品的消费税计算与智慧化申报

任务描述

北京新云烟草有限公司为增值税一般纳税人，2023年4月发生业务如下：

（1）生产新云卷烟100箱[①]，销售60箱给江苏烟草专卖局，不含税销售额为2万元/箱，该卷烟属于甲类卷烟。已知4月3日委托江苏中烟有限公司（纳税人识别号：91320311MA1MP7Z11F）加工收回已税烟丝3吨，取得增值税专用发票注明金额90万元，取得消费税税收缴款书（号码：111308187640276428）。期初烟丝库存5吨，成本150万元，期末烟丝库存2吨，成本60万元。

① 卷烟一箱为250标准条，一个标准条为200支。

（2）收购烟叶10吨，成本58万元。委托江苏中烟有限公司将烟叶加工成祥云卷烟50箱，支付受托方不含税代垫辅助材料和加工费7.25万元。受托方无同类卷烟销售价格，4月15日全部收回，取得消费税税收缴款书（号码：111308187640274987）。收回后以每箱不含税价格3万元全部销售。

假定城市维护建设税、教育费附加、地方教育附加适用的税率分别为7%、3%、2%。

任务要求：根据以上业务填写申报消费税及附加税费申报表。

知识准备

一、委托加工应税消费品的消费税计算

（一）委托加工应税消费品计税依据的确定

委托加工应税消费品，是指由委托方提供原料和主要材料，受托方只收取加工费和代垫部分辅助材料加工的应税消费品。

对于由受托方提供原材料生产的应税消费品，或者受托方先将原材料卖给委托方，然后再接受加工的应税消费品，以及由受托方以委托方名义购进原材料生产的应税消费品，无论在财务上是否作销售处理，都不得作为委托加工应税消费品，而应当按照销售自制应税消费品缴纳消费税。

委托加工的应税消费品，除受托方为个人外，由受托方在向委托方交货时代收代缴税款。

委托加工的应税消费品，按照受托方的同类消费品的销售价格为计税依据计算纳税；没有同类消费品销售价格的，按照组成计税价格为计税依据计算纳税。

实行从价定率办法计算纳税的组成计税价格计算公式：

组成计税价格 =（材料成本 + 加工费）÷（1−比例税率）

实行复合计税办法计算纳税的组成计税价格计算公式：

组成计税价格 =（材料成本 + 加工费 + 委托加工数量 × 定额税率）÷（1−比例税率）

实行从量定额办法下委托加工应税消费品的计税依据为委托收回数量。

（二）委托加工应税消费品应纳税额的计算

1. 实行从价定率办法下委托加工应税消费品应纳税额的计算公式

（1）有同类消费品销售价格的：

应纳税额 = 同类应税消费品销售价格 × 比例税率

（2）没有同类消费品销售价格的：

应纳税额 = 组成计税价格 × 比例税率

2. 实行从量定额办法下委托加工应税消费品应纳税额的计算公式

应纳税额 = 委托加工收回数量 × 定额税率

3. 实行复合计税办法下委托加工应税消费品应纳税额的计算公式

（1）有同类消费品销售价格的：

应纳税额 = 同类应税消费品销售价格 × 比例税率 + 委托加工收回数量 × 定额税率

（2）没有同类消费品销售价格的：

应纳税额 = 组成计税价格 × 比例税率 + 委托加工收回数量 × 定额税率

（三）委托加工收回的应税消费品已纳消费税税款扣除计算

由于受托方已经代收代缴消费税，委托方将收回的应税消费品以不高于受托方的计税价格出售的，

为直接出售，不再缴纳消费税；委托方以高于受托方的计税价格出售的，不属于直接出售，需按照规定申报缴纳消费税，在计税时准予扣除受托方已代收代缴的消费税。

如果受托方收回后用于连续生产应税消费品，在移送使用时不纳税，在销售实现时计算缴纳消费税，但准予根据税法相关规定，部分应税消费品可以按当期生产领用数量计算扣除委托加工收回时已代收代缴的消费税。

1. 委托加工收回应税消费品用于连续生产时准予扣除已纳税款的范围

（1）委托加工收回的已税烟丝生产的卷烟；

（2）委托加工收回的已税高档化妆品生产的高档化妆品；

（3）委托加工收回的已税珠宝玉石生产的贵重首饰及珠宝玉石；

（4）委托加工收回的已税鞭炮、焰火生产的鞭炮、焰火；

（5）委托加工收回的已税汽油、柴油、石脑油、燃料油、润滑油用于连续生产应税成品油；

（6）委托加工收回的已税杆头、杆身和握把生产的高尔夫球杆；

（7）委托加工收回的已税木制一次性筷子生产的木制一次性筷子；

（8）委托加工收回的已税实木地板生产的实木地板。

2. 委托加工收回应税消费品用于连续生产时准予扣除已纳税款的计算

当期准予扣除的委托加工应税消费品已纳税款＝期初库存的委托加工应税消费品已纳税款
＋当期收回的委托加工应税消费品已纳税款
－期末库存的委托加工应税消费品已纳税款

二、进口应税消费品的消费税计算

（一）进口应税消费品计税依据的确定

进口的应税消费品，按照组成计税价格计算纳税。

实行从价定率办法计算纳税的组成计税价格计算公式：

组成计税价格＝（关税完税价格＋关税）÷（1－比例税率）

实行复合计税办法计算纳税的组成计税价格计算公式：

组成计税价格＝（关税完税价格＋关税＋进口数量 × 定额税率）÷（1－比例税率）

（二）进口应税消费品应纳税额的计算

1. 实行从价定率办法下进口应税消费品应纳税额的计算公式

应纳税额＝组成计税价格 × 比例税率

2. 实行从量定额办法下进口应税消费品应纳税额的计算公式

应纳税额＝进口数量 × 定额税率

3. 实行复合计税办法下进口应税消费品应纳税额的计算公式

应纳税额＝组成计税价格 × 比例税率＋进口数量 × 定额税率

三、委托加工及进口应税消费品的智慧化申报

委托方收回应税消费品时，根据相关规定，扣缴义务人代扣消费税税款后，应给委托方开具《中华人民共和国税收缴款书（代扣代收专用）》，委托方可凭该缴款书按规定申报抵扣消费税税款。扣缴义务人向主管税务机关申报缴纳代扣的消费税时，不再填报《本期代收代缴税额计算表》，应填报通用

《代扣代缴、代收代缴税款明细报告表》和《中华人民共和国税收缴款书（代扣代收专用）》附表，并根据系统自动生成的《代扣代缴、代收代缴税款明细报告表》“实代扣代缴、代收代缴税额”栏的合计数，缴纳代扣税款。委托方与受托方的相关申报都可以在申报平台的自动化协助下迅速完成。

任务实施

1. 业务（1）领用委托加工收回已税烟丝生产卷烟

（1）销售60箱新云卷烟，应纳税额＝销售额×比例税率＋销售量×定额税率＝60×20 000×56%＋300×30＝681 000（元）；

其中：销售数量＝60×250×200÷10 000＝300（万支）。

（2）当期准予扣除的委托加工应税消费品已纳税款＝（1 500 000＋900 000−600 000）×30%＝540 000（元）；

当期应缴纳税款＝681 000−540 000＝141 000（元）。

2. 业务（2）委托加工生产卷烟，收回后直接销售

祥云卷烟的组成计税价格＝（580 000＋72 500＋50×150）÷（1−56%）＝1 500 000（元）；

受托方代收代缴消费税＝1 500 000×56%＋50×150＝847 500（元）；

销售祥云卷烟，每箱不含税价格3万元，每箱收回价格＝1 500 000÷50＝30 000（元），委托加工收回后直接销售，不再缴纳消费税。

3. 报表填写

《本期委托加工收回情况报告表》《本期准予扣除税额计算表》《消费税及附加税费申报表》的填写见表3-10、表3-11和表3-12。

表3-10　本期委托加工收回情况报告表

金额单位：元（列至角分）

一、委托加工收回应税消费品代收代缴税款情况

应税消费品名称	商品和服务税收分类编码	委托加工收回应税消费品数量	委托加工收回应税消费品计税价格	适用税率		受托方已代收代缴的税款	受托方（扣缴义务人）名称	受托方（扣缴义务人）识别号	税收缴款书（代扣代收专用）号码	税收缴款书（代扣代收专用）开具日期
				定额税率	比例税率					
1	2	3	4	5	6	7＝3×5＋4×6	8	9	10	11
烟丝		3 000.00千克	900 000.00		30%	270 000.00	江苏中烟有限公司	91320311MA1MP7Z11F	111308187640276428	2023年4月3日
卷烟		250万支	1 500 000.00	30元/万支	56%	847 500.00	江苏中烟有限公司	91320311MA1MP7Z11F	111308187640274987	2023年4月15日

二、委托加工收回应税消费品领用存情况

应税消费品名称	商品和服务税收分类编码	上期库存数量	本期委托加工收回入库数量	本期委托加工收回直接销售数量	本期委托加工收回用于连续生产数量	本期结存数量
1	2	3	4	5	6	7=3+4-5-6
烟丝		5 000.00千克	3 000.00千克	0.00千克	6 000.00千克	2 000.00千克
卷烟		0.00万支	250.00万支	250.00万支	0.00万支	0.00万支

表3-11　本期准予扣除税额计算表

金额单位：元（列至角分）

准予扣除项目 \ 应税消费品名称				烟丝	合计
一、本期准予扣除的委托加工应税消费品已纳税款计算		期初库存委托加工应税消费品已纳税款	1	450 000.00	450 000.00
		本期收回委托加工应税消费品已纳税款	2	270 000.00	270 000.00
		期末库存委托加工应税消费品已纳税款	3	180 000.00	180 000.00
		本期领用不准予扣除委托加工应税消费品已纳税款	4	0.00	0.00
		本期准予扣除委托加工应税消费品已纳税款	5=1+2-3-4	540 000.00	540 000.00
二、本期准予扣除的外购应税消费品已纳税款计算	（一）从价计税	期初库存外购应税消费品买价	6		
		本期购进应税消费品买价	7		
		期末库存外购应税消费品买价	8		
		本期领用不准予扣除外购应税消费品买价	9		
		适用税率	10		
		本期准予扣除外购应税消费品已纳税款	11=(6+7-8-9)×10		
	（二）从量计税	期初库存外购应税消费品数量	12		
		本期外购应税消费品数量	13		
		期末库存外购应税消费品数量	14		
		本期领用不准予扣除外购应税消费品数量	15		
		适用税率	16		
		计量单位	17		
		本期准予扣除的外购应税消费品已纳税款	18=(12+13-14-15)×16		
三、本期准予扣除税款合计			19=5+11+18	540 000.00	540 000.00

表3-12　消费税及附加税费申报表

税款所属期：自2023年4月1日至2023年4月30日
纳税人识别号（统一社会信用代码）：（略）
纳税人名称：北京新云烟草有限公司　　　　金额单位：人民币元（列至角分）

项目 应税消费品名称	适用税率		计量单位	本期销售数量	本期销售额	本期应纳税额
	定额税率	比例税率				
	1	2	3	4	5	6＝1×4＋2×5
卷烟	30元/万支	56%	万支	300.00	1 200 000.00	681 000.00
合计	—	—	—	—	—	681 000.00

	栏次	本期税费额
本期减（免）税额	7	
期初留抵税额	8	
本期准予扣除税额	9	540 000.00
本期应扣除税额	10＝8＋9	540 000.00
本期实际扣除税额	11［10<（6–7），则为10，否则为（6–7）］	540 000.00
期末留抵税额	12＝10－11	
本期预缴税额	13	
本期应补（退）税额	14＝6－7－11－13	141 000.00
城市维护建设税本期应补（退）税额	15	9 870.00
教育费附加本期应补（退）费额	16	4 230.00
地方教育附加本期应补（退）费额	17	2 820.00
声明：此表是根据国家税收法律法规及相关规定填写的，本人（单位）对填报内容（及附带资料）的真实性、可靠性、完整性负责。 纳税人（签章）：（略）　2023年5月10日		
经办人： 经办人身份证号： 代理机构签章： 代理机构统一社会信用代码：	受理人： 受理税务机关（章）： 受理日期：　年　月　日	

任务四 “金税四期”下消费税涉税风险与管理

任务描述

新云世纪集团从事多种经营活动，下设化妆品生产公司、酒类生产企业等多家企业。2023年5月发生如下业务：

1. 北京新云化妆品有限公司生产销售高档香水新云I号3 000瓶，每瓶200ml，不含税售价4 000元/瓶。生产销售护发素10万瓶，取得不含税销售额500万元。将1瓶价值4 000元的新云I号香水和2瓶价值50元的护发素组成套装进行销售，每套不含税价格4 100元。

2. 北京新云酒品有限公司委托北京新科酒品有限公司生产20吨黄酒，当期全部收回，收回后其中10吨直接销售，另外10吨用于连续生产加工其他酒。

任务要求：根据新云世纪集团的相关信息，简述新云世纪集团的消费税风险管理要点。

知识准备

一、纳税人和扣缴义务人身份界定中的涉税风险

（一）主要涉税风险

（1）从事应税消费品生产经营的纳税人未办理税务登记、税种登记手续或虽办理登记却未申报纳税。

（2）受托加工应税消费品未按规定履行代扣代缴义务。

（二）涉税风险管理

1. 明确纳税义务

根据《消费税暂行条例》，消费税的纳税人是在我国境内从事生产、委托加工和进口应税消费品的单位和个人，以及国务院确定的销售《消费税暂行条例》规定的消费品的其他单位和个人。

2. 明确扣缴义务

扣缴义务人代扣消费税税款后，应给委托方开具《中华人民共和国税收缴款书（代扣代收专用）》，委托方可凭该缴款书按规定申报抵扣消费税税款。

委托个体经营者加工应税消费品（不包括金银首饰）的，委托方收回时缴纳税款。

二、税目、税率判定中的涉税风险

（一）主要涉税风险

（1）企业经营一般税目的应税消费品同时兼营非应税消费品时，混淆应税与非应税商品的界限。

（2）企业兼营不同税率的应税消费品时，没有正确选择适用税率。

（3）企业将不同税率的应税消费品成套销售时，没有正确选择适用税率。

（二）涉税风险管理

1. 检查应税消费品与非应税消费品的划分是否正确

企业需要准确界定应税消费品，对于容易混淆的商品进行重点管理。如将高档化妆品与普通美容

护肤品组成成套化妆品销售，需要按照“高档化妆品”税目征收增值税。

2. 检查“主营业务收入”“应交税费——应交消费税”等账户明细账

企业在兼营不同税率的应税消费品时，应当正确区分各自的税率，同时分别核算销售额、销售数量，未进行分别核算的，应当从高适用税率。

3. 检查“库存商品”“原材料”等账户明细账

企业将不同税率的应税消费品成套销售时，无论有没有分别核算销售额、销售数量，都应该从高适用税率。

三、纳税环节中的涉税风险

（一）主要涉税风险

1. 生产环节

（1）自产自用应税消费品时，未申报缴纳消费税。

（2）非税务定义下的受托加工，未按照销售自制应税消费品缴纳消费税。

2. 委托加工环节

（1）委托个人加工应税消费品，未按规定自行申报缴纳消费税。

（2）非委托加工应税消费品与委托加工应税消费品混淆，直接销售但未申报缴纳消费税。

（二）涉税风险管理

1. 生产环节

（1）检查出库单以及“自制半成品”“库存商品”等账户的对应账户明细账。

企业需要重点检查生产经营过程中是否存在有自产自用的应税消费品，如果没有用于连续加工应税消费品，那么应当在移送使用时纳税。

（2）检查“库存商品”“生产成本”“委托加工物资”等账户明细账

企业需要重点检查受托加工业务是否属于税法定义下的受托加工，如果符合税法定义，应该由受托方代收代缴，如果不符合税法定义，应当按照销售自制应税消费品缴纳消费税。

2. 委托加工环节

（1）检查受托方信息。企业需要重点检查本期接受委托加工应税消费品的单位信息，确定受托方的身份。如果受托方属于个人，那么需要重点检查是否有在收回商品后自行申报缴纳消费税。

（2）检查“委托加工物资”“库存商品”等账户的明细账。企业需要重点检查核实委托加工数量与其收回数量是否匹配，收回数量是否与代收代缴完税凭证中的数量相匹配。如果收回委托加工应税消费品后用于直接销售，核实其销售数量与委托加工收回数量是否匹配，如果销售数量大于委托加工收回数量，表明可能存在委托加工商品与自行生产商品混淆的情形。

四、纳税义务发生时间中的涉税风险

（一）主要涉税风险

未按规定的纳税义务发生时间申报缴纳消费税。

（二）涉税风险管理

1. 检查分期收款发出商品、赊销方式销售等合同及相关明细账

企业需要重点检查是否将属于分期收款方式销售的商品划分为赊销进行处理、是否存在到期应确

认销售额而不确认的情况，避免出现延迟纳税或不纳税的情形。

2. 检查“预收账款”和“主营业务收入”等账户明细账以及存货明细账和出库单以及“应交税费——应交消费税”明细账

企业需要重点检查在预收账款结算方式下，是否在发出商品当天确认纳税义务发生。

企业需要重点检查存货明细账和出库单以及“应交税费——应交消费税”明细账，确保在发出商品时及时申报缴纳消费税。

五、计税依据或应纳税额中的涉税风险

（一）主要涉税风险

（1）应税消费品对外投资、抵偿债务或换取生产资料和生活资料，未按照最高计税价格申报缴纳消费税。

（2）成套应税消费品，未按规定足额申报缴纳消费税。

（3）包装物及其押金收入未足额申报缴纳消费税。

（4）隐匿销售数量。

（5）混淆卷烟的牌号，进而混淆了卷烟的计税价格或核定价格。

（6）超出准予抵扣范围，对外购或委托加工应税消费品的已纳税款进行抵扣。

（二）涉税风险管理

1. 检查“长期股权投资”“其他收益——债务重组收益”等账户的对应账户明细账

企业需要重点检查是否存在使用应税消费品对外投资或者抵偿债务时，未采用最高销售价格作为计税依据计算消费税。

2. 检查出库单以及相关发票

企业需要重点检查出库单或者相关发票，确定发票的单位是否为“套”，确定销售的商品中是否存在成套商品。如果是成套商品，应税消费品和非应税消费品组成的成套应税消费品，应当按照应税消费品适用税率申报缴纳消费税；不同税率的应税消费品组成的成套应税消费品，应当按照其中较高的税率申报缴纳消费税。

3. 检查“其他业务收入”“其他应付款”等账户的明细账

企业需要重点检查计入其他业务收入的包装物，是否一并计入销售额并申报缴纳消费税，重点检查计入其他应付款的包装物押金，是否按照规定在准确的时点申报缴纳消费税。

4. 检查生产台账、库存台账或销售台账

企业需要重点检查应税消费品的生产、销售和库存数量，与其申报的销售数量进行核对，核对是否存在异常情况。

5. 检查库存卷烟的牌号规格

企业需要重点检查库存卷烟的牌号规格，区分执行计税价格和核定价格的范围。

6. 检查已纳税款扣除范围

企业需要重点检查外购或委托加工收回的应税消费品已纳税款扣除，确定其是否属于税法规定的范围之内，尤其注意酒和烟两个税目中的特殊规定。

任务实施

1. 北京新云化妆品有限公司销售成套商品，应税消费品和非应税消费品组成的成套应税消费品，每套商品应当按照应税消费品适用税率和套装销售额4 100元作为计税依据申报缴纳消费税，避免出现未足额缴纳消费税的情况。

2. 北京新云酒品有限公司需要重点检查委托加工收回的应税消费品已纳税款扣除，确定其是否属于税法规定的范围之内，根据相关规定，委托加工收回的黄酒，其中的10吨用于连续生产加工其他酒，已代收代缴的消费税不得扣除，避免出现超出范围进行已纳税款扣除的情况。

项目三任务完成要点提示

职业能力测评表

（在□中打✓，A掌握，B基本掌握，C未掌握）

评价指标	自测结果
1. 已了解消费税的主要税制要素	□A　□B　□C
2. 已熟悉消费税应纳税额的计算	□A　□B　□C
3. 已了解消费税报表体系及填报逻辑	□A　□B　□C
4. 已熟悉“金税四期”背景下消费税的风险防控及管理	□A　□B　□C
5. 能够准确完成消费税应纳税额的计算	□A　□B　□C
6. 能够在电子税务局中准确完成消费税及附加税费申报表的填写	□A　□B　□C
7. 能够正确理解消费税在引导消费和调节供需方面的重要作用，牢固树立诚信纳税的意识	□A　□B　□C
8. 基本形成严谨细致的工作态度和精益求精的职业习惯	□A　□B　□C
9. 基本具备较强的业财融合能力和消费税风险防控意识	□A　□B　□C
教师评语：	
成绩：	教师签字：

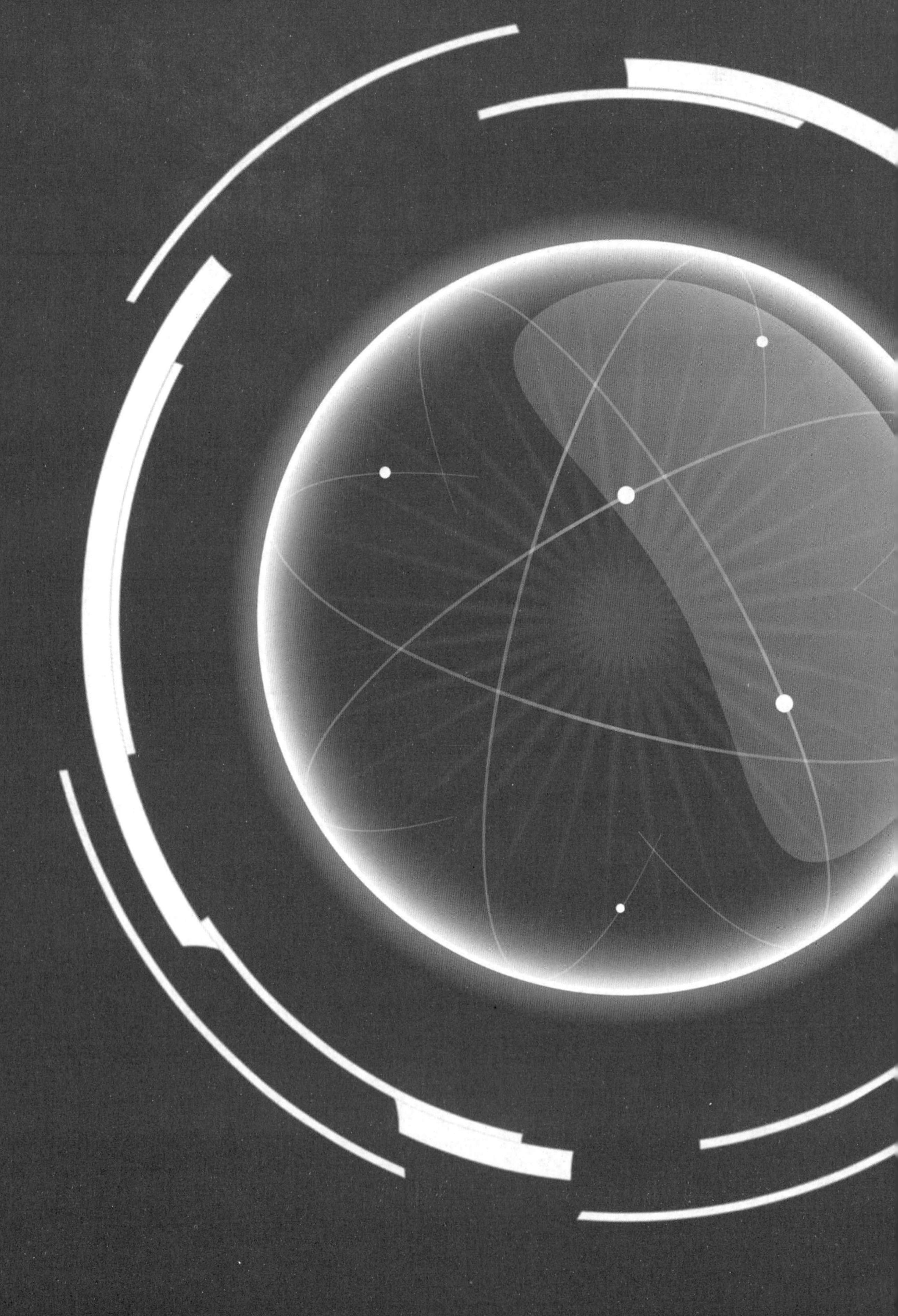

项目四

企业所得税智慧化申报与管理

【素养目标】

1. 通过学习企业所得税税制要素，了解企业所得税在国家战略发展中的重要地位，树立诚信纳税意识。
2. 通过学习应用电子税务局进行企业所得税纳税申报，提升数字化工作能力。
3. 通过学习企业所得税纳税申报，了解申报表间的勾稽关系和财务系统数据在纳税申报表的呈现，养成全面系统的思维习惯和谨慎细致的工作态度。
4. 通过了解“金税四期”下以数治税的国家税收治理体系，提升全面业财融合的能力，增强风险防控的意识。

【知识目标】

1. 了解企业所得税的主要税制要素。
2. 熟悉企业所得税预缴申报流程及所需提供的资料。
3. 掌握企业所得税预缴申报表的填写。
4. 了解企业所得税年度汇算清缴的报表体系及填报逻辑。
5. 掌握查账征收居民企业所得税年度纳税申报表的填写。
6. 熟悉“金税四期”背景下企业所得税的风险防控及管理。

【能力目标】

1. 能够掌握企业所得税的税制要素。
2. 能够应用电子税务局办理企业所得税申报。
3. 能够正确填写企业所得税预缴申报表。
4. 能够正确填写查账征收居民企业所得税年度纳税申报表。
5. 能够做好“金税四期”背景下企业所得税的风险防控及管理。

思维导图

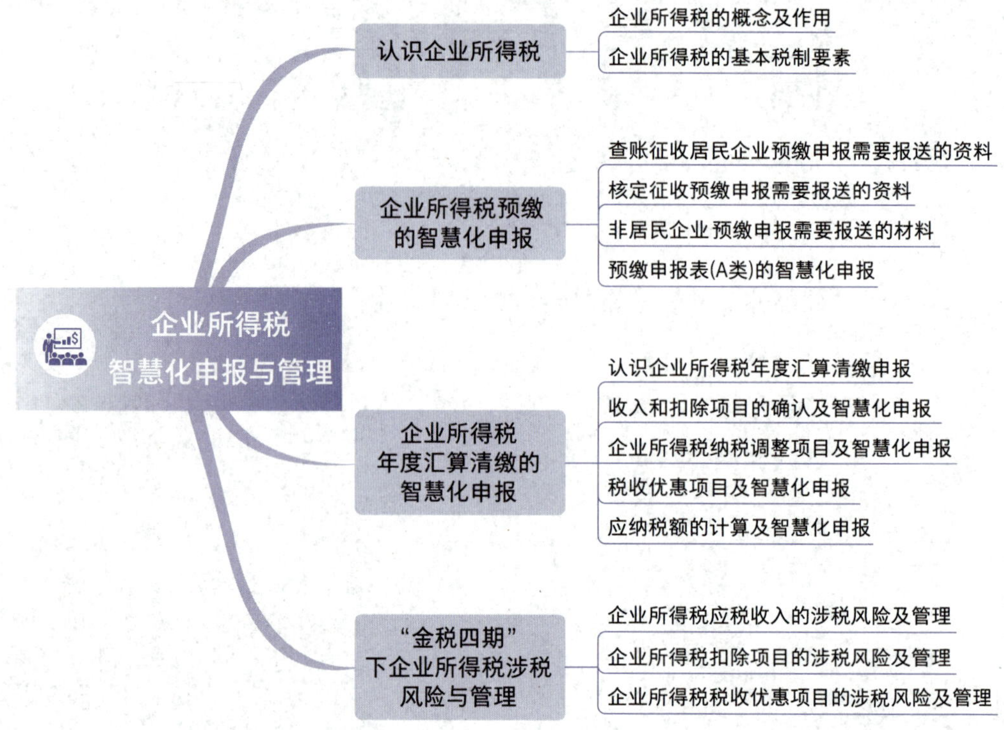

任务一　认识企业所得税

任务描述

单位名称：北京新征程科技股份有限公司（简称"新征程科技"）；

法定代表人：李某；

企业类型：有限责任公司；

成立日期：2019年6月6日；

注册资本：3 500万元；

经营地址：北京中关村科技园区**路12号；

统一社会信用代码：91110000**********；

经营范围：通用软件、工业软件、行业软件、嵌入式应用软件等开发；技术转让、技术咨询、技术服务等；

是否为汇总纳税企业：否；

是否为境外中资控股居民企业：否；

所属行业明细代码：030103应用软件开发；

从事国家非限制和禁止行业：是；

是否存在境外关联交易：否；

从业人数：200人；

资产总额：15 119.23万元；

是否为上市公司：否；

其他信息：新征程科技2020年9月20日被认定为软件生产企业。

任务要求：根据新征程科技的相关信息完成下列工作任务：

1. 判定新征程科技的企业所得税纳税人身份。
2. 确定新征程科技适用的企业所得税税率。
3. 确定新征程科技的企业所得税的纳税地点。
4. 简述新征程科技企业所得税的纳税期限。

知识准备

一、企业所得税的概念及作用

企业所得税是对在中华人民共和国境内的企业和其他取得收入的组织取得的生产经营所得和其他所得征收的一种税。我国现行企业所得税法的基本规范是2007年3月16日第十届全国人民代表大会第五次会议通过并公布《中华人民共和国企业所得税法》（简称“《企业所得税法》”）和2007年12月6日中华人民共和国国务院令第512号公布的《中华人民共和国企业所得税法实施条例》（简称“《企业所得税法实施条例》”）。《企业所得税法》先后进行过两次修订，《企业所得税法实施条例》经过一次修订。

企业所得税征收范围广泛，是国家筹集财政收入的重要来源，同时也承担着重要的国家宏观调控职能，通过对特定行业、产业的税收优惠来实现我国产业升级和经济结构调整等宏观经济战略。加强企业所得税管理也是助力企业提质增效、改善经营管理的重要途径。

二、企业所得税的基本税制要素

（一）纳税义务人

在中华人民共和国（简称“中国”）境内的企业和其他取得收入的组织（统称“企业”）为企业所得税的纳税义务人。个人独资企业和合伙企业不适用企业所得税法。根据企业纳税义务不同，分为居民企业和非居民企业，划分的标准包括：注册地标准和实际管理机构所在地标准。

1. 居民企业

居民企业是指依法在中国境内成立，或者依照外国（地区）法律成立但实际管理机构在中国境内的企业，负有全面纳税义务，其来源于中国境内、境外所得均需向中国政府申报缴纳企业所得税。

2. 非居民企业

非居民企业是指依照外国（地区）法律成立且实际管理机构不在中国境内，但在中国境内设立机构、场所的，或者在中国境内未设立机构、场所，但有来源于中国境内所得的企业。在中国境内设立机构、场所的非居民企业，应当就其所设机构、场所取得的来源于中国境内的所得，以及发生在中国境外但与其所设机构、场所有实际联系的所得，缴纳企业所得税。

在中国境内未设立机构、场所的非居民企业，或者虽设立机构、场所但取得的所得与其所设机构、场所没有实际联系的，应当就其来源于中国境内的所得缴纳企业所得税。

（二）征税对象

企业所得税的征税对象包括：企业的生产经营所得、其他所得和清算所得。具体包括销售货物所得、提供劳务所得、转让财产所得、股息红利等权益性投资所得、利息所得、租金所得、特许权使用费所得、接受捐赠所得、其他所得和清算所得。

（三）税率

企业所得税基本税率为25%，适用于居民企业和在中国境内设立机构、场所且所得与机构、场所有关联的非居民企业。

小型微利企业适用20%的低税率，对小型微利企业减按25%计算应纳税所得额，按20%的税率缴纳企业所得税政策，延续执行至2027年12月31日。

国家重点扶持高新技术企业，减按15%的税率征收企业所得税。

（四）纳税地点

居民企业以企业登记注册地为纳税地点；但登记注册地在境外的，以实际管理机构所在地为纳税地点。居民企业在中国境内设立不具有法人资格的营业机构的，应当汇总计算并缴纳企业所得税。

非居民企业在中国境内设立机构、场所的，取得的来源于中国境内的所得，以及发生在中国境外但与其所设机构、场所有实际联系的所得，以机构、场所所在地为纳税地点。非居民企业在中国境内未设立机构、场所的，或者虽设立机构、场所但取得的所得与其所设机构、场所没有实际联系的，以扣缴义务人所在地为纳税地点。

（五）纳税期限

企业所得税实行按年计算，分月或分季预缴，年终汇算清缴，多退少补的征收方法。

1. 月（季）度预缴期限

企业所得税按年计算，为了保证税款的均衡入库，分月或者分季预缴，由税务机关具体核定。企业应当自月份或者季度终了之日起15日内，向税务机关报送预缴企业所得税纳税申报表，预缴税款。

2. 年度汇算清缴期限

通常按照公历自然年度（公历1月1日至12月31日）为企业所得税的纳税年度。自年度终了之日起5个月内，企业应向税务机关报送年度企业所得税纳税申报表，并汇算清缴，结清应缴、应退税款。如果在一个纳税年度中间开业，或者终止经营活动，以实际经营期为一个纳税年度，企业应当自实际经营终止之日起60日内，向税务机关办理当期企业所得税汇算清缴。

任务实施

1. 新征程科技是在中国境内登记注册成立的公司，属于中国的居民企业。

2. 新征程科技适用25%的企业所得税税率。

3. 新征程科技纳税地点为登记注册所在地。

4. 新征程科技应当自月份或者季度终了之日起15日内，向税务机关报送预缴企业所得税纳税申报表，预缴税款；自年度终了之日起5个月内，向税务机关报送年度企业所得税纳税申报表，并汇算清缴，结清应缴、应退税款。

任务二　企业所得税预缴的智慧化申报

任务描述

（1）新征程科技2023年的年度利润表见表4-1。

表4-1　利润表（部分表）

编制单位：北京新征程科技股份有限公司　　　　单位：人民币元（列至角分）

项目	本期金额	上期金额
一、营业总收入	98 861 092.89	72 257 721.61
减：营业成本	57 909 143.25	47 804 137.35
税金及附加	2 090 356.99	1 670 912.29
销售费用	10 362 863.85	6 235 316.24
管理费用	16 824 160.68	12 006 290.62
研发费用①	7 720 157.98	6 122 175.77
财务费用	1 215 766.20	1 353 655.15
其中：利息费用	1 164 732.15	1 345 006.16
利息收入		
加：其他收益	250 000.00	135 000.00
投资收益（损失以“−”号填列）	250 000.00	135 000.00
信用减值损失（损失以“−”号填列）		
资产减值损失（损失以“−”号填列）	−1 156 845.39	−910 945.84
资产处置收益（损失以“−”号填列）		
三、营业利润（亏损以“−”号填列）	9 551 956.53	2 411 464.12
加：营业外收入	100 000.00	39 923.74
减：营业外支出	623 000.00	2 456.38
四、利润总额（亏损总额以“−”号填列）	9 028 956.53	2 448 931.48
减：所得税费用	1 009 637.13	238 356.66
五、净利润（净亏损以“−”号填列）	8 019 319.40	2 210 574.82

（2）新征程科技2023年度职工人数及资产总额明细情况见表4-2。

① 研发费用包含在管理费用中，此处为单独列示。

表4-2　2023年度新征程科技职工人数及资产总额明细表

项目	第一季度		第二季度		第三季度		第四季度	
	季初	季末	季初	季末	季初	季末	季初	季末
从业人数/人	292	308	308	290	290	310	310	292
资产总额/万元	14 899.00	15 227.12	15 227.12	15 312.18	15 312.18	14 998.10	14 998.10	14 980.06

（3）新征程科技2023年度无加速折旧事项。

任务要求：根据相关信息资料完成新征程科技2023年第四季度企业所得税的预缴申报。

知识准备

企业应当自月份或者季度终了之日起15日内，向税务机关报送企业所得税月（季）度预缴申报（简称“预缴申报”）需要报送的资料，并预缴税款。居民企业按查账征收、核定征收分别报送相关材料，非居民企业按是否在中国境内设立管理机构，分别实行预缴申报和源泉扣缴申报，并分别报送材料。

一、查账征收居民企业预缴申报需要报送的资料

预缴申报表（A类）样表及填写说明

（1）《中华人民共和国企业所得税月（季）度预缴纳税申报表（A类）》（简称“预缴申报表（A类）”）。

（2）跨省、自治区、直辖市和计划单列市设立的，实行汇总纳税办法的居民企业应报送《企业所得税汇总纳税分支机构所得税分配表》等资料。建筑企业总机构在办理企业所得税预缴时，应附送其所直接管理的跨地区经营项目部就地预缴税款的完税证明。

（3）在同一省、自治区、直辖市和计划单列市内跨地、市（区、县）设立的，实行汇总纳税办法的居民企业，总分机构应报送省税务机关规定的相关资料。

（4）符合条件的境外投资居民企业在办理企业所得税预缴申报时向税务机关填报《居民企业参股外国企业信息报告表》。

二、核定征收预缴申报需要报送的资料

预缴申报表（B类）样表及填写说明

（1）《中华人民共和国企业所得税月（季）度预缴和年度纳税申报表（B类，2018年版）》（简称“预缴申报表（B类）”）。

（2）符合条件的境外投资居民企业在办理企业所得税预缴申报时向税务机关填报《居民企业参股外国企业信息报告表》。

三、非居民企业预缴申报需要报送的材料

（一）预缴申报

依据外国（地区）法律成立且实际管理机构不在中国境内，但在中国境内设立机构、场所的非居民企业，在季度终了后15日内，向税务机关预缴企业所得税。报送《中华人民共和国非居民企业所得税预缴纳税申报表（2019年版）》。

《中华人民共和国非居民企业所得税预缴申报表（2019年版）》样表及填写说明

（二）源泉扣缴

对非居民企业在中国境内未设立机构、场所的，或者虽设立机构、场所但取得与其所设机构、场所没有实际联系的所得，应缴纳的所得税，实行源泉扣缴，以支付人为扣缴义务人。由扣缴义务人在每次支付或者到期应支付时，从支付或者到期应支付的款项中扣缴。

四、预缴申报表（A类）的智慧化申报

（一）电子税务局操作

（1）登录进入申报界面。

以国家税务总局北京市电子税务局为例，操作人员进入国家税务总局北京市电子税务局网站，单击“登录”，选择企业采取“企业业务办理”，在账号、CA、电子证照或移动端扫码登录中选择其一方式登录，登录后，单击“我要办税”—“税费申报及缴纳”，进入“按期应申报”界面，见图4-1。

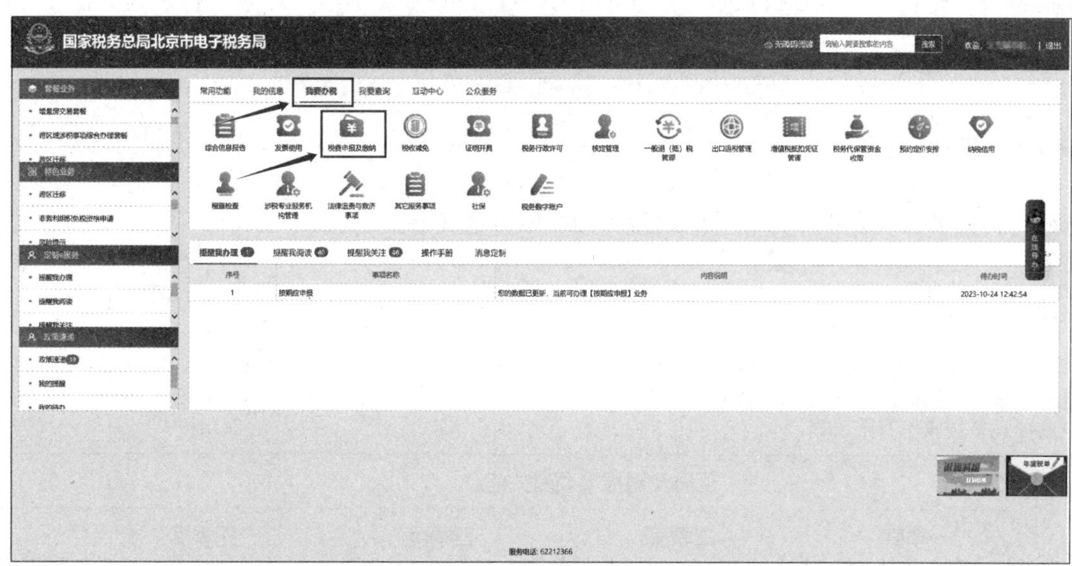

图4-1　税费申报及缴纳界面

（2）单击“按期应申报”—“企业所得税（月季报）”，进入报表填写界面，见图4-2。

（二）预缴申报表（A类）填写

预缴申报表（A类）由3张表构成：

（1）A200000《中华人民共和国企业所得税月（季）度预缴纳税申报表（A类）》。此表也称为预缴申报表（A类）的主表，主要反映优惠及附报事项有关信息，预缴税款的计算，汇总纳税企业总分机构税款计算。其中预缴税款部分“营业收入”“营业成本”“利润总额”等直接从企业财务信息系统中的利润表上取得。

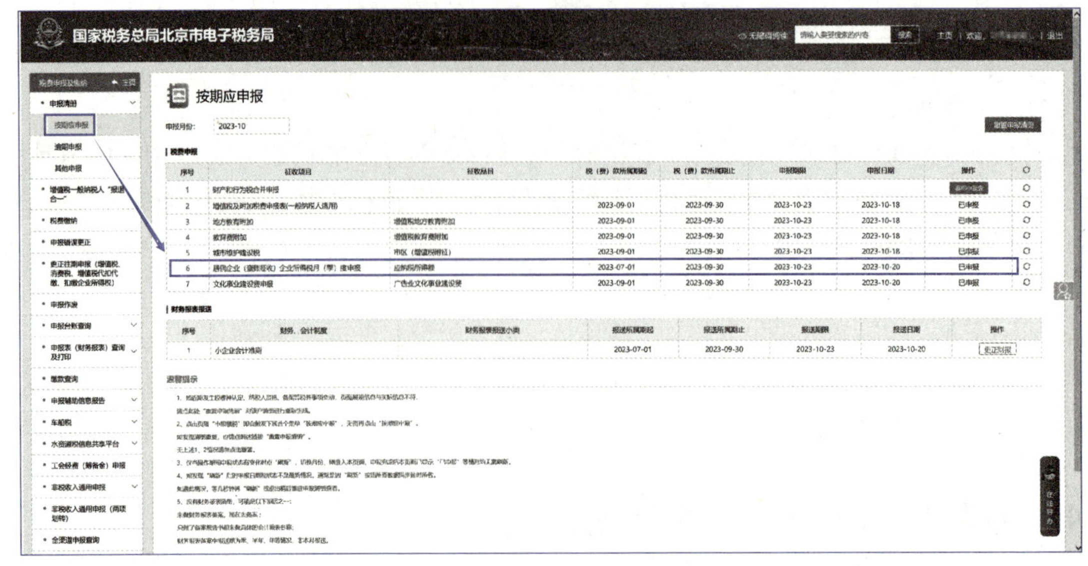

图 4-2　按期应申报界面

（2）A201020《资产加速折旧、摊销（扣除）优惠明细表》。此表由享受资产加速折旧、摊销和一次性扣除优惠政策的纳税人填报。不享受资产加速折旧、摊销和一次性扣除优惠政策的纳税人，无须填报。

（3）A202000《企业所得税汇总纳税分支机构所得税分配表》。此表适用于跨地区经营汇总纳税企业的总机构填报。此表计算总分机构每一预缴期应纳的企业所得税税额、总机构和分支机构应分摊的企业所得税税额。

任务实施

新征程科技2023年第四季度企业所得税的预缴申报见表4-3。

表4-3　A200000　　中华人民共和国企业所得税月（季）度预缴纳税申报表（A类）

税款所属期间：2023年10月1日至2023年12月31日
纳税人识别号（统一社会信用代码）：（略）
纳税人名称：北京新征程科技股份有限公司　　　　金额单位：人民币元（列至角分）

优惠及附报事项有关信息									
项目	一季度		二季度		三季度		四季度		季度平均值
	季初	季末	季初	季末	季初	季末	季初	季末	
从业人数	292	308	308	290	290	310	310	292	300
资产总额（万元）	14 899.00	15 227.12	15 227.12	15 312.18	15 312.18	14 998.10	14 998.10	14 980.06	15 119.23
国家限制或禁止行业	□是　☑否				小型微利企业				□是　☑否
	附报事项名称								金额或选项
事项1	（填写特定事项名称）								
事项2	（填写特定事项名称）								

续表

	预缴税款计算		本年累计
1	营业收入		98 861 092.89
2	营业成本		57 909 143.25
3	利润总额		9 028 956.53
4	加：特定业务计算的应纳税所得额		
5	减：不征税收入		
6	减：资产加速折旧、摊销（扣除）调减额（填写 A201020）		
7	减：免税收入、减计收入、加计扣除（7.1+7.2+…）		
7.1	（填写优惠事项名称）		
7.2	（填写优惠事项名称）		
8	减：所得减免（8.1+8.2+…）		
8.1	（填写优惠事项名称）		
8.2	（填写优惠事项名称）		
9	减：弥补以前年度亏损		
10	实际利润额（3+4−5−6−7−8−9）\按照上一纳税年度应纳税所得额平均额确定的应纳税所得额		9 028 956.53
11	税率（25%）		25%
12	应纳所得税额（10×11）		2 257 239.13
13	减：减免所得税额（13.1+13.2+…）		
13.1	（填写优惠事项名称）		
13.2	（填写优惠事项名称）		
14	减：本年实际已缴纳所得税额		1 009 637.13
15	减：特定业务预缴（征）所得税额		
16	本期应补（退）所得税额（12−13−14−15）\税务机关确定的本期应纳所得税额		1 247 602.00
	汇总纳税企业总分机构税款计算		
17	总机构	总机构本期分摊应补（退）所得税额（18+19+20）	
18		其中：总机构分摊应补（退）所得税额（16×总机构分摊比例__%）	
19		财政集中分配应补（退）所得税额（16×财政集中分配比例__%）	
20		总机构具有主体生产经营职能的部门分摊所得税额（16×全部分支机构分摊比例__%×总机构具有主体生产经营职能部门分摊比例__%）	
21	分支机构	分支机构本期分摊比例	
22		分支机构本期分摊应补（退）所得税额	

续表

<table>
<tr><td colspan="4">实际缴纳企业所得税计算</td></tr>
<tr><td>23</td><td>减：民族自治地区企业所得税地方分享部分：□免征　□减征：减征幅度________%）</td><td>本年累计应减免金额［(12−13−15）×40%×减征幅度］</td><td></td></tr>
<tr><td>24</td><td colspan="2">实际应补（退）所得税额</td><td></td></tr>
<tr><td colspan="4">谨声明：本纳税申报表是根据国家税收法律法规及相关规定填报的，是真实的、可靠的、完整的。
纳税人（签章）：(略)　　年　月　日</td></tr>
<tr><td colspan="2">经办人：
经办人身份证号：
代理机构签章：
代理机构统一社会信用代码：</td><td colspan="2">受理人：
受理税务机关（章）：
受理日期：　　年　月　日</td></tr>
</table>

任务三　企业所得税年度汇算清缴的智慧化申报

子任务一　认识企业所得税年度汇算清缴申报

任务描述

（一）新征程科技主要会计政策和估计

适用的会计准则或会计制度：一般企业会计准则；

财务报告格式：采用一般企业财务报表格式（2019年版）；

会计档案的存放地：公司；

会计核算软件：金蝶；

记账本位币：人民币；

会计政策和估计是否发生变化：否；

固定资产折旧方法：年限平均法；

存货成本计价方法：月末一次加权平均法；

坏账损失核算方法：备抵法；

所得税计算方法：资产负债表债务法。

（二）企业主要股东情况

企业前5位主要股东情况如表4-4所示。

表4-4　企业前5位主要股东情况表

股东名称	证件种类	证件号码	经济性质	投资比例	国籍（注册地址）
李甜	身份证	442542***********1	自然人	45.00%	中国
权金	身份证	110102***********4	自然人	20.00%	中国
王小希	身份证	110108***********1	自然人	10.00%	中国

续表

股东名称	证件种类	证件号码	经济性质	投资比例	国籍（注册地址）
北京合赢投资有限责任公司	纳税人统一社会信用代码	91110000**********	有限责任公司	5.00%	北京市××路18号院
南京利多投资基金合伙企业（有限合伙）	纳税人统一社会信用代码	91320000**********	有限合伙企业	5.00%	南京市××大厦六层

（三）企业对外投资情况

企业对外投资情况如表4-5所示。

表4-5　企业对外投资情况表

被投资者名称	纳税人统一社会信用代码	经济性质	投资比例	投资金额	注册地址
山西绿色能源科技有限公司	91140000**********	有限责任公司	75.00%	500万元	太原市××大厦G座2层

任务要求：结合本任务相关信息资料完成下列工作任务：

1. 填写《企业所得税年度纳税申报表填报表单》[①]。
2. 填写A000000《企业所得税年度纳税申报基础信息表》。

知识准备

一、企业所得税年度纳税申报表种类及报表构成

（一）企业所得税年度纳税申报表种类

企业所得税年度纳税申报表大体可以分为居民企业汇算清缴年度纳税申报表、汇总纳税企业分支机构汇算清缴年度纳税申报表以及非居民企业汇算清缴年度纳税申报表三类。

1. 居民企业汇算清缴年度纳税申报表

实行查账征收的居民企业汇算清缴纳税申报适用《中华人民共和国企业所得税年度纳税申报表（A类，2017年版）》（2022年修订）[简称"企业所得税年度纳税申报表（A类）"]。实行核定应税所得率方式征收企业所得税的居民企业汇算清缴纳税申报适用预缴申报表（B类）。

2. 汇总纳税企业分支机构汇算清缴年度纳税申报表

依据《跨地区经营汇总纳税企业所得税征收管理办法》实行跨地区经营汇总纳税企业的分支机构，汇算清缴纳税申报时适用预缴申报表（A类）。

3. 非居民企业汇算清缴年度纳税申报表

非居民企业汇算清缴需要报送《中华人民共和国非居民企业所得税年度纳税申报表（2019年版）》。

《中华人民共和国非居民企业所得税年度纳税申报表（2019年版）》样表及填写说明

① 由于2023年最新修订的《中华人民共和国企业所得税年度纳税申报表（A类）》尚未公布，本书介绍的申报表均为2022年最新修订的《中华人民共和国企业所得税年度纳税申报表（A类，2017年版）》。

企业所得税年度纳税申报表（A类）报表体系介绍

（二）企业所得税年度纳税申报表（A类）报表体系及填报顺序

1. 报表体系

根据《国家税务总局关于企业所得税年度纳税申报有关事项的公告》（国家税务总局公告2022年第27号）的相关规定，企业所得税年度A类纳税申报表由《企业所得税年度纳税申报基础信息表》（A000000）（简称“基础信息表”）和《中华人民共和国企业所得税年度纳税申报表（A类）》（A100000）（简称“主表”）及其附表构成，共计37张报表。报表构成如图4-3所示。

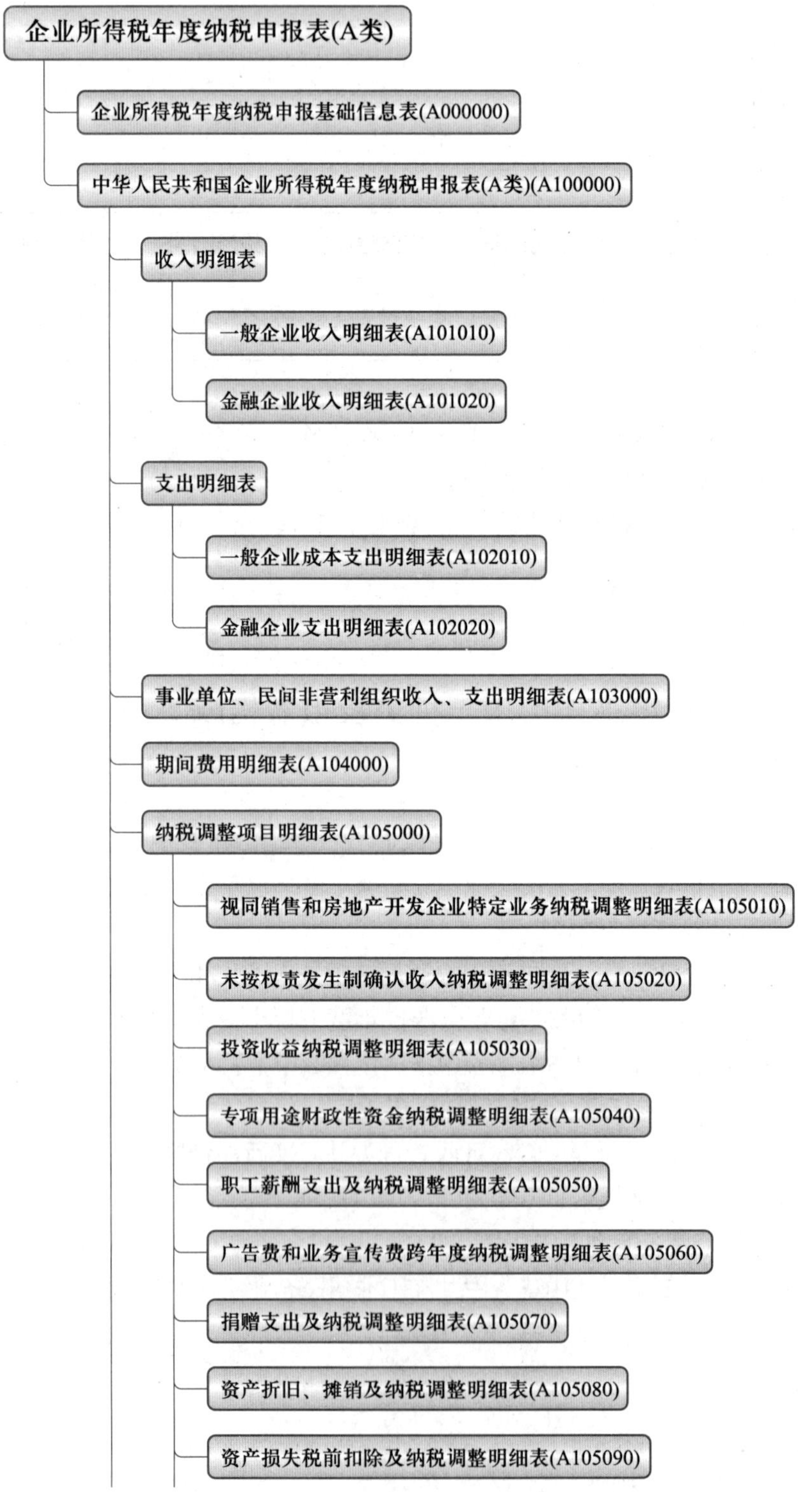

- 企业所得税年度纳税申报表(A类)
  - 企业所得税年度纳税申报基础信息表(A000000)
  - 中华人民共和国企业所得税年度纳税申报表(A类)(A100000)
    - 收入明细表
      - 一般企业收入明细表(A101010)
      - 金融企业收入明细表(A101020)
    - 支出明细表
      - 一般企业成本支出明细表(A102010)
      - 金融企业支出明细表(A102020)
    - 事业单位、民间非营利组织收入、支出明细表(A103000)
    - 期间费用明细表(A104000)
    - 纳税调整项目明细表(A105000)
      - 视同销售和房地产开发企业特定业务纳税调整明细表(A105010)
      - 未按权责发生制确认收入纳税调整明细表(A105020)
      - 投资收益纳税调整明细表(A105030)
      - 专项用途财政性资金纳税调整明细表(A105040)
      - 职工薪酬支出及纳税调整明细表(A105050)
      - 广告费和业务宣传费跨年度纳税调整明细表(A105060)
      - 捐赠支出及纳税调整明细表(A105070)
      - 资产折旧、摊销及纳税调整明细表(A105080)
      - 资产损失税前扣除及纳税调整明细表(A105090)

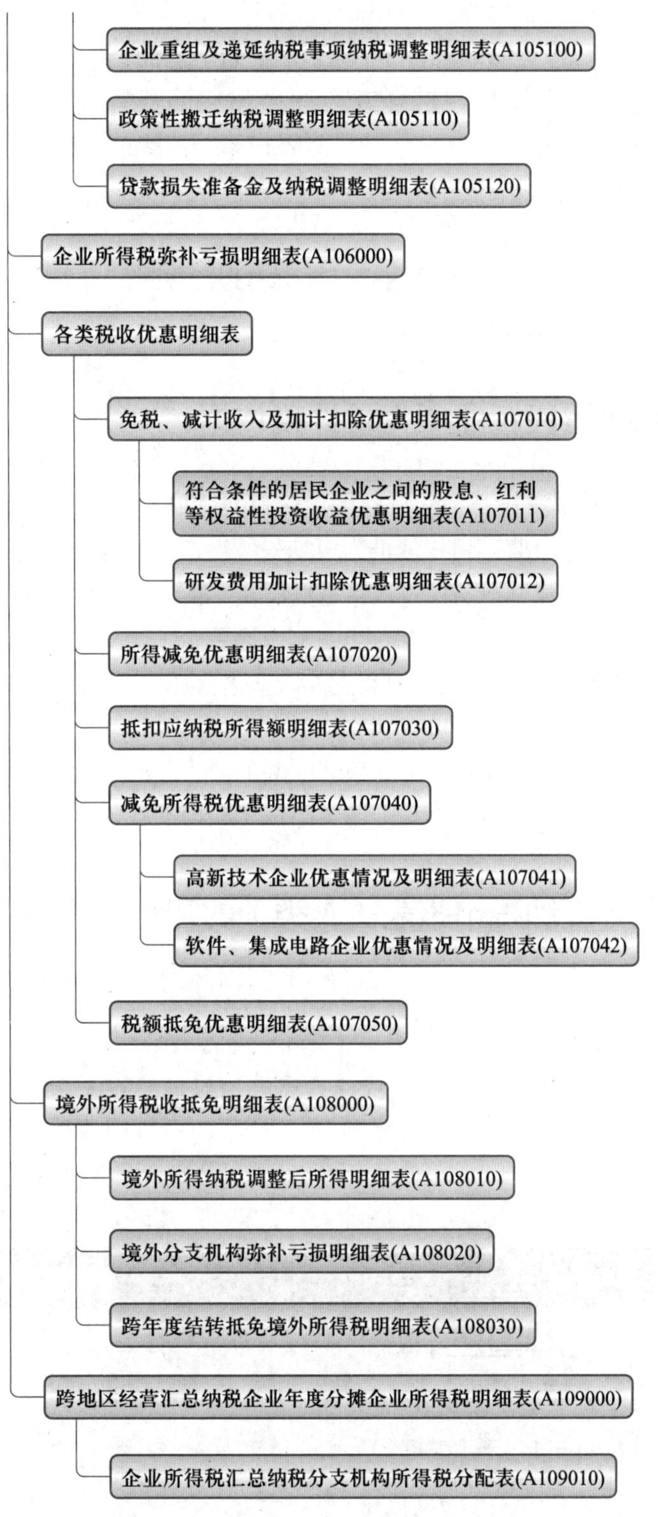

图 4-3　企业所得税年度 A 类纳税申报表构成

按照报表类别企业所得税年度A类纳税申报表可分为：收入类、扣除类、纳税调整类、税收优惠类、弥补亏损类、境外所得抵免类、汇总纳税类等9大类。每张报表代码均由“字母＋数字”共7位组成，第1位“A”表示查账征收；第2位为“0”或“1”。“0”表示企业基础信息表，“1”表示年度纳税申报表；第3位和第4位表示一级附表，其中，“01”表示收入类明细表，“02”表示成本支出类明细表，“03”

企业所得税年度纳税申报表（A类）全套样表

表示事业单位收支明细表，“04”表示费用类明细表，“05”表示纳税调整类明细表，“06”表示弥补亏损类明细表，“07”表示税收优惠类明细表，“08”表示境外所得抵免类明细表，“09”表示汇总纳税类明细表；第5位和第6位表示二级附表，按照“01”“02”……的顺序排列，表示各一级附表所属类别下的二级附表，主表和一级附表的信息来源于二级附表；第7位表示三级附表，按照“1”“2”……的顺序排列，部分二级附表的信息来源于三级附表。

2. 填报顺序

企业所得税年度纳税申报表的填写是依据从三级附表到二级附表再到一级附表，从一级、二级附表到主表的逻辑顺序，按照报表级次依次填写。

二、适用查账征收居民企业所得税计税依据

查账征收适用于凭证、账簿资料齐全，具备健全的财务制度，能够准确核算生产经营成果，准确计算应纳企业所得税税款的居民企业，计税依据为应纳税所得额。计算公式为：

应纳税所得额 = 收入总额 − 不征税收入 − 免税收入 − 准予企业所得税税前扣除的项目 − 允许弥补的以前年度亏损

在实务中，应纳税所得额通常是在会计利润基础上，按照税法规定，进行纳税调整之后的结果。因此，应纳税所得额也可以采用以下计算公式：

应纳税所得额 = 会计利润 + 纳税调整增加额（简称“纳税调增”）− 纳税调整减少额（简称“纳税调减”）

三、企业所得税年度纳税申报表（A类）的智慧化申报

（一）电子税务局操作

（1）登录进入申报界面。

以国家税务总局北京市电子税务局为例，操作人员进入国家税务总局北京市电子税务局网站，单击“登录”，选择企业采取“企业业务办理”，在账号、CA、电子证照或移动端扫码登录中选择其一方式登录，登录后，单击“我要办税”—“税费申报及缴纳”，进入“按期应申报”界面，见图4-4。

图4-4　税费申报及缴纳界面

（2）选择要申报的税种“居民企业（查账征收）年度申报（2017）”，单击“填写申报表”，进入表单页面，根据实际情况进行填写。

登录电子税务局进行企业所得税年度纳税申报的流程相同，下文不再赘述。

（二）填写申报表

企业所得税年度纳税申报表（A类）的填写按照以下逻辑顺序（由于篇幅所限，本书仅介绍常用报表的填写）：

第一步：填写企业基础信息类表。包括：封面、《企业所得税年度纳税申报表填报表单》和A000000《企业所得税年度纳税申报基础信息表》等。

第二步：填写企业财务信息类表。包括：A101010《一般企业收入明细表》、A102010《一般企业成本支出明细表》、A104000《期间费用明细表》等。

第三步：填写企业纳税调整类明细表。包括A105010《视同销售和房地产开发企业特定业务纳税调整明细表》等收入类项目纳税调整表、A105050《职工薪酬支出及纳税调整明细表》等扣除类项目纳税调整表、A105080《资产折旧、摊销及纳税调整明细表》等资产类项目纳税调整表等，以及A105000《纳税调整项目明细表》。

第四步：填写企业所得税优惠类明细表。包括A107010《免税、减计收入及加计扣除优惠明细表》等税基式优惠明细表，A107040《减免所得税优惠明细表》等税额式优惠明细表。

第五步：填写弥补亏损明细表。即A106000《企业所得税弥补亏损明细表》。

第六步：填写主表。即A100000《中华人民共和国企业所得税年度纳税申报表（A类）》。

任务实施

《企业所得税年度纳税申报表填报表单》的填报见表4-6，A000000《企业所得税年度纳税申报基础信息表》的填报见表4-7。

表4-6　企业所得税年度纳税申报表填报表单

表单编号	表单名称	是否填报
A000000	企业所得税年度纳税申报基础信息表	☑
A100000	中华人民共和国企业所得税年度纳税申报表（A类）	☑
A101010	一般企业收入明细表	☑
A101020	金融企业收入明细表	□
A102010	一般企业成本支出明细表	☑
A102020	金融企业支出明细表	□
A103000	事业单位、民间非营利组织收入、支出明细表	□
A104000	期间费用明细表	☑
A105000	纳税调整项目明细表	☑

续表

表单编号	表单名称	是否填报
A105010	视同销售和房地产开发企业特定业务纳税调整明细表	☑
A105020	未按权责发生制确认收入纳税调整明细表	□
A105030	投资收益纳税调整明细表	□
A105040	专项用途财政性资金纳税调整明细表	□
A105050	职工薪酬支出及纳税调整明细表	☑
A105060	广告费和业务宣传费等跨年度纳税调整明细表	☑
A105070	捐赠支出及纳税调整明细表	☑
A105080	资产折旧、摊销及纳税调整明细表	☑
A105090	资产损失税前扣除及纳税调整明细表	□
A105100	企业重组及递延纳税事项纳税调整明细表	□
A105110	政策性搬迁纳税调整明细表	□
A105120	贷款损失准备金及纳税调整明细表	□
A106000	企业所得税弥补亏损明细表	☑
A107010	免税、减计收入及加计扣除优惠明细表	☑
A107011	符合条件的居民企业之间的股息、红利等权益性投资收益优惠明细表	☑
A107012	研发费用加计扣除优惠明细表	☑
A107020	所得减免优惠明细表	□
A107030	抵扣应纳税所得额明细表	□
A107040	减免所得税优惠明细表	☑
A107041	高新技术企业优惠情况及明细表	□
A107042	软件、集成电路企业优惠情况及明细表	☑
A107050	税额抵免优惠明细表	□
A108000	境外所得税收抵免明细表	□
A108010	境外所得纳税调整后所得明细表	□

续表

表单编号	表单名称	是否填报
A108020	境外分支机构弥补亏损明细表	□
A108030	跨年度结转抵免境外所得税明细表	□
A109000	跨地区经营汇总纳税企业年度分摊企业所得税明细表	□
A109010	企业所得税汇总纳税分支机构所得税分配表	□
说明：企业应当根据实际情况选择需要填报的表单。		

表4-7　A000000企业所得税年度纳税申报基础信息表

基本经营情况（必填项目）				
101纳税申报企业类型（填写代码）		100	102分支机构就地纳税比例（%）	0
103资产总额（填写平均值，单位：万元）		15 119.23	104从业人数（填写平均值，单位：人）	300
105所属国民经济行业（填写代码）		030103应用软件开发	106从事国家限制或禁止行业	□是　☑否
107适用会计准则或会计制度（填写代码）		110	108采用一般企业财务报表格式（2019年版）	☑是　□否
109小型微利企业		是　☑否	110上市公司	是（□境内　□境外）☑否
有关涉税事项情况（存在或者发生下列事项时必填）				
201从事股权投资业务		☑是	202存在境外关联交易	□是
203境外所得信息	203-1选择采用的境外所得抵免方式		□分国（地区）不分项　□不分国（地区）不分项	
	203-2新增境外直接投资信息		□是（产业类别：□旅游业　□现代服务业　□高新技术产业）	
204有限合伙制创业投资企业的法人合伙人		□是	205创业投资企业	□是
206技术先进型服务企业类型（填写代码）			207非营利组织	□是
208软件、集成电路企业类型（填写代码）		330	209集成电路生产项目类型	□130纳米　□65纳米　□28纳米
210科技型中小企业	210-1__年（申报所属期年度）入库编号1		210-2入库时间1	
	210-3__年（所属期下一年度）入库编号2		210-4入库时间2	
211高新技术企业申报所属期年度有效的高新技术企业证书	211-1证书编号1		211-2发证时间1	
	211-3证书编号2		211-4发证时间2	

续表

<table>
<tr><td colspan="6">有关涉税事项情况（存在或者发生下列事项时必填）</td></tr>
<tr><td colspan="2">212重组事项税务处理方式</td><td>□一般性 □特殊性</td><td colspan="2">213重组交易类型（填写代码）</td><td></td></tr>
<tr><td colspan="2">214重组当事方类型（填写代码）</td><td></td><td colspan="2">215政策性搬迁开始时间</td><td>____年__月</td></tr>
<tr><td colspan="2">216发生政策性搬迁且停止生产经营无所得年度</td><td>□是</td><td colspan="2">217政策性搬迁损失分期扣除年度</td><td>□是</td></tr>
<tr><td colspan="2">218发生非货币性资产对外投资递延纳税事项</td><td>□是</td><td colspan="2">219非货币性资产对外投资转让所得递延纳税年度</td><td>□是</td></tr>
<tr><td colspan="2">220发生技术成果投资入股递延纳税事项</td><td>□是</td><td colspan="2">221技术成果投资入股递延纳税年度</td><td>□是</td></tr>
<tr><td colspan="2">222发生资产（股权）划转特殊性税务处理事项</td><td>□是</td><td colspan="2">223债务重组所得递延纳税年度</td><td>□是</td></tr>
<tr><td colspan="2">224研发支出辅助账样式</td><td colspan="4">□2015版 ☑2021版 □自行设计</td></tr>
<tr><td colspan="6">主要股东及分红情况（必填项目）</td></tr>
<tr><td>股东名称</td><td>证件种类</td><td>证件号码</td><td>投资比例（%）</td><td>当年（决议日）分配的股息、红利等权益性投资收益金额</td><td>国籍（注册地址）</td></tr>
<tr><td>李甜</td><td>身份证</td><td>442542***********1</td><td>45.00</td><td>无</td><td>中国</td></tr>
<tr><td>权金</td><td>身份证</td><td>110102***********4</td><td>20.00</td><td>无</td><td>中国</td></tr>
<tr><td>王小希</td><td>身份证</td><td>110108***********1</td><td>10.00</td><td>无</td><td>中国</td></tr>
<tr><td>北京合赢投资有限责任公司</td><td>纳税人统一社会信用代码</td><td>91110000**********</td><td>5.00</td><td>无</td><td>北京市××路18号院</td></tr>
<tr><td>南京利多投资基金合伙企业（有限合伙）</td><td>纳税人统一社会信用代码</td><td>91320000**********</td><td>5.00</td><td>无</td><td>南京市××大厦六层</td></tr>
<tr><td></td><td></td><td></td><td></td><td></td><td></td></tr>
<tr><td></td><td></td><td></td><td></td><td></td><td></td></tr>
<tr><td></td><td></td><td></td><td></td><td></td><td></td></tr>
<tr><td></td><td></td><td></td><td></td><td></td><td></td></tr>
<tr><td></td><td></td><td></td><td></td><td></td><td></td></tr>
<tr><td>其余股东合计</td><td>—</td><td>—</td><td></td><td></td><td>—</td></tr>
</table>

子任务二　收入和扣除项目的确认及智慧化申报

任务描述

新征程科技2023年部分账户余额明细情况见表4-8[①]。

① 表4-8至表4-27，金额单位均为：人民币元（列至角分）。

表4-8　部分账户余额明细表

总账账户	明细账账户	本年累计发生额	借或贷
主营业务收入 其中：		98 861 092.89	贷
	嵌入式软件销售收入	32 985 460.33	贷
	信息系统集成产品销售收入	65 721 903.61	贷
	技术服务收入	153 728.95	贷
营业外收入 其中：		100 000.00	贷
	接受捐赠	100 000.00	贷
投资收益 其中：		250 000.00	贷
	居民企业间股息红利收益	250 000.00	贷
主营业务成本 其中：		57 909 143.25	借
	嵌入式软件销售成本	19 791 276.27	借
	信息系统集成产品销售成本	38 028 704.19	借
	技术服务成本	89 162.79	借
营业外支出 其中：		623 000.00	借
	罚没支出	7 000.00	借
	捐赠支出	616 000.00	借
销售费用 其中：		10 362 863.85	借
	职工薪酬	3 436 638.45	借
	劳务费	5 400.00	借
	咨询顾问费	176 891.56	借
	包装费	336 892.45	借
	广告费和业务宣传费	1 896 549.90	借
	资产折旧摊销费	832 408.64	借
	办公费	1 975 316.80	借
	租赁费	266 756.17	借
	差旅费	1 214 359.52	借
	运输、仓储费	135 683.60	借
	修理费	78 510.60	借
	其他	7 456.16	借
管理费用 其中：		16 824 160.68	借
	职工薪酬	5 187 419.37	借
	劳务费	2 400.00	借

续表

总账账户	明细账账户	本年累计发生额	借或贷
管理费用 其中：	咨询顾问费	256 848.53	借
	业务招待费	917 858.15	借
	资产折旧摊销费	978 075.56	借
	办公费	780 921.20	借
	租赁费	350 255.77	借
	差旅费	390 533.31	借
	运输、仓储费	158 614.24	借
	修理费	2 111.60	借
	研发支出	7 720 157.98	借
	各项税费	73 547 44	借
	其他	5 417 53	借
财务费用 其中：		1 215 766.20	借
	利息收支	1 164 723.15	借
	手续费	51 043.05	借

任务要求：依据新征程相关账户余额资料，完成下列工作任务：

1. 填报A101010《一般企业收入明细表》。
2. 填报A102010《一般企业成本支出明细表》。
3. 填报A104000《期间费用明细表》。

知识准备

一、收入的确认

企业的收入总额包括以货币形式和非货币形式从各种来源取得的收入，具体包括销售货物收入、提供劳务收入、处置资产收入和其他收入四类。

（一）销售货物收入

销售货物收入，是指企业销售商品、产品、原材料、包装物、低值易耗品以及其他存货取得的收入。

1. 收入确认的条件

企业所得税法规定，企业销售商品只有同时满足下列四个条件才能确认收入的实现：

（1）商品销售合同已经签订，企业已将商品所有权相关的主要风险和报酬转移给购货方。

（2）企业对已售出的商品既没有保留通常与所有权相联系的继续管理权，也没有实施有效控制。

（3）收入的金额能够可靠地计量。

（4）已发生或将发生的销售方的成本能够可靠地核算。

2. 收入确认的时间

（1）销售商品采用托收承付方式的，在办妥托收手续时确认收入。

（2）销售商品采取预收款方式的，在发出商品时确认收入。

（3）销售商品需要安装和检验的，在购买方接受商品以及安装和检验完毕时确认收入。如果安装程序比较简单，可在发出商品时确认收入。

（4）销售商品采用支付手续费方式委托代销的，在收到代销清单时确认收入。

（5）以分期收款方式销售货物的，按照合同约定的收款日期确认收入的实现。

3. 收入金额的确定

（1）企业应当按照从购货方已收或应收的合同或协议价款确定销售货物的收入金额。

（2）现金折扣，是指债权人为鼓励债务人在规定的期限内付款而向债务人提供的债务扣除。销售货物涉及现金折扣的，应当按照扣除现金折扣前的金额确定销售货物收入金额。现金折扣在实际发生时计入当期损益。

（3）商业折扣，是指企业为促进货物销售而在货物标价上给予的价格扣除。销售货物涉及商业折扣的，应当按照扣除商业折扣后的金额确定销售货物的收入金额。

（4）销售折让或退回，是指企业因售出货物的质量不合格等原因而在售价上给予的减让，或发生退货，应当在发生时冲减当期销售货物的收入。

（二）提供劳务收入

劳务收入是指企业从事建筑安装、修理修配、交通运输、仓储租赁、金融保险、邮电通信、咨询经纪、文化体育、科学研究、技术服务、教育培训、餐饮住宿、中介代理、卫生保健、社区服务、旅游、娱乐、加工以及其他劳务服务活动取得的收入。

1. 收入确认的条件

企业在各个纳税期期末，提供劳务交易的结果能够可靠估计的，应采用完工进度（完工百分比）法确认提供劳务收入。

提供劳务交易的结果能够可靠估计，是指同时满足下列条件：

（1）收入的金额能够可靠地计量；

（2）交易的完工进度能够可靠地确定；

（3）交易中已发生和将发生的成本能够可靠地核算。

2. 收入确认的时间

（1）安装费。安装费应根据安装完工进度确认收入。如果安装工作是商品销售附带的条件，安装费在确认商品销售实现时确认收入。

（2）宣传媒介的收费。宣传媒介的收费应在相关的广告或商业行为出现于公众面前时确认收入。广告的制作费，应根据制作广告的完工进度确认收入。

（3）软件费。为特定客户开发软件的收费，应根据开发的完工进度确认收入。

（4）服务费。服务费包含在商品售价内可区分的服务费，在提供服务的期间分期确认收入。

（5）艺术表演、招待宴会和其他特殊活动的收费。其应在相关活动发生时确认收入。收费涉及几项活动的，预收的款项应合理分配给每项活动，分别确认收入。

（6）会员费。申请入会或加入会员，只允许取得会籍，所有其他服务或商品都要另行收费的，在取得该会员费时确认收入。申请入会或加入会员后，会员在会员期内不再付费就可得到各种服务或商品，或者以低于非会员的价格销售商品或提供服务的，该会员费应在整个受益期内分期确认收入。

（7）特许权费。属于提供设备和其他有形资产的特许权费，在交付资产或转移资产所有权时确认收入；属于提供初始及后续服务的特许权费，在提供服务时确认收入。

（8）劳务费。长期为客户提供重复的劳务收取的劳务费在相关劳务活动发生时确认收入。

（9）企业受托加工制造大型机械设备、船舶、飞机，以及从事建筑、安装、装配工程业务或者提供其他劳务等持续时间超过12个月的，按照纳税年度内完工进度或者完成的工作量确认收入的实现。

3. 收入金额的确定

企业应按照从接受劳务方已收或应收的合同或协议价款确定劳务收入总额，根据纳税期期末提供劳务收入总额乘以完工进度扣除以前纳税年度累计已确认提供劳务收入后的金额，确认为当期劳务收入；同时，按照提供劳务估计总成本乘以完工进度扣除以前纳税期间累计已确认劳务成本后的金额，结转为当期劳务成本。

（三）处置资产收入

（1）企业发生下列情形的处置资产，除将资产转移至境外以外，由于资产所有权属在形式和实质上均不发生改变，可作为内部处置资产，不视同销售确认收入，相关资产的计税基础延续计算。

① 将资产用于生产、制造、加工另一产品；

② 改变资产形状、结构或性能；

③ 改变资产用途（如自建商品房转为自用或经营）；

④ 将资产在总机构及其分支机构之间转移；

⑤ 上述两种或两种以上情形的混合；

⑥ 其他不改变资产所有权属的用途。

（2）企业将资产移送他人的下列情形，因资产所有权属已发生改变而不属于内部处置资产，应按规定视同销售确定收入。

① 用于市场推广或销售；

② 用于交际应酬；

③ 用于职工奖励或福利；

④ 用于股息分配；

⑤ 用于对外捐赠；

⑥ 其他改变资产所有权属的用途。

企业发生上述视同销售行为时，属于企业自制的资产，应按企业同类资产同期对外销售价格确定销售收入；属于外购的资产，可按购入时的价格确定销售收入（其是指企业处置该项资产不是以销售为目的，而是具有替代职工福利等费用支出性质，且购买后一般在一个纳税年度内处置）。

（四）其他收入

1. 转让财产收入

转让财产收入是指企业转让固定资产、生物资产、无形资产、股权、债权等财产的所得。企业应当按照从财产受让方已收或应收的合同或协议价款确定转让财产收入金额。

2. 股息、红利等权益性投资收益

股息、红利等权益性投资收益是指企业因权益性投资从被投资方取得的所得，按照被投资方作出利润分配决定的日期确认收入的实现，按照从被投资企业分配的股息、红利和其他利润分配收益全额确认股息、红利收益的金额。

3. 利息收入

利息收入是指企业将资金提供他人使用，但不构成权益性投资，或者因他人占用本企业资金而取得的收入，包括存款利息、贷款利息、债券利息、欠款利息等所得。其应当按照有关借款合同或协议约定的金额确定。

4. 特许权使用费收入

特许权使用费收入是指企业提供专利权、非专利技术、商标权、著作权以及其他特许权的使用权取得的所得。按照合同约定的特许权使用人应付特许权使用费的日期确认收入的实现。

5. 接受捐赠收入

接受捐赠收入是指企业接受的来自其他企业、组织或者个人无偿赠予的货币性资产、非货币性资产。其按照实际收到捐赠资产的日期确认收入的实现。

二、不征税收入和免税收入

国家为了扶持和鼓励某些特殊的纳税人和特定的项目，或者避免因征税影响企业的正常经营，对企业取得的某些收入予以不征税或免税的特殊政策。

（一）不征税收入

不征税收入不属于营利性活动带来的经济利益，是专门从事特定项目的收入，这些收入从企业所得税原理上讲应永久不列为征税范围的收入。不征税收入具体包括：财政拨款、依法收取并纳入财政管理的行政事业性收费、政府性基金以及国务院规定的其他不征税收入。

（二）免税收入

免税收入是纳税人应税收入的重要组成部分，国家为了实现某些经济和社会目标，在特定时期或对特定项目取得的经济利益给予的税收优惠照顾，而在一定时期又有可能恢复征税的收入范围。按照税法规定的免税项目包括：国债利息收入，符合条件的居民企业之间的股息、红利等权益性收益等收入。

三、扣除项目的确认

（一）税前扣除的原则

企业申报的扣除项目和金额要真实、合法，税前扣除一般应遵循权责发生制原则、配比原则、合理性原则。

（二）扣除项目的范围

企业所得税法规定，企业实际发生的与取得收入有关的、合理的支出，包括成本、费用、税金、损失等，准予在计算应纳税所得额时扣除。

1. 成本

成本是指企业在生产经营活动中发生的销售成本、销货成本、业务支出以及其他耗费，即企业销售商品（产品、材料、下脚料、废料、废旧物资等）、提供劳务、转让固定资产、无形资产（包括技术转让）的成本。

2. 费用

费用是指企业每一个纳税年度为生产、经营商品和提供劳务等所发生的销售（经营）费用、管理费用和财务费用。已经计入成本的有关费用除外。

3. 税金

税金是指企业发生的除企业所得税和允许抵扣的增值税以外的企业缴纳的各项税金及其附加。扣除的方式有两种：一是在发生当期扣除；二是在发生当期计入相关资产的成本，在以后各期分摊扣除。

4. 损失

损失是指企业在生产经营活动中发生的固定资产和存货的盘亏、毁损、报废损失，转让财产损失，呆账损失，坏账损失，自然灾害等不可抗力因素造成的损失以及其他损失。企业发生的损失减除责任人赔偿和保险赔款后的余额依照国务院财政、税务主管部门的规定扣除。

四、收入及扣除项目的智慧化申报

随着财务共享化、智能化发展，企业财务系统与电子税务局相关联，可以实现数据的互联，在电子税务局网上申报系统中，报表间按照勾稽关系实现了数据的自动结转。

A101010样表及填写说明

（一）A101010《一般企业收入明细表》的填报

A101010《一般企业收入明细表》(简称“A101010”）属于二级报表，数据来源于企业财务系统中“主营业务收入”“其他业务收入”“营业外收入”等账户的总账及明细账余额。A101010第1行申报结果转入主表第1行，第16行转入主表第11行。

A102010样表及填写说明

（二）A102010《一般企业成本支出明细表》的填报

A102010《一般企业成本支出明细表》(简称“A102010”）属于二级报表，数据来源于企业财务系统中“主营业务成本”“其他业务成本”和“营业外支出”等账户的总账及明细账余额。A102010第1行申报结果转入主表第2行，第16行转入主表第12行。

A104000样表及填写说明

（三）A104000《期间费用明细表》的填报

A104000《期间费用明细表》(简称“A104000”）属于一级附表，数据来源于企业财务系统中“销售费用”“管理费用”和“财务费用”等账户的总账及明细账余额。期间费用明细表第26行第1列、第3列、第5列分别转入主表第4行、第5行、第6行。

任务实施

A101010的填报见表4-9，A102010的填报见表4-10，A104000的填报见表4-11。

表4-9 A101010 一般企业收入明细表

行次	项目	金额
1	一、营业收入（2+9）	98 861 092.89
2	（一）主营业务收入（3+5+6+7+8）	98 861 092.89
3	1．销售商品收入	98 707 363.94
4	其中：非货币性资产交换收入	
5	2．提供劳务收入	153 728.95
6	3．建造合同收入	
7	4．让渡资产使用权收入	
8	5．其他	
9	（二）其他业务收入（10+12+13+14+15）	

续表

行次	项目	金额
10	1．销售材料收入	
11	其中：非货币性资产交换收入	
12	2．出租固定资产收入	
13	3．出租无形资产收入	
14	4．出租包装物和商品收入	
15	5．其他	
16	二、营业外收入（17＋18＋19＋20＋21＋22＋23＋24＋25＋26）	100 000.00
17	（一）非流动资产处置利得	
18	（二）非货币性资产交换利得	
19	（三）债务重组利得	
20	（四）政府补助利得	
21	（五）盘盈利得	
22	（六）捐赠利得	100 000.00
23	（七）罚没利得	
24	（八）确实无法偿付的应付款项	
25	（九）汇兑收益	
26	（十）其他	

表4-10　一般企业成本支出明细表

行次	项目	金额
1	一、营业成本（2+9）	57 909 143.25
2	（一）主营业务成本（3+5+6+7+8）	57 909 143.25
3	1．销售商品成本	57 819 980.46
4	其中：非货币性资产交换成本	
5	2．提供劳务成本	89 162.79
6	3．建造合同成本	
7	4．让渡资产使用权成本	
8	5．其他	
9	（二）其他业务成本（10＋12＋13＋14＋15）	
10	1．材料销售成本	
11	其中：非货币性资产交换成本	

续表

行次	项目	金额
12	2．出租固定资产成本	
13	3．出租无形资产成本	
14	4．包装物出租成本	
15	5．其他	
16	二、营业外支出（17＋18＋19＋20＋21＋22＋23＋24＋25＋26）	623 000.00
17	（一）非流动资产处置损失	
18	（二）非货币性资产交换损失	
19	（三）债务重组损失	
20	（四）非常损失	
21	（五）捐赠支出	616 000.00
22	（六）赞助支出	
23	（七）罚没支出	7 000.00
24	（八）坏账损失	

表4-11　A104000期间费用明细表

行次	项目	销售费用	其中：境外支付	管理费用	其中：境外支付	财务费用	其中：境外支付
		1	2	3	4	5	6
1	一、职工薪酬	3 436 638.45	*	5 187 419.37	*	*	*
2	二、劳务费	5 400.00		2 400.00		*	*
3	三、咨询顾问费	176 891.56		256 848.53		*	*
4	四、业务招待费		*	917 858.15	*	*	*
5	五、广告费和业务宣传费	1 896 549.90	*		*	*	*
6	六、佣金和手续费					51 043.05	
7	七、资产折旧摊销费	832 408.64	*	978 075.56	*	*	*
8	八、财产损耗、盘亏及毁损损失		*		*	*	*
9	九、办公费	1 975 316.80	*	780 921.20	*	*	*
10	十、董事会费		*		*	*	*
11	十一、租赁费	266 756.17		350 255.77		*	*
12	十二、诉讼费		*		*	*	*

续表

行次	项目	销售费用	其中：境外支付	管理费用	其中：境外支付	财务费用	其中：境外支付
		1	2	3	4	5	6
13	十三、差旅费	1 214 359.52	*	390 533.31	*	*	*
14	十四、保险费		*		*	*	*
15	十五、运输、仓储费	135 683.60		158 614.24		*	*
16	十六、修理费	78 510.60		2 111.60		*	*
17	十七、包装费	336 892.45	*		*	*	*
18	十八、技术转让费					*	*
19	十九、研究费用			7 720 157.98		*	*
20	二十、各项税费		*	73 547.44	*	*	*
21	二十一、利息收支	*	*	*	*	1 164 723.15	
22	二十二、汇兑差额	*	*	*	*		
23	二十三、现金折扣	*	*	*	*		*
24	二十四、党组织工作经费	*	*		*	*	*
25	二十五、其他	7 456.16		5 417.53			
26	合计（1+2+3+…+25）	10 362 863.85		16 824 160.68		1 215 766.20	

子任务三　企业所得税纳税调整项目及智慧化申报

任务描述

新征程科技2023年部分账户详细情况：

（1）新征程科技未按期缴纳税款，被税务机关加收滞纳金并处罚款7 000元计入“营业外支出——罚没支出”；新征程科技捐赠给北京市体育局一套价值800 000元的自主研发的数据分析系统，成本512 000元，按成本加增值税共计616 000元计入“营业外支出——捐赠支出”。新征程科技向中华慈善总会捐赠904 000元，并取得公益事业捐赠票据。

（2）“财务费用”1 215 766.2元全部是向金融机构的借款利息和相关手续费。

（3）“应付职工薪酬”账户余额明细见表4-12。

表4-12 “应付职工薪酬”账户余额明细

应付职工薪酬		22 604 819.82	贷
其中：	职工工资	16 015 292.56	贷
	职工福利费	281 988.03	贷

续表

其中:	职工教育经费	1 441 376.33	贷
	各类社会基本性保障缴款	3 664 327.79	贷
	住房公积金	1 201 835.11	贷
预计负债	产品质量保证金	150 000.00	贷

（4）资产折旧、摊销明细表见表4-13。

表4-13 资产折旧、摊销明细表

项目	账载金额			税收金额		
	账载金额	本年折旧、摊销额	累计折旧、摊销额	计税基础	折旧、摊销额	累计折旧、摊销额
固定资产	24 589 157.06	1 911 400.78	6 904 536.81	24 589 157.06	1 911 400.78	6 904 536.81
其中：房屋、建筑物	13 150 000.00	526 000.00	2 104 000.00	13 150 000.00	526 000.00	2 104 000.00
飞机、火车、轮船、机器、机械和其他生产设备	6 856 413.72	600 236.39	2 603 456.43	6 856 413.72	600 236.39	2 603 456.43
与生产经营活动有关的器具、工具、家具等	596 142.88	111 340.12	238 511.57	596 142.88	111 340.12	238 511.57
飞机、火车、轮船以外的运输工具	1 005 756.90	110 795.75	356 736.45	1 005 756.90	110 795.75	356 736.45
电子设备	2 980 843.56	563 028.52	1 601 832.36	2 980 843.56	563 028.52	1 601 832.36
无形资产	7 610 877.69	1 452 290.04	4 356 870.12	7 610 877.69	1 452 290.04	4 356 870.12
其中：专利权	7 100 320.93	1 401 234.36	4 203 703.08	7 100 320.93	1 401 234.36	4 203 703.08
特许权使用费	510 556.76	51 055.68	153 167.04	510 556.76	51 055.68	153 167.04
长期待摊费用	0.00	0.00	0.00	0.00	0.00	0.00
其中：租入固定资产的改建支出						
合计	32 200 034.75	3 363 690.82	11 261 406.93	32 200 034.75	3 363 690.82	11 261 406.93

新征程科技各项长期资产账载金额与计税基础相等，会计计提的固定资产折旧金额与企业所得税法规定一致。

任务要求：根据任务二及上述资料完成下列工作任务：

1. 填报A105010《视同销售和房地产开发企业特定业务纳税调整明细表》。
2. 填报A105050《职工薪酬支出及纳税调整明细表》。
3. 填报A105060《广告费和业务宣传费等跨年度纳税调整明细表》。

4. 填报A105070《捐赠支出及纳税调整明细表》。
5. 填报A105080《资产折旧、摊销及纳税调整明细表》。
6. 填报A105000《纳税调整项目明细表》。

知识准备

企业所得税纳税调整项目包括收入类调整项目、扣除类调整项目、资产类调整项目、特殊事项调整项目、特别纳税调整应税所得、其他。这六类项目分项填报A105000《纳税调整项目明细表》（简称“A105000”）。A105000属于一级附表，汇总呈现企业各类纳税调整事项的调整结果，第46行为纳税调整金额的合计，第3列“调增金额”自动转入主表第15行，第4列“调减金额”转入主表第16行。本任务选取企业常见的调整项目进行介绍。

A105000样表及填写说明

一、视同销售业务的纳税调整及智慧化申报

视同销售是指会计上不作为销售核算，而在税收上作为销售确认收入并计缴税金的销售货物、转让财产或提供劳务的行为。具体包括非货币性交易视同销售收入，货物、劳务视同销售收入，以及其他视同销售收入。

（一）非货币性交易的税会差异及调整

《企业所得税法实施条例》第二十五条规定：企业发生非货币性资产交换，以及将货物、财产、劳务用于捐赠、偿债、赞助、集资、广告、样品、职工福利或者利润分配等用途的，应当视同销售货物、转让财产或者提供劳务，但国务院财政、税务主管部门另有规定的除外。

当发生不具有商业实质或者换入资产或换出资产公允价值不能可靠计量的非货币性资产交换时，在会计上，应当以换出资产的账面价值和应支付的相关税费作为换入资产的成本，均不确认损益；而在税法上应当视同销售收入，因此，在计算应纳税所得额时应当在会计利润的基础上进行纳税调增处理。

（二）货物、财产、劳务视同销售收入

企业将非货币性资产用于对外捐赠、市场推广、交际应酬等方面时，资产的所有权属发生改变但会计上没有确认销售收入，按照税法规定要视同销售收入，因此，在计算应纳税所得额时应当在会计利润的基础上进行纳税调增处理。

（三）视同销售业务的智慧化申报

视同销售业务的纳税调整需要填写A105010《视同销售和房地产开发企业特定业务纳税调整明细表》（简称“A105010”），该表为二级附表。视同销售的信息，需要结合财务系统中“库存商品”“固定资产清理”等账户的明细账进行分析，找出视同销售行为，再按照税法规定，填写A105010进行纳税调整。A105010第1行、第11行结果分别自动转入A105000第2行、第13行。

A105010样表及填写说明

二、职工薪酬的纳税调整及智慧化申报

工资薪金支出的税前扣除

（一）工资、薪金支出的税前扣除

《企业所得税法实施条例》规定，企业发生的合理的工资薪金支出，准予扣除。工资薪金，是企业每一纳税年度支付给本企业任职或者受雇的员工的所有现金形式或非现金形式的劳动报酬，包括基

本工资、奖金、津贴、补贴、年终加薪、加班工资，以及与员工任职或者受雇有关的其他支出。准予税前扣除的工资薪金是企业纳税年度内实际发生的、合理工资薪金支出，合理性的判断通常依据以下原则：

（1）企业制订了较为规范的员工工资薪金制度；

（2）企业所制订的工资薪金制度符合行业及地区水平；

（3）企业在一定时期所发放的工资薪金是相对固定的，工资薪金的调整是有序进行的；

（4）企业对实际发放的工资薪金，已依法履行了代扣代缴个人所得税义务；

（5）有关工资薪金的安排，不以减少或逃避税款为目的。

（二）职工福利费支出的税前扣除

1. 职工福利费开支范围

根据《国家税务总局关于企业工资薪金及职工福利费扣除问题的通知》（国税函〔2009〕3号），企业职工福利费包括以下内容：

（1）尚未实行分离办社会职能的企业，其内设福利部门所发生的设备、设施和人员费用，包括职工食堂、职工浴室、理发室、医务所、托儿所、疗养院等集体福利部门的设备、设施及维修保养费用和福利部门工作人员的工资薪金、社会保险费、住房公积金、劳务费等。

（2）为职工卫生保健、生活、住房、交通等所发放的各项补贴和非货币性福利，包括企业向职工发放的因公外地就医费用、未实行医疗统筹企业职工医疗费用、职工供养直系亲属医疗补贴、供暖费补贴、职工防暑降温费、职工困难补贴、救济费、职工食堂经费补贴、职工交通补贴等。

（3）按照其他规定发生的其他职工福利费，包括丧葬补助费、抚恤费、安家费、探亲假路费等。

企业发生的职工福利费，应该单独设置账册，进行准确核算。没有单独设置账册准确核算的，税务机关应责令企业在规定的期限内进行改正。逾期仍未改正的，税务机关可对企业发生的职工福利费进行合理的核定。

2. 职工福利费支出比例

企业发生的职工福利费支出，不超过工资、薪金总额14%的部分准予扣除。工资、薪金总额是指企业实际发生的合理的工资、薪金总额。

（三）职工教育经费支出的税前扣除

1. 企业职工教育培训经费列支范围

① 上岗和转岗培训。② 各类岗位适应性培训。③ 岗位培训、职业技术等级培训、高技能人才培训。④ 专业技术人员继续教育。⑤ 特种作业人员培训。⑥ 企业组织的职工外送培训的经费支出。⑦ 职工参加的职业技能鉴定、职业资格认证等经费支出。⑧ 购置教学设备与设施。⑨ 职工岗位自学成才奖励费用。⑩ 职工教育培训管理费用。⑪ 有关职工教育的其他开支。

2. 税前扣除标准

企业发生的职工教育经费支出，不超过工资、薪金总额8%的部分准予扣除，超过部分准予结转以后纳税年度扣除。集成电路设计企业和符合条件的软件企业的职工培训费用，应单独进行核算并按实际发生额在计算应纳税所得额时扣除。

企业职工参加社会上的学历教育以及个人为取得学位而参加的在职教育，所需费用应由个人承担，不能挤占企业的职工教育培训经费。企业高层管理人员的境外培训和考察，其一次单项支出较高的费用应从其他管理费用中支出。

（四）工会经费支出的税前扣除

企业拨缴的工会经费，不超过工资、薪金总额2%的部分，准予扣除。企业划拨工会组织经费时，凭工会组织开具的《工会经费拨缴款专用收据》入账，在税法允许的扣除限额内扣除。在委托税务机关代收工会经费的地区，企业拨缴的工会经费也可凭合法、有效的工会经费代收凭据依法在税前扣除。企业自行列支的工会经费税前不得扣除。

（五）各类基本保障性缴款及住房公积金的税前扣除

企业依照国务院有关主管部门或者省级人民政府规定的范围和标准为职工缴纳的基本养老保险、基本医疗保险、失业保险、工伤保险、生育保险等社会保障性缴款准予扣除。

企业依照国家有关规定为特殊工种职工支付的人身安全保险费和符合国务院财政、税务主管部门规定可以扣除的商业保险费准予扣除。

企业依照国务院有关主管部门或者省级人民政府规定的范围和标准为职工缴纳的住房公积金准予扣除。

（六）补充养老保险、补充医疗保险、企业年金的税前扣除

企业根据国家有关政策规定，为在本企业任职或者受雇的全体员工支付的补充养老保险、补充医疗保险，分别在不超过职工工资总额5%标准内的部分，准予扣除；超过的部分，不予扣除。

为在本企业任职或受雇的全体员工支付的企业年金费用，不超过职工工资总额5%标准内的部分，准予扣除。

（七）职工薪酬纳税调整的智慧化申报

职工薪酬纳税调整需要填写A105050《职工薪酬支出及纳税调整明细表》（简称“A105050”），该表是二级附表，共13行7列。其中，账载金额依据企业财务系统中“应付职工薪酬”下设的各明细账户（职工工资、职工福利费、职工教育经费、工会经费、基本养老保险、基本医疗保险、失业保险、工伤保险、生育保险、住房公积金、补充养老保险、补充医疗保险）的年末余额填写。该表第13行结果自动转入A105000第14行。

A105050样表及填写说明

三、广告费和业务宣传费跨年度纳税调整及智慧化申报

（一）广告费和业务宣传费税前扣除的规定

1. 一般规定

《企业所得税法实施条例》第四十四条规定：企业发生的符合条件的广告费和业务宣传费支出，除国务院财政、税务主管部门另有规定外，不超过当年销售（营业）收入15%的部分，准予扣除；超过部分，准予在以后年度结转扣除。

2. 特殊规定

（1）企业在筹建期间，发生的广告费和业务宣传费，可按实际发生额计入企业筹办费，并按上述规定在税前扣除。

（2）对化妆品制造与销售、医药制造和饮料制造（不含酒类制造）企业发生的广告费和业务宣传费支出，不超过当年销售（营业）收入30%的部分，准予扣除；超过部分，准予在以后纳税年度结转扣除。

（3）烟草企业的烟草广告费和业务宣传费支出，一律不得在计算应纳税所得额时扣除。

企业申报扣除的广告费支出应与赞助支出严格区分。企业申报扣除的广告费支出，必须符合下列条件：广告是通过工商部门批准的专门机构制作的；已实际支付费用，并已取得相应发票；通过一定的媒体传播。

（二）广告费和业务宣传费的纳税调整

纳税年度企业发生的广告费和业务宣传费超过税法规定的扣除限额，则需将超过部分进行纳税调增处理；而如果纳税年度将以前年度结转的广告费和业务宣传费在税法规定的扣除限额内进行税前扣除，则需进行纳税调减处理。

企业需要将纳税年度内不符合税前扣除条件的广告费和业务宣传费的金额从广告费和业务宣传费总金额中扣除；如果有符合广告性质的赞助支出，需要并入当年广告费和业务宣传费总额。

（三）广告费和业务宣传费纳税调整的智慧化申报

A105060样表及填写说明

广告费和业务宣传费纳税调整需要填写A105060《广告费和业务宣传费等跨年度纳税调整明细表》，该表属于二级明细表，共13行。其中，“本年支出”填报财务系统“销售费用”账户下“广告费和业务宣传费”明细账户发生额，第12行纳税调整金额自动转入A105000第16行。

四、捐赠支出的纳税调整及智慧化申报

（一）捐赠支出税前扣除的规定

按照企业的捐赠支出是否可以在税前扣除，将捐赠分为非公益性捐赠、限额扣除的公益性捐赠和全额扣除的公益性捐赠。

1. 公益性捐赠的范畴

公益性捐赠是指企业通过公益性社会组织或县级（含县级）以上人民政府及其组织部门和直属机构，用于《中华人民共和国公益事业捐赠法》规定的公益事业捐赠或者《中华人民共和国慈善法》规定的慈善活动的捐赠。具体包括：

（1）救助灾害、救济贫困、扶助残疾人等困难的社会群体和个人的活动。

（2）教育、科学、文化、卫生、体育事业。

（3）环境保护、社会公共设施建设。

（4）促进社会发展和进步的其他社会公共和福利事业。

（5）企事业单位、社会团体及其他组织捐赠住房作为廉租住房的视同公益性捐赠。

2. 公益性捐赠的扣除限额规定

企业当年发生及以前年度结转的公益性捐赠支出，不超过年度利润总额12%的部分，准予扣除；超过年度利润总额12%的部分，准予结转以后三年内在计算应纳税所得额时扣除。

3. 适用全额扣除的公益性捐赠

自2019年1月1日至2025年12月31日，企业通过公益性社会组织或者县级（含县级）以上人民政府及其组成部门和直属机构，用于目标脱贫地区的扶贫捐赠支出，准予在计算企业所得税应纳税所得额时据实扣除。

（二）捐赠支出的纳税调整

（1）非公益性捐赠支出，税法规定不得税前扣除，做纳税调增处理；对限额扣除的公益性捐赠支出，超过扣除限额的公益性捐赠部分，也要进行纳税调增处理。全额扣除的公益性捐赠支出根据捐赠支出实际发生金额在企业所得税前扣除。

（2）纳税人进行公益性捐赠时需要注意以下两点：

① 受赠主体必须为具备公益性捐赠税前扣除资格的公益性社会组织。

② 纳税人进行公益性捐赠支出应当取得由财政部或省、自治区、直辖市财政部门监（印）制的公益事业捐赠票据，并加盖本单位的印章。

（三）捐赠支出纳税调整的智慧化申报

A105070样表及填写说明

捐赠支出的纳税调整需要填写A105070《捐赠支出及纳税调整明细表》（简称“A105070”），按税前扣除的类型可将捐赠支出分为三大部分：税前不得扣除的捐赠支出、限额扣除的公益性捐赠支出和全额扣除的公益性捐赠支出。依据企业财务系统中“营业外支出——捐赠支出”明细账分析适用税前扣除的捐赠支出类型。A105070第11行结果自动转入A105000第17行。

五、其他扣除类项目的纳税调整及智慧化申报

（一）其他扣除类项目的纳税调整

1. 业务招待费的纳税调整

企业实际发生的与生产经营活动有关的业务招待费支出，按照发生额的60%扣除，但最高不得超过当年销售（营业）收入的5‰。从事股权投资业务的企业（包括集团公司总部、创业投资企业等），其从被投资单位所分配的股息、红利以及股权转让收入，可以按规定比例计算业务招待费扣除限额。

2. 利息支出的纳税调整

企业在生产、经营活动中发生的利息费用，按下列规定扣除：

非金融企业向金融企业借款的利息支出、金融企业的各项存款利息支出和同业拆借利息支出、企业经批准发行债券的利息支出可据实扣除；

非金融企业向非金融企业借款的利息支出，不超过按照金融企业同期同类贷款利率计算的数额的部分可据实扣除，超过部分不许扣除。

企业为购置、建造固定资产、无形资产和经过12个月以上的建造才能达到预定可销售状态的存货发生借款的，在有关资产购置、建造期间发生的合理的借款费用，应予以资本化，作为资本性支出计入有关资产的成本；有关资产交付使用后发生的借款利息，可在发生当期扣除。

3. 罚金、罚款和被没收财物的损失的纳税调整

企业实际发生的各种罚金、罚款和被没收财物的损失通常通过“营业外支出”核算，但是，在计算应纳税所得额时，罚金、罚款和被没收财物的损失不得扣除。

罚金、罚款和被没收财物的损失是因为企业生产、经营违反国家法律、法规和规章，被司法机关、政府有关部门处以的罚款以及被没收财务的损失，属于行政性罚款和损失，不得税前扣除。

企业正常生产经营期间因违背经营合同而支付的违约金、罚款等因没有违法违规行为，如银行罚息，未按期交货支付的违约金等属于经营性罚款和损失，符合税前扣除的相关性原则，准予税前扣除。

4. 税收滞纳金、加收利息的纳税调整

企业实际发生税收滞纳金、加收利息通常通过“营业外支出”核算，在计算应纳税所得额时，纳税人违反税收法规，被税务机关处以的滞纳金不得扣除。

税收滞纳金是企业未按规定期限缴纳税款，而被税务机关处以从滞纳税款之日起，按日加收滞纳税款万分之五的款项。

5. 赞助支出的纳税调整

企业实际发生的赞助支出通常通过“营业外支出”核算，在计算应纳税所得额时，非广告性质的赞助支出不得扣除，广告性质的赞助支出应该并入广告费，按照相关规定扣除。

6. 跨期扣除项目的纳税调整

跨期扣除项目是指会计上根据权责发生制可以预提并计入相应期间成本费用账户中的维简费、安全生产费、预提费用、预计负债等。但是税前扣除项目在一定程度上要遵循收付实现制，并且这些项

目是估计数额，不符合税前扣除原则中的确定性原则，因此企业预提的费用不得税前扣除，要进行纳税调增，在实际发生支出时允许扣除。

（二）其他扣除类项目的智慧化申报

其他扣除类项目纳税调整的申报在A105000中直接填写，第1列账载金额，来源于企业财务系统中相关账户的明细账，相关账户包括“管理费用——业务招待费”“财务费用——利息支出”“营业外支出——罚款支出/税收滞纳金/赞助支出”“预计负债”等，第2列税收金额依据税法规定的扣除限额扣除，不得扣除的项目进行纳税调增。

固定资产项目的纳税调整

六、资产类项目纳税调整及智慧化申报

（一）固定资产项目的纳税调整

1. 固定资产范畴

固定资产是指企业为生产产品、提供劳务、出租或者经营管理而持有的、使用时间超过12个月的非货币性资产，包括房屋、建筑物、机器、机械、运输工具以及其他与生产经营活动有关的设备、器具、工具等。

2. 固定资产折旧的税前扣除

企业按规定计算的固定资产折旧，准予扣除。企业应自固定资产投入使用月份的次月起计提折旧；停止使用的固定资产，应对自停止使用的次月起停止折旧。下列固定资产不得计算折旧扣除：

（1）房屋、建筑物以外未投入使用的固定资产；

（2）以经营租赁方式租入的固定资产；

（3）以融资租赁方式租出的固定资产；

（4）已足额提取折旧仍继续使用的固定资产；

（5）与经营活动无关的固定资产；

（6）单独估价作为固定资产入账的土地；

（7）其他不得计算折旧扣除的固定资产。

3. 固定资产计税折旧的最低年限

除国务院财政、税务主管部门另有规定外，固定资产计税折旧的最低年限如下：

（1）房屋、建筑物，为20年；

（2）飞机、火车、轮船、机器、机械和其他生产设备，为10年；

（3）与生产经营活动有关的器具、工具、家具等，为5年；

（4）飞机、火车、轮船以外的运输工具，为4年；

（5）电子设备，为3年。

税收与新发展格局

“组合式”税收优惠　助推制造业做大做优做强

制造业是我国建设现代化产业体系的根基，做大做强产业链是构建我国新发展格局的关键，也是加快建设制造强国，实现中国式现代化建设的关键。我国持续加大对制造业的各项税费支持，实施“组合式”税收优惠。主要体现在几个方面：

一是制定了专门针对制造业加速折旧的规定，使制造业企业及时进行设备更新，提高生产率；二是通过对中小型制造业缓缴税款、增值税小规模纳税人免征、适用3%征收率的应税销售收入，减按1%征收率征收增值税，切实降低纳税人负担，实现保就业、保稳定；三是通过加大研发费用加计扣除的力度，促进传统制造业转型升级，推动制造业高端化、智能化、绿色化发展；四是通过对高新技术企业购进设备允许一次性扣除以及支持高新技术企业发展的一系列税费优惠政策，推动战略性新兴产业融合发展，打造新一代信息技术、人工智能、生物技术、新能源、新材料、高端装备、绿色环保等一批新的增长引擎。

4. 固定资产加速折旧的规定

（1）适用于所有行业的规定。企业的固定资产由于技术进步，产品更新换代较快，常年处于强震动、高腐蚀状态等原因，确需加速折旧的，可以缩短折旧年限或者采取加速折旧的方法。采取缩短折旧年限方法的，最低折旧年限不得低于实施条例所规定折旧年限的60%；采取加速折旧方法的，可以采取双倍余额递减法或者年数总和法计提折旧。

企业在2024年1月1日至2027年12月31日期间新购进的设备、器具，单位价值不超过500万元的，允许一次性计入当期成本费用，在计算应纳税所得额时扣除，不再分年度计算折旧。

（2）制造业加速折旧。从2019年1月1日起，全部制造业新购入的固定资产允许缩短折旧年限或采取加速折旧方法。制造业中属于小型微利企业新购进的研发和生产经营共用的仪器、设备，单位价值不超过100万元（含）的，允许在计算应纳税所得额时一次性全额扣除；单位价值超过100万元的，可由企业选择缩短折旧年限或采取加速折旧的方法。

（3）软件产业和集成电路产业加速折旧。企业外购的软件，凡符合固定资产或无形资产确认条件的，可以按照固定资产或无形资产进行核算，其折旧或摊销年限可以适当缩短，最短可为2年（含）。集成电路生产企业的生产设备，其折旧年限可以适当缩短，最短可为3年（含）。

5. 固定资产折旧的纳税调整

（1）企业固定资产会计折旧年限如果短于税法规定的最低折旧年限，其按会计折旧年限计提的折旧高于按税法规定的最低折旧年限计提的折旧部分，应调增当期应纳税所得额；企业固定资产会计折旧年限已期满且会计折旧已提足，但税法规定的最低折旧年限尚未到期且税收折旧尚未足额扣除，其未足额扣除的部分准予在剩余的税收折旧年限继续按规定扣除，应当调减当期应纳税所得额。

（2）企业固定资产会计折旧年限长于税法规定的最低折旧年限，其折旧应按照会计折旧年限计算扣除，无须进行纳税调整。

（二）无形资产摊销的纳税调整

1. 无形资产的范畴

无形资产通常包括专利权、非专利技术、商标权、著作权、特许权、土地使用权等。

2. 无形资产摊销的规定

税法规定摊销期限不得低于10年，下列无形资产不得计算摊销费用扣除：

（1）自行开发的支出已在计算应纳税所得额时扣除的无形资产；

（2）自创商誉；

（3）与经营活动无关的无形资产；

（4）其他不得计算摊销费用扣除的无形资产。

3. 无形资产的税会差异及纳税调整

（1）在摊销范围方面，税法与会计的差异主要是两个方面：一是“与经营活动无关的无形资产”税法规定不得摊销，会计没有相关规定；二是税法未对使用寿命不确定的无形资产是否需要摊销做出规定，而会计上规定不需要摊销。

（2）在摊销年限方面，税法有明确的摊销年限规定，会计对使用寿命确定的无形资产按预计寿命摊销，使用寿命不确定的无形资产不计提摊销。

（三）资产折旧、摊销的纳税调整及智慧化申报

A105080样表及填写说明

资产折旧、摊销的纳税调整需要填写A105080《资产折旧、摊销及纳税调整明细表》（简称“A105080”），该表属于二级附表，适用于发生资产折旧、摊销的纳税人，无论是否纳税调整，均须填报。反映资产折旧、摊销的会计记录，数据来源于财务信息系统的“固定资产”“无形资产”“长期待摊费用”“累计折旧”“累计摊销”等账户的明细账余额。A105080第41行纳税调整结果需要结转至一级附表A105000第32行。

A105010的填报

任务实施

1. A105010的填报

A105010填报见表4-14。

表4-14　A105010　视同销售和房地产开发企业特定业务纳税调整明细表

行次	项目	税收金额	纳税调整金额
		1	2
1	一、视同销售（营业）收入（2+3+4+5+6+7+8+9+10）	800 000	800 000
2	（一）非货币性资产交换视同销售收入		
3	（二）用于市场推广或销售视同销售收入		
4	（三）用于交际应酬视同销售收入		
5	（四）用于职工奖励或福利视同销售收入		
6	（五）用于股息分配视同销售收入		
7	（六）用于对外捐赠视同销售收入	800 000	800 000
8	（七）用于对外投资项目视同销售收入		
9	（八）提供劳务视同销售收入		
10	（九）其他		
11	二、视同销售（营业）成本（12+13+14+15+16+17+18+19+20）	512 000	−512 000
12	（一）非货币性资产交换视同销售成本		
13	（二）用于市场推广或销售视同销售成本		
14	（三）用于交际应酬视同销售成本		
15	（四）用于职工奖励或福利视同销售成本		
16	（五）用于股息分配视同销售成本		
17	（六）用于对外捐赠视同销售成本	512 000	−512 000
18	（七）用于对外投资项目视同销售成本		

续表

行次	项目	税收金额	纳税调整金额
		1	2
19	（八）提供劳务视同销售成本		
20	（九）其他		
21	三、房地产开发企业特定业务计算的纳税调整额（22–26）		
22	（一）房地产企业销售未完工开发产品特定业务计算的纳税调整额（24–25）		
23	1．销售未完工产品的收入		*
24	2．销售未完工产品预计毛利额		
25	3．实际发生的税金及附加、土地增值税		
26	（二）房地产企业销售的未完工产品转完工产品特定业务计算的纳税调整额(28–29)		
27	1．销售未完工产品转完工产品确认的销售收入		*
28	2．转回的销售未完工产品预计毛利额		
29	3．转回实际发生的税金及附加、土地增值税		

2. A105050的填报

A105050填报见表4–15。

A105050的填报

表4–15　A105050　　职工薪酬支出及纳税调整明细表

行次	项目	账载金额	实际发生额	税收规定扣除率	以前年度累计结转扣除额	税收金额	纳税调整金额	累计结转以后年度扣除额
		1	2	3	4	5	6(1–5)	7(2+4–5)
1	一、工资薪金支出	16 015 292.56	16 015 292.56	*	*	16 015 292.56	0.00	*
2	其中：股权激励			*	*		0.00	*
3	二、职工福利费支出	281 988.03	281 988.03	14%	*	281 988.03	0.00	*
4	三、职工教育经费支出	1 441 376.33	1 441 376.33	*		1 441 376.33	0	0
5	其中：按税收规定比例扣除的职工教育经费							
6	按税收规定全额扣除的职工培训费用	1 441 376.33	1 441 376.33	100%	*	1 441 376.33	0	*

续表

行次	项目	账载金额	实际发生额	税收规定扣除率	以前年度累计结转扣除额	税收金额	纳税调整金额	累计结转以后年度扣除额
		1	2	3	4	5	6（1-5）	7(2+4-5)
7	四、工会经费支出				*			*
8	五、各类基本社会保障性缴款	3 664 327.79	3 664 327.79	*	*	3 664 327.79	0	*
9	六、住房公积金	1 201 835.11	1 201 835.11	*	*	1 201 835.11	0	*
10	七、补充养老保险				*			*
11	八、补充医疗保险				*			*
12	九、其他			*	*			*
13	合计（1+3+4+7+8+9+10+11+12）	22 604 819.82	22 604 819.82	*		22 604 819.82	0.00	

A105060的填报

3. A105060的填报

A105060填报见表4-16。

表4-16　A105060　广告费和业务宣传费纳税调整明细表

行次	项目	广告费和业务宣传费	保险企业手续费及佣金支出
		1	2
1	一、本年支出	1 896 549.90	
2	减：不允许扣除的支出		
3	二、本年符合条件的支出（1–2）	1 896 549.90	
4	三、本年计算扣除限额的基数	98 861 092.89	
5	乘：税收规定扣除率	15%	
6	四、本企业计算的扣除限额（4×5）	14 829 163.93	
7	五、本年结转以后年度扣除额（3＞6，本行＝3–6；3≤6，本行＝0）	0	
8	加：以前年度累计结转扣除额	0	
9	减：本年扣除的以前年度结转额［3＞6，本行＝0；3≤6，本行＝8与（6–3）孰小值］	0	
10	六、按照分摊协议归集至其他关联方的金额（10≤3与6孰小值）	0	*
11	按照分摊协议从其他关联方归集至本企业的金额	0	*
12	七、本年支出纳税调整金额（3＞6，本行＝2＋3－6＋10–11；3≤6，本行＝2＋10－11－9）	0	
13	八、累计结转以后年度扣除额（7＋8–9）	0	

4. A105070的填报

A105070的填报见表4-17。

A105070的填报

表4-17　A105070　　捐赠支出及纳税调整明细表

行次	项目	账载金额	以前年度结转可扣除的捐赠额	按税收规定计算的扣除限额	税收金额	纳税调增金额	纳税调减金额	可结转以后年度扣除的捐赠额
		1	2	3	4	5	6	7
1	一、非公益性捐赠		*	*	*		*	*
2	二、限额扣除的公益性捐赠(3+4+5+6)	904 000	0	1 083 474.78	904 000	0	0	0
3	前三年度（2020年）	*		*	*	*		*
4	前二年度（2021年）	*		*	*	*		
5	前一年度（2022年）	*		*	*	*		
6	本年（2023年）	904 000	*	1 083 474.78	904 000	0	*	0
7	三、全额扣除的公益性捐赠		*	*		*	*	*
8	1		*	*		*	*	*
9	2		*	*		*	*	*
10	3		*	*		*	*	*
11	合计（1+2+7）	904 000		1 083 474.78	904 000	0	0	0
附列资料	2017年度至本年发生的公益性扶贫捐赠合计金额		*	*		*	*	*

5. A105080的填报

A105080的填报见表4-18。

A105080的填报

表4-18 A105080　资产折旧、摊销及纳税调整明细表（部分）

行次	项目		账载金额			税收金额					纳税调整金额
			资产原值	本年折旧、摊销额	累计折旧、摊销额	资产计税基础	税收折旧、摊销额	享受加速折旧政策的资产按税收一般规定计算的折旧、摊销额	加速折旧、摊销统计额	累计折旧、摊销额	
			1	2	3	4	5	6	7=5-6	8	9(2-5)
1	一、固定资产（2+3+4+5+6+7）		24 589 157.06	1 911 400.78	6 904 536.81	24 589 157.06	1 911 400.78	*	*	6 904 536.81	0
2	所有固定资产	（一）房屋、建筑物	13 150 000.00	526 000.00	2 104 000.00	13 150 000.00	526 000.00	*	*	2 104 000	0
3		（二）飞机、火车、轮船、机器、机械和其他生产设备	6 856 413.72	600 236.39	2 603 456.43	6 856 413.72	600 236.39	*	*	2 603 456.43	0
4		（三）与生产经营活动有关的器具、工具、家具等	596 142.88	111 340.12	238 511.57	596 142.88	111 340.12	*	*	238 511.57	0
5		（四）飞机、火车、轮船以外的运输工具	1 005 756.90	110 795.75	356 736.45	1 005 756.90	110 795.75	*	*	356 736.45	0
6		（五）电子设备	2 980 843.56	563 028.52	1 601 832.36	2 980 843.56	563 028.52	*	*	1 601 832.36	0
7		（六）其他						*	*		0
		……									
18	二、生产性生物资产（19+20）							*	*		0
19	（一）林木类		0	0	0	0	0	*	*	0	0
20	（二）畜类							*	*		0
21	三、无形资产（22+23+24+25+27+28+29）		7 610 877.69	1 452 290.04	4 356 870.12	7 610 877.69	1 452 290.04	*	*	4 356 870.12	0
22	所有无形资产	（一）专利权	7 100 320.93	1 401 234.36	4 203 703.08	7 100 320.93	1 401 234.36	*	*	4 203 703.08	0
23		（二）商标权									

续表

行次	项目		账载金额			税收金额					纳税调整金额
			资产原值	本年折旧、摊销额	累计折旧、摊销额	资产计税基础	税收折旧、摊销额	享受加速折旧政策的资产按税收一般规定计算的折旧、摊销额	加速折旧、摊销统计额	累计折旧、摊销额	
			1	2	3	4	5	6	7=5−6	8	9(2−5)
24	所有无形资产	（三）著作权									
25		（四）土地使用权									
26		（五）非专利技术									
27		（六）特许权使用费	510 556.76	51 055.68	153 167.04	510 556.76	51 055.68	*	*	153 167.04	0
28		（七）软件									*
29		（八）其他									*
		……									
33	四、长期待摊费用（34+35+36+37+38）							*	*		0
	……										
39	五、油气勘探投资		0	0	0	0	0	0	0	0	0
40	六、油气开发投资							*	*		
41	合计（1+18+21+33+39+40）		32 200 034.75	3 363 690.82	11 261 406.93	32 200 034.75	3 363 690.82			11 261 406.93	0
附列资料		全民所有制改制资产评估增值政策资产						*	*		

A105000的填报

6. A105000的填报

A105000的填报见表4-19。

表4-19　A105000纳税调整项目明细表

行次	项目	账载金额	税收金额	调增金额	调减金额
		1	2	3	4
1	一、收入类调整项目（2+3+…+8+10+11）	*	*	800 000	
2	（一）视同销售收入（填写A105010）	*	800 000	800 000	*
3	（二）未按权责发生制原则确认的收入（填写A105020）				
4	（三）投资收益（填写A105030）				
5	（四）按权益法核算长期股权投资对初始投资成本调整确认收益	*	*	*	
6	（五）交易性金融资产初始投资调整	*	*		*
7	（六）公允价值变动净损益		*		
8	（七）不征税收入	*	*		
9	其中：专项用途财政性资金（填写A105040）	*	*		
10	（八）销售折扣、折让和退回				
11	（九）其他				
12	二、扣除类调整项目（13+14+…+24+26+27+28+29+30）	*	*	524 143.26	800 000.00
13	（一）视同销售成本（填写A105010）	*	512 000	*	512 000
14	（二）职工薪酬（填写A105050）	22 604 819.82	22 604 819.82	0	
15	（三）业务招待费支出	917 858.15	550 714.89	367 143.26	*
16	（四）广告费和业务宣传费支出（填写A105060）	*	*	0	
17	（五）捐赠支出（填写A105070）	904 000	904 000	0	
18	（六）利息支出	0	0		
19	（七）罚金、罚款和被没收财物的损失		*		*
20	（八）税收滞纳金、加收利息	7 000.00	*	7 000.00	*
21	（九）赞助支出		*		*
22	（十）与未实现融资收益相关在当期确认的财务费用				
23	（十一）佣金和手续费支出（保险企业填写A105060）				
24	（十二）不征税收入用于支出所形成的费用	*	*		*

续表

行次	项目	账载金额	税收金额	调增金额	调减金额
		1	2	3	4
25	其中：专项用途财政性资金用于支出所形成的费用（填写A105040）	*	*		*
26	（十三）跨期扣除项目	150 000.00		150 000.00	
27	（十四）与取得收入无关的支出		*		*
28	（十五）境外所得分摊的共同支出	*	*		*
29	（十六）党组织工作经费				
30	（十七）其他	616 000.00	904 000.00		288 000.00
31	三、资产类调整项目（32+33+34+35）	*	*	1 156 845.39	
32	（一）资产折旧、摊销（填写A105080）	3 363 690.82	3 363 690.82	0	0
33	（二）资产减值准备金	1 156 845.39	*	1 156 845.39	
34	（三）资产损失（填写A105090）	*	*		
35	（四）其他				0
36	四、特殊事项调整项目（37+38+…+43）	*	*		
37	（一）企业重组及递延纳税事项（填写A105100）				
38	（二）政策性搬迁（填写A105110）	*	*		
39	（三）特殊行业准备金（39.1+39.2+39.4+39.5+39.6+39.7）	*	*		
39.1	1．保险公司保险保障基金				
39.2	2．保险公司准备金				
39.3	其中：已发生未报案未决赔款准备金				
39.4	3．证券行业准备金				
39.5	4．期货行业准备金				
39.6	5．中小企业融资（信用）担保机构准备金				
39.7	6．金融企业、小额贷款公司准备金（填写A105120）	*	*		
40	（四）房地产开发企业特定业务计算的纳税调整额（填写A105010）	*			
41	（五）合伙企业法人合伙人应分得的应纳税所得额				
42	（六）发行永续债利息支出				
43	（七）其他	*	*		
44	五、特别纳税调整应税所得	*	*		
45	六、其他	*	*		
46	合计（1+12+31+36+44+45）	*	*	2 480 988.65	800 000.00

子任务四　税收优惠项目及智慧化申报

任务描述

新征程科技2023年发生下列税收优惠项目：

（1）"投资收益——居民企业股息红利收益"记录被投资企业山东D能源科技有限公司2023年3月25日宣告发放的股利，新征程科技初始投资成本为5 000 000元，按持股比例75%，新征程科技应取得250 000元。

（2）新征程科技当年度有三项研发项目，研发支出均费用化。具体研发支出明细表见表4-20。

表4-20　研发支出明细表

单位：元

项目	01 嵌入式软件	02 应急通信系统集成软件	03 系统集成软件	合计
直接从事研发活动人员的工资薪金	657 934.56	231 956.20	747 786.28	1 637 677.04
直接从事研发活动人员的五险一金	303 001.24	252 782.50	308 385.43	864 169.17
研发活动直接消耗的材料费用	1 354 791.67	158 723.19	980 456.42	2 493 971.28
研发活动直接消耗的燃料费用	370 354.68	249 438.04	450 743.28	1 070 536.00
研发活动直接消耗的动力费用	43 123.45	31 214.85	16 317.35	90 655.65
用于研发活动的固定资产折旧费用	635 418.96	169 214.35	293 487.77	1 098 121.08
新产品设计费用	17 430.00	8 624.68	12 127.44	38 182.12
新工艺规程制定费	36 848.00		28 712.44	65 560.44
技术图书资料费、专家咨询费		235 167.45	60 098.54	295 265.99
差旅费、会议费	4 197.54	56 789.00	5 032.67	66 019.21
合计	3 423 100.10	1 393 910.26	2 903 147.62	7 720 157.98

（3）新征程科技本年月平均职工总人数为300人，其中签订劳动合同关系且具有大学专科或本科以上学历的职工人数为160人，研究开发人员人数为100人。

（4）新征程科技拥有核心关键技术和属于本企业的知识产权总数共9项，其中发明专利4项，计算机软件著作权5项；未从事8英寸及以下集成电路生产；按照开发、销售嵌入式软件企业条件享受政策。

任务要求：请根据资料完成下列工作任务：

1. 填报A107011《符合条件的居民企业之间的股息、红利等权益性投资收益优惠明细表》。
2. 填报A107012《研发费用加计扣除优惠明细表》。
3. 填报A107010《免税、减计收入及加计扣除优惠明细表》。
4. 填报A107042《软件、集成电路企业优惠情况及明细表》。
5. 填报A107040《减免所得税优惠明细表》。

知识准备

一、免税、减计收入及加计扣除优惠的确认及智慧化申报

（一）免税收入的确认

（1）国债利息收入。国债利息收入，是指企业持有的国务院财政部门发行的国债取得的利息收入。

① 国债利息收入的确认。企业取得的国债利息收入，应以国债发行时约定应付利息的日期，确认利息收入的实现。企业转让国债，应在国债转让收入确认时确认利息收入的实现。

② 国债利息收入免税金额确定。企业从发行者处直接投资购买的国债持有至到期，其从发行者取得的国债利息收入，全额免征企业所得税。企业到期前转让国债，或者从非发行者投资购买的国债，其持有期间尚未兑付的国债利息收入，免征企业所得税。持有期尚未兑付的国债利息收入按以下公式计算确定：

$$国债利息收入=国债金额\times(适用年利率\div 365)\times持有天数$$

（2）地方政府债券利息收入。企业取得的2009年及以后年度发行的地方政府债券利息收入，免征企业所得税。地方政府债券是指经国务院批准，以省、自治区、直辖市和计划单列市政府为发行和偿还主体的债券。

（3）符合条件的居民企业之间的股息、红利等权益性投资收益。这是指居民企业直接投资于其他居民企业取得的投资收益。其仅限于居民企业之间，不包括从“独资企业、合伙企业、非居民企业”处取得的投资收益。所称股息、红利等权益性投资收益，不包括连续持有居民企业公开发行并上市流通的股票不足12个月取得的投资收益。

（4）在中国境内设立机构、场所的非居民企业从居民企业取得与该机构、场所有实际联系的股息、红利等权益性投资收益。

（5）符合条件的非营利组织的收入。符合条件并依法履行登记手续的非营利组织，取得的捐赠收入等几项免税收入，免征企业所得税，但不包括非营利组织从事营利性活动取得的收入。

（二）减计收入的确认

减计收入，是指按照税法规定准予对企业某些经营活动取得的应税收入，减按一定比例计入收入总额，而其对应的成本费用则可以正常扣除。

（1）企业自2008年1月1日起以《资源综合利用企业所得税优惠目录（2008年版）》① 规定的资源作为主要原材料，生产国家非限制和禁止并符合国家和行业相关标准的产品取得的收入，减按90%计入收入总额。

（2）企业持有2011—2023年发行的中国铁路建设债券取得的利息收入，减半征收企业所得税。中国铁路建设债券是指经国家发展改革委核准，以中国铁路总公司为发行和偿还主体的债券，包括中国铁路建设债券、中期票据、短期融资等债务融资工具。

（3）自2017年1月1日至2023年12月31日，金融机构对农户小额贷款的利息收入在计算应纳税所得额时，按90%计入收入总额，且金融机构应对符合条件的农户小额贷款利息收入进行单独核算；对保险公司为种植业、养殖业提供保险业务取得的保费收入，在计算应纳税所得额时，按90%计入收入总额。自2017年1月1日至2023年12月31日，对经省级金融管理部门（金融办、局等）批准成立的小

---

① 《资源综合利用企业所得税优惠目录（2008年版）》已于2022年1月1日起废止，《资源综合利用企业所得税优惠目录（2021年版）》自2021年1月1日起施行。

额贷款公司取得的农户小额贷款的利息收入在计算应纳税所得额时，按90%计入收入总额。

（4）自2019年6月1日至2025年12月31日，提供社区养老、托育、家政服务取得的收入，减按90%计入收入总额。

研发费用的加计扣除

（三）加计扣除项目的确认

1. 研发费用的加计扣除

企业研发费用，是指企业在产品、技术、材料、工艺、标准的研究、开发过程中发生的各项费用。

（1）研发费用税前扣除的归集范围。

第一，人员人工费用。其包括直接从事研发活动的人员工资薪金、基本养老保险费、基本医疗保险费、失业保险费、工伤保险费、生育保险费和住房公积金，以及外聘研发人员的劳务费用。

第二，直接投入费用。其包括研发活动直接消耗的材料、燃料和动力费用；用于中间试验和产品试制的模具、工艺装备开发及制造费，不构成固定资产的样品、样机及一般测试手段购置费，试制产品的检验费；用于研发活动的仪器、设备的运行维护、调整、检验、维修等费用，以及通过经营租赁方式租入的用于研发活动的仪器、设备租赁费。

第三，折旧费用。其是指用于研发活动的仪器、设备的折旧费。

第四，无形资产摊销。其是指用于研发活动的软件、专利权、非专利技术（包括许可证、专有技术、设计和计算方法等）的摊销费用。

第五，新产品设计费、新工艺规程制定费、新药研制的临床试验费、勘探开发技术的现场试验费。

第六，其他相关费用。其包括与研发活动直接相关的其他费用，如技术图书资料费、资料翻译费、专家咨询费、高新科技研发保险费，研发成果的检索、分析、评议、论证、鉴定、评审、评估、验收费用，知识产权的申请费、注册费、代理费，差旅费、会议费等。此项费用总额不得超过可加计扣除研发费用总额的10%。

（2）研发费用加计扣除的规定。除烟草制造业、住宿和餐饮业、批发和零售业、房地产业、租赁和商务服务业、娱乐业及财政部和国家税务总局规定的其他行业以外的企业开展研发活动中实际发生的研发费用，未形成无形资产计入当期损益的，在按规定据实扣除的基础上，自2023年1月1日起，再按照实际发生额的100%在税前加计扣除；形成无形资产的，自2023年1月1日起，按照无形资产成本的200%在税前摊销。

研发活动，是指企业为获得科学与技术新知识，创造性运用科学技术新知识，或实质性改进技术、产品（服务）、工艺而持续进行的具有明确目标的系统性活动。

2. 企业安置残疾人员支付的工资

企业安置残疾人员的，在按照支付给残疾职工工资据实扣除的基础上，可以在计算应纳税所得额时按照支付给残疾职工工资的100%加计扣除。企业享受安置残疾职工工资100%加计扣除应同时具备如下条件：

（1）依法与安置的每位残疾人签订了1年以上（含1年）的劳动合同或服务协议，并且安置的每位残疾人在企业实际上岗工作。

（2）为安置的每位残疾人按月足额缴纳了企业所在区县人民政府根据国家政策规定的基本养老保险、基本医疗保险、失业保险和工伤保险等社会保险。

（3）定期通过银行等金融机构向安置的每位残疾人实际支付了不低于企业所在区县适用的经省级人民政府批准的最低工资标准的工资。

（4）具备安置残疾人上岗工作的基本设施。

（四）符合条件的居民企业之间的股息、红利等权益性投资收益的调整及智慧化申报

A107011样表及填写说明

符合条件的居民企业之间的股息、红利等权益性投资收益的调整，需要填写A107011《符合条件的居民企业之间的股息、红利等权益性投资收益优惠明细表》（简称“A107011”）。该表属于三级附表，根据企业财务系统“投资收益”账户明细账分析填写，其结果自动结转至二级附表A107010《免税、减计收入及加计扣除优惠明细表》（简称“A107010”）。

（五）研发费用加计扣除及智慧化申报

A107012样表及填写说明

研发费用加计扣除需要填写A107012《研发费用加计扣除优惠明细表》（简称“A107012”）。该表属于三级附表，根据企业财务系统中“研发支出”“管理费用”“无形资产”等相关账户分析填写，其结果需要结转至A107010。

当A000000《企业所得税年度纳税申报基础信息表》（简称“A000000”）“210-3”项目未填有入库编号时，第51行自动转入表A107010第26行；当“210-3”项目填有入库编号时，第51行自动转入表A107010第27行。

（六）免税、减计收入及加计扣除优惠明细表的填报

A107010样表及填写说明

免税、减计收入及加计扣除的优惠需填写A107010，A107010为二级明细表，共31行，分为三大部分：第一部分为免税收入，是从第1行至第16行，其中符合条件的居民企业之间的股息、红利等权益性投资收益要填写表A107011。第二部分为减计收入，是从第17行至第24行。第三部分为加计扣除，是从第25行至第31行。第31行自动结转至主表A100000第17行。

二、所得减免优惠的确认及智慧化申报

（一）农、林、牧、渔业项目的税收优惠

（1）企业从事下列项目的所得，免征企业所得税：

① 蔬菜、谷物、薯类、油料、豆类、棉花、麻类、糖料、水果、坚果的种植；

② 农作物新品种的选育；

③ 中药材的种植；

④ 林木的培育和种植；

⑤ 牲畜、家禽的饲养；

⑥ 林产品的采集；

⑦ 灌溉、农产品初加工、兽医、农技推广、农机作业和维修等农、林、牧、渔服务业项目；

⑧ 远洋捕捞。

（2）企业从事下列项目的所得，减半征收企业所得税；

① 花卉、茶以及其他饮料作物和香料作物的种植；

② 海水养殖、内陆养殖。

（二）国家重点扶持的公共基础设施项目的税收优惠

（1）企业从事《公共基础设施项目企业所得税优惠目录》规定的港口码头、机场、铁路、公路、城市公共交通、电力、水利等项目的投资经营的所得，自项目取得第一笔生产经营收入所属纳税年度起，第一年至第三年免征企业所得税，第四年至第六年减半征收企业所得税，即实行“三免三减半”的税收优惠政策。第一笔生产经营收入，是指公共基础设施项目已建成并投入运营后所取得的第一笔收入。

（2）企业投资经营符合《公共基础设施项目企业所得税优惠目录》规定条件和标准的公共基础设

施项目，采用“一次核准、分批次建设”的，同时符合以下条件的，按每一批次为单位计算所得，并享受企业所得税“三免三减半”优惠：

① 不同批次在空间上相互独立；

② 每一批次自身具备取得收入的功能；

③ 以每一批次为单位进行会计核算，单独计算所得，并合理分摊期间费用。

（3）企业承包经营、承包建设和内部自建自用的项目，不得享受企业所得税优惠。

企业在减免税期限内转让所享受减免税优惠的项目，受让方承续经营该项目的，可自受让之日起，在剩余优惠期限内享受规定的减免税优惠；减免税期限届满后转让的，受让方不得就该项目重复享受减免税优惠。

（三）符合条件的技术转让所得税收优惠

（1）为了促进技术创新和科技进步，《企业所得税法》规定，在一个纳税年度内，居民企业将其拥有的专利技术、计算机软件著作权、集成电路布图设计权、植物新品种、生物医药新品种，以及财政部和国家税务总局确定的其他技术的所有权或5年以上（含5年）全球独占许可使用权转让取得的所得，不超过500万元的部分，免征企业所得税；超过500万元的部分，减半征收企业所得税。其中专利技术，是指法律授予独占权的发明、实用新型和非简单改变产品图案的外观设计。

（2）居民企业从直接或间接持有股权之和达到100%的关联方取得的技术转让所得，不享受技术转让减免企业所得税优惠政策。

（3）2015年10月1日起，全国范围内的居民企业转让5年以上（含5年）非独占许可使用权转让取得的技术转让所得，不超过500万元的部分，免征企业所得税；超过500万元的部分，减半征收企业所得税。技术转让所得的计算公式为：

技术转让所得 = 技术转让收入 − 技术转让成本 − 相关税费

（四）集成电路生产项目定期减免征收企业所得税

为促进集成电路产业和软件产业高质量发展，财政部联合多个部委出台系列集成电路生产项目定期减免企业所得税税收优惠政策。按照不同的集成电路生产项目，分别适用第一年至第二年免税，第三年至第五年按照25%法定税率减半征收，简称“二免三减半”；第一年至第五年免税，第六年至第十年按照25%法定税率减半征收，简称“五免五减半”；第一年至第十年免税。

A107020样表及填写说明

（五）所得减免优惠的智慧化申报

所得减免优惠需要填写A107020《所得减免优惠明细表》（简称“A107020”），属于二级附表，其结果自动结转至主表A100000。

三、减免所得税优惠的确认及智慧化申报

（一）符合条件的小型微利企业的税收优惠

1. 小型微利企业资格条件认定

小型微利企业，是指从事国家非限制和禁止行业，年度应纳税所得额不超过300万元，从业人数不超过300人，资产总额不超过5 000万元三个条件的企业。

2. 享受小型微利企业所得税优惠必须同时满足的条件

（1）从事国家非限制和禁止行业。国家限制和禁止行业，参照《产业结构调整指导目录》执行。

（2）年度应纳税所得额不得超过300万元。企业每一年度的收入总额，减除不征税收入、免税收入、各项扣除以及允许弥补的以前年度亏损后的余额，为应纳税所得额。

（3）从业人数和资产总额不能超过规定的标准。其中，从业人数是指与企业建立劳动关系的职工人数和企业接受的劳务派遣用工人数之和，资产总额是指企业资产负债表中“资产合计”的数字。从业人数和资产总额指标，按企业全年季度平均值确定。年度中间开业或者终止经营活动的，以其实际经营期作为一个纳税年度确定上述相关指标。

（二）国家重点扶持的高新技术企业税收优惠

1. 高新技术企业的范畴

高新技术企业，是指在《国家重点支持的高新技术领域》内，持续进行研究开发与技术成果转化，形成企业核心自主知识产权，并以此为基础开展经营活动，在中国境内（不包括港、澳、台地区）注册一年以上的居民企业。

根据《国家重点支持的高新技术领域》的规定，国家重点支持的高新技术包括电子信息技术、生物与新医药技术、航空航天技术、新材料技术、高技术服务业、新能源及节能技术、资源与环境技术和先进制造与自动化。

2. 高新技术企业的认定

（1）企业申请认定时需注册成立一年以上。

（2）企业通过自主研发、受让、受赠并购等方式，获得对其主要产品（服务）在技术上发挥核心支持作用的知识产权的所有权。

（3）对企业主要产品（服务）发挥核心支持作用的技术属于《国家重点支持的高新技术领域》规定的范围。

（4）企业从事研发和相关技术创新活动的科技人员占企业当年职工总数的比例不低于10%。

（5）企业近三个会计年度（实际经营期不满三年的按实际经营时间计算，下同）的研究开发费用总额占同期销售收入总额的比例符合如下要求：

① 最近一年销售收入小于5 000万元（含）的企业，比例不低于5%；

② 最近一年销售收入在5 000万元至2亿元（含）的企业，比例不低于4%；

③ 最近一年销售收入在2亿元以上的企业，比例不低于3%。

其中，企业在中国境内发生的研究开发费用总额占全部研究开发费用总额的比例不低于60%。

（6）近一年高新技术产品（服务）收入占企业同期总收入的比例不低于60%。

（7）企业创新能力评价应达到相应要求。

（8）企业申请认定前一年内未发生重大安全、重大质量事故和严重环境违法行为。

国家需要重点扶持的高新技术企业，减按15%的税率征收企业所得税。企业获得高新技术企业资格后，自高新技术企业证书注明的发证时间所在年度起申报享受税收优惠，并按规定向主管税务机关办理备案手续。

（三）国家鼓励的软件企业定期减免企业所得税

自2020年1月1日起，国家鼓励的软件企业，自获利年度起，第一年至第二年免征企业所得税，第三年至第五年按照25%的法定税率减半征收企业所得税。

（1）国家鼓励的软件企业是指同时符合下列条件的企业：

① 在中国境内（不包括港、澳、台地区）依法设立，以软件产品开发及相关信息技术服务为主营业务并具有独立法人资格的企业；该企业的设立具有合理商业目的，且不以减少、免除或推迟缴纳税款为主要目的。

② 汇算清缴年度具有劳动合同关系或劳务派遣、聘用关系，其中具有本科及以上学历的月平均职工人数占企业月平均职工总人数的比例不低于40%，研究开发人员月平均数占企业月平均职工总数的

比例不低于25%。

③ 拥有核心关键技术，并以此为基础开展经营活动，汇算清缴年度研究开发费用总额占企业销售（营业）收入总额的比例不低于7%，企业在中国境内发生的研究开发费用金额占研究开发费用总额的比例不低于60%。

④ 汇算清缴年度软件产品开发销售及相关信息技术服务（营业）收入占企业收入总额的比例不低于55%或嵌入式软件产品开发销售（营业）收入占企业收入总额的比例不低于45%，其中软件产品自主开发销售及相关信息技术服务（营业）收入占企业收入总额的比例不低于45%或嵌入式软件产品开发销售（营业）收入占企业收入总额的比例不低于40%。

⑤ 主营业务或主要产品具有专利或计算机软件著作权等属于本企业的知识产权。

⑥ 具有与软件开发相适应的生产经营场所、软硬件设施等开发环境（如合法的开发工具等），建立符合软件工程要求的质量管理体系并持续有效运行。

⑦ 汇算清缴年度未发生重大安全事故、重大质量事故、知识产权侵权等行为，企业合法经营。

（2）符合原有政策条件且在2019年（含）之前已经进入优惠期的企业，2020年（含）起可按原有政策规定继续享受至期满为止，如也符合本项优惠规定，可按规定享受相关优惠。符合原有政策条件，2019年（含）之前尚未进入优惠期的企业，2020年（含）起不再执行原有政策。

（四）减免所得税优惠的智慧化申报

1. 软件、集成电路企业优惠的智慧化申报

A107042样表及填写说明

软件、集成电路企业优惠的申报填写A107042《软件、集成电路企业优惠情况及明细表》（简称“A107042”），在年度报表体系中，A107042属于三级附表，第16行减免税额自动结转至二级附表A107040《减免所得税优惠明细表》（简称“A107040”）。享受软件、集成电路企业优惠政策的纳税人均需按照企业整体情况填报本表。

2. 减免所得税优惠的智慧化申报

A107040样表及填写说明

减免所得税优惠填写A107040，在年度报表体系中，A107040属于二级附表，其结果自动结转至主表A100000。本表共33行，分为六大部分，第一部分为符合条件的小型微利企业减免所得税优惠，第二部分为高新技术企业减免所得税优惠，第三部分为针对特殊企业的所得税优惠，第四部分为关于国家鼓励的集成电路生产企业等的所得税优惠，第五部分为地区性所得税减免优惠，第六部分填写项目所得按法定税率减半征收企业所得税叠加享受的税收优惠。本表第33行金额转入主表A100000第26行。

任务实施

A107011的填报

（一）A107011的填报

A107011的填报见表4-21。

表4-21　A107011 符合条件的居民企业之间的股息、红利等权益性投资收益优惠明细表

行次	被投资企业	被投资企业统一社会信用代码（纳税人识别号）	投资性质	投资成本	投资比例	被投资企业利润分配确认金额		被投资企业清算确认金额			撤回或减少投资确认金额						合计
						被投资企业做出利润分配或转股决定时间	依决定归属于本公司的股息、红利等权益性投资收益金额	分得的被投资企业清算剩余	被清算企业累计未分配利润和累计盈余公积应享有部分	应确认的股息所得	从被投资企业撤回或减少投资取得的资产	减少投资比例	收回初始投资成本	取得资产中超过收回初始投资成本部分	撤回或减少投资应享有被投资企业累计未分配利润和累计盈余公积	应确认的股息所得	
	1	2	3	4	5	6	7	8	9	10（8与9孰小）	11	12	13（4×12）	14（11-13）	15	16（14与15孰小）	17（7+10+16）
1	山东D能源科技有限公司	略	直接投资	5 000 000.00	75%	2023年3月25日	250 000.00										250 000.00
2																	
3																	
4																	
5																	
6																	
7																	
8	合计																250 000.00
9	其中：直接投资或非H股票投资																
10	股票投资—沪港通H股																
11	股票投资—深港通H股																
12	创新企业CDR																
13	永续债																

A107012
的填报

（二）A107012的填报

A107012的填报见表4-22。

表4-22　A107012研发费用加计扣除优惠明细表

行次	项目	金额（数量）
1	本年可享受研发费用加计扣除项目数量	3
2	一、自主研发、合作研发、集中研发（3+7+16+19+23+34）	7 720 157.98
3	（一）人员人工费用（4+5+6）	2 501 846.21
4	1．直接从事研发活动人员工资薪金	1 637 677.04
5	2．直接从事研发活动人员五险一金	864 169.17
6	3．外聘研发人员的劳务费用	
7	（二）直接投入费用（8+9+10+11+12+13+14+15）	3 655 162.93
8	1．研发活动直接消耗材料费用	2 493 971.28
9	2．研发活动直接消耗燃料费用	1 070 536.00
10	3．研发活动直接消耗动力费用	90 655.65
11	4．用于中间试验和产品试制的模具、工艺装备开发及制造费	
12	5．用于不构成固定资产的样品、样机及一般测试手段购置费	
13	6．用于试制产品的检验费	
14	7．用于研发活动的仪器、设备的运行维护、调整、检验、维修等费用	
15	8．通过经营租赁方式租入的用于研发活动的仪器、设备租赁费	
16	（三）折旧费用（17+18）	1 098 121.08
17	1．用于研发活动的仪器的折旧费	1 098 121.08
18	2．用于研发活动的设备的折旧费	
19	（四）无形资产摊销（20+21+22）	0
20	1．用于研发活动的软件的摊销费用	
21	2．用于研发活动的专利权的摊销费用	
22	3．用于研发活动的非专利技术（包括许可证、专有技术、设计和计算方法等）的摊销费用	
23	（五）新产品设计费等（24+25+26+27）	103 742.56
24	1．新产品设计费	38 182.12
25	2．新工艺规程制定费	65 560.44
26	3．新药研制的临床试验费	
27	4．勘探开发技术的现场试验费	

续表

行次	项目	金额（数量）
28	（六）其他相关费用（29＋30＋31＋32＋33）	361 285.20
29	1．技术图书资料费、资料翻译费、专家咨询费、高新科技研发保险费	295 265.99
30	2．研发成果的检索、分析、评议、论证、鉴定、评审、评估、验收费用	
31	3．知识产权的申请费、注册费、代理费	
32	4．职工福利费、补充养老保险费、补充医疗保险费	
33	5．差旅费、会议费	66 019.21
34	（七）经限额调整后的其他相关费用	361 285.20
35	二、委托研发（36＋37＋39）	0
36	（一）委托境内机构或个人进行研发活动所发生的费用	
37	（二）委托境外机构进行研发活动发生的费用	
38	其中：允许加计扣除的委托境外机构进行研发活动发生的费用	
39	（三）委托境外个人进行研发活动发生的费用	
40	三、年度研发费用小计（2＋36×80%＋38）	7 720 157.98
41	（一）本年费用化金额	7 720 157.98
42	（二）本年资本化金额	
43	四、本年形成无形资产摊销额	
44	五、以前年度形成无形资产本年摊销额	
45	六、允许扣除的研发费用合计（41＋43＋44）	7 720 157.98
46	减：特殊收入部分	
47	七、允许扣除的研发费用抵减特殊收入后的金额（45－46）	7 720 157.98
48	减：当年销售研发活动直接形成产品（包括组成部分）对应的材料部分	
49	减：以前年度销售研发活动直接形成产品（包括组成部分）对应材料部分结转金额	
50	八、加计扣除比例及计算方法	100%
L1	本年允许加计扣除的研发费用总额（47－48－49）	7 720 157.98
L1.1	其中：第四季度允许加计扣除的研发费用金额	
L1.2	前三季度允许加计扣除的研发费用金额（L1－L1.1）	
51	九、本年研发费用加计扣除总额（47–48–49）×50	0
52	十、销售研发活动直接形成产品（包括组成部分）对应材料部分结转以后年度扣减金额（当47－48－49≥0，本行＝0；当47－48－49＜0，本行＝47－48－49的绝对值）	0

A107010
的填报

（三）A107010的填报

A107010的填报见表4-23。

表4-23 A107010免税、减计收入及加计扣除优惠明细表（部分）

行次	项目	金额
1	一、免税收入（2+3+9+…+16）	250 000.00
2	（一）国债利息收入免征企业所得税	
3	（二）符合条件的居民企业之间的股息、红利等权益性投资收益免征企业所得税（4+5+6+7+8）	250 000.00
4	1．一般股息、红利等权益性投资收益免征企业所得税（填写A107011）	250 000.00
	……	
17	二、减计收入（18+19+23+24）	
	……	
25	三、加计扣除（26+27+28+29+30）	7 720 157.98
26	（一）开发新技术、新产品、新工艺发生的研究开发费用加计扣除（填写A107012）	7 720 157.98
27	（二）科技型中小企业开发新技术、新产品、新工艺发生的研究开发费用加计扣除（填写A107012）	
28	（三）企业为获得创新性、创意性、突破性的产品进行创意设计活动而发生的相关费用加计扣除（加计扣除比例__________%）	
29	（四）安置残疾人员所支付的工资加计扣除	
30	（五）其他	
31	合计（1+17+25）	7 970 157.98

A107042
的填报

（四）A107042的填报

A107042的填报见表4-24。

表4-24 软件、集成电路企业优惠情况及明细表

<table>
<tr><th colspan="5">税收优惠基本信息</th></tr>
<tr><td colspan="2">选择适用优惠政策</td><td colspan="3">☑延续适用原有优惠政策 □适用新出台优惠政策</td></tr>
<tr><td colspan="2">减免方式1</td><td>120</td><td>获利年度\开始计算优惠期年度1</td><td>2019</td></tr>
<tr><td colspan="2">减免方式2</td><td></td><td>获利年度\开始计算优惠期年度2</td><td></td></tr>
<tr><th colspan="5">税收优惠有关情况</th></tr>
<tr><th>行次</th><th colspan="3">项目</th><th>数量\金额</th></tr>
<tr><td>1</td><td rowspan="2">人员指标</td><td colspan="2">一、企业本年月平均职工总人数</td><td>300</td></tr>
<tr><td>2</td><td colspan="2">其中：签订劳动合同关系且具有大学专\本科以上学历的职工人数</td><td>160</td></tr>
</table>

续表

行次	项目		数量\金额
3	人员指标	研究开发人员人数	100
4	研发费用指标	二、研发费用总额	7 720 157.98
5		其中：企业在中国境内发生的研发费用金额	7 720 157.98
6	收入指标	三、企业收入总额	98 861 092.89
7		四、符合条件的销售（营业）收入	98 707 363.94
8		其中：自主设计、自主开发销售及服务收入	98 707 363.94
9	知识产权指标	五、拥有核心关键技术和属于本企业的知识产权总数	9.00
10		其中：发明专利	4.00
11		集成电路布图设计登记	
12		计算机软件著作权	5.00
13	业务类型及领域	是否从事8英寸及以下集成电路生产	□是 ☑否
14		是否按照开发、销售嵌入式软件企业条件享受政策	☑是 □否
15		重点集成电路设计领域和重点软件领域	请选择所属领域
16	减免税额		342 473.40

（五）A107040的填报

A107040的填报见表4-25。

A107040的填报

表4-25　减免所得税优惠明细表（部分）

行次	项目	金额
1	一、符合条件的小型微利企业减免企业所得税	
2	二、国家需要重点扶持的高新技术企业减按15%的税率征收企业所得税（填写A107041）	
3	三、经济特区和上海浦东新区新设立的高新技术企业在区内取得的所得定期减免企业所得税（填写A107041）	
4	四、受灾地区农村信用社免征企业所得税	*
5	五、动漫企业自主开发、生产动漫产品定期减免企业所得税	
6	六、线宽小于0.8微米（含）的集成电路生产企业减免企业所得税（填写A107042）	
7	七、线宽小于0.25微米的集成电路生产企业减按15%税率征收企业所得税（填写A107042）	*
8	八、投资额超过80亿元的集成电路生产企业减按15%税率征收企业所得税（填写A107042）	*
9	九、线宽小于0.25微米的集成电路生产企业减免企业所得税（填写A107042）	
10	十、投资额超过80亿元的集成电路生产企业减免企业所得税（填写A107042）	

续表

行次	项目	金额
11	十一、新办集成电路设计企业减免企业所得税（填写A107042）	
12	十二、国家规划布局内集成电路设计企业可减按10%的税率征收企业所得税（填写A107042）	*
13	十三、符合条件的软件企业减免企业所得税（填写A107042）	342 473.40
	……	
33	合计（1+2+…+28−29+30+31+32）	342 473.40

子任务五　应纳税额的计算及智慧化申报

任务描述

新征程科技2023年累计实际已缴纳的所得税额为498 653.13元，请根据任务三前4项子任务中新征程科技2023年的申报资料，完成应纳税额的计算及主表A100000的填报。

知识准备

一、主表A100000的构成及表内项目数据关系

主表A100000由"利润总额计算""应纳税所得额计算""应纳税额计算""实际应纳税额计算"四个部分构成。

（1）利润总额的计算。利润总额计算中的各项目是按照国家统一会计制度规定计算填报。实行企业会计准则、小企业会计准则、企业会计制度、分行业会计制度的纳税人，其数据直接取自利润表（另有说明的除外）；实行事业单位会计准则的纳税人，其数据取自收入支出表；实行民间非营利组织会计制度的纳税人，其数据取自业务活动表；实行其他国家统一会计制度的纳税人，根据模块中各项目进行分析填报。

（2）应纳税所得额的计算。应纳税所得额计算是在利润总额的基础上，减去境外所得，加上纳税调整增加额，减去纳税调整减少额，减去免税、减计收入及加计扣除，加上境外应税所得抵减境内亏损，计算出纳税调整后所得；再减去所得减免、弥补以前年度亏损和抵扣应纳税所得额，计算出应纳税所得额。

（3）应纳税额的计算。应纳税所得额乘以25%的税率，计算出应纳所得税额；减去减免所得税额、抵免所得税额计算出应纳税额；加上境外所得应纳所得税额，减去境外所得抵免所得税额，计算出实际应纳所得税额；再减去本年累计实际已缴纳的所得税额，计算出本年应补（退）所得税额。

（4）实际应纳税额的计算。本年应补（退）所得税额减去民族自治地区企业所得税地方分享部分，得出本年实际应补（退）所得税额。

二、主表A100000的智慧化申报

主表A100000第1行至第13行，利润总额计算的数据来源于财务系统中利润表及A101010、A101020、A103000等基础信息表；主表A100000第14行至第23行，应纳税所得额计算的数据来源于A105000、A107010、A107020、A106000等表；主表A100000第24行至第36行，应纳税额计算的数据来源于A107040、A107050、A108000等。主表A100000是企业所得税年度纳税申报体系中的必填表之一。

A100000样表及填写说明

任务实施

A100000的填报见表4-26。

表4-26　A100000　中华人民共和国企业所得税年度纳税申报表（A类）

行次	类别	项目	金额
1	利润总额计算	一、营业收入（填写A101010\101020\103000）	98 861 092.89
2		减：营业成本（填写A102010\102020\103000）	57 909 143.25
3		减：税金及附加	2 090 356.99
4		减：销售费用（填写A104000）	10 362 863.85
5		减：管理费用（填写A104000）	16 824 160.68
6		减：财务费用（填写A104000）	1 215 766.20
7		减：资产减值损失	1 156 845.39
8		加：公允价值变动收益	
9		加：投资收益	250 000.00
10		二、营业利润（1-2-3-4-5-6-7+8+9）	9 551 956.53
11		加：营业外收入（填写A101010\101020\103000）	100 000.00
12		减：营业外支出（填写A102010\102020\103000）	623 000.00
13		三、利润总额（10+11-12）	9 028 956.53
14	应纳税所得额计算	减：境外所得（填写A108010）	
15		加：纳税调整增加额（填写A105000）	2 480 988.65
16		减：纳税调整减少额（填写A105000）	800 000.00
17		减：免税、减计收入及加计扣除（填写A107010）	7 970 157.98
18		加：境外应税所得抵减境内亏损（填写A108000）	
19		四、纳税调整后所得（13-14+15-16-17+18）	2 739 787.20
20		减：所得减免（填写A107020）	0
21		减：弥补以前年度亏损（填写A106000）	

续表

行次	类别	项目	金额
22	应纳税所得额计算	减：抵扣应纳税所得额（填写A107030）	
23		五、应纳税所得额（19−20−21−22）	2 739 787.20
24	应纳税额计算	税率（25%）	25%
25		六、应纳所得税额（23×24）	684 946.80
26		减：减免所得税额（填写A107040）	342 473.40
27		减：抵免所得税额（填写A107050）	
28		七、应纳税额（25−26−27）	342 473.40
29		加：境外所得应纳所得税额（填写A108000）	
30		减：境外所得抵免所得税额（填写A108000）	
31		八、实际应纳所得税额（28＋29−30）	342 473.40
32		减：本年累计实际已缴纳的所得税额	498 653.13
33		九、本年应补（退）所得税额（31−32）	−156 179.73
34		其中：总机构分摊本年应补（退）所得税额（填写A109000）	
35		财政集中分配本年应补（退）所得税额（填写A109000）	
36		总机构主体生产经营部门分摊本年应补（退）所得税额（填写A109000）	
37	实际应纳税额计算	减：民族自治地区企业所得税地方分享部分： （□免征　□减征：减征幅度%）	
38		十、本年实际应补（退）所得税额（33−37）	−156 179.73

任务四　“金税四期”下企业所得税涉税风险与管理

任务描述

新征程科技2023年年终税务自查时发现如下事项：

（1）2023年1月1日购买面值为1 000万元的3年期国债，2023年10月1日转让，取得转让收入1 200万元，发生手续费支出20万元，假定国债票面年利率为4%。新征程科技将国债利息收入与国债转让利息全部确认为免税收入。

（2）2023年5月处理废旧物资，取得收入500元，冲减其他应收款（假定适用13%的增值税税率，不考虑增值税外的其他税费）。

（3）2023年6月为员工报销攻读研究生期间的学费30 000元。

（4）2023年7月高管王经理同一笔差旅费在两个分支机构分别报销6 200元。

（5）2023年将后勤辅助人员工资计入研发费用中的人员经费，共计80 000元。

任务要求：

识别企业所得税应税收入、扣除项目及税收优惠的主要涉税风险并进行管理。

知识准备

"金税四期"背景下，税务信息化征管范围涵盖了非税业务，实现了各部委、银行、相关机构的信息共享，实现全方位、全流程、全数据、全业务的监管。企业所得税作为综合体现企业所得的税种，了解企业所得税常见的税务风险，主要包括应税收入、扣除项目、税收优惠项目方面的风险，并加强税务风险管理，是提高纳税遵从效率，提升企业在"以数治税"时代财务竞争力的重要保障。

一、企业所得税应税收入的涉税风险及管理

（一）不计或少计应税收入的风险及管理

1. 发生视同销售行为未按规定申报缴纳企业所得税的风险及管理

企业发生将货物、财产、劳务用于捐赠、偿债、赞助、集资、广告、样品、职工福利或者利润分配等改变资产所有权属的行为，未按税法规定视同销售货物、转让财产或提供劳务确认收入，存在不计或少计应税收入，有少缴企业所得税的风险。

通过查阅企业销售合同，分析企业"库存商品""原材料""应付职工薪酬""销售费用""长期股权投资"等账户，核实是否存在税法明确的视同销售行为，但未按公允价值确认收入，需要进行纳税调整，防范税务风险。

2. 国债转让收入混为持有期间利息收入，少缴企业所得税风险及管理

如果企业将国债转让收入与持有期间利息收入一并作为免税收入，存在不计或少计应税收入，少缴企业所得税的风险。

企业投资国债，并从国务院财政部门（简称"发行者"）取得的国债利息收入，应以国债发行时约定的应付利息的日期，确认利息收入的实现。企业到期前转让国债或从非发行者投资购买的国债，按照下述公式计算的国债利息收入，免征企业所得税。国债利息收入的计算公式为：

$$国债利息收入=国债金额\times(适用年利率\div365)\times持有天数$$

国债转让收益应当并入应纳税所得额计算缴纳企业所得税，通过审核国债交易交割单、国债交易台账，与企业所得税纳税申报表进行分析，核实有无将应税收入作为免税收入的情形，及时进行调整。

3. 处置残次废品、下脚料等应税行为不计或少计收入的风险及管理

企业对外销售残次废品、下脚料等未确认收入，或计入往来项目，或以处置收入抵减清理费用，存在少计销售收入，少缴企业所得税的风险。

企业应当建立残次废品和下脚料管理制度，核实生产各环节残次废品及下脚料的称重计量手续，分析"其他业务收入""营业外收入""应收票据"等账户，检查残次废品和下脚料的会计处理，避免少计或未计收入。

4. 未按规定确认其他收入的风险及管理

其他收入包括企业资产溢余收入、逾期未退包装物押金收入、确实无法偿付的应付款项、债务重组收入、补贴收入、违约金收入等。企业未将这类"其他收入"确认为企业所得税的应税收入，存在不计或少计收入，少缴企业所得税的风险。

分析企业"其他应付款""资本公积""银行存款"等账户明细，确认企业是否将其他收入确认的

款项作为其他项目长期挂账，未确认为其他收入所得，应当及时调整。

（二）未按纳税义务发生时间确认收入的风险及管理

1. 利息收入未按合同约定的利息日期确定收入的风险及管理

企业债权性投资取得的利息收入，包括存款利息、债券利息等，未按照合同约定的利息日期确定收入的实现，存在不计或少计收入，少缴企业所得税的风险。

关注企业有无向其他单位和个人借款形成的利息收入未确认收入，分析“投资收益”“银行存款”“财务费用”等账户的明细账，查看企业债权性投资相关合同等书面文件，关注债权性投资业务利息收入确认的日期，按照合同约定的日期确认收入的实现。

2. 跨年工程未按完工进度或完成的工作量确认收入的风险及管理

企业受托加工大型机械设备、船舶、飞机以及从事建筑、安装、装配工程业务或者提供其他劳务等业务，持续时间超过12个月的，未按照纳税年度内完工进度或完成的工作量确认应税收入，存在不计或少计收入，少缴企业所得税的风险。

核实企业的施工合同、加工承揽合同等，同时分析“主营业务收入”“其他业务收入”“营业外收入”等账户，确定是否存在未按纳税年度内完工进度或完成的工作量确认收入的风险，并自查纠正。

二、企业所得税扣除项目的涉税风险及管理

（一）成本费用扣除类的涉税风险与管理

1. 未取得合法扣税凭证的支出税前扣除的风险与管理

企业所得税税前允许扣除的项目必须取得合法的扣除凭证，在实际业务中，企业可能存在业务招待费、差旅费、会议费等项目未取得真实、合法、有效凭证但税前扣除的情况，导致虚列成本费用、少缴企业所得税的风险。

审核企业的申报数据和财务报表，分析企业“管理费用”“销售费用”账户下的业务招待费、会议费、差旅费等项目，检查原始扣除凭证是否真实、合法有效，如果扣除凭证不符合规定，需要做纳税调整。

2. 与生产经营无关的支出税前扣除的风险与管理

如果企业存在列支离退休职工费用、个人学历教育费用、个人车辆相关费用、员工家属区物业费、商业保险等与生产经营无关的费用，税前未做纳税调整，存在虚列成本费用，少缴企业所得税的风险。

审核企业“管理费用”“销售费用”等相关账户，结合原始凭证的具体内容，分析企业的费用、成本列支是否合理，如果存在税前列支与生产经营无关的费用，需要做纳税调增。

3. 重复列支成本费用，少缴企业所得税的风险与管理

企业可能存在同一项支出费用，在不同分支机构中重复列支，如高管人员工资在总公司和分公司中重复列支，利用同一张发票重复列支费用支出等，存在少缴企业所得税的风险。

通过计算企业成本费用率、财务费用率、销售费用率与同行业标准值横向比对，将成本费用变动率与营业收入变动率进行动态匹配分析，审核企业的“生产成本”“销售费用”“管理费用”等账户的明细账及有关的凭证，集团企业总分机构、总分公司情况，如果存在重复列支成本费用的情形，需要做纳税调增。

4. 工资及“三项经费”未按税法规定税前扣除的风险及管理

（1）在税前扣除的工资方面，可能存在已计提但未实际发放的工资薪金，计税工资超过政府有关部门给予的限定数额，雇用临时工、季节工、实习生、接受劳务派遣员工等情况，若未区分工资薪金

支出或职工福利费支出，或将职工福利费混入工资薪金进行税前扣除等，虚列工资薪金支出，存在少缴企业所得税的风险。

通过审核应付职工薪酬明细账，核实是否超过国家规定的工资标准；关注“应付职工薪酬”“管理费用”“销售费用”等账户，对企业相关账簿及明细进行核实，确认工资薪金合理性。核实企业员工名册、劳动合同、劳务派遣合同等，确定用工类别，如果企业存在将直接支付给劳务派遣公司的劳务人员费用，以及离退休人员工资计入应付职工薪酬等情况，需要按规定进行纳税调增。

（2）在职工福利费方面，可能存在未按税法规定，准确归集核算职工福利费支出，超额扣除福利费，或者将职工福利方面的支出计入其他费用全额列支等情况，存在少缴企业所得税的风险。

审核企业发生的职工福利费是否单独设置账册，是否按规定范围进行归集，如果有超过税前列支工资总额的14%列支的职工福利费，需要进行纳税调增。

（3）在工会经费方面，可能存在将实际发生的工会经费直接计入管理费用，未冲减已计提的工会经费，造成重复列支的情况；或者已计提但未实际拨缴工会经费，超额缴付工会经费未做纳税调整，未按规定取得《工会经费收入专用收据》等情形，存在少缴企业所得税的风险。

审核企业“其他应付款——工会经费”“管理费用”账户的发生额明细，核实企业有无将实际发生的工会经费直接计入管理费用，未冲减已计提工会经费的情形，如果有超税前列支工资薪金总额的2%，或未取得《工会经费收入专用收据》的情形，需要做纳税调增。

（4）在职工教育经费方面，可能存在将不属于职工教育经费的项目列支在职工教育经费账户，实际发生的金额超过扣除限额标准等情形，存在少缴企业所得税的风险。

审核企业“应付职工薪酬——职工教育经费”账户的明细，核实如果教育经费列支总额超过税前准予规定扣除工资薪金总额，或者未按税法规定的职工教育经费列支范围报销职工教育经费，需要做纳税调增。

5. 限额扣除项目的风险及管理

（1）业务招待费扣除方面，可能存在发生的业务招待费超过规定标准税前扣除，将营业外收入及投资收益等项目计入扣除限额计算基数，应归入业务招待费的项目计入其他费用等风险点。

审核企业“管理费用——业务招待费”账户的明细账和列入其他费用账户的招待费发生额，核实企业销售收入等账户，确认计算扣除限额的基数是否合规，计算企业业务招待费变动率并与企业营业收入变动率进行动态配比分析，与同行业标准值及预警参数进行静态横向比对。

（2）在广告费和业务宣传费方面，可能存在发生的广告费和业务宣传费不符合税法规定的条件，却未做纳税调整；支出超过规定标准税前扣除；特殊行业，如化妆品制造与销售、医药制造和饮料制造、烟草企业未按规定进行税务处理；将营业外收入及投资收益等项目计入扣除限额计算基数，应归入广告费和业务宣传费的项目计入其他费用等风险点。

审核企业“管理费用——广告费与业务宣传费”账户的明细账和列入其他费用账户的广告费与业务宣传费发生额，核实企业销售收入等账户，确认计算扣除限额的基数是否合规。核实确认存在分摊协议的企业是否按规定扣除等。

（3）公益性捐赠方面，可能存在直接向受赠人捐赠，不符合公益性捐赠扣除条件的捐赠支出在企业所得税税前列支；未将超过扣除限额的公益性捐赠支出结转至以后年度（3年内）税前扣除；将进行公益性捐赠活动发生的运费、保险费、装卸费、人工费等相关费用税前重复扣除等风险点。

审核企业“营业外支出——公益性捐赠”账户的明细账，核实公益性捐赠支出是否符合税前扣除的规定，计算基数及比例是否合规；确认捐赠支出是属于公益性捐赠还是赞助支出；公益捐赠活动发生运费、保险费、装卸费等相关费用，如果存在重复扣除，需要进行纳税调增。

（4）企业所得税税前列支的“五险一金”、补充养老保险费、补充医疗保险费，企业可能存在超标准列支，只为部分职工支付补充养老保险、补充医疗保险等风险点。

审核企业的“应付职工薪酬”相关账户与银行对账单是否相符，“五险一金”是否符合列支范围，以及是否按规定比例计算金额；与社保费征收系统数据进行比对；如果企业存在只为部分员工支付补充养老保险、补充医疗保险的情形，不得税前列支。

（二）资产类风险及管理

1. 未按规定计提固定资产折旧的风险及管理

固定资产折旧方面，可能存在企业未按税法规定的时间、范围和方法计提折旧；对临时性施工设备、房屋建筑物外未使用的固定资产计提折旧，与生产经营无关的资产计提折旧等风险。

审核企业“固定资产”“工程施工”“累计折旧”等账户，审核临时设施固定资产的年限、折旧率和折旧方法，检查企业固定资产折旧是否按规定在税前扣除。

2. 未按规定摊销无形资产的风险及管理

在无形资产摊销方面，可能存在取得的土地使用权的摊销年限未按照税法规定进行摊销；支付的土地出让金、土地权属登记费未作为无形资产进行摊销，在管理费用中一次性列支；将应计入无形资产原值的软件安装调试费，在管理费用中列支等风险。

审核企业“管理费用”“累计摊销”账户，核实无形资产的证明材料、性质、构成内容、计价依据，确认无形资产的真实性；审核企业《国有土地使用证》注明的土地使用年限，核实是否按规定的使用年限进行摊销扣除。

3. 应当资本化的利息支出一次性税前扣除的风险及管理

企业为购置、建造固定资产、无形资产和经过12个月以上的建造，才能达到预定可销售状态的存货而发生的借款，在有关资产购置、建造期间发生的合理的借款费用，未作为资本性支出计入有关资产的成本，直接计入财务费用税前扣除，存在少缴企业所得税的风险。

分析企业“长期借款”“财务费用”账户的明细账，核实借款合同是否为专门借款，分析“在建工程”“固定资产”“无形资产”“存货”等账户，核实借款利息是否计入资产的计税成本。计算企业利息支出费用率，并与同行业标准值及预警参数进行静态横向比对，计算企业利息支出变动率，与企业营业收入、在建工程变动进行动态分析。

4. 资产损失未按规定税前扣除的风险及管理

企业发生的各项资产损失未按照税法规定申报税前扣除，在申报当年未进行会计处理，不符合扣除的条件，存在多申报资产损失扣除，少缴企业所得税的风险。

审核分析企业“存货”“固定资产清理”“营业外支出”“管理费用”“投资收益”等账户的明细账，核实企业发生资产损失的时间、类型、金额和会计处理。审核企业资产损失证据资料，分析申报扣除的政策依据是否充分，申报扣除的金额是否真实准确，数据之间关系是否符合逻辑；通过损失与所得对比分析、损失金额纵向对比、损失资产公允价值分析等方法，核实确认资产损失申报金额是否准确。

三、企业所得税税收优惠项目的涉税风险及管理

（一）应税收入的税收优惠风险及管理

1. 符合条件的居民企业间股息、红利等权益性投资收益免税的风险及管理

企业可能存在将持有居民企业公开发行并上市流通的股票不足12个月取得的投资收益，或者直接

投资于非居民企业、合伙企业取得的投资收益等，作为免税收入，造成多申报免税收入，少缴企业所得税的风险。

企业应对营业收入进行结构分析，重点分析免税收入情况；审核企业“其他债权投资”“债权投资”“交易性金融资产”“长期股权投资”“投资收益”等账户，核实确认企业的投资合同协议、投资资产持有时间和持股比例，如果企业存在直接投资于非居民企业、合伙企业取得的投资收益或持有居民企业公开发行并上市流通的股票不足12个月取得的投资收益，申报免税优惠，需要做纳税调增。

2. 国家重点扶持的公共基础设施项目税收优惠风险及管理

按照税法规定，企业从事国家重点扶持的公共基础设施项目所得，从取得第一笔经营收入年度起，享受第一年至第三年免税，第四年至第六年减半征收企业所得税的税收优惠。但是，如果企业将不在《公共基础设施项目企业所得税优惠目录》范围内的项目所得，与《公共基础设施项目企业所得税优惠目录》范围内的项目所得未分开核算，一起享受税收优惠；企业延迟确认第一笔生产经营收入的时间，未按规定从实际取得经营收入的年度起计算税收优惠时间；企业从事承包经营、承包建设和内部自建自用公共基础设施项目，享受税收优惠等情形，则均存在少缴企业所得税的风险。

审核企业“固定资产”“在建工程”“主营业务收入”“主营业务成本”“管理费用”等账户的明细账，核实企业开具发票明细、项目批复文件、项目完工验收报告、项目核算账册等资料，确认企业是否存在超过《公共基础设施项目企业所得税优惠目录》规定范围而享受税收优惠的公共基础设施项目、是否存在延迟确认一笔经营收入时间等风险，如果存在，需要做纳税调整。

3. 享受资源综合利用税收优惠的风险及管理

企业从事不符合《企业所得税法实施条例》和《资源综合利用企业所得税优惠目录（2021年版）》规定范围、条件和技术标准的项目，或从事其他项目而取得非资源综合利用收入，未与资源综合利用收入分开核算等情形，存在超规定范围享受资源综合利用税收优惠的风险。

监控了解企业的产品结构和生产经营流程，核实企业是否从事《资源综合利用企业所得税优惠目录（2021年版）》外的项目，审核分析企业“生产成本”“库存商品”“原材料”“主营业务收入”等账户的明细账，如果企业存在不符合规定的资源综合利用收入，享受税收优惠，则需要做纳税调整。

（二）扣除项目税收优惠的风险及管理

1. 研发费用扣除的风险及管理

企业可能存在研发费用和日常运营费用未分别核算，未能如实提供产研共用设备和人员使用记录，扩大研发费用归集口径，将运营领用的材料、常规升级等计入研发费，将后勤辅助人员工资计入研发费、虚构外聘人员劳务费，扩大其他费用范围，存在违规享受税收优惠政策，多记加计扣除研发费用，少缴企业所得税的风险。

审核企业研发项目相关辅助账和企业研发支出辅助账，企业研发费用是否立项，审核研究开发项目计划书和研究开发费用预算情况，核实企业研发机构或项目组的编制情况，企业专业人员名单中是否有非直接从事研发人员，有无研发项目效用情况说明、研究成果报告等资料，如果企业研发费用和日常运营费用未分开核算，归集不准确，导致扩大加计扣除范围，则需要做纳税调整。

2. 残疾人员工资加计扣除的风险及管理

企业安置残疾人税前扣除需要满足依法与安置的每位残疾人签订1年以上（含1年）的劳动合同等条件。实务中企业可能存在加计扣除残疾人工资金额中包含了社会保险费、福利费等，扩大工资发放基数，将不符合规定的人员工资计入残疾人员工资违规加计扣除，导致少缴企业所得税的风险。

审核企业与残疾人签订的劳动合同或服务协议，残疾人工资银行卡支付证明，与残疾人社保缴费信息比对，根据工资合理性原则，如果企业存在扩大工资发放基数，或将不符合规定的人员工资计入残疾人员工资，进行加计扣除，则需要进行纳税调整。

（三）企业所得税其他项目税收优惠的风险及管理

1. 不符合条件而享受技术先进型服务企业的风险及管理

企业可能存在享受技术先进型服务企业优惠税率但各项指标不符合认定条件的情况，存在少缴企业所得税的风险。

分析企业的职工人员及学历清单，收入明细、研发费用明细等资料，进行综合判定，如果不具备技术先进型服务企业资格的，应提请认定机构复核，不符合技术先进型服务企业不得享受优惠税率。

2. 高新技术企业认定不符合规定的风险及管理

如果企业高新技术产品（服务）收入占企业当年总收入比例未达标准；企业主要产品（服务）收入占高新技术产品（服务）收入比例未达标准；企业科技人员占职工总数未达规定比例；企业为零售行业、购进商品直接对外销售等情形，不符合高新技术企业认定条件，而按照高新技术企业享受优惠税率，则存在少缴企业所得税的风险。

审核企业的产权证、职工人员及学历清单、收入明细、研发费用明细等资料进行综合分析判断，分析企业“生产成本”“管理费用”“研发费用”“库存商品”“主营业务收入”等账户明细，核实企业所属的行业及其主营业务收入，是否属于国家重点支持的高新技术领域，企业是否拥有自主知识产权，其人员构成、收入构成、研发费用构成、企业成立时间是否符合相关规定，不符合高新技术企业的认定条件，不得享受优惠税率。

任务实施

新征程科技2023年年终税务自查，需要进行相应税务调整：

（1）2023年10月1日转让国债：

国债处置收益＝1 200－1 000－20＝180（万元）；

国债利息收入＝1 000×（293÷365）×4%＝32.11（万元）；

国债转让收益＝180－32.11＝147.89（万元）；

国债利息收入32.11万元享受免税政策，转让收益147.89万元需要并入应纳税所得额计算缴纳企业所得税。

（2）2023年5月处理废旧物资收入，应确认收入＝500÷（1＋13%）＝442.48（元），并入应纳税所得额计算缴纳所得税。

（3）2023年6月为员工报销攻读研究生期间的学费30 000元，不得计入职工教育经费在企业所得税税前扣除。

（4）2023年7月高管王经理重复报销的差旅费6 200元不得在企业所得税税前扣除。

（5）2023年后勤辅助人员工资80 000元不得计入研发费用，享受加计扣除优惠。

职业能力测评表

（在□中打✓，A掌握，B基本掌握，C未掌握）

评价指标	自测结果
1. 已了解企业所得税的主要税制要素	□A □B □C
2. 已熟悉企业所得税预缴申报流程及所需提供的资料	□A □B □C
3. 已了解企业所得税报表体系及填报逻辑	□A □B □C
4. 已熟悉“金税四期”背景下企业所得税的风险防控及管理	□A □B □C
5. 能够准确完成企业所得税应纳税额的计算	□A □B □C
6. 能够准确完成企业所得税预缴申报表的填写	□A □B □C
7. 能够准确完成企业所得税年度汇算清缴纳税申报表的填写	□A □B □C
8. 能够应用电子税务局办理企业所得税各项申报业务	□A □B □C
9. 能够正确理解企业所得税在组织财政收入、推动产业升级等方面的重要作用，提升制度自信和职业荣誉	□A □B □C
10. 基本形成严谨细致的工作态度和精益求精的职业习惯	□A □B □C
11. 基本具备企业所得税风险防控意识	□A □B □C

教师评语：

成绩：	教师签字：

项目四任务完成要点提示

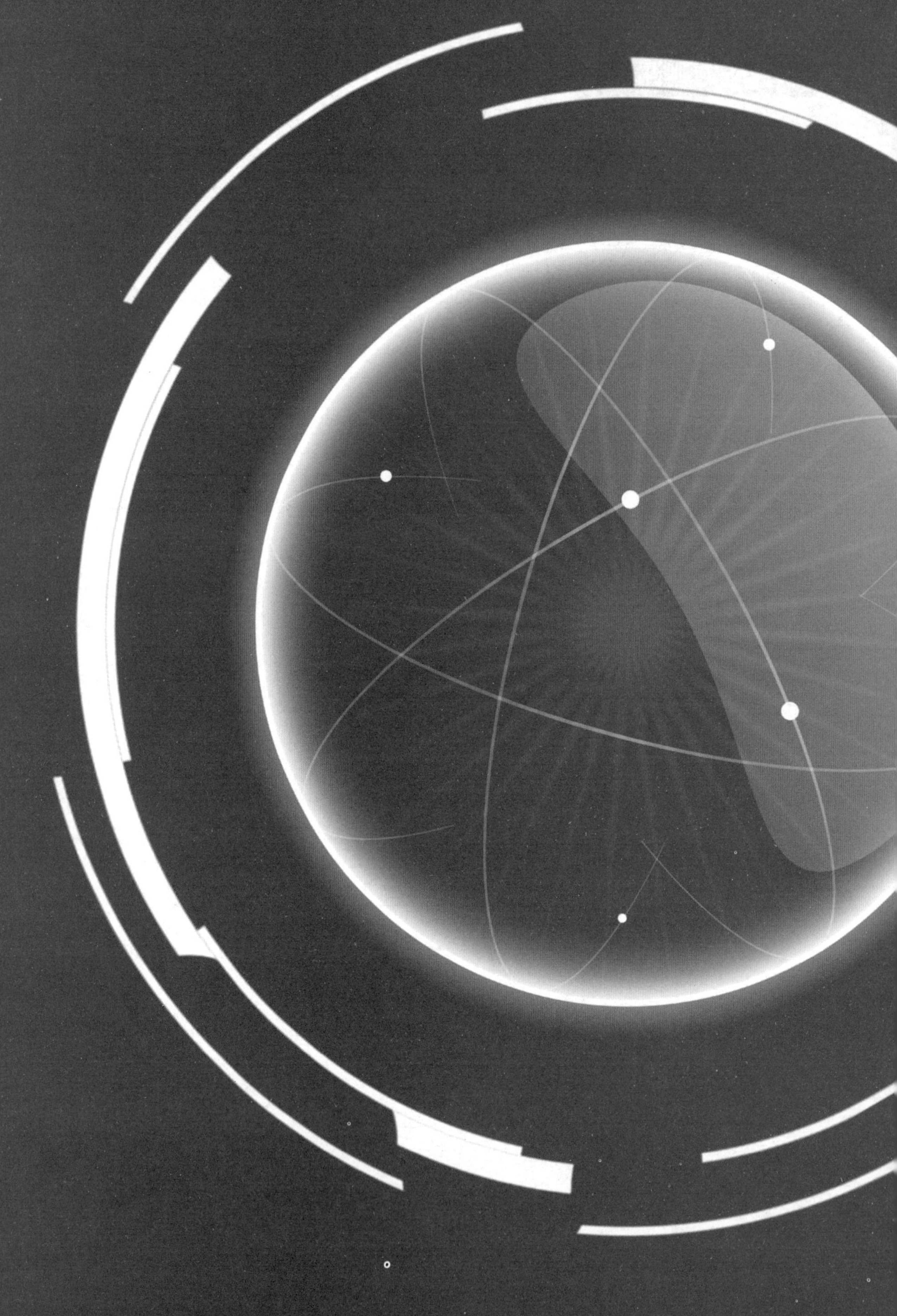

项目五

个人所得税智慧化申报与管理

【素养目标】

1. 通过学习个人所得税的税制要素，了解个人所得税在组织财政收入和调节收入分配方面的重要作用，提高制度自信和职业荣誉感。
2. 通过学习应用电子税务局进行个人所得税纳税申报，提升信息化操作技能。
3. 通过学习个人所得税纳税申报表的填制，形成严谨细致的工作态度和精益求精的职业习惯。
4. 通过了解“金税四期”下个人所得税的风险防控及管理，增强风险防控意识，综合提升职业技能水平。

【知识目标】

1. 了解个人所得税的主要税制要素。
2. 熟悉个人所得税预缴申报流程及所需提供的资料。
3. 掌握个人所得税预缴申报表的填写。
4. 了解个人所得税年度汇算清缴的报表体系及填报逻辑。
5. 掌握年度汇算清缴纳税申报表的填写。
6. 熟悉“金税四期”背景下个人所得税的风险防控及管理。

【能力目标】

1. 能够准确确定个人所得税的税制要素。
2. 能够应用自然人电子税务局办理个人所得税各项申报业务。
3. 能够正确填写个人所得税预缴申报表。
4. 能够正确填写个人所得税年度纳税申报表。
5. 能够做好“金税四期”背景下个人所得税的风险防控及管理。

思维导图

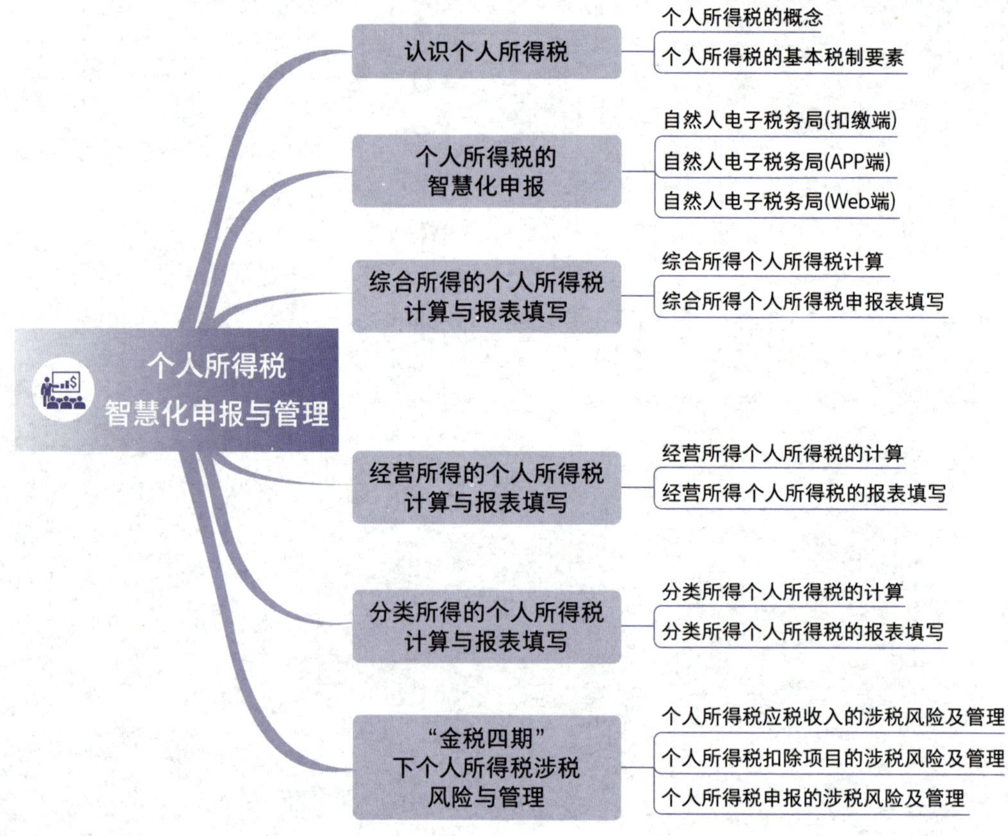

任务一　认识个人所得税

任务描述

王喆新：中国公民。

任职单位：北京某培训公司。

职务：高级培训讲师。

家庭住址：北京市海淀区**校区302-1108。

收入情况：2023年除取得工资、薪金收入外，还取得特许权使用费、劳务报酬、稿酬收入、财产租赁收入、财产转让收入和抽奖奖金收入。

家庭情况：王喆新已婚,育有两子。妻子刘欣，同样为工薪一族。大儿子王磊，出生日期为2012年11月25日，北京第五小学学生；小儿子王冰，出生日期为2022年11月23日。王喆新父母健在，父亲王大新，出生日期为1956年10月1日；母亲张莉，出生日期为1958年12月10日。王喆新的姐姐王喆洁，独立经营摄影工作室。

任务要求：根据王喆新一家的相关信息完成下列工作任务：

1. 判定王喆新一家个人所得税纳税人身份。

2. 确定王喆新一家所得项目中属于个人所得税的征税对象。

3. 确定王喆新一家所得适用的个人所得税税率。

4. 确定王喆新一家所得项目中缴纳个人所得税的纳税地点。

5. 确定王喆新一家所得项目中缴纳个人所得税的纳税期限。

知识准备

一、个人所得税的概念

个人所得税是以个人（含个体工商户、个人独资企业、合伙企业中的个人投资者、承包承租者个人）取得的各项应税所得为征税对象征收的一种税。个人所得税在筹集财政收入、调节收入分配差距、促进社会公平、保证宏观经济和社会稳定方面具有独特的作用，成为很多国家重要的税种和收入来源。

我国现行个人所得税的基本规范主要依据是2018年8月31日第十三届全国人民代表大会常务委员会第五次会议第七次修正并自公布之日起施行的《中华人民共和国个人所得税法》（简称“《个人所得税法》”），2018年12月18日修订并自2019年1月1日起施行的《中华人民共和国个人所得税法实施条例》（简称“《个人所得税法实施条例》”）等。

二、个人所得税的基本税制要素

个人所得税的基本税制要素

（一）纳税义务人和扣缴义务人

我国个人所得税实行源泉扣缴与自行申报相结合的征收方式，因此个人所得税的基本税制要素中除了纳税义务人，还有扣缴义务人。

1. 纳税义务人

个人所得税的纳税义务人，包括我国公民、个体工商业户、个人独资企业、合伙企业投资者以及在我国有所得的外籍人员（包括无国籍人员，下同）和香港、澳门、台湾同胞。上述纳税义务人根据住所和居住时间不同，区分为居民纳税人和非居民纳税人，分别承担不同的纳税义务。

居民纳税人是指在中国境内有住所，或者无住所而一个纳税年度内在中国境内居住累计满183天的个人。居民个人从中国境内和境外取得的所得都要按规定缴纳个人所得税。

非居民纳税人是指在中国境内无住所又不居住，或者无住所而一个纳税年度内在中国境内居住累计不满183天的个人。非居民个人仅需就其从中国境内取得的所得按规定缴纳个人所得税。

2. 扣缴义务人

扣缴义务人是指有义务从其持有待支付的纳税人收入中扣除应纳税款并代为缴纳的单位和个人，个人所得税的扣缴义务人为以支付所得的单位或者个人。

（二）征税对象

个人所得税的征税对象是个人取得的应税所得，个人所得税实行综合与分类相结合的计征方式，个人的应税所得共计9项，其中，综合所得包括工资、薪金所得，劳务报酬所得，稿酬所得，特许权使用费所得4项，分类所得包括利息、股息、红利所得，财产租赁所得，财产转让所得和偶然所得4项，还包括经营所得1项。

其中，从我国境内取得的所得界定标准为：

（1）因任职、受雇、履约等在中国境内提供劳务取得的所得；
（2）将财产出租给承租人在中国境内使用而取得的所得；
（3）许可各种特许权在中国境内使用而取得的所得；
（4）转让我国境内的不动产等财产或者在中国境内转让其他财产取得的所得；
（5）从中国境内企业、事业单位、其他组织以及居民个人取得的利息、股息、红利所得；
（6）由境内企业、事业单位、其他组织支付或者负担的稿酬所得。

（三）税率

个人所得税区分不同所得项目规定了超额累进税率和比例税率两种形式。其中，综合所得和经营所得适用超额累进税率，分类所得适用比例税率。

（1）综合所得适用3%～45%的七级超额累进税率见表5-1。

表5-1　个人所得税税率表（一）

（综合所得适用）

级数	全年应纳税所得额	税率/%	速算扣除数/元
1	不超过36 000元的部分	3	0
2	超过36 000元至144 000元的部分	10	2 520
3	超过144 000元至300 000元的部分	20	16 920
4	超过300 000元至420 000元的部分	25	31 920
5	超过420 000元至660 000元的部分	30	52 920
6	超过660 000元至960 000元的部分	35	85 920
7	超过960 000元的部分	45	181 920

注：本表所列全年应纳税所得额是指纳税年度收入额减除费用60 000元以及专项扣除、专项附加扣除和依法确定的其他扣除后的余额。

（2）经营所得包括个体工商户的生产、经营所得，对企事业单位的承包经营、承租经营所得，个人独资企业和合伙企业的生产经营所得，其适用5%～35%的五级超额累进税率见表5-2。

表5-2　个人所得税税率表（二）

（经营所得适用）

级数	全年应纳税所得额	税率/%	速算扣除数/元
1	不超过30 000元的部分	5	0
2	超过30 000元至90 000元的部分	10	1 500
3	超过90 000元至300 000元的部分	20	10 500
4	超过300 000元至500 000元的部分	30	40 500
5	超过500 000元的部分	35	65 500

注：本表所列全年应纳税所得额是指纳税年度收入总额减除成本、费用以及损失后的余额。

（3）财产租赁所得，财产转让所得，利息、股息、红利所得，偶然所得适用20%的比例税率。

（4）预扣预缴适用税率表见表5-3~表5-5。

表5-3　个人所得税税率表（三）

（居民个人工资、薪金所得预扣预缴适用）

级数	累计预扣预缴应纳税所得额	预扣率 /%	速算扣除数 / 元
1	不超过36 000元的部分	3	0
2	超过36 000元至144 000元的部分	10	2 520
3	超过144 000元至300 000元的部分	20	16 920
4	超过300 000元至420 000元的部分	25	31 920
5	超过420 000元至660 000元的部分	30	52 920
6	超过660 000元至960 000元的部分	35	85 920
7	超过960 000元的部分	45	181 920

表5-4　个人所得税税率表（四）

（居民个人劳务报酬所得预扣预缴适用）

级数	预扣预缴应纳税所得额	预扣率 /%	速算扣除数 / 元
1	不超过20 000元的部分	20	0
2	超过20 000元至50 000元的部分	30	2 000
3	超过50 000元的部分	40	7 000

表5-5　个人所得税税率表（五）

（非居民个人工资、薪金所得，劳务报酬所得，稿酬所得，特许权使用费所得预扣预缴适用）

级数	应纳税所得额	税率 /%	速算扣除数 / 元
1	不超过3 000元的部分	3	0
2	超过3 000元至12 000元的部分	10	210
3	超过12 000元至25 000元的部分	20	1 410
4	超过25 000元至35 000元的部分	25	2 660
5	超过35 000元至55 000元的部分	30	4 410
6	超过55 000元至80 000元的部分	35	7 160
7	超过80 000元的部分	45	15 160

注：本表也适用于居民个人综合所得按月计算税额。

税收与新发展格局

持续优化个人所得税制，不断增进民生福祉

我国个人所得税采用超额累进税率征收，高收入者多纳税，低收入者少纳税甚至不纳税，较好地体现了量能负担原则，有利于税收公平。我国着力构建体现效率、促进公平的收入分配体系，推动形成橄榄型收入分配格局，提升人民群众获得感、幸福感，助力实现全体人民共同富裕的中国式现代化。

从2019年1月1日起实施的综合与分类相结合的个人所得税改革，将不断满足人民日益增长的美好生活需要贯穿于税制设计、税收征管的全过程，通过提高基本扣除费用标准，增加专项附加扣除，推出简易版、问答版个人所得税申报表，推行“非接触式”办税等措施，有效地发挥了个人所得税在改善民生、调节收入分配、促进税收公平等方面的作用，体现以人民为中心的发展思想。

党的二十大报告在进一步围绕增进民生福祉，完善收入分配制度上做出了重要部署，报告提出要“完善个人所得税制度，规范收入分配秩序，规范财富积累机制，保护合法收入，调节过高收入，取缔非法收入”。未来我国通过进一步扩大综合所得征税范围，完善专项附加扣除范围和标准，优化个税税率结构等多方面举措，必将使个人所得税在降低中低收入群体税负、促进共同富裕和社会公平正义中发挥越来越突出的作用。

（四）纳税地点

1. 扣缴义务人的纳税地点

扣缴义务人预扣预缴或代扣代缴税款后，向其主管税务机关所在地申报缴纳个人所得税。

2. 自行申报的纳税地点

（1）居民个人取得综合所得需要办理汇算清缴。

居民个人取得综合所得需要办理汇算清缴的，向任职、受雇单位所在地主管税务机关办理纳税申报；

纳税人有两处以上任职、受雇单位的，选择并固定向一处任职、受雇单位所在地主管税务机关办理纳税申报；

纳税人没有任职、受雇单位的，向户籍所在地或经常居住地主管税务机关办理纳税申报。

（2）居民个人取得其他分类所得，扣缴义务人未扣缴税款。

居民个人取得利息、股息、红利所得，财产租赁所得，财产转让所得和偶然所得等其他分类所得，扣缴义务人未扣缴税款的，向取得所得所在地主管税务机关办理纳税申报。

（3）居民个人取得境外所得。

居民个人从中国境外取得所得，向中国境内任职、受雇单位所在地主管税务机关办理纳税申报，没有任职、受雇单位的，向户籍所在地或经常居住地主管税务机关办理纳税申报。

（4）非居民个人从两处以上取得工资、薪金所得。

非居民个人在中国境内从两处以上取得工资、薪金所得的，向其中一处任职、受雇单位所在地主管税务机关办理纳税申报。

（5）非居民个人取得所得，扣缴义务人未扣缴税款。

非居民个人取得所得，扣缴义务人未扣缴税款的，向扣缴义务人所在地主管税务机关办理纳税申报。

（6）纳税人取得经营所得。

纳税人取得经营所得，向经营管理所在地主管税务机关办理纳税申报；从两处以上取得经营所得的，选择向其中一处经营管理所在地主管税务机关办理纳税申报。

（7）因移居境外注销中国户籍。

纳税人因移居境外注销中国户籍的，应当在申请注销中国户籍前，向户籍所在地主管税务机关办理纳税申报，进行税款清算。

（五）纳税期限

1. 扣缴义务人的纳税期限

扣缴义务人应当按月或按次进行税款的预扣或代扣，并于次月15日内完成申报缴税工作。

2. 自行申报的纳税期限

（1）居民个人取得综合所得需要办理汇算清缴。

居民个人取得综合所得需要办理汇算清缴的，应当在取得所得的次年3月1日至6月30日完成申报缴税。

（2）居民个人取得境外所得。

居民个人从中国境外取得所得的，应当在取得所得的次年3月1日至6月30日内申报纳税。

（3）非居民个人从两处以上取得工资、薪金所得。

非居民个人在中国境内从两处以上取得工资、薪金所得的，应当在取得所得的次月15日内申报纳税。

（4）纳税人取得应税所得，没有扣缴义务人或扣缴义务人未扣缴税款。

纳税人取得应税所得没有扣缴义务人的，应当在取得所得的次月15日内向税务机关报送纳税申报表，并缴纳税款。

纳税人取得应税所得，扣缴义务人未扣缴税款的，纳税人应当在取得所得的次年6月30日前，缴纳税款；税务机关通知限期缴纳的，纳税人应当按照期限缴纳税款。

（5）纳税人取得经营所得。

纳税人取得经营所得，按年计算个人所得税，由纳税人在月度或者季度终了后15日内向税务机关报送纳税申报表，并预缴税款；在取得所得的次年3月31日前办理汇算清缴。

（6）因移居境外注销中国户籍。

纳税人因移居境外注销中国户籍的，应当在注销中国户籍前办理税款清算。

任务实施

1. 王喆新一家全部属于中国公民，在我国境内有住所，属于居民纳税人，需要就境内外所得全额缴纳个人所得税。

2. 王喆新一家所得属于个人所得税征税对象的有：王喆新的工资、薪金收入，劳务报酬，稿酬收入，特许权使用费，王喆新妻子的工资、薪金收入，上述全部属于综合所得；王喆新的财产租赁收入、财产转让收入和抽奖奖金收入属于分类所得；王喆新姐姐王喆洁的摄影工作室所得，属于经营所得。

3. 王喆新一家的综合所得适用3%～45%的七级超额累进税率，分类所得适用20%的比例税率，经营所得适用5%～35%的五级超额累进税率。

4. 王喆新一家的综合所得和分类所得，如果全部由支付单位扣缴，纳税地点为支付单位主管税务机关所在地；综合所得的汇算清缴纳税地点为任职、受雇单位所在地，可以由单位代为申报、委托第三方机构申报或个人自行申报；如果有支付单位未代扣代缴个人所得税的分类所得，纳税地点为取得所得所在地的税务机关；经营所得的纳税地点为经营管理所在地主管税务机关。

5. 王喆新一家的综合所得和分类所得，如果全部由支付单位扣缴，扣缴义务人应当按月或按次进行税款的预扣或代扣，并于次月15日内完成申报缴税工作；综合所得的汇算清缴，应当在取得所得次年3月1日至6月30日完成申报缴税；如果有支付单位未代扣代缴个人所得税的分类所得，应当在取得所得的次年6月30日前，缴纳税款，税务机关通知限期缴纳的，纳税人应当按照期限缴纳税款；王喆洁的经营所得，应该自行或委托他人在月度或者季度终了后15日内向税务机关报送纳税申报表，并预缴税款；在取得所得的次年3月31日前办理汇算清缴。

任务二　个人所得税的智慧化申报

任务描述

王喆新和妻子的工资收入一直由单位代扣代缴个人所得税，从未为个人所得税的事情发过愁，其姐姐的摄影工作室也一直委托代账公司代为处理涉税事宜。2019年新个人所得税法施行以来，专项附加扣除的申报等与家庭生活的关系日益密切，综合所得的汇算清缴申报也提上日程，王喆新迫切需要了解一些个人所得税申报的知识，便于在有需要的时候自行进行家庭收入的申报，考虑到个人工作繁忙，远程线上申报成为其理想的报税途径。

任务要求：根据上述信息资料确定王喆新一家的所得项目可以采取哪些智慧化申报的方式。

知识准备

自然人税收管理系统（ITS）是国家税务总局以个人所得税改革为切入点，依托云技术建立的全国统一、互联的自然人大数据平台，是自然人办理涉税业务的重要渠道。它主要包括扣缴端、APP端和Web端三个端口，包含自行纳税申报、汇算清缴集中申报、汇算清缴委托申报、预扣预缴申报等各方面功能。

一、自然人电子税务局（扣缴端）

自然人电子税务局（扣缴端）主要用于扣缴义务人为在本单位取得所得的人员（含雇员和非雇员）办理全员全额扣缴申报。扣缴申报的操作流程见图5-1。

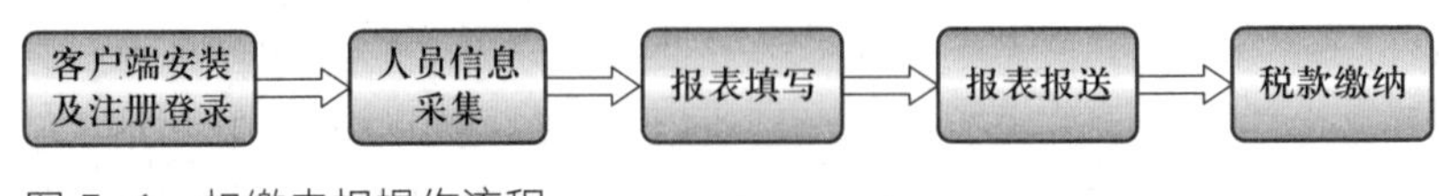

图5-1　扣缴申报操作流程

（一）客户端安装及注册登录

在税务机关网站完成安装包的下载，解压后双击安装包程序，单击“立即安装”，即可安装自然人电子税务局（扣缴端）到本地电脑。

安装完成后需要依次完成录入单位信息、获取办税信息、备案办税人员信息、设置数据自动备份等工作，才能实现企业账号的注册并进行后续登录报税。

自然人电子税务局（扣缴端）的登录分为离线登录和在线登录两种模式，见图5-2。

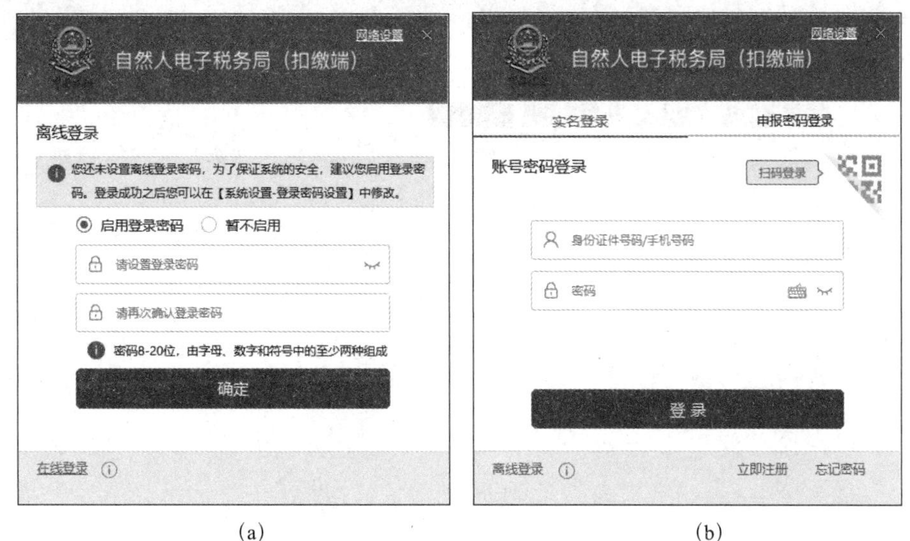

图 5-2　自然人电子税务局（扣缴端）登录界面

（二）人员信息采集

人员信息采集包括人员基本信息的登记和专项附加扣除信息的采集。

人员基本信息登记可以通过逐个添加或批量导入的方式。逐个添加适用于单位人员较少以及姓名中包含生僻字的情况，如果单位人员较多，建议使用Excel模板批量导入功能，见图5-3。

图 5-3　自然人电子税务局（扣缴端）人员基本信息登记界面

在首页功能菜单下单击“专项附加扣除信息采集”，可以完成人员专项附加扣除信息的添加、报送、删除、获取反馈等各项操作，见图5-4。

图5-4　自然人电子税务局（扣缴端）专项附加扣除信息采集界面

（三）报表填写

在左侧功能菜单下单击“综合所得申报”即可进入“综合所得预扣预缴表”页面，页面上方为申报主流程导航栏，根据“1 收入及减除填写”“2 税款计算”“3 附表填写”“4 申报表报送（请及时获取反馈）”四步流程完成综合所得预扣预缴申报，见图5-5。

所得项目名称	填写人数	收入合计	操作
正常工资薪金所得	1	0.00	填写 清除数据
全年一次性奖金收入	0	0.00	填写
内退一次性补偿金	0	0.00	填写
年金领取	0	0.00	填写
解除劳动合同一次性补偿金	0	0.00	填写
央企负责人绩效薪金延期兑现收入和任期奖励	0	0.00	填写
单位低价向职工售房	0	0.00	填写
劳务报酬(保险营销员、证券经纪人、其他连续劳务)	0	0.00	填写
劳务报酬(一般、法律援助补贴、其他非连续劳务)	0	0.00	填写
稿酬所得	0	0.00	填写
特许权使用费所得	0	0.00	填写
提前退休一次性补贴	0	0.00	填写
个人股权激励收入	0	0.00	填写
税收递延型商业养老金	0	0.00	填写

图5-5　自然人电子税务局（扣缴端）报表填写界面

（四）报表报送

申报表填写、税款计算完成后，单击“申报表报送”进入报表报送界面，在此界面下可以完成综合所得预扣预缴的正常申报、更正申报以及作废申报等操作，见图5-6。

图 5-6　自然人电子税务局（扣缴端）报表报送界面

（五）税款缴纳

申报表报送成功后，在左侧功能菜单下单击“税款缴纳”即可进入“税款缴纳”页面，可以选择三方协议缴款或银行端查询缴款等方式完成税款缴纳，见图5-7。

图 5-7　自然人电子税务局（扣缴端）税款缴纳界面

二、自然人电子税务局（APP端）

自然人电子税务局（APP端）是个人所得税智慧化申报平台的手机端，可以实现纳税人基本信息填写、专项附加扣除填报、年度自行申报（或汇算清缴申报）、委托代理关系管理等业务操作。

（一）年度自行申报

年度自行申报的操作流程见图5-8。

图5-8　年度自行申报操作流程

1. APP安装及注册登录

通过自然人电子税务局Web端首页单击“扫码登录”下方的“手机端下载”或手机应用商店都能够实现APP的下载。

自然人电子税务局（APP端）的注册有人脸识别认证注册和大厅注册码注册两种方式，见图5-9。其中，人脸识别认证注册仅支持居民身份证，其他证件暂不支持，有居民身份证的纳税人建议采取这种方式；大厅注册码注册需要先行在办税服务厅获取注册码，然后凭借取得的注册码完成线上注册，这种方式适用于所有的证件类型注册，但通常建议没有身份证的纳税人选择使用这种注册方式。

(a)

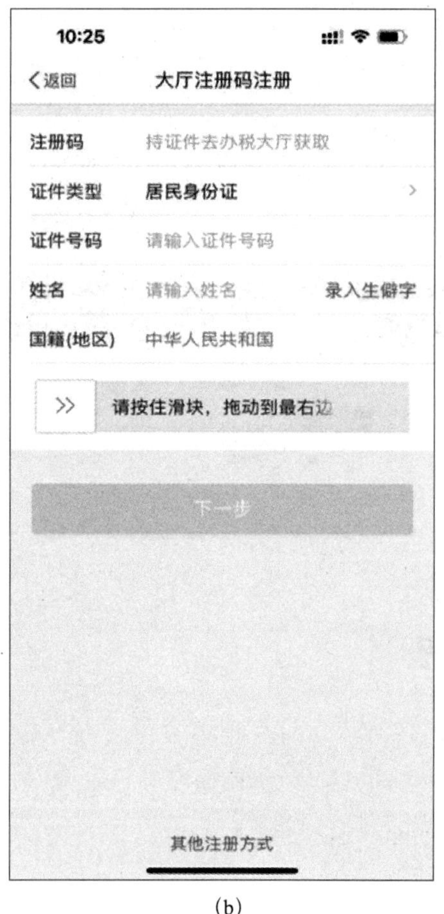

(b)

图5-9　自然人电子税务局（APP端）注册界面

注册后打开APP，进入首页，单击“个人中心”—“登录/注册”，可凭注册时预留的手机号码或证件号码或登录名作为账号进行登录。对于支持指纹或人脸识别功能的手机，纳税人还可以选择在“个人中心”—“安全中心”中开启相应权限开关进行登录。

2. 基本信息填写

自然人电子税务局（APP端）需要填写的基本信息包括个人信息、任职受雇信息、家庭成员信息、银行卡等。其中，单击“个人中心”—“任职受雇信息”，系统可自动带出已在办税服务厅或由扣缴单位报送过的任职受雇信息，纳税人离职后，扣缴单位把人员状态修改为非正常（如实填写离职日期）并报送反馈成功后，APP端任职受雇信息将不再显示该单位；纳税人完成家庭成员信息完善后，可用于专项附加扣除信息采集。

3. 专项附加扣除填报

单击自然人电子税务局（APP端）首页的“我要办税”或“专项附加扣除填报”或“办税”都可以进入专项附加扣除填报模块，见图5-10。

图5-10 自然人电子税务局（APP端）专项附加扣除填报界面

进入后依次选择“扣除年度”和专项附加扣除项目类别，根据实际情况录入信息并提交即可完成专项附加扣除的填报。此模块同样可用于下一年度专项附加扣除的确认。

4. 年度自行申报/汇算清缴申报

在自然人电子税务局（APP端）首页，单击“综合所得年度汇算”，可进入年度自行申报模块，如果纳税人年收入额未超过6万元且已预缴税款，则自动进入简易申报流程，否则将进入标准申报流程。满足预填条件的纳税人可以选择“使用申报数据进行申报”和“不使用收入纳税数据，我要手工填写”两种方式完成个人所得税的自行申报。

5. 税款缴纳

申报数据填写无误后，单击“提交申报”。

需要退税跳转到“申报成功”—“退税”页面，单击“申请退税”，可以申请退税。

需要缴税跳转到“申报成功”—“缴税”页面，单击“去缴税”，可完成缴款。

（二）委托代理关系管理

纳税人也可以选择委托第三方机构或所在单位代理申报的方式完成综合所得的汇算清缴申报。通过自然人电子税务局（APP端）中“办税”—“委托代理关系管理”可以完成业务的委托，见图5-11。

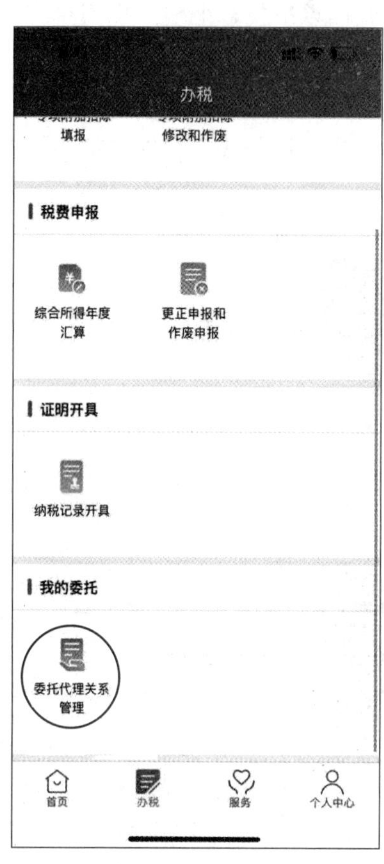

图 5-11　自然人电子税务局（APP 端）委托代理关系管理界面

三、自然人电子税务局（Web端）

自然人电子税务局（Web端）是个人所得税智慧化申报平台的网页端，除了与手机端一样可以实现基本信息填写、专项附加扣除填报、年度自行申报等业务操作外，还可以完成经营所得申报、年度汇算单位代办和年度汇算委托代理申报等操作。

（一）Web端注册及登录

纳税人可通过访问全国统一的自然人电子税务局网站，也可以通过访问各省税务局门户网站或各省电子税务局网站后，单击自然人电子税务局链接登录，进入自然人电子税务局（Web端）。

首次访问需要实名认证注册，目前Web端仅支持大厅注册码注册验证，见图5-12。

注册完成后可选择使用账号密码或个人所得税APP扫码登录。

图 5-12　自然人电子税务局（Web 端）注册界面

（二）基本信息填写

自然人电子税务局（Web端）同样能够完成包括个人信息、任职受雇信息、家庭成员信息、银行卡等信息的维护。登录后单击“完善个人信息”即可进入基本信息填写和维护界面，见图5-13。

图 5-13　自然人电子税务局（Web 端）基本信息填写界面

（三）专项附加扣除填报

单击自然人电子税务局（Web端）“我要办税”菜单下的“专项附加扣除填报”进入专项附加扣除填报模块，见图5-14。

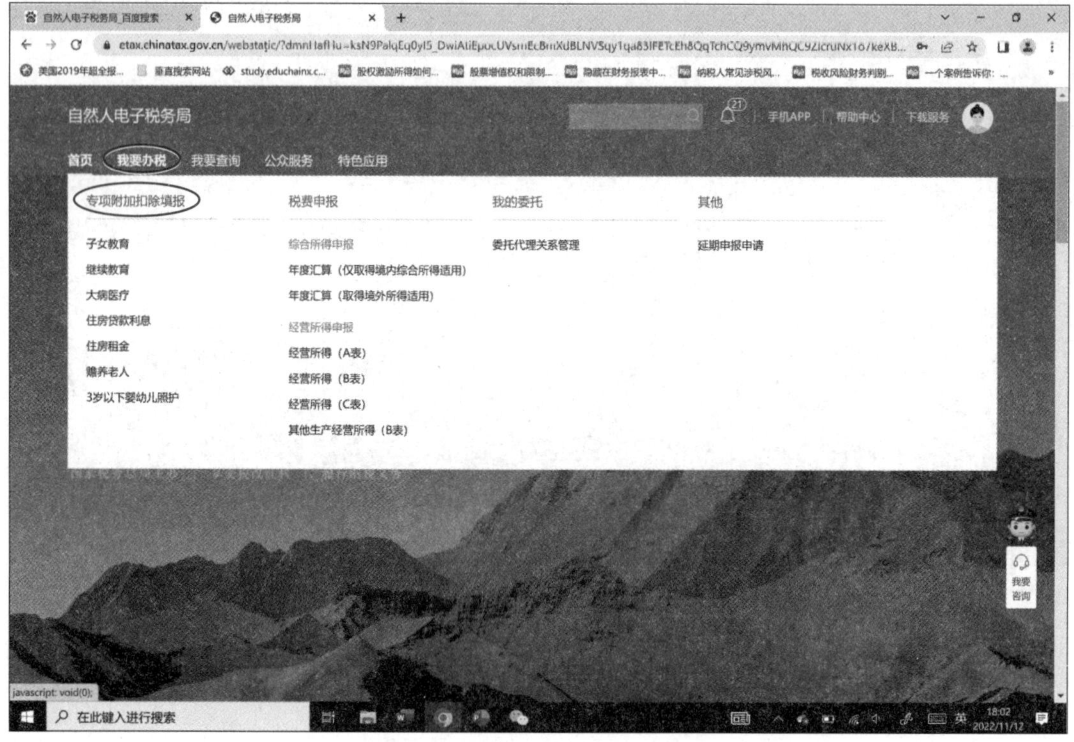

图 5-14　自然人电子税务局（Web 端）专项附加扣除填报界面

进入后依次选择“扣除年度”和专项附加扣除项目类别，根据实际情况录入信息并提交即可完成专项附加扣除的填报。此模块同样可用于下一年度专项附加扣除的确认。

（四）税费申报

单击自然人电子税务局（Web端）“我要办税”菜单下的“税费申报”，可以进行综合所得申报和经营所得申报，见图5-15。

图5-15 自然人电子税务局（Web端）税费申报界面

（五）税款缴纳

申报数据填写无误后，单击“提交申报”。

需要退税跳转到“申报成功”—“退税”页面，单击“申请退税”，可以申请退税。

需要缴税跳转到“申报成功”—“缴税”页面，单击“去缴税”，可完成缴款。

（六）委托代理关系管理

纳税人也可以通过自然人电子税务局（Web端）完成第三方机构或所在单位代理申报的委托。通过“我要办税”—“委托代理关系管理”即可实现，见图5-16。

（七）汇算清缴代理申报

拥有单位办税授权或受托机构办税授权的自然人，可通过自然人电子税务局（Web端）进行个人所得税汇算清缴的代理申报，见图5-17。

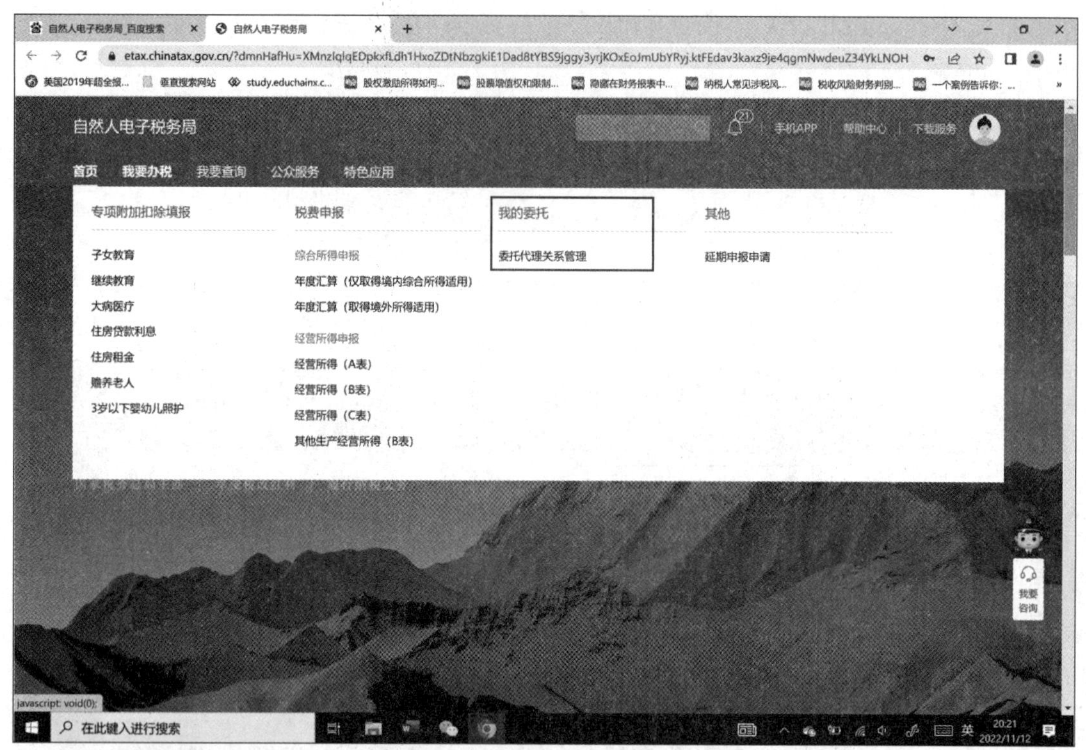

图 5-16　自然人电子税务局（Web 端）委托代理关系管理界面

图 5-17　自然人电子税务局（Web 端）代理申报界面

任务实施

（1）王喆新一家取得的综合所得和分类所得收入，如果是由扣缴义务人预扣预缴或代扣代缴，扣缴义务人可以通过自然人电子税务局（扣缴端）完成申报缴税。

（2）王喆新一家综合所得的汇算清缴申报可以通过自然人电子税务局（APP端）或自然人电子税务局（Web端）自行完成，也可以通过委托单位或第三方机构代为办理的方式，代为办理由单位指定办理人通过自然人电子税务局（Web端）完成。

（3）王喆洁的经营所得，可以通过自然人电子税务局（Web端）自行完成申报缴税。

任务三　综合所得的个人所得税计算与报表填写

任务描述

王喆新2023年综合所得的收入及扣除项目情况如下所示：

（一）2023年取得的收入

（1）1月至12月，每月应得工资性收入16 000元，无免税收入。

（2）3月受邀担任某高校企业导师，每月取得劳务报酬收入3 000元。

（3）6月与某出版社合作出版的书稿发放稿酬，取得稿酬收入30 000元。

（4）12月申请了某发明专利，并将专利转让给A公司使用，取得特许权使用费收入45 000元。

（二）2023年税前扣除项目

（1）王喆新每月个人负担的“三险一金”支出共计3 500元，其中：基本养老保险1 280元，基本医疗保险320元，失业保险80元，住房公积金1 820元。

（2）王喆新子女的教育支出与妻子平均分摊，父母赡养费支出与姐姐王喆洁平均分摊，家庭首套房住房贷款利息和3岁以下婴幼儿照护支出由王喆新进行扣除。

（3）9月，王喆新取得专业技术人员职业资格继续教育证书。

（4）10月，王喆新通过中国红十字会北京分会向红十字事业捐赠人民币10 000元。

（5）2023年王喆新的二儿子因病住院，扣除医保报销后个人负担共计花费25 000元。

王喆新取得的上述收入中，工资、薪金收入由所在单位代扣代缴个人所得税，其他均由各支付单位代扣代缴个人所得税。

任务要求：请根据上述资料计算并完成王喆新2023年综合所得个人所得税的预缴、汇算清缴计算和申报。

知识准备

居民个人取得综合所得实行分月或分次预缴，年终汇算清缴，多退少补的征管政策。综合所得的个人所得税计算与申报包括预扣预缴个人所得税计算与申报和汇算清缴个人所得税计算与申报。

一、综合所得个人所得税计算

工资、薪金所得预扣预缴个人所得税的计算

（一）工资、薪金所得预扣预缴个人所得税的计算

扣缴义务人向居民个人支付工资、薪金所得时，应当按照累计预扣法计算预扣税款，并按月办理扣缴申报。

累计预扣法，是指扣缴义务人在一个纳税年度内预扣预缴税款时，以纳税人在本单位截至当前月份工资、薪金所得累计收入减除累计免税收入、累计减除费用、累计专项扣除、累计专项附加扣除和累计依法确定的其他扣除后的余额为累计预扣预缴应纳税所得额，适用个人所得税税率表（三）（见表5-3），计算累计应预扣预缴税额，再减除累计减免税额和累计已预扣预缴税额，其余额为本期应预扣预缴税额。余额为负值时，暂不退税。纳税年度终了后余额仍为负值时，由纳税人通过办理综合所得年度汇算清缴，税款多退少补。具体计算公式如下：

$$本期应预扣预缴税额=（累计预扣预缴应纳税所得额×预扣率-速算扣除数）-累计减免税额-累计已预扣预缴税额$$

$$累计预扣预缴应纳税所得额=累计收入-累计免税收入-累计减除费用-累计专项扣除-累计专项附加扣除-累计依法确定的其他扣除$$

式中：

累计减除费用，按照每月5 000元乘以纳税人当年截至本月在本单位的任职受雇月份数计算。

专项扣除包括居民个人按照国家规定的范围和标准缴纳的基本养老保险、基本医疗保险、失业保险等社会保险费和住房公积金等。

专项附加扣除包括子女教育、继续教育、大病医疗、住房贷款利息或者住房租金、赡养老人、3岁以内婴幼儿照护等支出。其中：

（1）子女教育支出按照每个子女每月2 000元的标准定额扣除，可以选择由父母一方100%扣除，也可以选择由双方分别按50%扣除。

（2）中国境内学历（学位）继续教育的支出，在学历（学位）教育期间按照每月400元定额扣除，同一学历（学位）继续教育的扣除期限不能超过48个月。技能人员职业资格继续教育、专业技术人员职业资格继续教育的支出，在取得相关证书的当年，按照3 600元定额扣除。

（3）扣除医保报销后个人负担（指医保目录范围内的自付部分）的医药费用支出，累计超过15 000元的部分，由纳税人在办理年度汇算清缴时，在80 000元限额内据实扣除。扣除时可以选择由本人或者配偶扣除，未成年子女发生的医药费用支出可以选择由父母一方扣除。

（4）首套住房贷款利息支出，在实际发生贷款利息的年度，按照每月1 000元的标准定额扣除，扣除期限最长不超过240个月。扣除时可以由购买方100%扣除，也可以由夫妻双方对各自购买的住房分别按50%扣除。

（5）在主要工作城市没有自有住房而发生的住房租金支出，根据城市规模不同分别按照800～1 500元的标准进行扣除。

（6）独生子女赡养一位及以上60周岁以上被赡养人的支出，按照每月3 000元的标准定额扣除，非独生子女与兄弟姐妹分摊每月3 000元的扣除额度，每人分摊的额度不能超过每月1 500元。

（7）2023年1月1日起，照护3岁以下婴幼儿子女的支出，按照每个婴幼儿每月2 000元的标准定额扣除，可以选择由父母一方100%扣除，也可以选择由双方分别按50%扣除。

依法确定的其他扣除包括个人缴付符合国家规定的企业年金、职业年金，个人购买符合国家规定的商业健康保险、税收递延型商业养老保险支出，以及国务院规定可以扣除的其他项目。

专项扣除、专项附加扣除和依法确定的其他扣除，以一个纳税年度的应纳税所得额为限，一个纳税年度扣除不完的，不能结转以后年度扣除。

（二）其他综合所得预扣预缴个人所得税的计算

扣缴义务人向居民个人支付劳务报酬所得、稿酬所得、特许权使用费所得时，应当按照以下方法按次或者按月预扣预缴税款：

（1）劳务报酬所得、稿酬所得、特许权使用费所得以收入减除费用后的余额为收入额；其中，稿酬所得的收入额减按70%计算。上述收入属于一次性收入的，以取得该项收入为一次；属于同一项目连续性收入的，以一个月内取得的收入为一次。

（2）减除费用。预扣预缴税款时，劳务报酬所得、稿酬所得、特许权使用费所得每次收入不超过4 000元的，减除费用按800元计算；每次收入4 000元以上的，减除费用按收入的20%计算。

（3）应纳税所得额。劳务报酬所得、稿酬所得、特许权使用费所得，以每次收入额为预扣预缴应纳税所得额，计算应预扣预缴税额。劳务报酬所得适用个人所得税税率表（四）（见表5-4），稿酬所得、特许权使用费所得适用20%的预扣率。

（三）汇算清缴个人所得税的计算

年度终了后，居民个人需要汇总一个纳税年度取得的工资、薪金，劳务报酬，稿酬，特许权使用费四项综合所得的收入额，减除费用6万元以及专项扣除、专项附加扣除、依法确定的其他扣除和符合条件的公益慈善事业捐赠后，适用综合所得个人所得税税率并减去速算扣除数，计算本年度最终应纳税额，再减去年度已预缴税额，得出本年度应退或应补税额，向税务机关申报并办理退税或补税。

具体计算公式如下：

年度汇算应退或应补税额=〔（综合所得收入额-60 000-"三险一金"等专项扣除
-子女教育等专项附加扣除-依法确定的其他扣除
-公益慈善事业捐赠）× 适用税率-速算扣除数〕
-年度已预缴税额

其中：

（1）劳务报酬所得、稿酬所得、特许权使用费所得以收入减除20%的费用后的余额为收入额。稿酬所得的收入额减按70%计算。

（2）不同于其他专项附加扣除项目，大病医疗支出只能在汇算清缴期内自行填报扣除，不能在预扣预缴环节扣除。

（3）年度汇算仅计算并结清本年度综合所得的应退或应补税款，不涉及以前或往后年度，也不涉及财产租赁等分类所得，以及纳税人按规定选择不并入综合所得计算纳税的全年一次性奖金等所得。

二、综合所得个人所得税申报表填写

（一）预扣预缴申报表填写

扣缴义务人向居民个人支付工资、薪金所得，劳务报酬所得，稿酬所得和特许权使用费所得的个人所得税全员全额预扣预缴申报；向非居民个人支付工资、薪金所得，劳务报酬所得，稿酬所得和特许权使用费所得的个人所得税全员全额扣缴申报；以及向纳税人（居民个人和非居民个人）支付利息、股息、红利所得，财产租赁所得，财产转让所得和偶然所得的个人所得税全员全额扣缴申报等均需要填写《个人所得税扣缴申报表》。

《个人所得税扣缴申报表》样表及填写说明

（二）汇算清缴报表填写

符合下列情形之一的，纳税人需要办理年度汇算：

（1）年度已预缴税额大于年度应纳税额且申请退税的。其包括年度综合所得收入额不足6万元但已预缴个人所得税；年度中间劳务报酬、稿酬、特许权使用费适用的预扣预缴率高于综合所得年适用税率；预缴税款时，未扣除或未足额扣除减除费用、专项扣除、专项附加扣除、依法确定的其他扣除，以及未享受或未足额享受综合所得税收优惠等情形。

（2）年度综合所得收入超过12万元且需要补税金额在400元以上的。包括取得两处及以上综合所得，合并后适用税率提高导致已预缴税款小于年度应纳税额等情形。

个人所得税年度自行纳税申报表（A表、简易版、问答版）

根据不同情况，将原《个人所得税年度自行纳税申报表》细分为《个人所得税年度自行纳税申报表（A表）》《个人所得税年度自行纳税申报表（简易版）》《个人所得税年度自行纳税申报表（问答版）》。

《个人所得税年度自行纳税申报表（A表）》适用于纳税年度内仅从中国境内取得工资、薪金所得，劳务报酬所得，稿酬所得，特许权使用费所得（统称"综合所得"）的居民个人，按税法规定进行年度汇算；《个人所得税年度自行纳税申报表（简易版）》适用于纳税年度内仅从中国境内取得综合所得，且年综合所得收入额不超过6万元的居民个人，按税法规定进行年度汇算；《个人所得税年度自行纳税申报表（问答版）》通过提问的方式引导居民个人完成纳税申报，适用于纳税年度内仅从中国境内取得综合所得的居民个人，按税法规定进行年度汇算。本书结合案例对《个人所得税年度自行纳税申报表（A表）》予以说明。

任务实施

（一）要点提示

（1）王喆新及其家人的基本信息和专项扣除信息按照实际情况填写对应的报表即可，此处不再详细解析。

（2）预缴税款时：

① 每月应纳税的工资、薪金收入为16 000元。

② 王喆新每月可以在综合所得税前扣除的项目有：基本扣除费用5 000元；专项扣除即“三险一金”支出3 500元；专项附加扣除包括子女教育支出按50%的比例扣除1 000元、首套房住房贷款利息按100%的比例扣除1 000元、赡养父母按50%的比例扣除1 500元以及3岁以下婴幼儿照护支出按100%的比例扣除2 000元；9月取得专业技术人员职业资格继续教育证书可一次性扣除继续教育支出3 600元；10月向红十字事业的捐赠属于依法可全额扣除的其他扣除。

③ 王喆新因担任高校企业导师取得的劳务报酬收入，以每月收入为一次，减除800元费用后计算缴纳税款。

④ 王喆新取得的稿酬收入减按70%计算收入额，并减除20%的费用后计算缴纳税款。

⑤ 王喆新取得的特许权使用费收入减除20%的费用后计算缴纳税款。

（3）汇算清缴时：

① 工资、薪金，劳务报酬，稿酬，特许权使用费四类所得汇总计算综合所得的收入额。其中，劳务报酬所得、稿酬所得、特许权使用费所得以收入减除20%的费用后的余额为收入额。稿酬所得的收入额减按70%计算。

② 综合所得的扣除额包括6万元基本费用扣除，专项扣除，专项附加扣除，依法确定的其他扣除和符合条件的公益慈善事业捐赠，此处需要注意大病医疗的扣除部分在汇算清缴时计算。

③ 全年应纳税额减除已预扣预缴部分，即为汇算清缴应补（退）税额。

④ 汇算清缴申报表需要附列的《个人所得税专项附加扣除信息表》按照实际情况填写即可，此处不再示例。

（二）任务解析

（1）王喆新2023年各月工资、薪金预扣预缴应纳税额计算如下：

1月应纳税所得额＝16 000－5 000－3 500－（1 000＋1 000＋1 500＋2 000）＝2 000（元），应纳税额＝2 000×3%＝60（元）。

2月累计应纳税所得额＝16 000×2－5 000×2－3 500×2－（1 000＋1 000＋1 500＋2 000）×2＝4 000（元），应纳税额＝4 000×3%－60＝60（元）。

3月至8月计算原理相同，使用累计预扣法，每月应纳税额均为60元。

9月累计应纳税所得额＝16 000×9－5 000×9－3 500×9－（1 000＋1 000＋1 500＋2 000）×9－3 600＝14 400（元），应纳税额＝14 400×3%－480＝－48（元），实际预缴为0元。

10月累计应纳税所得额=16 000×10−5 000×10−3 500×10−（1 000+1 000+1 500+2 000）×10−3 600−10 000=6 400（元），应纳税额=6 400×3%−480=−288（元），实际预缴为0元。

11月累计应纳税所得额=16 000×11−5 000×11−3 500×11−（1 000+1 000+1 500+2 000）×11−3 600−10 000=8 400（元），应纳税额=8 400×3%−480=−228（元），实际预缴为0元。

12月累计应纳税所得额=16 000×12−5 000×12−3 500×12−（1 000+1 000+1 500+2 000）×12−3 600−10 000=10 400（元），应纳税额=10 400×3%−480=−168（元）。

（2）王喆新2023年其他综合所得预扣预缴应纳税额计算如下：

① 每月劳务报酬所得预扣预缴应纳税额=（3 000−800）×20%=440（元）。

② 稿酬所得预扣预缴应纳税额=30 000×（1−20%）×70%×20%=3 360（元）。

③ 特许权使用费所得预扣预缴应纳税额=45 000×（1−20%）×20%=7 200（元）。

（3）王喆新2023年综合所得汇算清缴应纳税额计算如下：

① 综合所得收入部分：

工资、薪金所得=16 000×12=192 000（元）；

劳务报酬所得=（3 000×12）×（1−20%）=28 800（元）；

稿酬所得=30 000×（1−20%）×70%=16 800（元）；

特许权使用费所得=45 000×（1−20%）=36 000（元）；

王喆新2023年综合所得收入部分合计=192 000+28 800+16 800+36 000=273 600（元）。

② 综合所得扣除部分：

基本扣除=60 000（元）；

专项扣除=3 500×12=42 000（元）；

专项附加扣除=（1 000+1 000+1 500+2 000）×12+3 600+（25 000−15 000）=79 600（元）；

其他扣除=10 000（元）；

王喆新2023年综合所得扣除部分合计=60 000+42 000+79 600+10 000=191 600（元）。

③ 王喆新2023年综合所得应纳税所得额=273 600−191 600=82 000（元）。

④ 王喆新2023年综合所得应纳税额=82 000×10%−2 520=5 680（元）。

⑤ 王喆新2023年综合所得已预扣预缴税额=60×8+440×12+3 360+7 200=16 320（元）。

⑥ 王喆新2023年综合所得应补（退）税额=5 680−16 320=−10 640（元）。

（4）以王喆新2023年12月工资收入为例，工资、薪金个人所得税预扣预缴申报表的填写见表5−6。以王喆新2023年1月劳务收入为例，劳务报酬个人所得税预扣预缴申报表的填写见表5−7。王喆新稿酬个人所得税预扣预缴申报表的填写见表5−8。王喆新特许权使用费个人所得税预扣预缴申报表的填写见表5−9。

（5）王喆新2023年个人所得税年度自行纳税申报表的填写见表5−10。

表5-6　工资、薪金个人所得税扣缴申报表

税款所属期：2023年12月1日至2023年12月31日

扣缴义务人名称：北京某培训公司

扣缴义务人纳税人识别号（统一社会信用代码）：（略）

金额单位：人民币元（列至角分）

							本月（次）情况														累计情况												税款计算							备注
							收入额计算				专项扣除				其他扣除									累计专项附加扣除																
序号	姓名	身份证件类型	身份证件号码	纳税人识别号	是否为非居民个人	所得项目	收入	费用	免税收入	减除费用	基本养老保险费	基本医疗保险费	失业保险费	住房公积金	年金	商业健康保险	税延养老保险	财产原值	允许扣除的税费	其他	累计收入额	累计减除费用	累计专项扣除	子女教育	继续教育	住房贷款利息	住房租金	赡养老人	3岁以内婴幼儿照护	累计其他扣除	减按计税比例	准予扣除的捐赠额	应纳税所得额	税率/预扣率	速算扣除数	应纳税额	减免税额	已缴税额	应补/退税额	
1	2	3	4	5	6	7	8	9	10	11	12	13	14	15	16	17	18	19	20	21	22	23	24	25	26	27	28	29	30	31	32	33	34	35	36	37	38	39	40	41
	王喆新				否	工资、薪金	16 000			5 000	1 280	320	80	1 820							192 000	60 000	42 000	12 000	3 600	12 000		18 000	24 000			10 000	10 400	3%		312		480	−168	
合计																																								

谨声明：本表是根据国家税收法律法规及相关规定填报的，是真实的、可靠的、完整的。

扣缴义务人（签章）：（略）　　年　月　日

经办人签字：
经办人身份证件号码：
代理机构签章：
代理机构统一社会信用代码：

受理人：
受理税务机关（章）：
受理日期：　年　月　日

表5-7　劳务报酬个人所得税扣缴申报表

税款所属期：2023年1月1日至2023年1月31日

扣缴义务人名称：某高校

扣缴义务人纳税人识别号（统一社会信用代码）：（略）　　　　金额单位：人民币元（列至角分）

序号	姓名	身份证件类型	身份证件号码	纳税人识别号	是否为非居民个人	所得项目	本月（次）情况														累计情况										减按计税比例	准予扣除的捐赠额	税款计算							备注
							收入额计算			减除费用	专项扣除				其他扣除						累计收入额	累计减除费用	累计专项扣除	累计专项附加扣除						累计其他扣除			应纳税所得额	税率/预扣率	速算扣除数	应纳税额	减免税额	已缴税额	应补/退税额	
							收入	费用	免税收入		基本养老保险费	基本医疗保险费	失业保险费	住房公积金	年金	商业健康保险	税延养老保险	财产原值	允许扣除的税费	其他				子女教育	继续教育	住房贷款利息	住房租金	赡养老人	3岁以内婴幼儿照护											
1	2	3	4	5	6	7	8	9	10	11	12	13	14	15	16	17	18	19	20	21	22	23	24	25	26	27	28	29	30	31	32	33	34	35	36	37	38	39	40	41
	王喆新				否	劳务报酬	3 000	800																									2 200	20%		440			440	
合计																																								

谨声明：本表是根据国家税收法律法规及相关规定填报的，是真实的、可靠的、完整的。

扣缴义务人（签章）：（略）　　年　月　日

经办人签字：
经办人身份证件号码：
代理机构签章：
代理机构统一社会信用代码：

受理人：
受理税务机关（章）：
受理日期：　年　月　日

表5-8　稿酬个人所得税扣缴申报表

税款所属期：2023年6月1日至2023年6月30日

扣缴义务人名称：某出版社

扣缴义务人纳税人识别号（统一社会信用代码）：（略）　　　　金额单位：人民币元（列至角分）

序号	姓名	身份证件类型	身份证件号码	纳税人识别号	是否为非居民个人	所得项目	本月（次）情况														累计情况										减按计税比例	准予扣除的捐赠额	税款计算							备注
							收入额计算			减除费用	专项扣除				其他扣除						累计收入额	累计减除费用	累计专项扣除	累计专项附加扣除						累计其他扣除										
							收入	费用	免税收入		基本养老保险费	基本医疗保险费	失业保险费	住房公积金	年金	商业健康保险	税延养老保险	财产原值	允许扣除的税费	其他				子女教育	继续教育	住房贷款利息	住房租金	赡养老人	3岁以内婴幼儿照护				应纳税所得额	税率/预扣率	速算扣除数	应纳税额	减免税额	已缴税额	应补/退税额	
1	2	3	4	5	6	7	8	9	10	11	12	13	14	15	16	17	18	19	20	21	22	23	24	25	26	27	28	29	30	31	32	33	34	35	36	37	38	39	40	41
	王喆新				否	稿酬	30 000	6 000	7 200																								16 800	20%		3 360			3 360	
合计																																								

谨声明：本表是根据国家税收法律法规及相关规定填报的，是真实的、可靠的、完整的。

扣缴义务人（签章）：（略）　　年　月　日

经办人签字：
经办人身份证件号码：
代理机构签章：
代理机构统一社会信用代码：

受理人：
受理税务机关（章）：
受理日期：　年　月　日

表5-9　特许权使用费个人所得税扣缴申报表

税款所属期：2023年12月1日至2023年12月31日

扣缴义务人名称：A公司

扣缴义务人纳税人识别号（统一社会信用代码）：（略）　　　　金额单位：人民币元（列至角分）

							本月（次）情况														累计情况												税款计算							备注
							收入额计算				专项扣除				其他扣除									累计专项附加扣除																
序号	姓名	身份证件类型	身份证件号码	纳税人识别号	是否为非居民个人	所得项目	收入	费用	免税收入	减除费用	基本养老保险费	基本医疗保险费	失业保险费	住房公积金	年金	商业健康保险	税延养老保险	财产原值	允许扣除的税费	其他	累计收入额	累计减除费用	累计专项扣除	子女教育	继续教育	住房贷款利息	住房租金	赡养老人	3岁以内婴幼儿照护	累计其他扣除	减按计税比例	准予扣除的捐赠额	应纳税所得额	税率/预扣率	速算扣除数	应纳税额	减免税额	已缴税额	应补/退税额	
1	2	3	4	5	6	7	8	9	10	11	12	13	14	15	16	17	18	19	20	21	22	23	24	25	26	27	28	29	30	31	32	33	34	35	36	37	38	39	40	41
	王喆新				否	特许权使用费	45 000	9 000																									36 000	20%		7 200			7 200	
合计																																								

谨声明：本表是根据国家税收法律法规及相关规定填报的，是真实的、可靠的、完整的。

扣缴义务人（签章）：（略）　　　　年　月　日

经办人签字：

经办人身份证件号码：

代理机构签章：

代理机构统一社会信用代码：

受理人：

受理税务机关（章）：

受理日期：　　年　月　日

表5-10　个人所得税年度自行纳税申报表（A表）

（仅取得境内综合所得年度汇算适用）

税款所属期：2023年1月1日至2023年12月31日

纳税人姓名：王喆新

纳税人识别号：（略）　　　　　　　　　　　　　　　　　　金额单位：人民币元（列至角分）

<table>
<tr><td colspan="6">基本情况</td></tr>
<tr><td>手机号码</td><td></td><td>电子邮箱</td><td></td><td>邮政编码</td><td>□□□□□□</td></tr>
<tr><td>联系地址</td><td colspan="5">________省（区、市）________市________区（县）________街道（乡、镇）________</td></tr>
<tr><td colspan="6">纳税地点（单选）</td></tr>
<tr><td colspan="3">1．有任职受雇单位的，需选本项并填写“任职受雇单位信息”：</td><td colspan="3">□任职受雇单位所在地</td></tr>
<tr><td rowspan="2">任职受雇单位信息</td><td>名称</td><td colspan="4"></td></tr>
<tr><td>纳税人识别号</td><td colspan="4">□□□□□□□□□□□□□□□□□□</td></tr>
<tr><td colspan="3">2．没有任职受雇单位的，可以从本栏次选择一地：</td><td colspan="3">□户籍所在地　□经常居住地　□主要收入来源地</td></tr>
<tr><td colspan="2">户籍所在地／经常居住地／主要收入来源地</td><td colspan="4">________省（区、市）________市________区（县）________街道（乡、镇）________</td></tr>
<tr><td colspan="6">申报类型（单选）</td></tr>
<tr><td colspan="6">☑首次申报　　□更正申报</td></tr>
<tr><td colspan="6">综合所得个人所得税计算</td></tr>
</table>

项目	行次	金额
一、收入合计（第1行＝第2行＋第3行＋第4行＋第5行）	1	303 000
（一）工资、薪金	2	192 000
（二）劳务报酬	3	36 000
（三）稿酬	4	30 000
（四）特许权使用费	5	45 000
二、费用合计［第6行＝（第3行＋第4行＋第5行）×20%］	6	22 200
三、免税收入合计（第7行＝第8行＋第9行）	7	7 200
（一）稿酬所得免税部分［第8行＝第4行×（1−20%）×30%］	8	7 200
（二）其他免税收入（附报《个人所得税减免税事项报告表》）	9	
四、减除费用	10	60 000
五、专项扣除合计（第11行＝第12行＋第13行＋第14行＋第15行）	11	42 000
（一）基本养老保险费	12	15 360
（二）基本医疗保险费	13	3 840
（三）失业保险费	14	960
（四）住房公积金	15	21 840

续表

项目	行次	金额
六、专项附加扣除合计（附报《个人所得税专项附加扣除信息表》）（第16行＝第17行＋第18行＋第19行＋第20行＋第21行＋第22行＋第23行）	16	79 600
（一）子女教育	17	12 000
（二）继续教育	18	3 600
（三）大病医疗	19	10 000
（四）住房贷款利息	20	12 000
（五）住房租金	21	
（六）赡养老人	22	18 000
（七）3岁以下婴幼儿照护	23	24 000
七、其他扣除合计（第24行＝第25行＋第26行＋第27行＋第28行＋第29行＋第30行）	24	
（一）年金	25	
（二）商业健康保险（附报《商业健康保险税前扣除情况明细表》）	26	
（三）税延养老保险（附报《个人税收递延型商业养老保险税前扣除情况明细表》）	27	
（四）允许扣除的税费	28	
（五）个人养老金	29	
（六）其他	30	
八、准予扣除的捐赠额（附报《个人所得税公益慈善事业捐赠扣除明细表》）	31	10 000
九、应纳税所得额（第32行＝第1行－第6行－第7行－第10行－第11行－第16行－第24行－第31行）	32	82 000
十、税率/%	33	10%
十一、速算扣除数	34	2 520
十二、应纳税额（第35行＝第32行×第33行－第34行）	35	5 680
全年一次性奖金个人所得税计算（无住所居民个人预判为非居民个人取得的数月奖金，选择按全年一次性奖金计税的填写本部分）		
一、全年一次性奖金收入	36	
二、准予扣除的捐赠额（附报《个人所得税公益慈善事业捐赠扣除明细表》）	37	
三、税率/%	38	
四、速算扣除数	39	
五、应纳税额［第40行＝(第36行－第37行)×第38行－第39行］	40	
税额调整		
一、综合所得收入调整额（需在“备注”栏说明调整具体原因、计算方式等）	41	
二、应纳税额调整额	42	

续表

<table>
<tr><td colspan="4">应补/退个人所得税计算</td></tr>
<tr><td colspan="2">项目</td><td>行次</td><td>金额</td></tr>
<tr><td colspan="2">一、应纳税额合计（第43行＝第35行＋第40行＋第42行）</td><td>43</td><td>5 680</td></tr>
<tr><td colspan="2">二、减免税额（附报《个人所得税减免税事项报告表》）</td><td>44</td><td></td></tr>
<tr><td colspan="2">三、已缴税额</td><td>45</td><td>16 320</td></tr>
<tr><td colspan="2">四、应补/退税额（第46行＝第43行－第44行－第45行）</td><td>46</td><td>−10 640</td></tr>
<tr><td colspan="4">无住所个人附报信息</td></tr>
<tr><td>纳税年度内在中国境内居住天数</td><td></td><td>已在中国境内居住年数</td><td></td></tr>
<tr><td colspan="4">退税申请
（应补/退税额小于0的填写本部分）</td></tr>
<tr><td colspan="4">□ 申请退税（需填写“开户银行名称”“开户银行省份”“银行账号”）　□ 放弃退税</td></tr>
<tr><td>开户银行名称</td><td></td><td>开户银行省份</td><td></td></tr>
<tr><td>银行账号</td><td colspan="3"></td></tr>
<tr><td colspan="4">备注</td></tr>
<tr><td colspan="4"></td></tr>
<tr><td colspan="4">谨声明：本表是根据国家税收法律法规及相关规定填报的，本人对填报内容（附带资料）的真实性、可靠性、完整性负责。
纳税人签字：　　　年　月　日</td></tr>
<tr><td colspan="2">经办人签字：
经办人身份证件类型：
经办人身份证件号码：
代理机构签章：
代理机构统一社会信用代码：</td><td colspan="2">受理人：
受理税务机关（章）：
受理日期：　　　年　月　日</td></tr>
</table>

注：“基本情况”“退税申请”等信息略。

因王喆新存在准予扣除的捐赠额，故应填写附报《个人所得税公益慈善事业捐赠扣除明细表》，见表5−11。

表5-11　个人所得税公益慈善事业捐赠扣除明细表

捐赠年度：2023年
纳税人姓名：王喆新
纳税人识别号：（略）
扣缴义务人名称：北京某培训公司
扣缴义务人纳税人识别号：（略）

金额单位：人民币元（列至角分）

序号	捐赠信息							扣除信息				备注
	纳税人姓名	纳税人识别号	受赠单位名称	受赠单位纳税人识别号（统一社会信用代码）	捐赠凭证号	捐赠日期	捐赠金额	扣除比例	扣除所得项目	税款所属期	扣除金额	
1	2	3	4	5	6	7	8	9	10	11	12	13
	王喆新		中国红十字会北京分会			2023.10.25	10 000.00	100%	工资、薪金	2023	10 000.00	

谨承诺：此表是根据国家税收法律法规及相关规定填报的，是真实的、可靠的、完整的。

纳税人或扣缴义务人负责人签字：（略）　　年　月　日

经办人签字： 经办人身份证件号码： 代理机构签章： 代理机构统一社会信用代码：	受理人： 受理税务机关（章）： 受理日期：　年　月　日

任务四　经营所得的个人所得税计算与报表填写

任务描述

王喆新的姐姐王喆洁于2022年12月创办摄影工作室（注册为个人独资企业）。该摄影工作室的业务主要是通过网络接单，完成家庭摄影的约拍工作，其财务制度比较健全，能够完整、准确提供税务核算资料，税款征收方式为查账征收，按季据实预缴个人所得税。2023年收入和成本费用情况见表5-12。

表5-12　摄影工作室2023年收入及成本费用明细表

单位：元

季度	收入	营业成本	营业费用	管理费用	税金
一	100 000	8 000	6 000	10 000	1 000
二	120 000	7 000	6 000	8 000	2 000
三	150 000	7 500	6 500	9 000	1 000
四	200 000	9 000	7 000	11 000	3 000

除经营摄影工作室收入外，王喆洁2023年没有取得综合所得收入。

王喆洁每季度通过摄影工作室支付基本养老保险费用支出8 000元，基本医疗保险支出6 000元，住房公积金15 000元；2023年符合条件的子女教育专项附加扣除24 000元，赡养老人专项附加扣除18 000元；自行购买符合规定的商业健康保险，费用支出每季度600元。摄影工作室全年业务招待费支出6 500元，无其他纳税调整事项。

任务要求：请根据上述资料完成王喆洁2023年经营所得个人所得税的预缴、汇算清缴计算和申报。

知识准备

经营所得个人所得税的计算

一、经营所得个人所得税的计算

（一）经营所得的概念

根据《个人所得税法实施条例》第六条规定，经营所得是指：

（1）个体工商户从事生产、经营活动取得的所得，个人独资企业投资人、合伙企业的个人合伙人来源于境内注册的个人独资企业、合伙企业生产、经营的所得。

（2）个人依法从事办学、医疗、咨询以及其他有偿服务活动取得的所得。

（3）个人对企业、事业单位承包经营、承租经营以及转包、转租取得的所得。

（4）个人从事其他生产、经营活动取得的所得。

经营所得的税款计算方式有查账征收和核定征收。对于未提供完整、准确纳税资料，不能正确计算应纳税所得额的纳税人，由主管税务机关核定应纳税所得额或应纳税额；查账征收纳税人的经营所得以每一纳税年度的收入总额减除成本、费用以及损失后的余额，为应纳税所得额。

（二）应纳税所得额的计算

1. 计算来源于经营单位的应纳税所得额

来源于经营单位的应纳税所得额＝收入总额－成本、费用－损失

其中，收入总额是指销售货物、提供劳务等各项生产经营以及与生产经营有关的活动取得的收入；成本、费用是指生产、经营活动中发生的各项直接支出和分配计入成本的间接费用，以及销售费用、管理费用和财务费用；损失是指生产、经营活动中发生的固定资产和存货的盘亏、毁损、报废损失，转让财产损失，坏账损失，自然灾害等不可抗力因素造成的损失以及其他损失。

2. 税前扣除项目的具体标准

（1）支付给从业人员实际的、合理的工资薪金支出，准予扣除。投资者个人工资薪金不得扣除。

（2）为业主本人和从业人员缴纳的基本养老保险费、基本医疗保险费、失业保险费、工伤保险费和住房公积金，准予扣除。职工教育经费的实际发生数额超出规定比例当期不能扣除的数额，准予在以后纳税年度结转扣除。

（3）工会经费、职工福利费、职工教育经费分别在工资薪金总额的2%、14%、2.5%的标准内据实扣除。

（4）与生产经营活动有关的业务招待费，按照实际发生额的60%扣除，但最高不得超过当年销售（营业）收入的5‰。

（5）每一纳税年度发生的与其生产经营活动直接相关的广告费和业务宣传费不超过当年销售（营业）收入15%的部分，可以据实扣除；超过部分，准予在以后纳税年度结转扣除。

（6）向金融企业借款的利息支出，准予扣除。其他借款利息支出按照不超过金融企业同期同类贷款利率计算的数额的部分，准予扣除，超出的不予扣除。

（7）合理的劳动保护支出、规定缴纳的摊位费、行政性收费、协会会费等，按实际发生数额扣除。

（8）通过公益性社会团体或者县级以上人民政府及其部门，用于规定的公益事业的捐赠，捐赠额不超过其应纳税所得额30%的部分可以据实扣除。财政部、国家税务总局规定的可以全额在个人所得税前扣除的捐赠支出项目，按有关规定执行。

（9）不得扣除的项目包括个人所得税税款、税收滞纳金、用于个人和家庭的支出等。

3. 计算投资者个人经营所得的应纳税所得额

（1）个体工商户业主、个人独资企业的投资者或个人从事其他生产经营活动的，以全部经营所得为投资者个人的应纳税所得额。

（2）合伙企业合伙人的应纳税所得额。合伙企业的合伙人可以按照合伙协议约定的分配比例、合伙人协商决定的分配比例、合伙人实缴出资比例或者合伙人数量平均计算等方式确定合伙人的应纳税所得额。

4. 计算个人经营所得的应纳税所得额

（1）有综合所得的，计算公式为：

应纳税所得额＝（收入总额－成本、费用－损失）× 分配比例－准予扣除的捐赠额

（2）无综合所得的，计算公式为：

应纳税所得额＝（收入总额－成本、费用－损失）× 分配比例－60 000－专项扣除－专项附加扣除－其他扣除－准予扣除的捐赠额

从多处取得经营所得的，应汇总计算个人所得税，只减除一次上述费用和扣除。

5. 计算个人所得税应纳税额

查找适用税率，计算应纳税额，计算公式为：

应纳税额=应纳税所得额×适用税率-速算扣除数

《个人所得税经营所得纳税申报表(A表)》样表及填写说明

二、经营所得个人所得税的报表填写

纳税人取得经营所得，按年计算个人所得税，按月度或季度填写并报送《个人所得税经营所得纳税申报表(A表)》;实行查账征收的纳税人，按年填写并报送《个人所得税经营所得纳税申报表(B表)》;从两处以上取得经营所得的纳税人，选择其中一处经营管理所在地主管税务机关填写并报送《个人所得税经营所得纳税申报表(C表)》。

《个人所得税经营所得纳税申报表(B表)》样表及填写说明

任务实施

(1)王喆洁第一季度预缴个人所得税的计算：

① 经营活动应纳税所得额=100 000-(8 000+6 000+10 000+1 000)-(8 000+6 000+15 000)-5 000×3-600=30 400(元)。

② 经营活动应纳税额=30 400×10%-1 500=1 540(元)。

(2)王喆洁第二季度预缴个人所得税的计算：

《个人所得税经营所得纳税申报表(C表)》样表及填写说明

① 经营活动应纳税所得额=(100 000+120 000)-(8 000+6 000+10 000+1 000+7 000+6 000+8 000+2 000)-(8 000+6 000+15 000)×2-5 000×6-600×2=82 800(元)。

② 经营活动应纳税额=82 800×10%-1 500-1 540=5 240(元)。

(3)王喆洁第三、第四季度个人所得税预缴额的计算原理相同，需要预缴的个人所得税税额分别为：15 560元和25 080元。

(4)王喆洁汇算清缴个人所得税的计算：

① 经营收入合计=100 000+120 000+150 000+200 000=570 000(元)。

② 成本、费用合计=(8 000+7 000+7 500+9 000)+(6 000+6 000+6 500+7 000)+(10 000+8 000+9 000+11 000)+(1 000+2 000+1 000+3 000)=102 000(元)。

③ 允许扣除的个人费用=(8 000+6 000+15 000+600)×4+5 000×12+2 4000+18 000=220 400(元)。

④ 与生产经营活动有关的业务招待费，实际发生6 500元，按照实际发生额的60%与当年营业收入0.5%孰低的原则，允许税前扣除的业务招待费为2 850元，需纳税调增3 650元。

⑤ 2023年应纳税所得额=570 000-102 000-220 400+3 650=251 250(元)。

⑥ 2023年应纳所得税额=251 250×20%-10 500=39 750(元)。

⑦ 2023年汇算清缴应补退税额=39 750-1 540-5 240-15 560-25 080=-7 670(元)。

(5)王喆洁第一季度《个人所得税经营所得预缴申报表(A表)》的填写见表5-13。

(6)王喆洁第二季度《个人所得税经营所得预缴申报表(A表)》的填写见表5-14。

(7)王喆洁2023年《个人所得税经营所得汇算清缴申报表(B表)》的填写见表5-15。

表5-13　个人所得税经营所得纳税申报表（A表）

税款所属期：2023年1月1日至2023年3月31日
纳税人姓名：王喆洁
纳税人识别号：（略）　　　　金额单位：人民币元（列至角分）

<table>
<tr><th colspan="3">被投资单位信息</th></tr>
<tr><td>名称</td><td colspan="2">**摄影工作室</td></tr>
<tr><td>纳税人识别号（统一社会信用代码）</td><td colspan="2">（略）</td></tr>
<tr><th colspan="3">征收方式（单选）</th></tr>
<tr><td colspan="3">☑查账征收（据实预缴）　□查账征收（按上年应纳税所得额预缴）　□核定应税所得率征收　□核定应纳税所得额征收
□税务机关认可的其他方式</td></tr>
<tr><th colspan="3">个人所得税计算</th></tr>
<tr><th>项目</th><th>行次</th><th>金额/比例</th></tr>
<tr><td>一、收入总额</td><td>1</td><td>100 000</td></tr>
<tr><td>二、成本费用</td><td>2</td><td>25 000</td></tr>
<tr><td>三、利润总额（第3行＝第1行－第2行）</td><td>3</td><td>75 000</td></tr>
<tr><td>四、弥补以前年度亏损</td><td>4</td><td></td></tr>
<tr><td>五、应税所得率/%</td><td>5</td><td></td></tr>
<tr><td>六、合伙企业个人合伙人分配比例/%</td><td>6</td><td></td></tr>
<tr><td>七、允许扣除的个人费用及其他扣除（第7行＝第8行＋第9行＋第14行）</td><td>7</td><td>44 600</td></tr>
<tr><td>（一）投资者减除费用</td><td>8</td><td>15 000</td></tr>
<tr><td>（二）专项扣除（第9行＝第10行＋第11行＋第12行＋第13行）</td><td>9</td><td>29 000</td></tr>
<tr><td>1．基本养老保险费</td><td>10</td><td>8 000</td></tr>
<tr><td>2．基本医疗保险费</td><td>11</td><td>6 000</td></tr>
<tr><td>3．失业保险费</td><td>12</td><td></td></tr>
<tr><td>4．住房公积金</td><td>13</td><td>15 000</td></tr>
<tr><td>（三）依法确定的其他扣除（第14行＝第15行＋第16行＋第17行）</td><td>14</td><td>600</td></tr>
<tr><td>1．商业健康险</td><td>15</td><td>600</td></tr>
<tr><td>2．</td><td>16</td><td></td></tr>
<tr><td>3．</td><td>17</td><td></td></tr>
<tr><td>八、准予扣除的捐赠额（附报《个人所得税公益慈善事业捐赠扣除明细表》）</td><td>18</td><td></td></tr>
<tr><td>九、应纳税所得额</td><td>19</td><td>30 400</td></tr>
<tr><td>十、税率/%</td><td>20</td><td>10%</td></tr>
<tr><td>十一、速算扣除数</td><td>21</td><td>1 500</td></tr>
<tr><td>十二、应纳税额（第22行＝第19行×第20行－第21行）</td><td>22</td><td>1 540</td></tr>
<tr><td>十三、减免税额（附报《个人所得税减免税事项报告表》）</td><td>23</td><td></td></tr>
<tr><td>十四、已缴税额</td><td>24</td><td></td></tr>
<tr><td>十五、应补/退税额（第25行＝第22行－第23行－第24行）</td><td>25</td><td>1 540</td></tr>
<tr><th colspan="3">备注</th></tr>
<tr><td colspan="3"></td></tr>
<tr><td colspan="3">谨声明：本表是根据国家税收法律法规及相关规定填报的，本人对填报内容（附带资料）的真实性、可靠性、完整性负责。
纳税人签字：（略）　　　年　月　日</td></tr>
<tr><td>经办人签字：
经办人身份证件类型：
经办人身份证件号码：
代理机构签章：
代理机构统一社会信用代码：</td><td colspan="2">受理人：
受理税务机关（章）：
受理日期：　　年　月　日</td></tr>
</table>

表5-14　个人所得税经营所得纳税申报表（A表）

税款所属期：2023年1月1日至2023年6月30日
纳税人姓名：王喆洁
纳税人识别号：（略）　　　　　　　　　　　　　　　　　金额单位：人民币元（列至角分）

<table>
<tr><td colspan="3">被投资单位信息</td></tr>
<tr><td>名称</td><td colspan="2">**摄影工作室</td></tr>
<tr><td>纳税人识别号（统一社会信用代码）</td><td colspan="2">（略）</td></tr>
<tr><td colspan="3">征收方式（单选）</td></tr>
<tr><td colspan="3">☑查账征收（据实预缴）　□查账征收（按上年应纳税所得额预缴）　□核定应税所得率征收　□核定应纳税所得额征收
□税务机关认可的其他方式</td></tr>
<tr><td colspan="3">个人所得税计算</td></tr>
<tr><td>项目</td><td>行次</td><td>金额/比例</td></tr>
<tr><td>一、收入总额</td><td>1</td><td>220 000</td></tr>
<tr><td>二、成本费用</td><td>2</td><td>48 000</td></tr>
<tr><td>三、利润总额（第3行＝第1行－第2行）</td><td>3</td><td>172 000</td></tr>
<tr><td>四、弥补以前年度亏损</td><td>4</td><td></td></tr>
<tr><td>五、应税所得率/%</td><td>5</td><td></td></tr>
<tr><td>六、合伙企业个人合伙人分配比例/%</td><td>6</td><td></td></tr>
<tr><td>七、允许扣除的个人费用及其他扣除（第7行＝第8行＋第9行＋第14行）</td><td>7</td><td>89 200</td></tr>
<tr><td>（一）投资者减除费用</td><td>8</td><td>30 000</td></tr>
<tr><td>（二）专项扣除（第9行＝第10行＋第11行＋第12行＋第13行）</td><td>9</td><td>58 000</td></tr>
<tr><td>1．基本养老保险费</td><td>10</td><td>16 000</td></tr>
<tr><td>2．基本医疗保险费</td><td>11</td><td>12 000</td></tr>
<tr><td>3．失业保险费</td><td>12</td><td></td></tr>
<tr><td>4．住房公积金</td><td>13</td><td>30 000</td></tr>
<tr><td>（三）依法确定的其他扣除（第14行＝第15行＋第16行＋第17行）</td><td>14</td><td>1 200</td></tr>
<tr><td>1．商业健康险</td><td>15</td><td>1 200</td></tr>
<tr><td>2．</td><td>16</td><td></td></tr>
<tr><td>3．</td><td>17</td><td></td></tr>
<tr><td>八、准予扣除的捐赠额（附报《个人所得税公益慈善事业捐赠扣除明细表》）</td><td>18</td><td></td></tr>
<tr><td>九、应纳税所得额</td><td>19</td><td>82 800</td></tr>
<tr><td>十、税率（%）</td><td>20</td><td>10%</td></tr>
<tr><td>十一、速算扣除数</td><td>21</td><td>1 500</td></tr>
<tr><td>十二、应纳税额（第22行＝第19行×第20行－第21行）</td><td>22</td><td>6 780</td></tr>
</table>

续表

项目	行次	金额 / 比例
十三、减免税额（附报《个人所得税减免税事项报告表》）	23	
十四、已缴税额	24	1 540
十五、应补／退税额（第25行＝第22行－第23行－第24行）	25	5 240
备注		
谨声明：本表是根据国家税收法律法规及相关规定填报的，本人对填报内容（附带资料）的真实性、可靠性、完整性负责。 纳税人签字：（略）　　年　月　日		
经办人签字： 经办人身份证件类型： 经办人身份证件号码： 代理机构签章： 代理机构统一社会信用代码：	受理人： 受理税务机关（章）： 受理日期：　　年　月　日	

表5-15　个人所得税生产经营所得纳税申报表（B表）

税款所属期：2023年1月1日至2023年12月31日
纳税人姓名：王喆洁
纳税人识别号：（略）　　　　金额单位：人民币元（列至角分）

被投资单位信息	名称	** 摄影工作室	纳税人识别号 （统一社会信用代码）	（略）
项目			**行次**	**金额 / 比例**
一、收入总额			1	570 000
其中：国债利息收入			2	
二、成本费用（3＝4＋5＋6＋7＋8＋9＋10）			3	102 000
（一）营业成本			4	31 500
（二）营业费用			5	25 500
（三）管理费用			6	38 000
（四）财务费用			7	
（五）税金			8	7 000
（六）损失			9	
（七）其他支出			10	
三、利润总额（11＝1−2−3）			11	468 000
四、纳税调整增加额（12＝13＋27）			12	3 650

续表

项目	行次	金额/比例
(一)超过规定标准的扣除项目金额(13=14+15+16+17+18+19+20+21+22+23+24+25+26)	13	3 650
1. 职工福利费	14	
2. 职工教育经费	15	
3. 工会经费	16	
4. 利息支出	17	
5. 业务招待费	18	3 650
6. 广告费和业务宣传费	19	
7. 教育和公益事业捐赠	20	
8. 住房公积金	21	
9. 社会保险费	22	
10. 折旧费用	23	
11. 无形资产摊销	24	
12. 资产损失	25	
13. 其他	26	
(二)不允许扣除的项目金额(27=28+29+30+31+32+33+34+35+36)	27	
1. 个人所得税税款	28	
2. 税收滞纳金	29	
3. 罚金、罚款和被没收财物的损失	30	
4. 不符合扣除规定的捐赠支出	31	
5. 赞助支出	32	
6. 用于个人和家庭的支出	33	
7. 与取得生产经营收入无关的其他支出	34	
8. 投资者工资薪金支出	35	
9. 其他不允许扣除的支出	36	
五、纳税调整减少额	37	
六、纳税调整后所得(38=11+12−37)	38	471 650
七、弥补以前年度亏损	39	
八、合伙企业个人合伙人分配比例/%	40	100%
九、允许扣除的个人费用及其他扣除(41=42+43+48+55)	41	220 400
(一)投资者减除费用	42	60 000

续表

项目	行次	金额/比例
（二）专项扣除（43＝44＋45＋46＋47）	43	116 000
1．基本养老保险费	44	32 000
2．基本医疗保险费	45	24 000
3．失业保险费	46	
4．住房公积金	47	60 000
（三）专项附加扣除（48＝49＋50＋51＋52＋53＋54）	48	42 000
1．子女教育	49	24 000
2．继续教育	50	
3．大病医疗	51	
4．住房贷款利息	52	
5．住房租金	53	
6．赡养老人	54	18 000
（四）依法确定的其他扣除（55＝56＋57＋58＋59）	55	2 400
1．商业健康保险	56	2 400
2．税延养老保险	57	
3．	58	
4．	59	
十、投资抵扣	60	
十一、准予扣除的个人捐赠支出	61	
十二、应纳税所得额（62＝38－39－41－60－61）或［62＝（38－39）×40－41－60－61］	62	251 250
十三、税率/%	63	20%
十四、速算扣除数	64	10 500
十五、应纳税额（65＝62×63−64）	65	39 750
十六、减免税额（附报《个人所得税减免税事项报告表》）	66	
十七、已缴税额	67	47 420
十八、应补/退税额（68＝65−66−67）	68	−7 670

谨声明：本表是根据国家税收法律法规及相关规定填报的，是真实的、可靠的、完整的。

纳税人签字：（略）　　　　年　月　日

经办人： 经办人身份证件号码： 代理机构签章： 代理机构统一社会信用代码：	受理人： 受理税务机关（章）： 受理日期：　　年　月　日

任务五　分类所得的个人所得税计算与报表填写

任务描述

王喆新2023年度分类所得各项收入包括：

（1）王喆新2023年3月15日购买某上市公司的股票100 000股，该公司2022年度每10股派发现金股利1元，股息登记日为2023年3月18日，股息派发日为3月21日。

（2）2023年1月1日，王喆新将其位于北京市朝阳区的一套住宅租赁给某公司做员工宿舍，当月收取租金20 000元，发生修缮费用1 000元，取得合法票据，不考虑其他税费。

（3）2023年2月，王喆新将其原用于租赁的房屋收回并以10 500 000元的价格出售，开具的增值税普通发票上注明销售价格10 000 000元，增值税500 000元，另外缴纳城市维护建设税35 000元，教育费附加15 000元，地方教育附加10 000元，支付房屋相关过户费用25 000元。该房屋购于2020年5月，购置发票上注明销售价格8 500 000元，增值税425 000元，购入后发生装修费用200 000元，均留存有合法票据。

（4）2023年12月，王喆新在商场购物抽奖活动中抽中二等奖，奖品为智能清洁机器人一台，该机器人市场价格为每台6 000元，商场因批量采购，实际购置成本折合每台4 000元。

任务要求：请根据上述资料完成王喆新2023年其他分类所得个人所得税的计算和申报。

任务实施

一、分类所得个人所得税的计算

分类所得是除综合所得和经营所得之外的项目，具体包括利息、股息、红利所得，财产租赁所得，财产转让所得和偶然所得四项。

（一）利息、股息、红利所得

利息、股息、红利所得，是指个人拥有债权、股权等而取得的利息、股息、红利所得。利息、股息、红利所得以每次收入额减除准予扣除的公益慈善捐赠额为应纳税所得额，实行按次计征的方法，计算公式如下：

应纳税额＝(每次收入额－准予扣除的公益慈善捐赠额)×20%

式中，个人从公开发行和转让市场取得的上市公司股票、个人持有上市公司限售股解禁后取得的股息、红利以及个人持有新三板挂牌公司的股票所取得的股息、红利适用差别化个人所得税政策，即持股期限在1个月以内（含1个月）的，其股息、红利所得全额计入应纳税所得额，按照20%的税率计算缴纳个人所得税；持股期限在1个月以上至1年（含1年）的，暂减按50%计入应纳税所得额，适用20%的税率计算缴纳个人所得税;持股期限超过1年的，股权登记日在2015年9月8日之前的，暂减按25%计入应纳税所得额，适用20%的税率计算缴纳个人所得税，股权登记日在2015年9月8日之后的，暂免征收个人所得税。

（二）财产租赁所得

财产租赁所得是指个人出租不动产、机器设备、车船以及其他财产取得的所得。财产租赁所得按次计征，以一个月内的收入为一次。计算公式如下：

1. 每次（月）收入≤4 000元

应纳税额＝[每次（月）收入额－财产租赁过程中缴纳的税费－修缮费用（800元为限）－800－准予扣除的公益慈善捐赠额]×20%

2. 每次（月）收入＞4 000元

应纳税额＝{［每次（月）收入额－财产租赁过程中缴纳的税费－修缮费用（800元为限）］×（1－20%）－准予扣除的公益慈善捐赠额}×20%

式中，个人出租住房取得的所得可以减按10%征收个人所得税。

（三）财产转让所得

财产转让所得，是指个人转让有价证券、股权、合伙企业中的财产份额、不动产、机器设备、车船以及其他财产取得的所得。财产转让所得按次计征，以一次转让财产的收入额减除财产原值、合理费用和准予扣除的公益慈善捐赠额后的余额计算纳税。计算公式如下：

应纳税额＝（财产转让收入－财产原值－合理费用－准予扣除的公益慈善捐赠额）×20%

（四）偶然所得

偶然所得，是指个人得奖、中奖、中彩以及其他偶然性质的所得。偶然所得以每次收入额减除准予扣除的公益慈善捐赠额为应纳税所得额。计算公式如下：

应纳税额＝（每次收入额－准予扣除的公益慈善捐赠额）×20%

二、分类所得个人所得税的报表填写

分类所得的申报方式有扣缴义务人代扣代缴申报和纳税人自行申报两种。有扣缴义务人的，由扣缴义务人在向个人支付应税款项时代扣税款，填写《个人所得税扣缴申报表》，并向税务机关缴纳税款；没有扣缴义务人或者扣缴义务人未扣缴税款的，纳税人应自行向税务机关报送《个人所得税自行纳税申报表（A表）》并缴纳税款。

《个人所得税自行纳税申报表(A表)》样表及填写说明

任务实施

（1）王喆新股票红利所得个人所得税的计算：

① 如果王喆新在2023年4月15日之前卖出股票，因为持股期限在一个月以内（含1个月），其股息红利所得全额计入应纳税所得额征税，应缴纳的个人所得税＝100 000÷10×1×20%＝2 000（元）。

② 如果王喆新在2023年4月16日至2024年3月15日之间卖出股票，因为持股期限在1个月以上至1年（含1年），可以减按50%计入应纳税所得额进行征税，应缴纳的个人所得税＝100 000÷10×1×50%×20%＝1 000（元）。

③ 如果王喆新在2024年3月16日以后卖出股票，因为持股期限超过1年，可以免予征收个人所得税。

（2）王喆新财产租赁所得个人所得税的计算：

2023年1月出租住房应纳个人所得税＝（20 000－800）×（1−20%）×10%＝1 536（元）。

（3）王喆新财产转让所得个人所得税的计算：

2023年2月转让住房应纳个人所得税=（10 000 000－8 925 000－35 000－15 000－10 000－200 000－25 000）×20%＝158 000（元）。

（4）王喆新偶然所得个人所得税的计算：

偶然所得应纳个人所得税＝4 000×20%＝800（元）。

（5）以王喆新财产租赁所得为例填报《财产租赁所得个人所得税扣缴申报表》，见表5−16。

（6）以王喆新财产转让所得为例填报财产转让所得《个人所得税自行纳税申报表(A表)》，见表5−17。

（7）以王喆新偶然所得为例填报《偶然所得个人所得税扣缴申报表》，见表5−18。

表5-16　财产租赁所得个人所得税扣缴申报表

税款所属期：2023年1月1日至2023年1月31日
扣缴义务人名称：某公司
扣缴义务人纳税人识别号（统一社会信用代码）：（略）　　　　金额单位：人民币元（列至角分）

序号	姓名	身份证件类型	身份证件号码	纳税人识别号	是否为非居民个人	所得项目	本月（次）情况														累计情况										减按计税比例	准予扣除的捐赠额	税款计算							备注
							收入额计算			减除费用	专项扣除				其他扣除						累计收入额	累计减除费用	累计专项扣除	累计专项附加扣除						累计其他扣除			应纳税所得额	税率/预扣率	速算扣除数	应纳税额	减免税额	已缴税额	应补/退税额	
							收入	费用	免税收入		基本养老保险费	基本医疗保险费	失业保险费	住房公积金	年金	商业健康保险	税延养老保险	财产原值	允许扣除的税费	其他				子女教育	继续教育	住房贷款利息	住房租金	赡养老人	3岁以内婴幼儿照护											
1	2	3	4	5	6	7	8	9	10	11	12	13	14	15	16	17	18	19	20	21	22	23	24	25	26	27	28	29	30	31	32	33	34	35	36	37	38	39	40	41
	王喆新				否	财产租赁	20 000			3 840									800														15 360	10%		1 536			1 536	
合计																																								

谨声明：本表是根据国家税收法律法规及相关规定填报的，是真实的、可靠的、完整的。

扣缴义务人（签章）：（略）　　　　年　月　日

经办人签字：
经办人身份证件号码：
代理机构签章：
代理机构统一社会信用代码：

受理人：
受理税务机关（章）：
受理日期：　　年　月　日

表5-17 个人所得税自行纳税申报表（A表）

税款所属期：2023年2月1日 至2023年2月28日
纳税人姓名：王喆新
纳税人识别号：（略）　　　　　　　　　　金额单位：人民币元（列至角分）

<table>
<tr><td colspan="3">自行申报情形</td><td colspan="11">✓居民个人取得应税所得，扣缴义务人未扣缴税款
□非居民个人取得应税所得，扣缴义务人未扣缴税款
□非居民个人在中国境内从两处以上取得工资、薪金所得
□其他________</td><td colspan="2">是否为非居民个人</td><td colspan="2">□是
✓否</td><td colspan="2">非居民个人本年度境内居住天数</td><td colspan="3">□不超过90天
□超过90天不超过183天</td></tr>
<tr><td rowspan="2">序号</td><td rowspan="2">所得项目</td><td colspan="3">收入额计算</td><td rowspan="2">减除费用</td><td colspan="4">专项扣除</td><td colspan="3">其他扣除</td><td rowspan="2">减按计税比例</td><td rowspan="2">准予扣除的捐赠额</td><td colspan="7">税款计算</td><td rowspan="2">备注</td></tr>
<tr><td>收入</td><td>费用</td><td>免税收入</td><td>基本养老保险费</td><td>基本医疗保险费</td><td>失业保险费</td><td>住房公积金</td><td>财产原值</td><td>允许扣除的税费</td><td>其他</td><td>应纳税所得额</td><td>税率</td><td>速算扣除数</td><td>应纳税额</td><td>减免税额</td><td>已缴税额</td><td>应补/退税额</td></tr>
<tr><td>1</td><td>2</td><td>3</td><td>4</td><td>5</td><td>6</td><td>7</td><td>8</td><td>9</td><td>10</td><td>11</td><td>12</td><td>13</td><td>14</td><td>15</td><td>16</td><td>17</td><td>18</td><td>19</td><td>20</td><td>21</td><td>22</td><td>23</td></tr>
<tr><td></td><td>财产转让</td><td>10 000 000</td><td></td><td></td><td></td><td></td><td></td><td></td><td></td><td>8 925 000</td><td>285 000</td><td></td><td></td><td></td><td>790 000</td><td>20%</td><td></td><td>158 000</td><td></td><td></td><td>158 000</td><td></td></tr>
<tr><td colspan="23">谨声明：本表是根据国家税收法律法规及相关规定填报的，是真实的、可靠的、完整的。
纳税人签字：（略）　　　年　月　日</td></tr>
<tr><td colspan="13">经办人签字：
经办人身份证件号码：
代理机构签章：
代理机构统一社会信用代码：</td><td colspan="10">受理人：
受理税务机关（章）：
受理日期：　年　月　日</td></tr>
</table>

表5-18　偶然所得个人所得税扣缴申报表

税款所属期：2023年12月1日至2023年12月31日

扣缴义务人名称：某公司

扣缴义务人纳税人识别号（统一社会信用代码）：（略）

金额单位：人民币元（列至角分）

序号	姓名	身份证件类型	身份证件号码	纳税人识别号	是否为非居民个人	所得项目	本月（次）情况														累计情况										减按计税比例	准予扣除的捐赠额	税款计算							备注
							收入额计算				专项扣除				其他扣除									累计专项附加扣除																
							收入	费用	免税收入	减除费用	基本养老保险费	基本医疗保险费	失业保险费	住房公积金	年金	商业健康保险	税延养老保险	财产原值	允许扣除的税费	其他	累计收入额	累计减除费用	累计专项扣除	子女教育	继续教育	住房贷款利息	住房租金	赡养老人	3岁以内婴幼儿照护	累计其他扣除			应纳税所得额	税率/预扣率	速算扣除数	应纳税额	减免税额	已缴税额	应补/退税额	
1	2	3	4	5	6	7	8	9	10	11	12	13	14	15	16	17	18	19	20	21	22	23	24	25	26	27	28	29	30	31	32	33	34	35	36	37	38	39	40	41
	王喆新				否	偶然所得	4 000																										4 000	20%		800			800	
合计																																								

谨声明：本表是根据国家税收法律法规及相关规定填报的，是真实的、可靠的、完整的。

扣缴义务人（签章）：（略）　　年　月　日

经办人签字： 经办人身份证件号码： 代理机构签章： 代理机构统一社会信用代码：	受理人： 受理税务机关（章）： 受理日期：　年　月　日

任务六　“金税四期”下个人所得税涉税风险与管理

任务描述

王喆新所在的培训公司2023年年终税务自查时发现如下事项：

（1）2023年1月为刺激销售举办公开课，课后的随机抽奖活动中，一等奖为人民币1 000元，共计抽出8个一等奖，未代扣代缴个人所得税。

（2）2023年2月为奖励课程销售业绩突出的员工，为每人发放价值5 000元的笔记本电脑1台，共计发放6台，未代扣代缴个人所得税。

（3）2022年起为提升福利水平，在基本医保基础上，为中层以上管理者购买补充医疗保险，月缴费1 200元，比照基本医保在个人所得税前进行了扣除。

（4）2023年共有3名员工离职，但由于税务岗人员疏忽，未及时在个税扣缴端进行信息的修正，8月申报的时候为其中一名员工误申报了2 000元收入。

（5）独立董事王某每月从公司领取报酬8 000元，公司的个税申报系统中却并没有此人信息。

任务要求：

1. 识别个人所得税应税收入的主要涉税风险并进行管理。
2. 识别个人所得税扣除项目的主要涉税风险并进行管理。
3. 识别个人所得税申报环节的主要涉税风险并进行管理。

知识准备

一、个人所得税应税收入的涉税风险及管理

（一）对外支付所得未足额扣缴个人所得税的风险及管理

大部分单位在支付个人工资薪金所得时能够履行扣缴义务，但是在支付类型多样的其他所得时，有一部分扣缴义务人会存在因为分不清哪些项目需要扣缴税款而未足额扣缴个人所得税的情形。

根据《个人所得税法》及《个人所得税法实施条例》：扣缴义务人支付所得时，应扣缴税款并及时完成全员全额扣缴申报，实行个人所得税全员全额扣缴申报的应税所得主要包括工资、薪金所得，劳务报酬所得，稿酬所得，特许权使用费所得，利息、股息、红利所得，财产租赁所得，财产转让所得和偶然所得。由此可见，向个人支付上述所得时，均需履行个人所得税扣缴义务，确保每一笔应税所得都进行了扣缴税款的操作并及时申报入库。

企业在防范此类风险时，可以通过定期检查工资表的信息是否属实，分析工资的规模是否与企业规模成比例，查看临时工、劳务派遣工等非正式员工扣缴处理是否正确等，确保工资、薪金个人所得税扣缴正确无误；检查劳务费用明细账，检查临时外聘技术人员、专家学者的支付明细账，确保劳务报酬个人所得税扣缴正确无误；检查利润分配——应付股利、财务费用等账户，确保利息、股息、红利的扣缴正确无误；检查业务宣传费、广告费、业务招待费等账户，确保偶然所得的扣缴正确无误；检查应交税费——应交个人所得税账户、个人所得税扣缴情况申报表和完税凭证或缴款书，确保及时足额解缴税款；检查银行存款日记账、现金日记账等与所得有关的账簿，确保支付与扣缴对应。

（二）发放给个人的过节费、高温费（或购物卡）等以及为个人购买住房、汽车等大额资产未代扣代缴个人所得税的风险及管理

根据《个人所得税法》及《个人所得税实施条例》：除国务院规定可以免税的各类津贴、补贴外，个人因任职或者受雇的各类所得都需要按照工资、薪金所得计算缴纳个人所得税，所得的形式包括现金、实物、有价证券和其他形式的经济利益。因此，单位以过节费、高温费、购物卡、实物等各种形式发放给职工的福利都需要并入工资、薪金所得计算缴纳个人所得税。

企业在防范此类风险时，首先要牢记发放给员工的各类货币或非货币福利，只要没有免税或者不征税的规定，就要计入应税所得代扣代缴个人所得税，存在混淆时及时向税务机关咨询，不能存在侥幸心理。其次可以通过定期核查应付职工薪酬——应付福利费、应付职工薪酬——工会经费、管理费用等明细账，查看有无发放过节费、高温费等福利，查看“不征税”预付卡发票并核查其用途，再进一步翻阅凭证查看发给个人的上述福利是否并入当月工资、薪金缴纳个人所得税。

（三）私车公用的车辆补贴和超标准的通讯补贴未代扣代缴个人所得税的风险及管理

根据《国家税务总局关于个人所得税有关政策问题的通知》（国税发〔1999〕58号）：个人因公务用车和通讯制度改革而取得的公务用车、通讯补贴收入，扣除一定标准的公务费用后，按照“工资、薪金”所得项目计征个人所得税。

日常经济生活中很多企业存在私车公用和发放通讯补贴的情况，企业采取的补贴形式也各种各样。企业在防范此类风险时，首先可通过行政后勤部门查询是否有私车公用的情况，其次可通过查询管理费用、应付职工薪酬——应付职工福利费等明细账，查看有无私车公用、发放通讯补贴的支出，再进一步翻阅凭证查看超过公务费用标准的发放是否并入当月工资、薪金所得缴纳个人所得税。

（四）旅游奖励未代扣代缴个人所得税的风险及管理

根据《财政部 国家税务总局关于企业以免费旅游方式提供对营销人员个人奖励有关个人所得税政策的通知》（财税〔2004〕11号）：企业和单位对商品营销活动中营销业绩突出的人员以培训班、研讨会、工作考察等名义组织旅游活动，通过免收差旅费、旅游费对个人实行的营销业绩奖励（包括实物、有价证券等），应根据所发生费用全额计入营销人员应税所得，其中，对企业雇员享受的此类奖励，应与当期的工资薪金合并，按照“工资、薪金所得”项目征收个人所得税；对其他人员享受的此类奖励，应作为当期的劳务收入，按照“劳务报酬所得”项目征收个人所得税。

单位在防范此类风险时，首先需要留存好旅游奖励支出费用单据明细作为将来确认个人所得税收入的依据，其次对应旅游奖励翻阅相关凭证查看是否分别计入工资、薪金所得和劳务报酬所得计算缴纳了个人所得税。

（五）员工报销MBA、EMBA等学历教育费用未代扣代缴个人所得税的风险及管理

根据《关于企业职工教育经费提取与使用管理的意见》（财建〔2006〕317号）：企业职工参加社会上的学历教育以及个人为取得学位而参加的在职教育，所需费用应由个人承担，不能挤占企业的职工教育培训经费。因此，单位为员工承担的MBA、EMBA等学历教育费用应并入工资、薪金所得计算缴纳个人所得税。

单位在防范此类风险时，首先应明确职工教育经费的支付界线，不属于职工教育经费范围内的职工教育有关支出应严格确认为与任职、受雇相关的所得并入工资、薪金所得缴纳个人所得税，其次认真查阅并判断每一笔发生的职工教育类支出是否并入工资、薪金所得计算缴纳了个人所得税。

（六）有奖促销未代扣代缴企业所得税的风险及管理

根据《财政部 税务总局关于个人取得有关收入适用个人所得税应税所得项目的公告》（财政部 税

务总局公告2019年第74号）：自2019年1月1日起，企业在业务宣传、广告等活动中，随机向本单位以外的个人赠送礼品（包括网络红包，下同），以及企业在年会、座谈会、庆典以及其他活动中向本单位以外的个人赠送礼品，个人取得的礼品收入，按照“偶然所得”项目计算缴纳个人所得税，但企业赠送的具有价格折扣或折让性质的消费券、代金券、抵用券、优惠券等礼品除外。因此，企业经营过程中的上述行为需要严格按税法规定扣缴个人所得税。

单位在防范此类风险时，首先应明确偶然所得征税的范围，避免非主观未扣税的情况发生，其次需要定期逐项核对涉及对外奖励或赠送的促销项目或活动，查实是否按照偶然所得进行了个人所得税的代扣代缴。

二、个人所得税扣除项目的涉税风险及管理

（一）单位和个人超过规定比例和标准缴付的社会保险和住房公积金，超过部分未并入个人当期的工资、薪金收入的风险及管理

根据《财政部 国家税务总局关于基本养老保险费 基本医疗保险费 失业保险费 住房公积金有关个人所得税政策的通知》（财税〔2006〕10号）：企事业单位和个人超过规定的比例和标准缴付的基本养老保险费、基本医疗保险费、失业保险费和住房公积金，应将超过部分并入个人当期的工资、薪金收入，计征个人所得税。因此，如果单位和个人超过规定的标准缴纳社会保险和住房公积金，需将超标的部分并入工资、薪金所得项目计算缴纳个人所得税。

单位在防范此类风险时，首先需要清楚知晓当地社会保险和住房公积金管理部门关于缴费标准的具体规定，其次认真核查企业每月为职工缴付以及扣缴职工的社会保险和住房公积金是否符合标准，一旦有发现超标需要及时将超过部分并入当月工资、薪金所得计算个人所得税。

（二）单位和个人缴纳的补充医疗保险金、补充养老保险费、年金险未代扣代缴个人所得税的风险及管理

根据《国家税务总局关于单位为员工支付有关保险缴纳个人所得税问题的批复》（国税函〔2005〕318号）：对企业为员工支付各项免税之外的保险金，应在企业向保险公司缴付时（即该保险落到被保险人的保险账户）并入员工当期的工资收入，按“工资、薪金所得”项目计征个人所得税，税款由企业负责代扣代缴。因此，如果单位为职工在基本社会保险之外额外购买上述保险，其支付的保险费需要并入工资、薪金所得计算缴纳个人所得税。

企业在防范此类风险时，可通过逐项核查管理费用、销售费用所属各明细账，查看有无缴付补充医疗保险、补充养老保险等；再进一步翻阅凭证查看在缴付补充医疗保险、补充养老保险时是否并入当月工资、薪金所得缴纳个人所得税。

三、个人所得税申报的涉税风险及管理

（一）自然人电子税务局（APP端）密码遗忘的风险及管理

新个人所得税法施行后，个人所得税综合所得实行年度汇算清缴的政策，很大一部分的纳税人可以通过自行登录自然人电子税务局（APP端）在汇算清缴环节拿到退税，但由于大部分工薪阶层月度预缴由单位预扣，因此一年不登录APP就成为了常事，忘记登录密码也成为许多人汇算清缴的难题。

对于此类风险，首先要明确个人所得税综合所得年度汇算的时间为每年的3月1日到6月30日，其次建议纳税人在汇算开始前就登录个人所得税APP做好准备，忘记密码也不要担心，在APP登录页面

单击“找回密码”可以完成密码的重置。

（二）年度汇算退税申请信息不完善的风险及管理

个人所得税年度汇算清缴如果产生应退税款，纳税人一定要按照税务机关的要求将退款银行卡号、退款依据等填写清楚，比如涉及捐赠扣除，需要准确清晰填报受赠单位名称和捐赠凭证号，否则，极易发生退税不成功的情况。

例如，2023年年度汇算清缴期间，某单位职工王某按照财务人员通知登录自然人电子税务局（APP端），和同事们一起办理了年度汇算清缴，并申请个人所得税退税500元。提交完申请后王某忙于工作没再关注此事，直到其他同事陆续收到了退款，王某才重新提起了重视，拨打12366纳税服务热线后被告知，退款失败的原因是王某一开始没有关联退款银行卡号，后续也没及时查看税务机关通过短信和APP站内信发送的“银行卡校验未通过”的提示补充信息。

对于此类风险，首先纳税人在办理年度汇算清缴退税的时候一定要反复确认需要填报的信息已经按要求填报完整，用于退税的银行卡应当为本人在中国境内开立的银行卡，且最好是I类账户并保持银行卡状态正常。其次，随时关注手机短信、APP站内信等，收到提醒后积极配合、尽快完善提交相关资料，以便及时获取退税，享受优质服务。

（三）年度汇算不及时办理产生少缴税款的风险及管理

自2019年新个人所得税法实施至今，仍有纳税人对综合与分类相结合的个人所得税制度了解的不够深入，认为自己的所得，无论是工资、薪金还是劳务报酬、稿酬或其他，支付单位在支付之前都已经扣过税款，对汇算清缴的事情不上心、不办理，这样的行为一方面会在有应退税款时因为没及时退回而遭受损失，另一方面，如果有应补税款，未及时缴纳会直接导致违法的后果。

对于此类风险，纳税人一方面应提高自身对个人所得税的认知水平，清楚综合所得汇算清缴政策。另一方面要熟悉年度汇算清缴补税的办理流程，及时在期限内完成申报和补税的操作，避免违法行为的发生。

（四）纳税人“被收入”的风险及管理

在日常办理个人所得税业务过程中，纳税人登录个人所得税APP或者Web端时，有时会发现自己的身份信息被冒用或者某条收入信息并非本人实际取得，如果放任这种情况不管，会带来因“被收入”而承担额外税款的风险。

对于此类风险，纳税人首先应该与对方单位联系核实。如属于支付单位申报错误，可由支付单位为纳税人办理更正申报，如无法联系或双方确实对身份或收入信息存在争议，纳税人可提起申诉，同时保存好相关佐证材料，以备后续税务机关进行联系核实。自然人电子税务局（APP端）进行申诉的路径如下：

方式一：单击“个人中心”—“任职受雇信息”，如对某项任职受雇信息有异议，可单击该项信息，在任职受雇明细详情右上角单击“申诉”提起申诉。

方式二：单击“服务”—“收入纳税明细查询”，选择纳税年度及所得类型，如对某笔收入明细有异议，可单击该笔收入，在收入纳税明细详情右侧单击“申诉”提起申诉。

（五）扣除项目不真实的风险及管理

为充分体现公平原则，新个人所得税法增加了专项附加扣除的规定，为有子女抚养、父母赡养、求医问药需求的家庭减轻了经济负担。政策虽好，但在实际执行的过程中却容易被别有用心之人利用，作为不当牟利的工具，通过虚报扣除项目等减少个人所得税的缴纳。

对于此类风险，纳税人一定要端正申报纳税态度，如实填报收入和扣除情况，切勿抱有侥幸心理；另外，也不要抱着贪便宜的心理被网络上一些不法分子的“退税秘籍”利用而上当受骗，一定要以税务局官方公布的各类通知和信息为准，切勿听信网络上各类涉税小道消息。

（六）工资、薪金金额长期异常的风险及管理

在日常业务中，部分企业为逃避个人所得税的纳税义务，会通过“0”或“1”元工资、全部员工工资维持在免征额以下、长期零申报、冒用他人信息发放工资等多种方式进行个人所得税的申报，这是近年来大数据风险控制重点关注的对象。

对于此类风险，纳税人首先要从思想上杜绝弄虚作假的意识，提升依法诚信纳税的觉悟，其次，强化对账目资料间逻辑关系的审核和比对，非特殊情况下，保证工商登记的员工人数，个人所得税工资、薪金所得扣缴申报人数，企业所得税申报员工人数与缴纳社会保险人数等数据保持一致。

（七）法人、监事、财务负责人不申报个人所得税的风险及管理

企业的法人、监事、财务负责人等高级管理人员与企业存在任职受雇关系，其取得的报酬应该按照“工资、薪金所得”项目申报缴纳个人所得税；若法人、监事或财务负责人仅兼职为企业提供服务，其从公司取得的报酬应该按照“劳务报酬所得”项目申报缴纳个人所得税；若法人同时也是企业的股东，除了可能按照“工资、薪金所得”项目领取工资，还会涉及股东分红，需要按照“利息、股息、红利所得”项目申报缴纳个人所得税。因此，如果企业的法人、监事、财务负责人等高级管理人员均不在个人所得税申报名单之列，则存在漏报个人所得税的风险。

对于此类风险，纳税人首先需要确认其高级管理人员的所得类别，严格按照法律法规的规定完成个人所得税的申报纳税工作，其次，查看其他应收款、其他应付款等账户，核查是否存在股东向公司长期借款不还、变相发放股息红利逃避个税的情况，另外，查看企业是否存在为股东或高级管理人员购置房产、汽车等固定资产，变相发放股息、红利未扣缴个人所得税的情况。

任务实施

王喆新所在培训公司针对2023年税务自查情况，需要进行如下税务处理：

（1）2023年1月对外抽奖：

对外抽奖产生的8个一等奖在发放1 000元现金的时候需要代扣代缴个人所得税，每人的扣税额度=1 000×20%=200（元）。

（2）奖励的笔记本电脑应并入员工当月工资、薪金所得，计算缴纳个人所得税，因此得到笔记本电脑奖励的6名员工每人在原应税工资的基础上增加5 000元进行个人所得税的计算。

（3）除了基本医保可作为专项扣除进行扣除之外，其他医保不能税前扣除，中层以上管理者每月补充医疗保险的1 200元应并入工资、薪金所得预扣代缴个人所得税。

（4）该公司税务人员的疏忽虽然不会导致公司多缴税款，但会影响本单位申报个人所得税时员工人数的准确性，而且会造成员工在新单位“被收入”，所以对于此错误，需要及时修改申报，同时在个人所得税扣缴端将离职员工状态调整为非正常，完成减员操作。

（5）公司需要在个人所得税系统中完善独立董事王某的信息，并从头补充申报其领取的报酬。

职业能力测评表

（在□中打✓，A掌握，B基本掌握，C未掌握）

评价指标	自测结果
1．已了解个人所得税的主要税制要素	□A □B □C
2．已熟悉个人所得税预缴申报流程及所需提供的资料	□A □B □C
3．已了解个人所得税报表体系及填报逻辑	□A □B □C
4．已熟悉“金税四期”背景下个人所得税的风险防控及管理	□A □B □C
5．能够准确完成各类个人所得税的计算	□A □B □C
6．能够准确完成个人所得税预缴申报表的填写	□A □B □C
7．能够准确完成年度汇算清缴纳税申报表的填写	□A □B □C
8．能够应用自然人电子税务局办理个人所得税各项申报业务	□A □B □C
9．能够正确理解个人所得税在组织财政收入和调节收入分配方面的重要作用，提升制度自信和职业荣誉感	□A □B □C
10．基本形成严谨细致的工作态度和精益求精的职业习惯	□A □B □C
11．基本具备较强的个人所得税风险防控意识	□A □B □C

教师评语：

成绩：	教师签字：

项目五任务完成要点提示

项目六

关税智慧化申报与管理

【素养目标】

1. 通过学习关税概述和税制要素，了解关税对维护国家主权和利益，调节经济运行，增加财政收入等方面的重要作用。
2. 通过学习关税的计算与申报，提升关税申报的实践能力，培养严谨细致的工作态度和一丝不苟的工作作风。
3. 通过学习关税的涉税风险与管理，提升风险防控的意识，养成诚信的职业品质和良好的职业道德。

【知识目标】

1. 理解关税的概述，包括概念、特点、分类、作用等。
2. 理解关税的税制要素。
3. 掌握关税完税价格的确认方法。
4. 掌握关税应纳税额的计算。
5. 熟悉关税申报资料填写及申报流程。
6. 熟悉关税的风险防控及管理。

【能力目标】

1. 能够准确分辨关税的税制要素。
2. 能够正确完成关税应纳税额的计算。
3. 能够正确填写关税申报材料，并办理关税申报。
4. 能够做好关税的风险防控及管理，做到合法报税。

思维导图

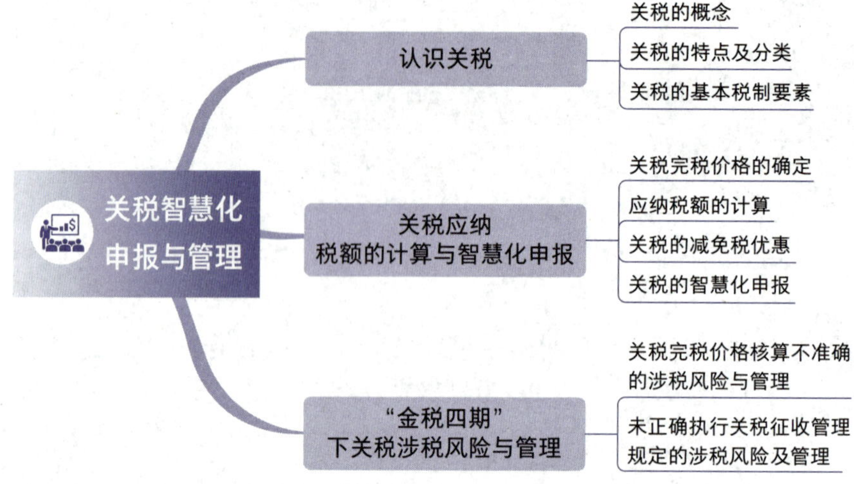

任务一　认识关税

任务描述

北京环宇有限责任公司（简称"环宇公司"）为增值税一般纳税人，从与我国共同适用最惠国条款的世界贸易组织成员国家进口一批化工原料，到岸价格为人民币500 000元，该原料的进口关税税率为6.5%，在货物成交过程中，向卖方支付佣金10 000元人民币。

任务要求：根据环宇公司的相关信息完成下列工作任务：

1. 判断环宇公司是否属于关税纳税义务人。
2. 判断环宇公司适用的关税征税对象。
3. 确定环宇公司适用的关税税率。

知识准备

一、关税的概念

关税是由海关根据国家制定的有关法律，以进出关境的货物和物品为征税对象而征收的一种商品税。现行关税法律规范主要包括：2017年11月全国人民代表大会修正颁布的《中华人民共和国海关法》（简称《海关法》），2017年3月第四次修订的《中华人民共和国进出口关税条例》（简称《进出口关税条例》），以及由国务院关税税则委员会审定并报国务院批准，作为条例组成部分的《中华人民共和国进出口税则（2023）》（简称《进出口税则》）等为基本法规。

关税在维护国家主权和经济利益、调节国民经济运行、调节和约束对外贸易、增加国家财政收入等方面发挥着重要的作用。

二、关税的特点及分类

（一）关税的特点

（1）关税以进出境的货物或物品为征收对象，如果货物或物品不进出关境，则不征收关税。

（2）关税是单一环节的价外税。

（3）关税有较强的涉外性，关税由海关机构代表国家征收，执行统一的对外经济政策。

（二）关税的分类

1. 按照征税对象分类

（1）进口关税，是指一个国家的海关对进口货物和物品征收的关税。

（2）出口关税，是指出口国海关在本国货物和物品输往国外时对出口商或出境的个人征收的关税。

（3）过境关税，简称过境税，亦称通过税，是指一国海关对通过本国国境或关境，销往第三国的外国货物征收的一种关税。

2. 按照征税方式分类

（1）从价税，是指按照货物的价格为标准征收的税，其税率表现为货物价格的一定百分比。

（2）从量税，是以货物的数量、体积、重量等计量单位为计税标准的一种关税计征方法。

（3）混合税，又称复合税，是指对某项商品既征收从量税又征收从价税，其中或者以从价税为主再征从量税，或者以从量税为主再征从价税。

（4）滑准税，是指关税的税率随着进口货物价格的变动而反方向变动的一种税率形式，即价格越高，税率越低，税率为比例税率。

3. 按照征税性质分类

（1）普通关税，是指一国对来自未建交的国家或未签订贸易协定的国家或地区的产品征收的关税，普通关税一般都高于优惠关税。

（2）最惠国关税，是指对签有最惠国待遇条款的贸易协定国家实行的关税。

（3）协定关税，亦称协定税则，是指两个或两个以上的国家之间，通过缔结关税贸易协定而制定的关税税则。

（4）特惠关税，是指一国对来自有特殊关系国家的进口商品规定特别优惠税率的关税。

（5）普惠关税，是指经济发达国家对发展中国家出口货物普遍给予的一种关税优惠制度。

4. 按照征收顺序分类

（1）正税，是指按照一国进出口税则公布的税率而正常征收的关税，包括进口关税、出口关税和过境关税。

（2）附加税，是指国家出于某种特定的目的，在对货物征收正税之外，再加征的一种关税，通常包括紧急关税、反倾销关税、反补贴关税、保障措施关税和报复性关税。

税收与新发展格局

惠民　创新　共赢——关税政策助力高水平对外开放

关税是国家重要的宏观调控手段，我国每年会根据经济社会发展情况，对部分进出口商品的关税税率进行调整。在党的二十大报告中提出：“推进高水平对外开放”，2023年关税调整方案，体现了惠民、创新、共赢的几个特点：

在惠及民生方面，此次调整降低了部分医疗产品、消费品、资源产品、原材料和零部件等多种商品进口关税，将进一步满足百姓生活、企业生产和社会发展需要，充分发挥关税作为国内国际双循环联结点的作用，以高水平对外开放助力构建新发展格局、实现高质量发展。

在推进创新方面，自2023年7月1日起，我国还将对62项信息技术产品的最惠国税率实施第八步降税，其有利于我国信息技术发展，促进国内相关行业和经济发展；也有利于全球高新技术发展，为经济全球化提供助力。

在互利共赢方面，2023年我国将对19个协定项下、原产于29个国家或者地区的部分进口商品实施协定税率。此举将推动构建高标准自由贸易区网络，更好塑造国际合作和竞争新优势，提升国际循环质量和水平，践行互利共赢的开放战略，助力推进高水平对外开放。

三、关税的基本税制要素

（一）纳税义务人

关税纳税人为进口货物收货人，出口货物发货人，进出境物品的所有人。

（二）征税对象

关税的征税对象为准许进出境的货物和物品。货物是指贸易性商品；物品是非贸易性商品，包括入境旅客随身携带的行李和物品、个人邮递物品、各种运输工具上的服务人员携带进口的自用物品、馈赠物品以及其他方式进入国境的个人物品。跨境电子商务零售商品按“货物”征税。

（三）税目、税率

1. 进出口税则

《进出口税则》是我国海关凭以征收关税的法律依据，也是我国关税政策的具体体现。

其中，进口税则和出口税则均包括税目税率表与归类总规则、类注、章注、子目注释、本国子目注释。进口税则税目税率表设置序号、税则号列、货品名称、最惠国税率、协定税率、特惠税率、普通税率等栏目。出口税则税目税率表设置序号、税则号列、货品名称、出口税率等栏目。税则归类，就是按照税则的规定，将每项具体进出口商品按其特性在税则中找出其最适合的某一个税号，以便确定其适用的税率，计算关税税负。我国现行进口税则为四栏税率，出口税则为一栏税率。

2. 税率

关税的税率分为出口税率和进口税率两种。

（1）出口税率。

我国出口税则为一栏税率，即出口税率。国家仅对少数资源型产品及易于竞相杀价、盲目出口，需要规范出口秩序的半制成品征收出口关税。我国对铬铁等107项出口商品征收出口关税，适用出口税率或出口暂定税率，征收商品范围和税率维持不变。

（2）进口税率。

进口税率又分为普通税率、最惠国税率、协定税率、特惠税率、关税配额税率和暂定税率。进口货物适用何种关税税率是以进口货物的原产地为标准的。进口关税一般采用比例税率，实行从价计征的办法，但对啤酒、原油等少数货物则实行从量计征。对广播用录像机、放像机、摄像机等实行从价计征加从量计征的复合税率。

① 普通税率。对原产于未与我国共同适用最惠国条款的世界贸易组织成员，未与我国签订有相互给予最惠国待遇、关税优惠条款贸易协定和特殊关税优惠条款贸易协定的国家或者地区的进口货物，以及原产地不明的货物，按照普通税率征税。

② 最惠国税率。对原产于与我国共同适用最惠国条款的世界贸易组织成员的进口货物，原产于与我国签订含有相互给予最惠国待遇的双边贸易协定的国家或者地区的进口货物，以及原产于我国的进口货物，按照最惠国税率征税。

③ 协定税率。对原产于与我国签订含有关税优惠条款的区域性贸易协定的国家或地区的进口货物，按协定税率征税。

④ 特惠税率。对原产于与我国签订含有特殊关税优惠条款的贸易协定的国家或地区的进口货物，按特惠税率征收。

⑤ 关税配额税率。对实行关税配额管理的进口货物，关税配额内的适用关税配额税率；关税配额外的，按不同情况分别适用于最惠国税率、协定税率、特惠税率或普通税率。

⑥ 暂定税率。暂定税率是指在海关进出口税则规定的进口优惠税率基础上，对进口的某些重要的工农业生产原材料和机电产品关键部件和出口的特定货物实施的更为优惠的关税税率。这种税率一般按照年度制定，并且可以随时根据需要恢复按照法定税率征税。

3. 税率的运用

税率的运用见表6-1。

表6-1 税率的运用

情形	适用税率
1. 进出口货物	申报进口或者出口之日实施的税率
2. 进出口货物到达前，经海关核准先行申报	按照装载此货物的运输工具申报进境之日实施的税率
3. 进口转关运输货物	指运地海关接受该货物申报进口之日实施的税率
4. 出口转关运输货物	启运地海关接受该货物申报出口之日实施的税率
5. 经海关批准，实行集中申报的进出口货物	每次货物进出口时海关接受该货物申报之日实施的税率
6. 因超过规定期限未申报而由海关依法变卖的进口货物	装载该货物的运输工具申报进境之日实施的税率
7. 因纳税义务人违反规定需要追征税款的进出口货物	违反规定的行为发生之日实施的税率； 行为发生之日不能确定的，适用海关发现该行为之日实施的税率

（四）纳税时间

（1）进口货物，纳税时间为运载进口货物的运输工具申报进境之日起14天内。

（2）出口货物，纳税时间为货物抵达海关监管区后，装货的24小时以前。

（3）经海关批准允许集中申报的进口货物，应在运输工具申报进境之日起1个月内办理申报。

（4）特殊货物，按照海关规定，定期申报。

（5）直接方式转关的进口货物，应当自运输工具申报进境之日起14天内向进境地办理转关手续。在海关规定期限内运抵指运地之日起14天内，向指运地海关申报。

（6）超过3个月未申报，由海关变卖处理（运输工具自申报进境之日起）。

（五）纳税期限

关税的纳税义务人或其代理人，应在海关填发税款缴纳凭证之日起15日内向指定银行缴纳。关税纳税义务人因不可抗力或者在国家税收政策调整的情形下，不能按期缴纳税款的，经依法提供税款担保后，可以延期缴纳税款，但最长不得超过6个月。

任务实施

1. 环宇公司进口化工原料，是进口货物收货人，属于关税纳税义务人。
2. 环宇公司适用的关税征税对象为化工原料。
3. 环宇公司适用的关税税率为最惠国税率6.5%。

任务二　关税应纳税额的计算与智慧化申报

任务描述

环宇公司2023年7月从境外公司引进产品自动生产线，境外成交价格（FOB）为1 600万元。该生产线运抵我国输入地点起卸前的运费和保险费120万元，境内运输费用12万元。另由买方负担的经纪费10万元、包装材料和包装劳务费20万元、与生产线有关的境外开发设计费用50万元、生产线进口后的现场培训指导费用200万元。取得海关开具的完税凭证及国内运输部门开具的合法运输发票。其适用关税税率为20%，增值税税率为13%。

任务要求：根据环宇公司的相关信息完成下列工作任务：

1. 确定环宇公司进口商品的关税完税价格。
2. 计算环宇公司应缴纳的进口环节关税。
3. 计算环宇公司进口环节应缴纳的增值税。

进口货物关税完税价格的确定

知识准备

一、关税完税价格的确定

我国对进出口货物征收关税，主要采取从价计征的办法，以商品价格为标准征收关税。因此，关税主要以进出口货物的完税价格为计税依据。

（一）进口货物的完税价格

进口货物完税价格的确定方法分为两类：成交价格估价方法和进口货物海关估价方法。

1. 成交价格估价方法

成交价格估价方法是以进口货物的成交价格为基础进行调整，从而确定进口货物完税价格的估价方法。

（1）适用成交价格估价方法的情形。

① 对买方处置或者使用进口货物不予限制，但是法律、行政法规规定实施的限制、对货物销售地域的限制和对货物价格无实质性影响的限制除外。

② 进口货物的价格不得受到使该货物成交价格无法确定的条件或者因素的影响。

③ 卖方不得直接或者间接获得因买方销售、处置或者使用进口货物而产生的任何收益，或者虽然有收益但是能够按照《中华人民共和国海关审定进出口货物完税价格办法》的规定作出调整。

④ 买卖双方之间没有特殊关系，或者虽然有特殊关系但是按照规定未对成交价格产生影响。

（2）需要计入完税价格的调整项目。

① 除购货佣金以外的佣金和经纪费。

② 与该货物视为一体的容器费用。

③ 包装材料和包装劳务费用。

④ 与进口货物的生产和向我国境内销售有关的，由买方以免费或者以低于成本的方式提供，并可以按适当比例分摊的货物或者服务的价值。

⑤ 买方需向卖方或者有关方直接或者间接支付的特许权使用费。

⑥ 卖方直接或间接从买方对该货物进口后销售、处置或使用所得中获得的收益。

（3）不计入完税价格的调整项目。

① 厂房、机械或者设备等货物进口后发生的建设、安装、装配、维修或者技术援助费用，但是保修费用除外。

② 进口货物运抵中华人民共和国境内输入地点起卸后发生的运输及其相关费用、保险费。

③ 进口关税、进口环节海关代征税及其他国内税。

④ 为在境内复制进口货物而支付的费用。

⑤ 境内外技术培训及境外考察费用。

⑥ 同时符合下列条件的利息费用：利息费用是购买方为购买进口货物而融资产生的；有书面融资协议；利息费用单独列明；可以证明有关利率不高于在融资当时当地此类交易通常应具有的利率水平等。

2. 进口货物海关估价方法

对于进口货物成交价格不符合条件或不能确定的，由海关估价确定。海关估价依次使用的方法有：相同货物成交价格估价方法，类似货物成交价格估价方法，倒扣价格估价方法，计算价格估价方法，其他合理估价方法。

3. 进口货物相关费用的核定

（1）进口货物的运费。

按照实际支付的费用计算。如果进口货物的运费无法确定，海关应当按照该货物的实际运输成本或者该货物进口同期运输行业公布的运费率（额）计算运费。

（2）进口货物的保险费。

按实际支付的费用计算，如果进口货物的保险费无法确定或者未实际发生，海关应当按照“货价加运费”两者总额的3‰计算保险费，其计算公式如下：

保险费 =（货价 + 运费）× 3‰

（3）以境外边境口岸价格条件成交的铁路或者公路运输进口货物，海关应当按照境外边境口岸价格的1% 计算运输及其相关费用、保险费。

（二）出口货物的完税价格

出口货物完税价格的确定包含两种情形：以成交价格为基础的完税价格和出口货物海关估价方法。

1. 以成交价格为基础的完税价格

出口货物的完税价格，由海关以该货物的成交价格为基础审查确定，并且应当包括货物运至我国境内输出地点装载前的运输及其相关费用、保险费。下列税收、费用不计入出口货物的完税价格：

（1）出口关税。

（2）在货物价款中单独列明的货物运至我国境内输出地点装载后的运输及其相关费用、保险费。

（3）在货物价款中单独列明由卖方承担的佣金。

2. 出口货物海关估计方法

出口货物成交价格不能确定时，海关经了解情况，并与纳税义务人进行价格磋商后，依次以下列价格审查确定该货物的完税价格：

（1）同时或者大约同时向同一国家或者地区出口的相同货物的成交价格。

（2）同时或者大约同时向同一国家或者地区出口的类似货物的成交价格。

（3）根据境内生产相同或者类似货物的成本、利润和一般费用（包括直接费用和间接费用）、境内发生的运输及其相关费用、保险费计算所得的价格。

（4）按照合理方法估定的价格。

二、应纳税额的计算

（一）从价税计算方法

从价税是最普遍的关税计征方法，它以进（出）口货物的完税价格作为计税依据。进（出）口货物关税应纳税额的计算公式为：

应纳税额 = 应税进（出）口货物数量 × 单位完税价格 × 适用税率

（二）从量税计算方法

从量税是以进(出）口商品的数量为计税依据的一种关税计征方法。其关税应纳税额的计算公式为：

应纳税额 = 应税进（出）口货物数量 × 关税单位税额

（三）复合税计算方法

复合税是对某种进（出）口货物同时使用从价和从量计征的一种关税计征方法。其关税应纳税额的计算公式为：

应纳税额 = 应税进（出）口货物数量 × 关税单位税额 + 应税进（出）口货物数量 × 单位完税价格 × 适用税率

（四）滑准税计算方法

滑准税是指关税的税率随着进口商品价格的变动而反方向变动的一种税率形式，即价格越高，税率越低，税率为比例税率。因此，对实行滑准税的进口商品关税应纳税额的计算方法与从价税的计算方法相同。

三、关税的减免税优惠

关税减免是对某些纳税人和征税对象给予鼓励和照顾的一种特殊调节手段。关税减免分为法定减免税、特定减免税、暂时免税和临时减免税。

（一）法定减免税

下列进出口货物、进出境物品，减征或者免征关税：

（1）关税税额在人民币50元以下的一票货物。

（2）无商业价值的广告品和货样。

（3）外国政府、国际组织无偿赠送的物资。

（4）进出境运输工具装载的途中必需的燃料、物料和饮食用品。

（5）在海关放行前损失的货物。

（6）在海关放行前遭受损坏的货物，可以根据海关认定的受损程度减征关税。

（7）我国缔结或者参加的国际条约规定减征、免征关税的货物、物品，按照规定予以减免关税。

（8）法律规定减征、免征关税的其他货物、物品。

（二）特定减免税

特定减免税也称政策性减免税。在法定减免税之外，国家按照国际通行规则和我国实际情况，制定发布的有关进出口货物减免关税的政策，称为特定或政策性减免税。对符合规定条件的科教用品、残疾人专用品、慈善捐赠物资、重大技术装备等，予以免征进口关税和进口环节增值税、消费税。

（三）暂时免税

在展览会、交易会、会议及类似活动中展示或者使用的货物，文化、体育交流活动中使用的表演、比赛用品、开展科研、教学、医疗活动使用的仪器、设备及用品等，在进境或者出境时纳税义务人向海关缴纳相当于应纳税款的保证金或者提供其他担保的，可以暂不缴纳关税，应当自进境或者出境之日起6个月复运出境或者复运进境；需要延长复运出境或者复运进境期限的，纳税义务人应当根据海关总署的规定向海关办理延期手续。

（四）临时减免税

临时减免税是指以上法定和特定减免税以外的其他减免税，即由国务院根据《海关法》对某个单位、某类商品、某个项目或某批进出口货物特殊情况给予特别照顾，一案一批，专文下达的减免税。

四、关税的智慧化申报

办理进出口业务的纳税人，通过中国国际贸易单一窗口进行关税、进口增值税、进口消费税等的申报。操作人员进入中国国际贸易单一窗口网站，单击“业务应用”，有三类典型应用：“标准版应用”适用于单一窗口各类业务应用；“金融服务”适用基于单一窗口、面向金融保险提供各类服务；“航空服务”适用基于单一窗口、面向航空物流提供服务。

第一步：关税申报选择“标准版应用”—“税费办理”—“货物贸易税费支付”，界面见图6-1。

图6-1　货物贸易税费支付界面

使用IC卡或Ikey等介质登录标准版系统或输入用户名、密码、验证码等信息，完成登录后可以进行税费申报。

第二步：税费支付前需先签订企业、银行、海关三方协议，单击“协议签署”，界面见图6-2。

图 6-2　协议签署界面

第三步：单击“支付管理”，可以看到未支付、支付处理中、支付完成的功能按钮，支付税款时，单击“申请支付”，选择“税单抬头单位类型”—“选择支付协议号”，确认后即完成税款支付。支付完成后生成税费单详细信息，关税核对单界面见图6-3，支付进口增值税核对单界面见图6-4。

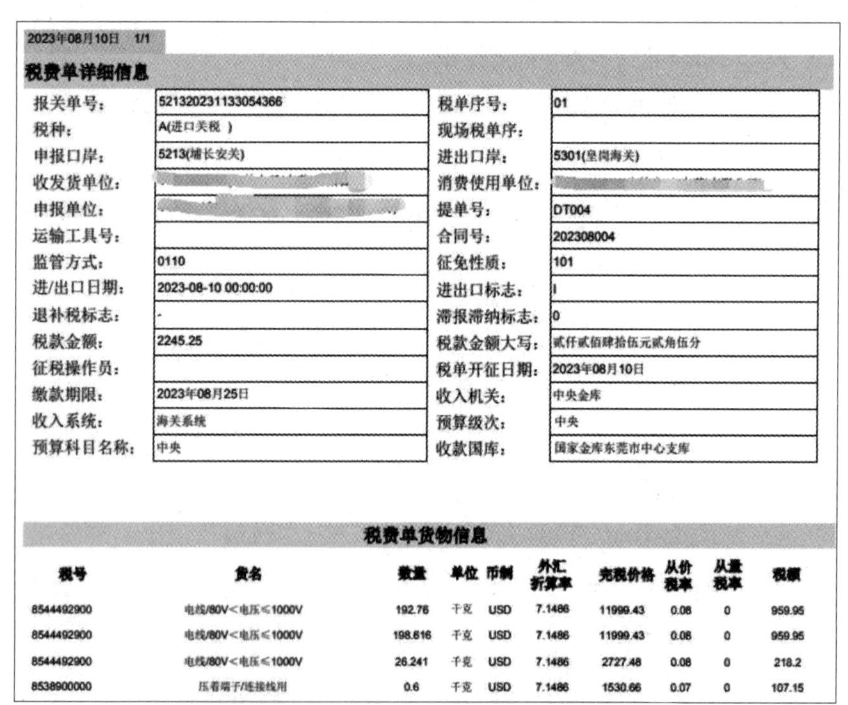

2023年08月10日　1/1

税费单详细信息

报关单号：	521320231133054366	税单序号：	01
税种：	A(进口关税)	现场税单序：	
申报口岸：	5213(埔长安关)	进出口岸：	5301(皇岗海关)
收发货单位：		消费使用单位：	
申报单位：		提单号：	DT004
运输工具号：		合同号：	202308004
监管方式：	0110	征免性质：	101
进/出口日期：	2023-08-10 00:00:00	进出口标志：	I
退补税标志：	-	滞报滞纳标志：	0
税款金额：	2245.25	税款金额大写：	贰仟贰佰肆拾伍元贰角伍分
征税操作员：		税单开征日期：	2023年08月10日
缴款期限：	2023年08月25日	收入机关：	中央金库
收入系统：	海关系统	预算级次：	中央
预算科目名称：	中央	收款国库：	国家金库东莞市中心支库

税费单货物信息

税号	货名	数量	单位	币制	外汇折算率	完税价格	从价税率	从量税率	税额
8544492900	电线/80V<电压≤1000V	192.76	千克	USD	7.1486	11999.43	0.08	0	959.95
8544492900	电线/80V<电压≤1000V	198.616	千克	USD	7.1486	11999.43	0.08	0	959.95
8544492900	电线/80V<电压≤1000V	26.241	千克	USD	7.1486	2727.48	0.08	0	218.2
8538900000	压着端子/连接线用	0.6	千克	USD	7.1486	1530.66	0.07	0	107.15

图 6-3　关税核对单界面

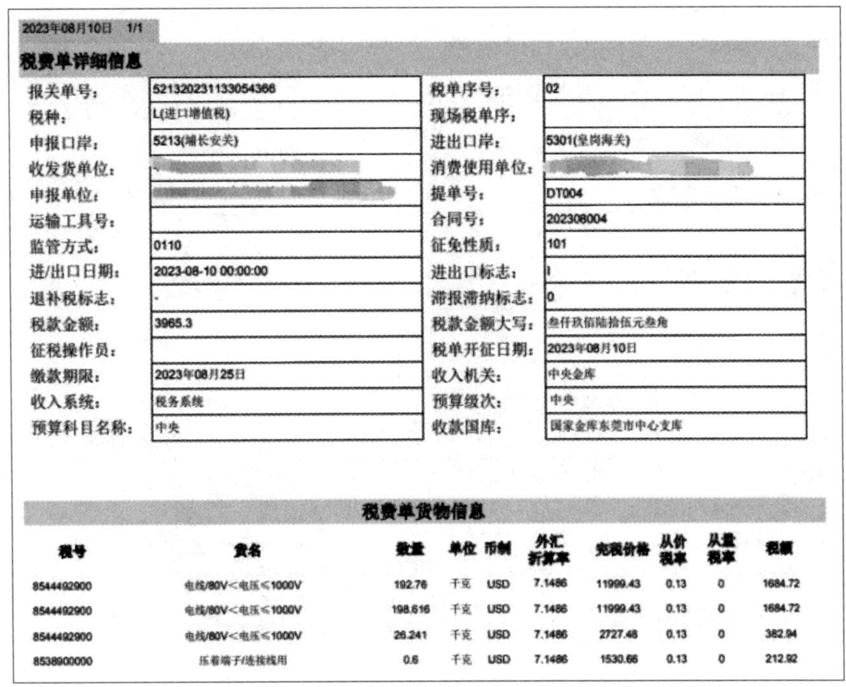

2023年08月10日 1/1

税费单详细信息

报关单号：	521320231133054366	税单序号：	02
税种：	L(进口增值税)	现场税单序：	
申报口岸：	5213(埔长安关)	进出口岸：	5301(皇岗海关)
收发货单位：		消费使用单位：	
申报单位：		提单号：	DT004
运输工具号：		合同号：	202308004
监管方式：	0110	征免性质：	101
进/出口日期：	2023-08-10 00:00:00	进出口标志：	I
退补税标志：	-	滞报滞纳标志：	0
税款金额：	3965.3	税款金额大写：	叁仟玖佰陆拾伍元叁角
征税操作员：		税单开征日期：	2023年08月10日
缴款期限：	2023年08月25日	收入机关：	中央金库
收入系统：	税务系统	预算级次：	中央
预算科目名称：	中央	收款国库：	国家金库东莞市中心支库

税费单货物信息

税号	货名	数量	单位	币制	外汇折算率	完税价格	从价税率	从量税率	税额
8544492900	电线/80V<电压≤1000V	192.76	千克	USD	7.1486	11999.43	0.13	0	1684.72
8544492900	电线/80V<电压≤1000V	198.616	千克	USD	7.1486	11999.43	0.13	0	1684.72
8544492900	电线/80V<电压≤1000V	26.241	千克	USD	7.1486	2727.48	0.13	0	382.94
8538900000	压着端子/连接线用	0.6	千克	USD	7.1486	1530.66	0.13	0	212.92

图 6-4 支付进口增值税核对单界面

第四步：支付完成后即可查询正式税单版式文件，“海关进口关税专用缴款书”版式文件见图6-5。“海关进口增值税专用缴款书”版式文件见图6-6。

G S01 东兴 海关进口关税 专用缴款书

2308

收入系统：海关系统　　填发日期：2023年8月22日　　号码 No.720720221072103146-A01

收款单位	收入机关	中央金库		缴款单位（人）	名 称	乐金显示光电科技（中国）有限公司
	科 目	进口关税	预算级次 中央		账 号	440501471001098686O1
	收款国库	国家金库东兴市支库 200705000004278001			开户银行	中国建设银行股份有限公司

税 号	货 物 名 称	数 量	单位	完税价格(¥)	税率(%)	税款金额(¥)
1. 3923100090	塑料盒/77″	250.00	千克	25,657.00	10.0000	2,565.68
2. 3923100090	塑料盒/83″	507.50	千克	37,810.00	10.0000	3,781.01
3. 3923100090	塑料盒/48″	273.60	千克	14,584.00	10.0000	1,458.39
金额人民币(大写) 柒仟捌佰零伍元零捌分					合计(¥)	¥7805.08

申请单位编号	451066K002	报关单编号	720720221072103146	填 制 单 位	收款国库(银行)
合同(批文)号	CES21B0005-P-CN	运输工具(号)	粤BFF830	东兴海关	
缴款期限	2023年9月6日前	提/装货单号	7207DD2022071402102	制单人9999	
备注	暂时进出口货物 照章征税 2022-7-14 国标代码　USD 6.7518　系统类别：01 7,805.08 交易流水号2023082200026090			复核 单证专用章	

（收据）银行收缴签章后交缴款单位或缴款人

自填发缴款书之日起15日内缴纳税款(期末遇星期六、星期日或法定节假日顺延)，逾期缴纳按日加收税款总额万分之五的滞纳金。

图 6-5 “海关进口关税专用缴款书”版式文件

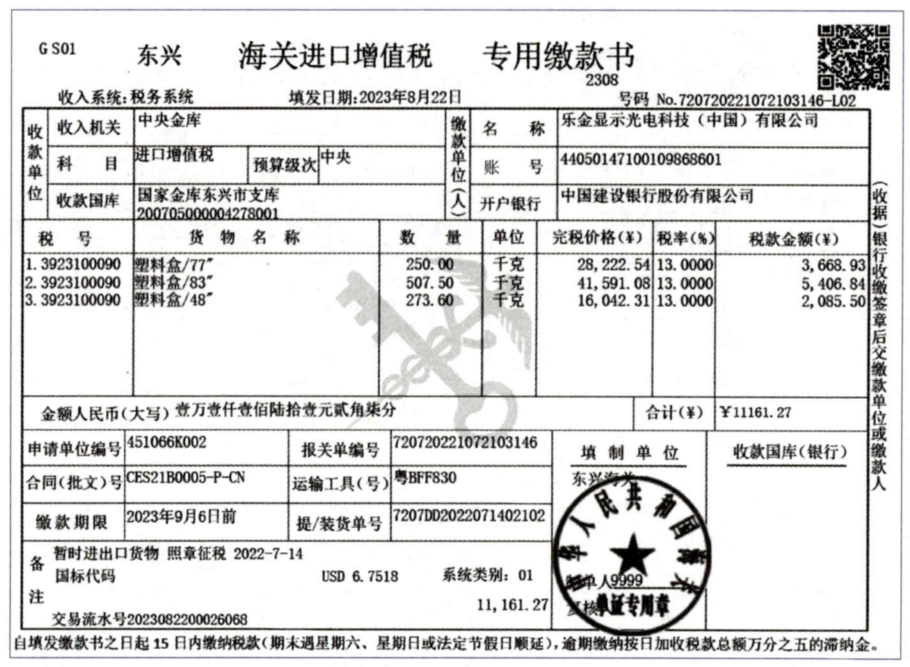

G S01　东兴　海关进口增值税　专用缴款书

2308

收入系统：税务系统　填发日期：2023年8月22日　号码 No.720720221072103146-L02

收款单位			缴款单位（人）		
收入机关	中央金库		名称	乐金显示光电科技（中国）有限公司	
科目	进口增值税	预算级次 中央	账号	44050147100109868601	
收款国库	国家金库东兴市支库 200705000004278001		开户银行	中国建设银行股份有限公司	

税号	货物名称	数量	单位	完税价格(¥)	税率(%)	税款金额(¥)
1. 3923100090	塑料盒/77″	250.00	千克	28,222.54	13.0000	3,668.93
2. 3923100090	塑料盒/83″	507.50	千克	41,591.08	13.0000	5,406.84
3. 3923100090	塑料盒/48″	273.60	千克	16,042.31	13.0000	2,085.50
金额人民币（大写）壹万壹仟壹佰陆拾壹元贰角柒分					合计(¥)	¥11161.27

申请单位编号	451066K002	报关单编号	720720221072103146	填制单位	收款国库（银行）
合同(批文)号	CES21B0005-P-CN	运输工具(号)	粤BFF830	东兴海关	
缴款期限	2023年9月6日前	提/装货单号	7207DD2022071402102	制单人9999	
备注	暂时进出口货物 照章征税 2022-7-14 国标代码　USD 6.7518　系统类别：01 11,161.27 交易流水号2023082200026068			复核 单证专用章	

自填发缴款书之日起15日内缴纳税款（期末遇星期六、星期日或法定节假日顺延），逾期缴纳按日加收税款总额万分之五的滞纳金。

（收据）银行收缴签章后交缴款单位或缴款人

图6-6　“海关进口增值税专用缴款书”版式文件

任务实施

1. 进口商品的关税完税价格＝1 600＋120＋10＋20＋50＝1 800（万元）。
2. 进口环节应缴纳的关税＝1 800×20%＝360（万元）。
3. 进口环节应缴纳的增值税＝（1 800＋360）×13%＝280.8（万元）。

任务三　“金税四期”下关税涉税风险与管理

任务描述

环宇公司在2023年7月进行税务自查时发现如下事项：

（1）2023年6月将机器运往境外修理，出境时已向海关报明，并在海关规定期限内复运进境。其原值为100万元，已提折旧20万元，报关出境前发生运费和保险费1万元，境外修理费5万元，修理料件费1.2万元；复运进境发生的运费和保险费1.5万元，以上金额均为人民币。在计算进口环节关税完税价格时，将报关出境前和复运进境的运费和保险费计入了进口环节关税完税价格。

（2）2023年5月进口设备一套，实付金额折合人民币130万元，其中包含单独列出的进口后设备安装费10万元、中介经纪费5万元；运输保险费无法确定，海关按同类货物同期同程运输费计算的运费为15万元。起卸后发生运费0.4万元。环宇公司将设备价格130万元作为进口环节关税完税价格。

任务要求：根据上述业务识别环宇公司关税的主要风险点。

知识准备

一、关税完税价格核算不准确的涉税风险与管理

（一）关税完税价格调整项目核算不准确的涉税风险与管理

进口货物的关税完税价格是由海关以货物的成交价格为基础审查确定，并应当包括该货物运抵中华人民共和国境内输入地点起卸前的运输及其相关费用、保险费等。同时，应当包括以下几方面：

一是由买方负担的如购货佣金以外的佣金和经纪费，与进口货物视为一体的容器费用、包装材料和包装劳务费用等；二是与进口货物的生产和向我国境内销售有关的，买方以免费或低于成本方式提供的货物和服务，如进口货物包含的材料、部件、零件、类似货物，在生产进口货物过程中使用的工具、模具和类似货物等；三是用于支付使用各类无形资产权利的使用费等。

如果这些调整项目未计入关税完税价格会造成少缴关税，会面临税收处罚的风险，因此，在进口货物过程中，需要关注除了货物价格之外，由买方负担的价外费用，支付的无形资产使用费等需要计入关税完税价格，买方以免费或低于成本方式提供的货物，需要按照适当比例分摊计入货物或者服务的价值后计入关税完税价格。

（二）特殊进口货物关税完税价格核算不准确的涉税风险与管理

运往境外修理的货物与运往境外加工的货物，在海关规定期限内复运进境，在计算进口货物关税完税价格确定方面，关于是否包括复运进境的运输费及相关费用、保险费有不同的规定。

对于出境时已向海关报明，并在海关规定期限内复运进境的货物，如果是运往境外修理，应当以海关审定的境外修理费和料件费确定关税完税价格。但是，如果是运往境外加工，应当以海关审定的境外加工费和料件费以及该货物复运进境的运输及其相关费用、保险费估定关税完税价格。

因此，特殊进口货物的关税完税价格计算是否准确，关键是判断运往境外的货物，是进行修理后复运进境，还是进行加工后复运进境。应当依据出境加工或修理的合同、向海关提供的税款担保、海关监管代码等进行判断。

二、未正确执行关税征收管理规定的涉税风险及管理

（一）未按期申报税款的涉税风险及管理

关税纳税人义务人或其代理人应当自海关填发税款缴款书之日起15日内向指定银行缴纳税款，如果因不可抗力或者在国家税收政策调整的情形下，不能按期缴纳税款的，经海关总署批准，可以延期缴纳税款，但是最长不得超过6个月。如果纳税人或其代理人未按期缴纳税款会面临补缴税款，并按日加收5‰滞纳金的税收处罚风险。

因此，进口货物的纳税义务人应当自运输工具申报进境之日起14日内，出口货物的纳税义务人除海关特准的以外，应当在货物运抵海关监管区后、装货的24小时以前，向货物的进出境地海关申报，海关根据税则归类和完税价格计算应缴纳的关税和进口环节代征税，并填发税款缴款书。纳税人自海关填发税款缴款书之日起15日内向指定银行缴纳税款，如果确需延期，需要经海关总署批准。

（二）被免费更换的原进口货物不退运出境，未补关税的涉税风险及管理

当纳税人进口的货物出现残损、品质不良、规格不符等情形，需要由进出口货物的发货人、承运人或者保险公司免费补偿或者更换的相同货物，免费更换的货物在进出口时不征收关税。但被免费更换的原进口货物不退运出境，海关应当对原进口货物重新按照规定征收关税。如果纳税人未按规定，

既未将被免费更换的原进口货物退运出境，也未按规定补缴关税，将面临接受税收处罚的风险。

任务实施

环宇公司的主要关税涉税风险点：

（1）运往境外修理的货物，规定期限内复运进境的，以海关审定的境外修理费、料件费为基础确定关税完税价格。环宇公司2023年6月运往境外修理的机器进口环节关税完税价格仅包括境外修理费5万元，修理料件费1.2万元。环宇公司将报关出境前和复运进境的运费和保险费计入了进口环节关税完税价格属于多计了关税完税价格，多缴纳了关税。

（2）从境外进口设备，进口后设备安装费、起卸后发生的运费不计入关税完税价格，如果进口货物的运费无法确定或未实际发生，海关应当按照该货物进口同期运输行业公布的运费率（额）计算运费。环宇公司2023年5月进口设备，进口环节关税完税价格 = 130−10 + 15 = 135（万元），环宇公司按进口设备价格130万元作为关税完税价格，少缴纳了关税。

职业能力测评表

（在□中打✓，A掌握，B基本掌握，C未掌握）

评价指标	自测结果
1. 已了解关税的主要税制要素	□A □B □C
2. 已熟悉关税的申报流程及提供资料	□A □B □C
3. 已了解关税的智慧化申报	□A □B □C
4. 已熟悉“金税四期”背景下关税的风险防控及管理	□A □B □C
5. 能够准确完成关税应纳税额的计算	□A □B □C
6. 能够准确完成关税的智慧化申报	□A □B □C
7. 能够正确理解关税在维护国家主权和经济利益、组织财政收入方面的重要作用，提升制度自信和职业荣誉感	□A □B □C
8. 基本形成严谨细致的工作态度和精益求精的职业习惯	□A □B □C
9. 基本具备较强的关税风险防控意识	□A □B □C
教师评语：	
成绩：	教师签字：

项目七

其他税种智慧化申报与管理

【素养目标】

1. 通过学习财产税和行为税各税种的税制要素，认识到财产税和行为税各税种在调节社会公平方面、推动绿色发展等方面的作用，增强职业归属感和诚信纳税意识。
2. 通过学习财产税和行为税各税种的合并申报，了解国家在优化营商环境、提高办税效率等方面的新举措。
3. 通过学习财产税和行为税各税种的税务风控和管理，养成严谨细致的工作态度和精益求精的工匠精神，增强风险防控的意识。

【知识目标】

1. 掌握财产税和行为税类，资源、环保税类，以及特定目的税类各税种的主要税制要素。
2. 熟悉财产税和行为税各税种纳税申报的基本流程。
3. 掌握财产税和行为税各税种的应纳税额计算。
4. 熟悉财产税和行为税各税种的征收管理。
5. 熟悉“金税四期”背景下财产税和行为税各税种的风险防控及管理。

【能力目标】

1. 能够根据业务情况准确确定财产税和行为税的征税范围、纳税人及适用税率。
2. 能够正确计算财产税和行为税各税种的应纳税额。
3. 能够在电子税务局办理财产税和行为税各税种的纳税申报。
4. 能够做好“金税四期”背景下财产税和行为税各税种的风险防控及管理。

思维导图

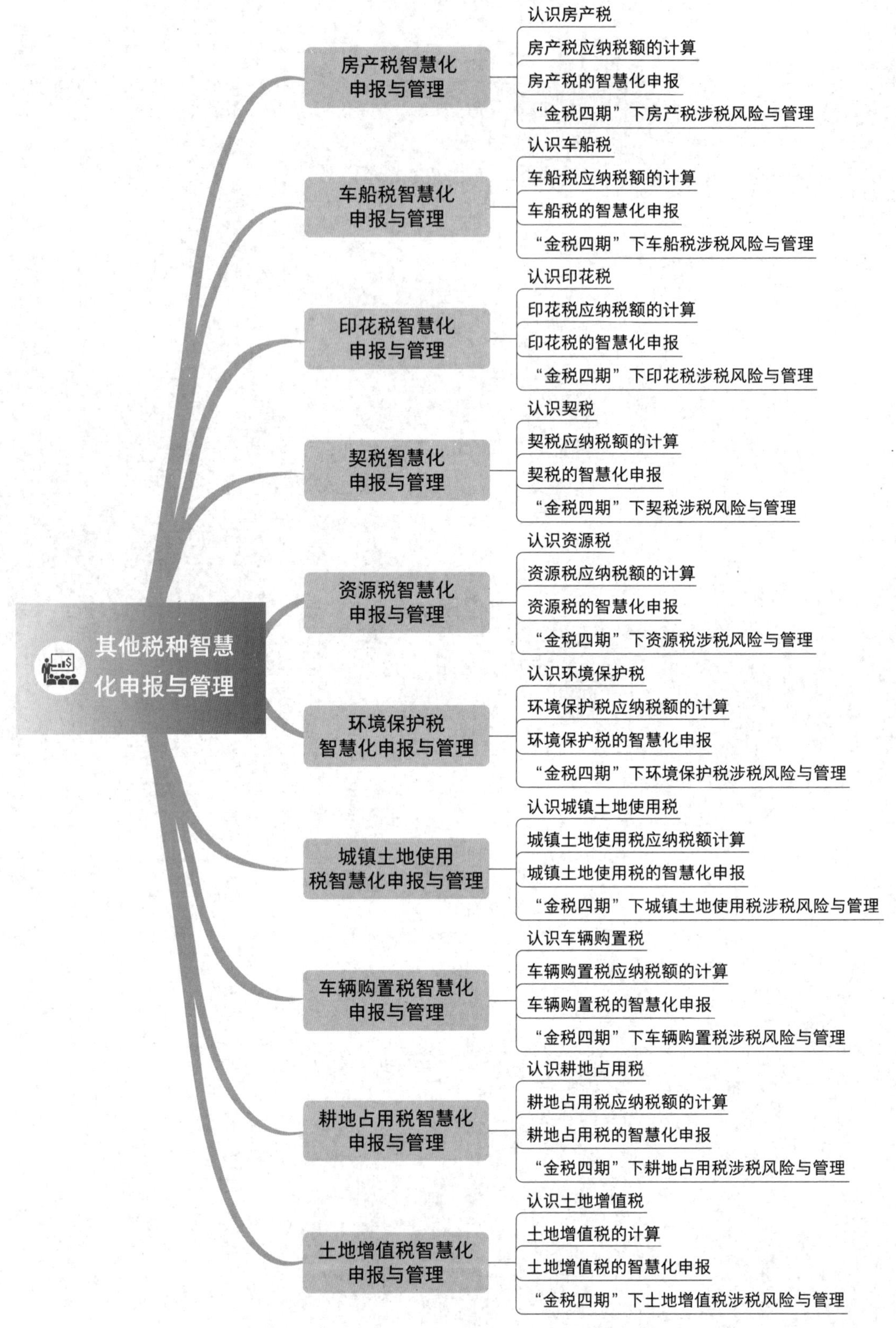

其他税种智慧化申报与管理
房产税智慧化申报与管理
认识房产税
房产税应纳税额的计算
房产税的智慧化申报
“金税四期”下房产税涉税风险与管理
车船税智慧化申报与管理
认识车船税
车船税应纳税额的计算
车船税的智慧化申报
“金税四期”下车船税涉税风险与管理
印花税智慧化申报与管理
认识印花税
印花税应纳税额的计算
印花税的智慧化申报
“金税四期”下印花税涉税风险与管理
契税智慧化申报与管理
认识契税
契税应纳税额的计算
契税的智慧化申报
“金税四期”下契税涉税风险与管理
资源税智慧化申报与管理
认识资源税
资源税应纳税额的计算
资源税的智慧化申报
“金税四期”下资源税涉税风险与管理
环境保护税智慧化申报与管理
认识环境保护税
环境保护税应纳税额的计算
环境保护税的智慧化申报
“金税四期”下环境保护税涉税风险与管理
城镇土地使用税智慧化申报与管理
认识城镇土地使用税
城镇土地使用税应纳税额计算
城镇土地使用税的智慧化申报
“金税四期”下城镇土地使用税涉税风险与管理
车辆购置税智慧化申报与管理
认识车辆购置税
车辆购置税应纳税额的计算
车辆购置税的智慧化申报
“金税四期”下车辆购置税涉税风险与管理
耕地占用税智慧化申报与管理
认识耕地占用税
耕地占用税应纳税额的计算
耕地占用税的智慧化申报
“金税四期”下耕地占用税涉税风险与管理
土地增值税智慧化申报与管理
认识土地增值税
土地增值税的计算
土地增值税的智慧化申报
“金税四期”下土地增值税涉税风险与管理

任务一　房产税智慧化申报与管理

任务描述

北京启宏文化传播有限责任公司（简称“北京启宏”）位于北京市顺义区，2023年期初拥有房产情况为：2015年购入文汇大厦15-1508作为办公用房，建筑面积125平方米，账面价值861万元。

2023年3月签订购房合同，购入文汇大厦15-1509作为新办公地，合同注明不含税金额500万元，增值税45万元，建筑面积85平方米，当年4月办理了过户手续。

已知当地房产税计税余值计算的扣除比例为30%。房产税的纳税期限为每半年缴纳一次，分别为每年4月和10月。

任务要求：根据相关信息完成下列工作任务：

1. 分析北京启宏是否为房产税的纳税人。
2. 计算北京启宏2023年度应缴纳的房产税税额。
3. 分析北京启宏如何进行新增房源信息维护。

知识准备

一、认识房产税

（一）房产税的概念及作用

房产税是以房产为征税对象，按照房产的计税余值或房产租金收入向产权所有人征收的一种税。征收房产税有利于地方政府筹集财政收入，加强房地产管理。我国现行房产税的基本法律规范是1986年9月15日国务院颁布的《中华人民共和国房产税暂行条例》。

（二）房产税的基本税制要素

1. 房产税的征税范围

房产税的征收范围为城市、县城、建制镇和工矿区的房屋。

房屋，是指有屋面和围护结构（有墙或两边有柱），能够遮风避雨，可供人们在其中生产、工作、学习、娱乐、居住或储藏物资的场所。

独立于房屋之外的建筑物不属于房产税的征税范围，如围墙、烟囱、水塔、菜窖、室外游泳池等。

房地产开发企业建造的商品房在出售前，不征收房产税，但对出售前房地产开发企业已使用或出租、出借的商品房应按规定征收房产税。

2. 纳税人

房产税的纳税人，是指在我国城市、县城、建制镇和工矿区拥有房屋产权的单位和个人。房产税的纳税人的规定见表7-1。

表7-1　房产税的纳税人的规定

产权归属	纳税人
产权属国家所有的	房产的经营管理单位为纳税人
产权属集体（个人）所有的	集体单位和个人为纳税人
产权出典的	承典人为纳税人
产权未确定或租典纠纷未解决的	房产代管人（或使用人）为纳税人
产权所有人、承典人均不在房产所在地的	房产代管人（或使用人）为纳税人
单位和个人无租使用房产的	使用人代为缴纳房产税

3. 房产税的税率

我国现行房产税采用的是比例税率，适用两种税率，一种是按照房产原值一次性减除10%~30%的费用后的余值计征，税率为1.2%；一种是按房屋出租的租金收入计征，税率为12%。

个人出租房屋的，不区分用途，一律减按4%征收房产税；企事业单位、社会团体以及其他组织按市场价格出租给个人用于居住的房屋，减按4%征收房产税。

4. 纳税地点

房产税在房产所在地缴纳。房产不在同一地方的纳税人，应按房产的坐落地点分别向房产所在地的税务机关申报纳税。

5. 纳税期限

房产税实行按年计算、分期缴纳的征收方法，具体纳税期限由省、自治区、直辖市人民政府确定。

二、房产税应纳税额的计算

（一）房产税的计税依据

房产税的计税依据是房产的计税余值或房产的租金收入。

1. 从价计征

房产自用的，以计税余值为房产税的计税依据。

计税余值是指按税法规定，房产原值一次性扣除10%~30%损耗价值后的余值，各地扣除比例由当地省、自治区、直辖市人民政府确定。其中，房产原值是指纳税人按照会计制度规定记载的房屋原值。另外，无论会计上如何核算，房产原值均应包含地价，与房屋不可分割的各种附属设备或一般不单独计算价值的配套设施也计算在房屋原值中。

2. 从租计征

房产出租的，以房产租金收入为房产税的计税依据。

对出租房产，租赁双方签订的租赁合同约定有免收租金期限的，免收租金期间由产权所有人按照房产原值缴纳房产税。出租的地下建筑按出租地上房屋建筑的有关规定征收房产税。

（二）房产税应纳税额的计算

1. 从价计征房产税应纳税额的计算

从价计征房产税应纳税额的计算公式为：

$$应纳税额=应税房产原值\times(1-扣除比例)\times1.2\%$$

2. 从租计征房产税应纳税额的计算

从租计征房产税应纳税额的计算公式为：

$$应纳税额=租金收入\times12\%（或4\%）$$

（三）房产税的纳税义务发生时间

（1）纳税人将原有房产用于生产经营，从生产经营之月起，缴纳房产税。

（2）纳税人自行新建房屋用于生产经营，从建成之次月起，缴纳房产税。

（3）纳税人委托施工企业建设的房屋，从办理验收手续之次月起，缴纳房产税。

（4）纳税人购置新建商品房，自房屋交付使用之次月起，缴纳房产税。

（5）纳税人购置存量房，自办理房屋权属转移、变更登记手续，房地产权属登记机关签发房屋权属证书之次月起，缴纳房产税。

（6）纳税人出租、出借房产，自交付出租、出借本企业房产之次月起，缴纳房产税。

（7）房地产开发企业自用、出租、出借本企业建造的商品房，自房屋使用或交付之次月起，缴纳房产税。

（8）纳税人因房产的实物或权利状态发生变化而依法终止房产税纳税义务的，其应纳税款的计算截止到房产的实物或权利状态发生变化的当月末。

（四）房产税的税收优惠

（1）国家机关、人民团体、军队自用的房产免征房产税。

（2）由国家财政部门拨付事业经费的单位所有的、本身业务范围内使用的房产免征房产税。

（3）宗教寺庙、公园、名胜古迹自用的房产免征房产税。

宗教寺庙自用的房产，是指举行宗教仪式等的房屋和宗教人员使用的生活用房屋；公园、名胜古迹自用的房产，是指供公共参观游览的房屋及其管理单位的办公用房屋。

（4）个人所有非营业用的房产免征房产税。

（5）对非营利性医疗机构、疾病控制机构和妇幼保健机构等卫生机构自用的房产。

（6）大修停用半年以上的房屋，在房屋大修期间免征房产税。

（7）企业办的各类学校、医院、幼儿园、托儿所自用的房产，免征房产税。

（8）高校学生公寓免征房产税。

（9）纳税单位与免税单位共同使用的房屋，按各自使用的部分分别征收或免征房产税。

三、房产税的智慧化申报

财产和行为税合并申报

（一）财产和行为税合并申报

根据《国家税务总局关于简并税费申报有关事项的公告》（国家税务总局公告2021年第9号），自2021年6月1日起，纳税人申报缴纳城镇土地使用税、房产税、车船税、印花税、耕地占用税、资源税、土地增值税、契税、环境保护税、烟叶税中一个或多个税种时，使用《财产和行为税纳税申报表》，见表7-2。

表7-2　财产和行为税纳税申报表

纳税人识别号（统一社会信用代码）：

纳税人名称：　　　　　　　　　　　　　　　　　　　　　　　　　金额单位：人民币元（列至角分）

<table>
<tr><th>序号</th><th>税种</th><th>税目</th><th>税款
所属期起</th><th>税款
所属期止</th><th>计税依据</th><th>税率</th><th>应纳税额</th><th>减免税额</th><th>已缴税额</th><th>应补（退）
税额</th></tr>
<tr><td>1</td><td>车船税</td><td></td><td></td><td></td><td></td><td></td><td></td><td></td><td></td><td></td></tr>
<tr><td>2</td><td>房产税</td><td></td><td></td><td></td><td></td><td></td><td></td><td></td><td></td><td></td></tr>
<tr><td>…</td><td></td><td></td><td></td><td></td><td></td><td></td><td></td><td></td><td></td><td></td></tr>
<tr><td>…</td><td>合计</td><td>—</td><td>—</td><td>—</td><td>—</td><td>—</td><td></td><td></td><td></td><td></td></tr>
<tr><td colspan="11">声明：此表是根据国家税收法律法规及相关规定填写的，本人（单位）对填报内容（及附带资料）的真实性、可靠性、完整性负责。
纳税人（签章）：　　　　年　月　日</td></tr>
<tr><td colspan="5">经办人：
经办人身份证号：
代理机构签章：
代理机构统一社会信用代码：</td><td colspan="6">受理人：
受理税务机关（章）：
受理日期：　　　年　月　日</td></tr>
</table>

纳税人在申报这10种税时，只需进行该税种的税源信息采集与维护，系统会根据税源信息自动生成纳税申报表。对于房产税、城镇土地使用税、车船税等税种，如果当期税源信息无变化，则仅进行税源确认即可；纳税人仅在有新增税源或税源变化时，才进行税源信息采集。

本项目涉及的税种均为合并申报，以下税种申报均只介绍该税种的税源信息采集，对于自动生成的纳税申报表可参考表7-2，其他税种不再赘述。

纳税人依照税收法律法规及相关规定确定的申报期限、申报内容，就其应税项目如实向税务机关申报缴纳房产税。

（二）房产税税源信息采集与维护

（1）登录电子税务局，单击“我要办税”—“税费申报及缴纳”，进入“按期应申报”界面，选择“财产和行为税合并申报”，见图7-1，进入财产和行为税纳税申报税源采集界面，选择“房产税”—“税源采集”，房产税税源采集界面见图7-2。

图7-1　进入“财产和行为税合并申报”界面

财产和行为税纳税申报税源采集

纳税人信息

纳税人识别号	[illegible]	纳税人名称	[illegible]

税源采集

1	房产税	税源采集
2	印花税	税源采集
3	城镇土地使用税	税源采集
4	土地增值税	税源采集
5	车船税	税源采集
6	耕地占用税	税源采集
7	契税	税源采集
8	烟叶税	税源采集
9	环境保护税	税源采集

图 7-2　房产税税源采集界面

（2）新增房源信息。在房产税基础信息界面，可以查看到已有的房源信息，如果纳税人没有房源信息的增减变动和房屋使用状态的变化情况（即每期房产税应纳税额无变化），则可直接单击“跳转申报”到纳税申报界面。如有新增，则单击“新增”，进入维护房源信息界面，见图7-3。

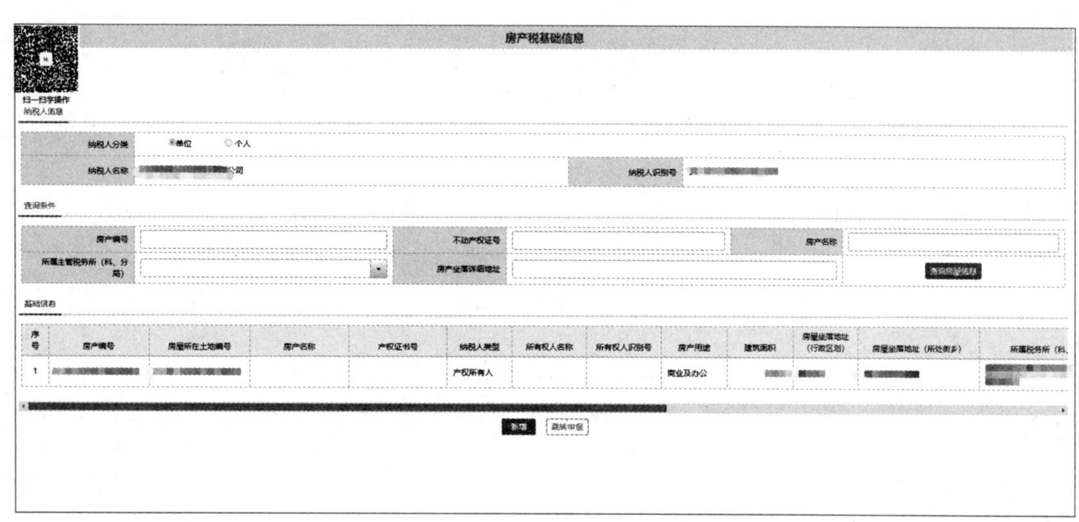

图 7-3　房产税基础信息界面

（3）维护房源信息。在“维护房源信息”界面根据实际情况依次填写相关信息，单击“保存”，进入“维护明细信息”界面，根据房屋使用状态，在“从价计征”和“从租计征”间进行切换，分别填写相关房屋的原值、出租面积、租金收入等信息。维护房源信息界面见图7-4。

（4）纳税申报。在房产税基础信息界面，可对已采集的房源信息进行查询、维护、删除等操作。单击“跳转申报”回到申报界面，对自动生成的纳税申报表进行审核与申报，见图7-5。

维护房源信息

金额单位:元至角分 面积单位：平方米

如您新增的房产或土地税源坐落地与主管税务机关不一致，请联系主管税务机关解决申报纳税问题。

纳税人信息

纳税人名称			
纳税人识别号		纳税人类型 *	--请选择--
所有权人名称		所有权人纳税人识别号（统一社会信用代码）	

基础信息

房产编号		房屋所在土地编号	查询
房产名称		房产用途 *	--请选择--
房产坐落地址 *			
房产坐落地址(行政区划) *	--请选择--	房产坐落地址(所处街乡) *	--请选择--
所属税务所（科、分局） *	--请选择--	产权证号类别	请选择
不动产权证号		不动产单元号	
建筑面积 *	0.00	初始取得时间 *	
房屋转出时间		纳税义务终止时间	

保存 关闭

图 7-4　维护房源信息界面

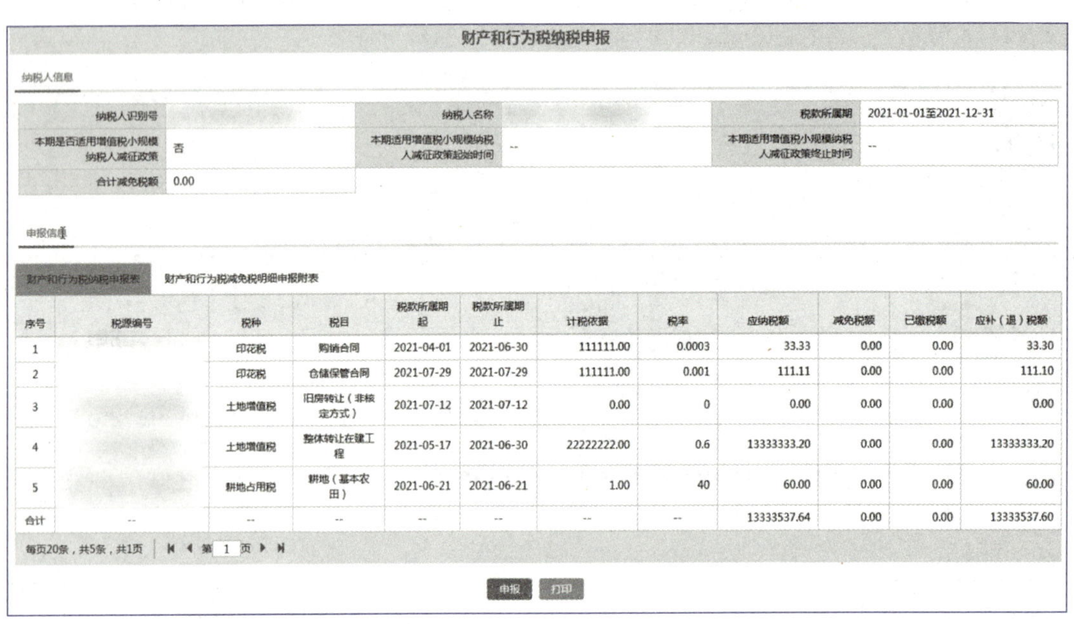
财产和行为税纳税申报

纳税人信息

纳税人识别号		纳税人名称		税款所属期	2021-01-01至2021-12-31
本期是否适用增值税小规模纳税人减征政策	否	本期适用增值税小规模纳税人减征政策起始时间	--	本期适用增值税小规模纳税人减征政策终止时间	--
合计减免税额	0.00				

申报信息

财产和行为税纳税申报表　财产和行为税减免税明细申报附表

序号	税源编号	税种	税目	税款所属期起	税款所属期止	计税依据	税率	应纳税额	减免税额	已缴税额	应补（退）税额
1		印花税	购销合同	2021-04-01	2021-06-30	111111.00	0.0003	33.33	0.00	0.00	33.30
2		印花税	仓储保管合同	2021-07-29	2021-07-29	111111.00	0.001	111.11	0.00	0.00	111.10
3		土地增值税	旧房转让（非核定方式）	2021-07-12	2021-07-12	0.00	0	0.00	0.00	0.00	0.00
4		土地增值税	整体转让在建工程	2021-05-17	2021-06-30	22222222.00	0.6	13333333.20	0.00	0.00	13333333.20
5		耕地占用税	耕地（基本农田）	2021-06-21	2021-06-21	1.00	40	60.00	0.00	0.00	60.00
合计	--	--	--	--	--	--	--	13333537.64	0.00	0.00	13333537.60

每页20条，共5条，共1页　第 1 页

申报　打印

图 7-5　财产和行为税纳税申报

税收与新发展格局

十税合一，优化税收营商环境

为了进一步优化税收营商环境，提高办税效率，提升纳税人办税体验，国家税务总局决定自2021年6月1日起扩大合并申报范围，实行10个税种合并申报。合并申报对纳税人来讲有三点好处：

一是可以优化办税流程。纳税人申报次数减少了。合并申报整体改造了10个税种申报流程，实行“归口”管理，实现“统一入口、统一表单、统一流程”，纳税人一次登录、一填到底，有效避免了多头找表，办税效率将会大幅提高。

二是可以减轻办税负担。纳税人填报的表单和数据减少了。合并申报对原有表单和数据项进行了全面梳理整合，尽可能精简表单和数据项。合并申报后，表单数量减少约2/3，数据项减少约1/3。新申报表充分利用部门共享数据和其他征管环节数据，可实现已有数据自动预填，切实减轻纳税人填报负担。

三是可以提高办税质效。纳税人填报的信息更准确了。合并申报利用信息化手段实现税额自动计算、数据关联比对、申报异常提示等功能，实现“一张报表、一次申报、一次缴款、一张凭证”，这为纳税人提供了申报缴税一体管理的新模式，可有效避免漏报、错报，确保申报质量，还有利于优惠政策及时落实到位。

四、“金税四期”下房产税涉税风险与管理

（一）房产税纳税人界定带来的风险

房产税的纳税人并不仅限于拥有房屋产权的单位和个人，还包括使用人、实际代管人、承典人等。纳税人可查看其拥有、使用的房屋产权状态、使用状态等来判断是否为房产税的纳税人。

（二）房产税征税范围界定不清带来的风险

目前房产税的征税范围不包括位于农村的房产。另外，对于基建工地临时性的房屋在施工期间不征房产税，但在工程结束之后依然在用的，需要缴纳房产税；对于房地产开发企业尚未出售的房屋视同为该企业的存货不征房产税，但转为房地产企业自用或出租的，则需要缴纳房产税。

（三）房产税计税依据确定错误带来的风险

与房屋不可分割的电梯、中央空调、管线网络、通风设备和采暖设备等无论财务上是否单独记账，均应包括在房产税的原值中。同样的价款也应计入房产税的原值中。

可通过查看“固定资产——房屋建筑物”“无形资产——土地使用权”等账户分析房产税的原值与申报的房产原值是否有出入，避免少计原值带来的少计税款的风险。

（四）房产税的纳税义务发生时间确定不清带来的风险

房产税的纳税义务发生时间随房屋购置方式的不同而有不同的规定，通常和不动产权证书的取得与否关系不大。

企业应根据房屋购置方式确定正确的纳税义务发生时间，避免提前或滞后缴纳税款带来的风险。

（五）房产税减免税条件消失的，未及时进行申报的风险

房产税减免税条件消失的，如免税单位将其自用房产用于非免税用途的（出租等），可能存在未进行申报缴税的风险。纳税人有免税房产的，要审核减免税优惠备案条件，及时进行调整。

任务实施

1. 北京启宏拥有两处在北京市顺义区的房产，该房产属于房产税的征税范围，北京启宏是房产税的纳税人，应向房产所在地的主管税务机关申报缴纳房产税。

2. 2023年应缴纳的房产税：

原有房产年应纳税额 = 861 ×（1 − 30%）× 1.2% = 72.324（万元）；

新增房产年应纳税额 = 500 ×（1 − 30%）× 1.2% × 8/12 = 2.8（万元）。

计算的税款为年应纳税额，在每年4月和10月征期时各缴纳一半税款。北京启宏新增的房产可在10月征期时进行税源采集，一次性缴纳全年的应纳税额。

3. 以10月征期为例介绍北京启宏的申报操作。原有房产的信息在房产税基础信息界面中直接带出，

因原有房产的使用状态没有发生变化，仅查询确认即可。新增房产需要采集新增房源的明细信息。

新增房源信息采集操作如下：

（1）在“房产税基础信息”界面单击“新增”进入维护房源信息界面。

（2）在“维护房源信息”界面根据界面内容依次录入相关信息。其中房产编号由系统赋予，其他内容根据实际情况填写即可。

（3）保存后进入“维护明细信息”界面选择“从价计征”，填写该项房产的明细信息。其中“纳税义务有效期起”应填写2023年5月1日。

（4）保存后返回“房产税基础信息”界面，新增的和原有的房屋信息都会出现。审核后单击“跳转申报”可进入纳税申报界面进行申报与缴款。

任务二　车船税智慧化申报与管理

任务描述

北京美佳物业有限公司（简称“北京美佳”）拥有乘用车4辆，货车1辆，扫路车6辆；当年7月5日新购置2辆衡霸牌纯电动吸污车。

具体信息为：

乘用车排量均为2.0升，适用基准税额480元/辆；

货车的整备质量为10吨，适用基准税额为100元/吨；

扫路车的整备质量为15吨，适用基准税额为60元/吨；

吸污车的整备质量为10吨，适用基准税额为60元/吨。

北京美佳当年进行车船税纳税申报，计算应缴纳的车船税为：

乘用车：4×480=1 920（元）；

货车：1×10×100=1 000（元）；

扫路车：6×15×60=5 400（元）；

吸污车：2×10×60=1 200（元）。

任务要求：根据相关信息完成下列工作任务：

1. 分析北京美佳的纳税人身份。
2. 分析北京美佳车船税计算存在的问题，计算北京美佳当年应缴纳的车船税税额。
3. 完成北京美佳车船税的申报。

知识准备

一、认识车船税

（一）车船税的概念及作用

车船税是以车船为征税对象，向拥有车船的单位和个人征收的一种税。现行车船税法是2011年2月25日由中华人民共和国第十一届全国人民代表大会常务委员会第十九次会议通过的《中华人民共和国车船税法》，自2012年1月1日起施行。

征收车船税有利于为地方政府筹集财政资金，有利于车船的管理和合理配置，也有利于调节财富差异。

（二）车船税的基本税制要素

1. 车船税的征税范围

车船税的征税范围是指在中华人民共和国境内属于车船税法所附《车船税税目税额表》规定的车辆、船舶。车辆、船舶是指依法在车船登记管理部门登记的机动车辆和船舶，以及依法不需要在车船登记管理部门登记的、在单位内部场所行驶或者作业的机动车辆和船舶。具体来说包括：

（1）车辆。乘用车；商用车客车（包括电车）；商用货车（包括半挂牵引车、三轮汽车和低速载货汽车等）；挂车；摩托车；其他车辆（不包括拖拉机）。

（2）船舶（包括机动船舶、游艇）。

2. 车船税的纳税人和扣缴义务人

在中华人民共和国境内，车辆、船舶（简称“车船”）的所有人或者管理人，是车船税的纳税人。其中，所有人是指在我国境内拥有车船的单位和个人；管理人是指对车船具有管理权或者使用权，不具有所有权的单位。

从事机动车第三者责任强制保险业务的保险机构为机动车车船税的扣缴义务人，应当在收取保险费时依法代收车船税，并出具代收税款凭证。

3. 车船税的税目与税率

车船税实行幅度定额税率，省、自治区、直辖市人民政府确定的车辆具体适用税额，应当报国务院备案。车船税税目税额表见表7-3。

表7-3　车船税税目税额表

税目		计税单位	年基准税额 / 元	备注
乘用车〔按发动机汽缸容量（排气量分档）〕	1.0升（含）以下的	每辆	60~360	核定载客人数9人（含）以下
	1.0升以上至1.6升（含）的		300~540	
	1.6升以上至2.0升（含）的		360~660	
	2.0升以上至2.5升（含）的		660~1 200	
	2.5升以上至3.0升（含）的		1 200~2 400	
	3.0升以上至4.0升（含）的		2 400~3 600	
	4.0升以上的		3 600~5 400	
商用车	客车		480~1 440	核定载客人数9人（包括电车）以上
	货车	整备质量每吨	16~120	包括半挂牵引车、挂车、客货两用汽车、三轮汽车和低速载货汽车等
挂车			16~120	按照货车税额的50%计算
其他车辆	专用作业车		16~120	
	轮式专用机械车		16~120	

续表

税目		计税单位	年基准税额 / 元	备注
摩托车		每辆	36~180	
机动船舶	净吨位不超过200吨的	净吨位每吨	3	拖船、非机动驳船分别按照机动船舶税额的50%计算
	净吨位201~2 000吨的		4	
	净吨位2 001~10 000吨的		5	
	净吨位10 001吨及以上的		6	
游艇	艇身长度不超过10米的	艇身长度每米	600	
	艇身长度10~18米的		900	
	艇身长度18~30米的		1 300	
	艇身长度超过30米的		2 000	
	辅助动力帆艇		600	

4. 车船税的纳税期限

车船税是按年申报，分月计算，一次性缴纳。纳税年度为公历1月1日至12月31日。具体申报纳税期限由省、自治区、直辖市人民政府规定。

5. 车船税的纳税地点

车船税的纳税地点为车船登记地或车船税扣缴义务人所在地。依法不需要办理登记的车船，纳税地点为车船的所有人或者管理人所在地。由保险机构代收代缴车船税的，纳税地点为保险机构所在地。

二、车船税应纳税额的计算

（一）车船税的计税依据

车船税按年计算，计税依据为纳税人所拥有或管理的车船的数量、整备质量吨数、净吨位或艇身长度。

（二）车船税应纳税额计算

车船税应纳税额计算公式如下：

乘用车、客车和摩托车年应纳税额 = 辆数 × 适用年基准税额

货车、挂车、专用作业车和轮式专用机械车应纳税额 = 整备质量吨位数 × 适用年基准税额

机动船舶应纳税额 = 净吨位数 × 适用年基准税额

游艇应纳税额 = 艇身长度 × 适用年基准税额

（三）车船税的纳税义务发生时间

车船税纳税义务发生的时间为取得车船所有权或管理权的当月。以购买车船的发票或其他证明文件所载日期的当月为准。

（四）车船税的税收优惠

（1）捕捞、养殖渔船免征车船税。

（2）军队、武装警察部队专用的车船免征车船税。

（3）警用车船免征车船税。

（4）依照法律规定应当予以免税的外国驻华使领馆、国际组织驻华代表机构及其有关人员的车船，免征车船税。

（5）对新能源车船，免征车船税。新能源汽车是指纯电动商用车、插电式混合动力汽车、燃料电池商用车。

（6）省、自治区、直辖市人民政府根据当地实际情况，可以对公共交通车船，农村居民拥有并主要在农村地区使用的摩托车、三轮汽车和低速载货汽车定期减征或者免征车船税。

三、车船税的智慧化申报

（1）登录电子税务局，进入财产和行为税纳税申报税源采集界面，选择“车船税”—“税源采集”，进入车船税税源信息采集界面。

（2）在车船税税源信息采集界面，可单击“查询”显示纳税人已在金税系统录入的所有车辆和船舶税源明细。此处仅能对减免性质代码和项目名称等进行选择。勾选所有要进行申报的税源，单击“保存”，完成车辆和船舶的税源采集，见图7-6。

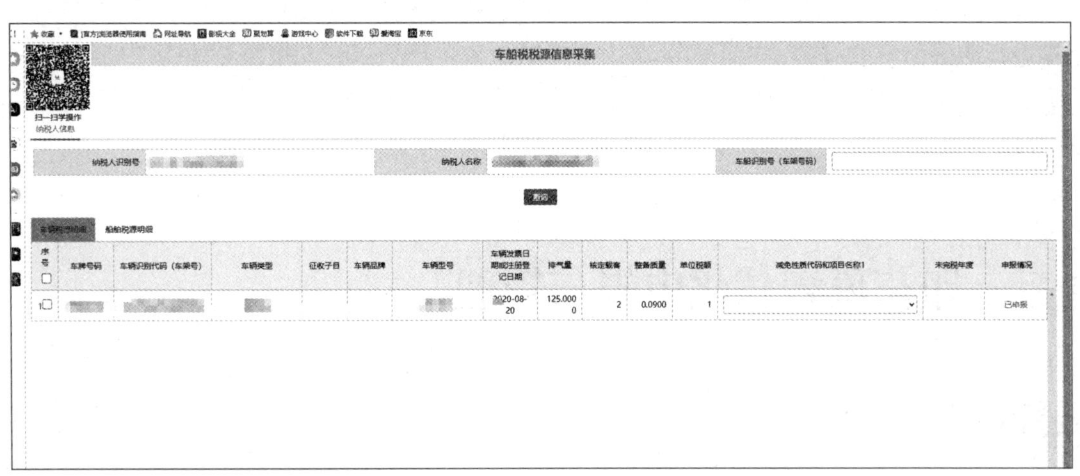

图7-6　车船税税源信息采集

（3）返回到财产和行为税纳税申报界面，查看和审核自动生成的纳税申报表。审核无误，提交申报。

四、“金税四期”下车船税涉税风险与管理

（一）未及时缴纳税款的风险与管理

一般车辆在购买交通强制保险时由保险机构代征车船税，不存在漏交或欠缴情况，但挂车等无须购买和未及时购买交通强制保险的车辆，则存在未及时申报缴纳车船税的风险。

（二）纳税人界定的风险与管理

车船税的纳税人通常为车船的所有人，但也包括车船的实际管理人。如应税车船用于抵债期间，持有抵债车船方可能存在未申报车船税的风险。

（三）车船税适用税收优惠政策方面的风险与管理

车船税有诸多的减免税政策，如对节能、新能源汽车有减征或免征优惠。纳税人应多关注税收优惠政策的变动，及时了解当地车船税的优惠规定，避免由此导致的多缴或少缴税款的风险。

任务实施

1. 北京美佳拥有的乘用车、货车、扫路车、吸污车均属于车船税税目范围，应缴纳车船税，北京美佳是车船税纳税人。

2. 北京美佳车船税的计算有误，新购置的衡霸牌纯电动吸污车属于国家税务总局公布的享受车船税减免优惠的节约能源、使用新能源汽车车型目录范围内，可享受免税优惠。

实际应缴纳的车船税税额为：乘用车的计税依据为辆数4辆，货车的计税依据为整备质量吨数10吨，扫路车的计税依据为整备质量吨数90吨。

应缴纳的车船税 = 4 × 480 + 1 × 10 × 100 + 6 × 15 × 60 = 8 320（元）。

国家税务总局会定期公布可享受减免的新能源车型目录，建议纳税人对拥有的车辆信息进行查询，确保充分享受国家的税收红利。

3. 北京美佳车船税的申报。登录电子税务局网站，进入车船税税源信息采集界面，对新增的纯电动吸污车进行明细信息的维护，在下拉菜单中选择减免税性质代码，勾选需要申报车船税的车辆信息并进行确认。系统会自动生成纳税申报表，北京美佳对申报表进行审核后，单击“申报”—“缴款”完成纳税申报工作。

任务三　印花税智慧化申报与管理

任务描述

北京飞翔有限责任公司（简称“北京飞翔”）平时购销活动比较频繁，为提高工作效率、简化审批流程，公司规定：1万元以下的购销业务可不签订合同，直接用订单或提货单替代，并无须财务经理审批；公司签订的合同走完所有审批流程后一律留存一份在财务部门，财务部门进行逐一登记，作为印花税纳税申报的工作底稿。北京飞翔2023年第三季度发生的涉税业务如下：

（1）印花税工作底稿显示北京飞翔本季度签订的购销合同总计15份，合同总金额955.3万元。其中有3份合同分别列明了不含税金额总计312万元、增值税税额总计31.56万元与价税合计金额总计343.56万元。

（2）印花税工作底稿显示7月3日北京飞翔与启平律师事务所签订一份律师服务合同，总金额32万元。

（3）8月20日购买一办公用房，北京飞翔签订不动产销售合同注明价款总计520万元，房屋预计次年3月份交付。

（4）北京飞翔第三季度实际填发采购订单10份，总金额9.71万元；填发销售提货单18份，总金额16.98万元。

任务要求：根据相关信息完成下列工作任务：

1. 判断北京飞翔需要缴纳印花税的应税凭证及适用税率。
2. 计算北京飞翔2023年第三季度应缴纳的印花税税额。
3. 分析北京飞翔印花税的纳税地点。
4. 分析北京飞翔在印花税管理方面存在的问题并提出合理化建议。

知识准备

一、认识印花税

（一）印花税的概念及作用

印花税是对经济活动和经济交往中书立、使用、领受具有法律效力的凭证的单位和个人征收的一种税。印花税有利于筹集财政收入，配合和加强经济合同监督管理，培养公民的纳税意识，维护国家税收利益。

我国印花税的基本法律规范是2021年6月10日第十三届全国人民代表大会常务委员会第二十九次会议通过并于2022年7月1日开始实施的《中华人民共和国印花税法》。

（二）印花税的基本税制要素

1. 印花税的征税范围

印花税是对税目税率表中列举的凭证和经财政部确定征税的其他凭证征税。印花税的征税范围包括以下四大类：

（1）合同或具有合同性质的凭证，包括买卖合同、承揽合同、建设工程合同、财产租赁合同、货物运输合同、仓储合同、保管合同、租赁合同、借款合同、财产保险合同和技术合同等。

（2）产权转移书据，包括财产所有权和版权、商标专用权、专利权、专有技术使用权等。

（3）营业账簿，是指单位或者个人记载生产经营活动的财务会计核算账簿。按其反映内容的不同，账簿可分为记载资金的账簿和其他账簿，这里指的是记载资金的账簿。

（4）证券交易。

2. 印花税的纳税人

印花税的纳税人是在中国境内书立应税凭证和进行证券交易的单位和个人。根据书立、使用、领受应税凭证的不同，印花税纳税人分别为立合同人、立据人、使用人、出让方和立账簿人五种。印花税纳税人见表7-4。

表7-4　印花税纳税人

纳税人	适用范围	备注
立合同人	各类经济合同	
立据人	产权转移书据类	立股权转让书据按单边征税，由出让方为纳税人
使用人	在国外书立、领受，但在国内使用的应税凭证	
出让方	证券交易	证券交易的出让方，由证券登记结算机构为扣缴义务人
立账簿人	营业账簿	

（1）立合同人是指合同当事人，即对凭证有直接权利义务关系的单位和个人，但不包括合同的担保人、证人、鉴定人。各类合同包括具有合同性质的凭证。

（2）立据人是指书立产权转移书据的单位和个人。

（3）使用人是指在国外书立、领受，但在国内使用应税凭证的单位和个人，其使用人为印花税的纳税人。

（4）出让方是指在国内进行证券交易的单位和个人。

（5）立账簿人是指开立并使用营业账簿的单位和个人。如某企业因生产需要，设立了营业账簿，该企业即为印花税的纳税人。

（6）各类电子应税凭证的签订人是指以电子形式签订的各类应税凭证的当事人。

值得注意的是，对应税凭证，凡由两方或两方以上当事人共同书立的，其当事人都是印花税的纳税人，应各就其所持凭证的计税金额履行纳税义务。

3. 印花税的税率

印花税共14个税目，采用比例税率。比例税率分别为0.05‰、0.3‰、0.5‰、0.25‰、1‰五档，印花税税目税率表见表7-5。

表7-5 印花税税目税率表

<table>
<tr><th colspan="2">税目</th><th>税率</th><th>备注</th></tr>
<tr><td rowspan="11">合同
（指书面合同）</td><td>借款合同</td><td>借款金额的万分之零点五</td><td>指银行业金融机构、经国务院银行业监督管理机构批准设立的其他金融机构与借款人（不包括同业拆借）的借款合同</td></tr>
<tr><td>融资租赁合同</td><td>租金的万分之零点五</td><td></td></tr>
<tr><td>买卖合同</td><td>价款的万分之三</td><td>指动产买卖合同（不包括个人书立的动产买卖合同）</td></tr>
<tr><td>承揽合同</td><td>报酬的万分之三</td><td>包括加工合同、定作合同、修理合同、复制合同、测试合同、检验合同</td></tr>
<tr><td>建设工程合同</td><td>价款的万分之三</td><td>包括工程勘察合同、工程设计合同、工程施工合同</td></tr>
<tr><td>运输合同</td><td>运输费用的万分之三</td><td>指货运合同和多式联运合同（不包括管道运输合同）</td></tr>
<tr><td>技术合同</td><td>价款、报酬或者使用费的万分之三</td><td>不包括专利权、专有技术使用权转让书据</td></tr>
<tr><td>租赁合同</td><td>租金的千分之一</td><td></td></tr>
<tr><td>保管合同</td><td>保管费的千分之一</td><td></td></tr>
<tr><td>仓储合同</td><td>仓储费的千分之一</td><td></td></tr>
<tr><td>财产保险合同</td><td>保险费的千分之一</td><td>不包括再保险合同</td></tr>
<tr><td rowspan="2">产权转移书据</td><td>土地使用权出让书据</td><td>价款的万分之五</td><td rowspan="2">转让包括买卖（出售）、继承、赠与、互换、分割</td></tr>
<tr><td>土地使用权、房屋等建筑物和构筑物所有权转让书据（不包括土地承包经营权和土地经营权转移）</td><td>价款的万分之五</td></tr>
</table>

续表

税目		税率	备注
产权转移书据	股权转让书据（不包括应缴纳证券交易印花税的）	价款的万分之五	
	商标专用权、著作权、专利权、专有技术使用权转让书据	价款的万分之三	
营业账簿		实收资本（股本）、资本公积合计金额的万分之二点五	立账簿后仅对新增金额征税
证券交易		成交金额的千分之一	

4. 印花税的纳税期限

印花税按季、按年或者按次计征。

实行按季、按年计征的，纳税人应当于季度、年度终了之日起十五日内申报并缴纳税款。

实行按次计征的，纳税人应当于纳税义务发生之日起十五日内申报并缴纳税款。

证券交易印花税按周解缴。证券交易印花税的扣缴义务人应当于每周终了之日起五日内申报解缴税款及孳息。2023年8月28日起，证券交易印花税实施减半征收。

5. 印花税的纳税地点

印花税一般实行就地纳税。

（1）单位纳税人应当向其机构所在地的主管税务机关申报缴纳印花税。

（2）个人纳税人应当向应税凭证订立、领受地或者居住地的税务机关申报缴纳印花税。

（3）纳税人出让或者转让不动产产权的，应当向不动产所在地的税务机关申报缴纳印花税。

（4）证券交易印花税的扣缴义务人应当向其机构所在地的主管税务机关申报缴纳扣缴的税款。

税收与新发展格局

方寸之间尽显复兴征程

2021年6月，为庆祝中国共产党成立100周年，国家税务总局正式发行2021年版中国印花税票《中国共产党领导下的税收事业发展》。这是1988年恢复印花税后我国发行的第13版印花税票，该套印花税票一套九枚，全景式展现在中国共产党成立100年来波澜壮阔的伟大征程中，税收事业从探索创立到改革发展，为巩固根据地政权、支持革命战争、促进经济社会发展、服务改革开放、实现中华民族伟大复兴的中国梦源源不断地贡献力量。

众所周知，印花税票是印有固定金额的有价证券，供纳税人在应税凭证上粘贴使用。但与此同时，小小的印花税票也因其图案主题而成为一种文化载体。从建国初期的“旗球图”“机器图”“鸽球图”到“建设图”“中国世界文化遗产图”“故宫珍宝”，再到后来的“丝路远望”“税收助力决胜全面小康”……一枚枚印花税票，在方寸之间浓缩了珍贵的历史，记载了政治、经济、社会文明的发展和税收制度的变迁，是税收文化的重要组成部分，也见证了中国从站起来到富起来和强起来的发展过程。印花税票也成为世界收藏界的“宠儿”，多次参加国内、国际邮展，为中国文化的传播发挥了巨大的作用。

二、印花税应纳税额的计算

（一）印花税的计税依据

印花税的计税依据规定如下：

（1）应税合同的计税依据，为合同所列的金额，不包括列明的增值税税款。

（2）应税产权转移书据的计税依据，为产权转移书据所列的金额，不包括列明的增值税税款。

（3）应税营业账簿的计税依据，为账簿记载的实收资本（股本）、资本公积合计金额；以后增加金额的，以增加额为计税依据。

（4）证券交易的计税依据，为成交金额。

（5）应税合同、产权转移书据未列明金额的，印花税的计税依据按照实际结算的金额确定。

计税依据按照上述规定仍不能确定的，按照书立合同、产权转移书据时的市场价格确定；依法应当执行政府定价或者政府指导价的，按照国家有关规定确定。

证券交易无转让价格的，按照办理过户登记手续时该证券前一个交易日收盘价计算确定计税依据；无收盘价的，按照证券面值计算确定计税依据。

（二）印花税应纳税额的计算

印花税应纳税额计算公式为：

应纳税额=应税凭证计税金额×比例税率

（三）印花税的纳税义务发生时间

印花税的纳税义务发生时间为纳税人书立应税凭证或者完成证券交易的当日。

证券交易印花税扣缴义务发生时间为证券交易完成的当日。

（四）印花税的税收优惠

下列应税凭证免征印花税：

（1）应税凭证的副本或者抄本。

（2）依照法律规定应当予以免税的外国驻华使馆、领事馆和国际组织驻华代表机构为获得馆舍书立的应税凭证。

（3）中国人民解放军、中国人民武装警察部队书立的应税凭证。

（4）农民、家庭农场、农民专业合作社、农村集体经济组织、村民委员会购买农业生产资料或者销售农产品书立的买卖合同和农业保险合同。

（5）无息或者贴息借款合同、国际金融组织向中国提供优惠贷款书立的借款合同。

（6）财产所有权人将财产赠与政府、学校、社会福利机构、慈善组织书立的产权转移书据。

（7）非营利性医疗卫生机构采购药品或者卫生材料书立的买卖合同。

（8）个人与电子商务经营者订立的电子订单。

根据国民经济和社会发展的需要，国务院对居民住房需求保障、企业改制重组、破产、支持小型微型企业发展等情形可以规定减征或者免征印花税，报全国人民代表大会常务委员会备案。

三、印花税的智慧化申报

（1）登录电子税务局，进入财产和行为税纳税申报税源采集界面，单击“印花税”—“税源采集”，进入印花税税源采集界面，见图7-7。

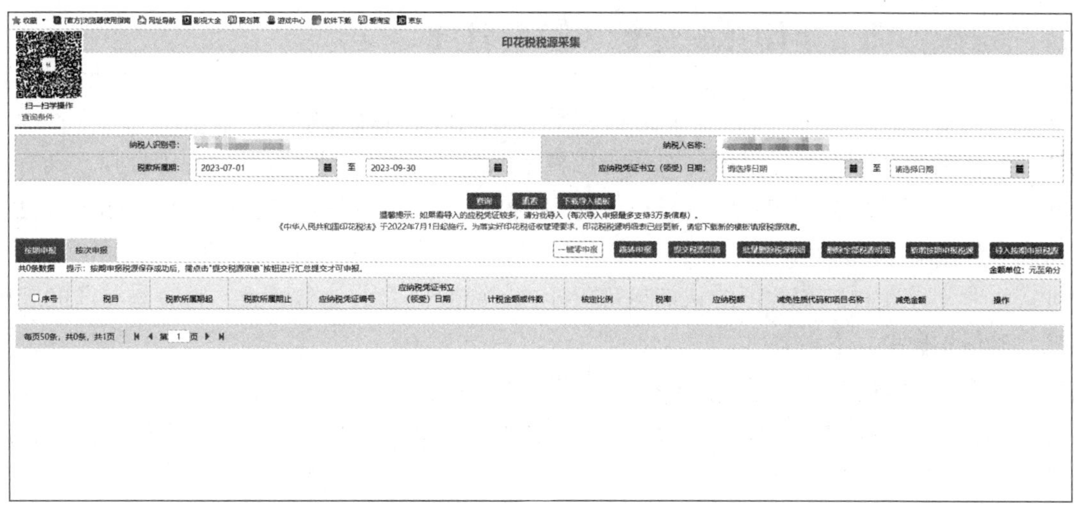

图 7-7　印花税税源采集界面

（2）选择税款缴纳方式，分按期申报和按次申报。纳税人根据税种登记信息进行选择。

（3）单击新增申报税源，进入税源信息采集界面。应税凭证税务编号为系统生成，应税凭证编号由纳税人根据管理需要自行编号，其他项目根据具体情况或下拉菜单选择填写。新增印花税税源界面见图7-8。

图 7-8　新增印花税税源界面

（4）税源信息采集完毕，返回到税源采集主界面，可对新采集的信息进行查看、修改和删除的操作。审核无误后，单击“跳转申报”返回到申报界面。系统会自动根据采集到的税源信息生成相应的纳税申报表，纳税人审核无误，可提交申报与缴款。

四、"金税四期"下印花税涉税风险与管理

（一）印花税应税范围界定不清导致的少缴或多缴印花税的风险

对印花税的应税凭证理解不准确，对属于应税范围的可能漏缴印花税，如电子合同、具有合同性质的请购单、订单等可能会不申报印花税；对非印花税征税范围的反而申报印花税，如凡是合同就缴纳印花税。实际上非金融机构的借款合同、常规技术服务合同等就不属于印花税征税范围。

企业应加强对印花税应税凭证的认知与辨析能力，结合本企业业务特点，将容易混淆的应税凭证给予辨认，确保不偷税、不多缴税。

（二）印花税的纳税人认识不清导致少缴税的风险

印花税的纳税人包括书立合同、产权转移书据的当事人各方，不能因为对方缴纳了印花税，自己这一方就可以不缴。

（三）印花税的计税依据认定不清导致的风险

计税依据不包括应税凭证列明的增值税税额。企业可加强业财税人员的专业沟通，业务部门在签订合同时尽可能做到价税分开列示，避免仅列示价税合计金额导致多缴税。

（四）纳税期限界定不清导致的印花税涉税风险

印花税分按期纳税和按次纳税，按期纳税的，期满之日起15日内申报并缴纳税款；按次纳税的，自纳税义务发生时间之日起15日内缴纳税款。纳税人应在规定时间及时申报税款，避免因未及时申报导致的滞纳金和罚款。通常不经常发生印花税纳税义务、选择按次申报的纳税人可能会忽视了纳税申报，导致印花税漏缴的风险。

（五）签订无金额合同的印花税涉税风险

签订无金额的框架合同时在合同签订日可不贴花，待实际结算时按实际结算金额计税。但企业往往因实际结算期与合同签订日期时间相隔甚远导致漏缴印花税。对于无金额的应税凭证，企业应在印花税工作底稿中注明合同中约定的结算日期并保障该合同始终出现在合同期限内的工作底稿中。

任务实施

1. 北京飞翔应缴纳印花税的应税凭证有买卖合同43份（分别为15份购销合同、10份采购订单和18份销售提货单），适用税率为价款的万分之三；产权转移书据1份（购买办公用房），适用税率为价款的万分之五。法律服务合同不属于应税凭证，不缴纳印花税。

2. 北京飞翔第三季度应缴纳印花税税额计算如下：

买卖合同应纳税额 =（9 553 000−315 600 + 97 100 + 169 800）× 0.000 3 = 2 851.29（元）。

产权转移书据应纳税额 = 5 200 000 × 0.000 5 = 2 600（元）。

3. 印花税是行为税，一般实行就地纳税，即案例中只要签订了合同，就发生了纳税义务，与合同的履行、不动产的交付与否无关；不动产销售合同的纳税地点为不动产所在地，可能会与纳税人所在地不同，需要给予关注。

4. 印花税涉税风险点提示：

（1）北京飞翔签订的买卖合同和产权转移书据一般都没有列明增值税税额，导致印花税的计税依据为含增值税的金额，多缴纳了印花税。建议业务部门在签订合同（包括采购订单和销售提货单）时注明增值税金额，减少计税依据。

（2）北京飞翔是根据印花税工作底稿来计算和申报印花税，但工作底稿记录有误，将不缴纳印花

税的律师服务合同列入工作底稿中，将应缴纳印花税的采购订单和销售提货单排除在外，导致了“冤枉税”和“偷税”。建议财税人员加强专业知识的学习，提升专业素养。

（3）注意不动产合同的纳税地点和纳税义务发生时间。

任务四 契税智慧化申报与管理

任务描述

健翔房地产开发公司（简称“健翔公司”）为增值税一般纳税人，2023年1月与所在地政府签订了国有建设用地使用权出让合同，合同约定土地出让金42 000万元，同时健翔公司应在异地为政府配建公租房50户（3 000平方米）。公租房建成后，政府将按照约定的测算建设成本0.3万元/平方米回购，合计回购金额为900万元。健翔公司适用的契税税率为4%。

2023年6月，健翔公司依法办理了该宗地的权属登记并缴纳契税1 680万元。同年10月，健翔公司向另一房地产开发公司购买了50户（3 000平方米）商品房，购买价款为1 200万元，并于当月将这批商品房移交政府，政府按照合同约定支付了900万元。

任务要求：根据相关信息完成下列工作任务：

1. 判断健翔公司是否需要缴纳契税。
2. 计算健翔公司应缴纳的契税税额。
3. 分析健翔公司契税的纳税期限与纳税地点。
4. 分析健翔公司契税的涉税风险点。

知识准备

一、认识契税

（一）契税的概念及作用

契税是以在中华人民共和国境内转移土地、房屋权属为征税对象，向承受权属的单位和个人征收的一种财产税。征收契税有利于增加地方财政收入，保护合法产权，避免产权纠纷。

我国契税的基本法律规范主要依据是2020年8月11日中华人民共和国第十三届全国人民代表大会常务委员会第二十一次通过的《中华人民共和国契税法》，自2021年9月1日起施行。

（二）契税的基本税制要素

1. 契税的纳税人

契税的纳税人是境内转移土地、房屋权属，承受权属的单位和个人。

单位是指企业单位、事业单位、国家机关、军事单位和社会团体以及其他组织。个人是指个体工商户及其他个人，包括中国公民和外籍人员。

2. 契税的征税范围

征收契税的土地、房屋权属，具体为土地使用权、房屋所有权。

转移土地、房屋权属，是指下列行为：土地使用权出让；土地使用权转让，包括出售、赠与、互换，不包括土地承包经营权和土地经营权的转移；房屋买卖、赠与、互换。

其中，土地使用权转让，是指土地使用者以出售、赠与、互换方式将土地使用权转移给其他单位和个人的行为。国有土地使用权出让，是指土地使用者向国家交付土地使用权出让费用，国家将国有土地使用权在一定年限内让与土地使用者的行为。

房屋买卖，是指房屋所有者将其房屋出售，由承受者交付货币及实物、其他经济利益的行为。以下几种特殊情况，视同房屋买卖：

（1）以作价投资（入股）、偿还债务等应交付经济利益的方式转移土地、房屋权属的，参照土地使用权出让、出售或房屋买卖，确定契税适用税率、计税依据等。

（2）以划转、奖励等没有价格的方式转移土地、房屋权属的，参照土地使用权或房屋赠与确定契税适用税率、计税依据等。

税务机关依法核定计税价格，应参照市场价格，采用房地产价格评估等方法合理确定。

以自有房产作股投入本人独资经营的企业，不征契税。因为以自有的房产投入本人独资经营的企业，产权所有人和使用权人未发生变化，不需办理房产变更手续，也不办理契税手续。

房屋赠与，是指房屋产权所有人将房屋无偿转让给他人所有。

以获奖方式取得房屋产权，实质上是接受赠与房产的行为，也应缴纳契税。

房屋互换，是指房屋所有者之间互相交换房屋的行为。

3. 契税的税率

契税实行3%～5%的幅度税率。具体适用税率，由各省、自治区、直辖市人民政府在幅度范围内提出，报同级人民代表大会常务委员会决定，并报全国人民代表大会常务委员会和国务院备案。

税收与新发展格局

从契税发展历程看税收法治化

契税是一个古老的税种，我国契税起源于东晋时期的“估税”，当时规定，凡买卖田宅、奴婢、牛马，立有契据者，每一万钱交易额官府征收四百钱，即税率为4%。由于征收契税后，田宅等的产权就得到了政府的认可和支持，因此契税在民间的基础较好，自古就有“买地不税契，诉讼没凭据”的说法。中华人民共和国成立后，1950年政务院颁布了《契税暂行条例》。1997年10月1日，国务院令第224号《中华人民共和国契税暂行条例》正式实施，到2021年9月1日，《中华人民共和国契税法》实施，契税完成了立法的过程。

契税立法有力地推进了我国税收法治化的进程，一方面，契税法与百姓生活密切相关、引起广泛关注，通过对契税法的关注和讨论，社会公众更加了解税法制定程序和税法内容，有利于提高税法遵从度。另一方面，在立法过程中，如何兼顾巩固和拓展改革成果、减税降费和企业及百姓的利益，是科学立法要考虑的问题，同时立法过程被广大社会公众监督，也是程序法定一种体现，为实现全面依法治国、建设法治中国做出了重要的贡献。

二、契税应纳税额的计算

（一）契税的计税依据

契税的计税依据不包括增值税，具体规定如下：

（1）土地使用权出让、出售，房屋买卖，为土地、房屋权属转移合同确定的成交价格，包括应交付的货币以及实物、其他经济利益对应的价款；

（2）土地使用权互换、房屋互换，为所互换的土地使用权、房屋价格的差额；

（3）土地使用权赠与、房屋赠与以及其他没有价格的转移土地、房屋权属行为，为税务机关参照土地使用权出售、房屋买卖的市场价格依法核定的价格。

纳税人申报的成交价格、互换价格差额明显偏低且无正当理由的，由税务机关依照《中华人民共和国税收征收管理法》的规定核定。

（二）契税应纳税额的计算

契税应纳税额的计算公式为：

应纳税额＝计税依据×适用税率

（三）契税的纳税期限

契税的纳税义务发生时间是纳税人签订土地、房屋权属转移合同的当日，或者纳税人取得其他具有土地、房屋权属转移合同性质凭证的当日。

纳税人应当在依法办理土地、房屋权属登记手续前申报缴纳契税。

（四）契税的纳税地点

契税在土地、房屋所在地的税务征收机关缴纳。

（五）契税的税收优惠

（1）有下列情形之一的，免征契税：

① 国家机关、事业单位、社会团体、军事单位承受土地、房屋权属用于办公、教学、医疗、科研、军事设施；

② 非营利性的学校、医疗机构、社会福利机构承受土地、房屋权属用于办公、教学、医疗、科研、养老、救助；

③ 承受荒山、荒地、荒滩土地使用权用于农、林、牧、渔业生产；

④ 婚姻关系存续期间夫妻之间变更土地、房屋权属；

⑤ 法定继承人通过继承承受土地、房屋权属；

⑥ 依照法律规定应当予以免税的外国驻华使馆、领事馆和国际组织驻华代表机构承受土地、房屋权属。

根据国民经济和社会发展的需要，国务院对居民住房需求保障、企业改制重组、灾后重建等情形可以规定免征或者减征契税，报全国人民代表大会常务委员会备案。

（2）省、自治区、直辖市可以决定对下列情形免征或者减征契税：

① 因土地、房屋被县级以上人民政府征收、征用，重新承受土地、房屋权属；

② 因不可抗力灭失住房，重新承受住房权属。

前款规定的免征或者减征契税的具体办法，由省、自治区、直辖市人民政府提出，报同级人民代表大会常务委员会决定，并报全国人民代表大会常务委员会和国务院备案。

纳税人改变有关土地、房屋的用途，或者有其他不再属于上述规定的免征、减征契税情形的，应当缴纳已经免征、减征的税款。

（3）城镇职工按规定第一次购买公有住房缴纳契税的税收优惠。

对个人购买家庭唯一住房（家庭范围包括购房人、配偶以及未成年子女，下同），面积为90平方米及以下的，减按1%的税率征收契税；面积为90平方米以上的，减按1.5%的税率征收契税。

对个人购买家庭第二套改善性住房，面积为90平方米及以下的，减按1%的税率征收契税；面积为

90平方米以上的，减按2%的税率征收契税。

三、契税的智慧化申报

（1）登录电子税务局，进入财产和行为税纳税申报税源采集界面，单击“契税”—“税源采集”，进入契税税源采集界面，见图7-9。

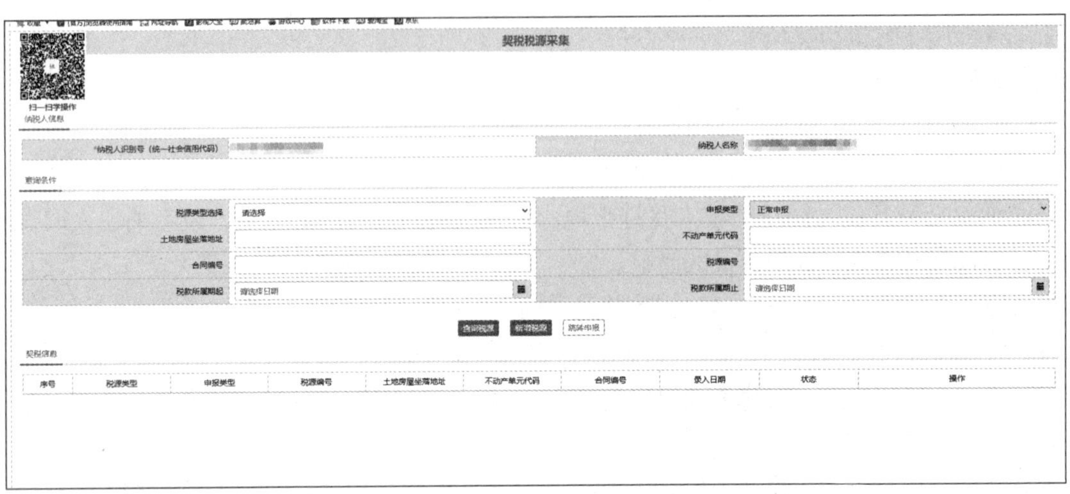

图 7-9　契税税源采集界面

（2）单击“查询税源”可对已采集过的税源信息进行查询和修改、删除等操作。单击“新增税源”，进入契税采集信息界面，填写必填项，最后单击“保存”完成信息采集。契税新增税源信息采集界面见图7-10。

图 7-10　契税新增税源信息采集界面

（3）税源信息采集完毕，返回到“税源采集信息”界面，可对新采集的信息进行查看、修改和删除的操作。审核无误后，单击“跳转申报”返回到申报界面。系统会自动根据采集到的税源信息生成相应的纳税申报表，纳税人审核无误，可提交申报与缴款。

四、“金税四期”下契税涉税风险与管理

（一）契税应税范围界定不清导致的契税涉税风险

契税是对土地使用权、房屋产权等权属发生转移时对权属承受人征收的一种税，所谓权属发生转移，不仅包括土地使用权出让与转让、房屋买卖等原因造成的权属变动，还包括土地使用权和房屋产权的交换、赠与等。纳税人如有以投资入股或抵偿债务等方式取得土地使用权或房屋产权的，同样需要缴纳契税。

（二）契税的计税依据认定不清导致的契税涉税风险

契税的计税依据包括受让土地、房屋权属时应交付的货币以及实物、其他经济利益对应的价款。对于房地产开发企业而言，取得国有土地使用权除支付土地出让金（或转让金）外，通常还需要支付拆迁补偿费、市政配套费、交付保障性住房、回迁安置费建造支出等，这些支出名目不同，发生时间不一致，但是都应包括在契税的计税依据中，视费用发生的具体情况及时足额缴纳相应的契税。这都给契税计税依据的确定带来了许多的风险。

契税的计税依据计算是否准确，还影响到企业所得税、土地增值税、房产税等税种的计算与核算，因此必须慎之又慎。纳税人尤其是房地产开发企业要了解土地税收的政策，把握契税与其他税种之间的逻辑关系，有效防控涉税风险。

（三）改变原有土地性质导致的契税涉税风险

纳税人受让国有土地使用权后，因各种需要改变国有土地用途的，如工业用地变更为商业用地、商业用地变更为居住用地等，需变更国有土地使用权出让合同，补缴土地收益金及相关税费。纳税人如有上述情形，签订了土地使用权变更协议或重新签订土地使用权出让合同的，应就补缴的土地收益金补缴契税，若纳税人原有免税用地变更为应税土地的，也应及时补缴契税。

任务实施

1. 健翔公司取得了国有土地使用权，属于契税的征税范围，需要缴纳契税。

2. 健翔公司契税的计税依据包括：土地出让金42 000万元，交付的实物支出及公租房支出300万元（1 200－900）。

应纳契税税额＝（42 000＋300）×4%＝1 692（万元）。

3. 健翔公司契税的纳税义务发生时间为签订土地权属转移合同的当日，即2023年1月，健翔公司可在依法办理土地权属登记手续前申报缴纳契税，即在2023年6月前缴纳契税。

契税的纳税地点为土地、房屋所在地的主管税务机关。健翔公司可向土地所在地的税务机关申报缴纳契税。

4. 健翔公司契税的涉税风险点

（1）健翔公司契税计税依据及应纳契税税额计算错误，将导致其开发的产品计税成本核算错误，进而影响企业所得税的计算。

（2）健翔公司契税计税依据计算错误，将导致取得土地使用权的成本金额核算错误，从而带来土

地增值税扣除项目金额计算错误，进而影响到土地增值税的计算。

（3）如果健翔公司开发的产品有自用情形，将会导致房产原值核算错误，进而影响到房产税的准确计算。

综上所述，契税作为以土地、房屋权属为征税对象一个税种，影响面较大。健翔公司作为房地产开发企业，更应该全面了解税法精神，加强税务管理，严控税务风险。

任务五　资源税智慧化申报与管理

任务描述

海强公司是一家有色金属采矿企业，主营铁矿石开采与加工。其大致的生产工艺流程如下：① 铁矿石原矿的开采与销售，将铁矿石开采后，委托运输企业或个人将原矿运至购买方指定地点；② 精矿加工与销售，将原矿开采并破碎、让运输企业或者个人从坑口将破碎后的原矿运至选矿厂进行洗选，再委托运输企业将精矿运输至购买方要求的地点。所有的销售业务与委托运输业务均签订有正式合同。

经税务局风险分析发现，海强公司在进行2020年至2022年年度资源税申报时，其资源税计税依据明显低于当期铁矿石发票开具金额和增值税销项金额。海强公司申诉理由是因为运杂费在资源税计税依据中进行了扣除，故而使增值税和资源税的计税依据产生了差异。

任务要求：根据相关信息，完成下列任务：

1. 分析海强公司资源税的征税范围。
2. 分析海强公司资源税的计税依据。
3. 分析海强公司在资源税申报过程中应注意的问题及风险。

知识准备

一、认识资源税

（一）资源税的概念及作用

资源税是对在境内开采自然资源征收的一种税。从受益方面考虑，资源归国家所有，开采者因开采国有资源而得利，有责任向所有者支付其地租；从公平角度来看，条件公平是有效竞争的前提，资源级差收入的存在影响资源开采者利润的真实性，故级差收入应归政府支配；从效率角度考虑，稀缺资源应由社会净效率高的企业开采，对资源开采中出现的掠夺和浪费行为，国家有权采取经济手段促使其转变。征收资源税，可促进对自然资源的合理开发利用。

《中华人民共和国资源税法》已由第十三届全国人民代表大会常务委员会第十二次会议于2019年8月26日通过，自2020年9月1日起施行。

（二）资源税的基本税制要素

1. 资源税的税目和税率

资源税税目包括五大类，分别为：能源矿产，金属矿产，非金属矿产，水气矿产和盐。在5个税目下设有若干个子目，总计税目164个，涵盖了所有已发现的矿种和盐。资源税税目税率表见表7-6。

表7-6 资源税税目税率表

<table>
<tr><th colspan="3">税目</th><th>征税对象</th><th>税率</th></tr>
<tr><td colspan="2" rowspan="7">能源矿产</td><td>原油</td><td>原矿</td><td>6%</td></tr>
<tr><td>天然气、页岩气、天然气水合物</td><td>原矿</td><td>6%</td></tr>
<tr><td>煤</td><td>原矿或者选矿</td><td>2%~10%</td></tr>
<tr><td>煤成（层）次</td><td>原矿</td><td>1%~2%</td></tr>
<tr><td>铀、钍</td><td>原矿</td><td>4%</td></tr>
<tr><td>油页岩、油砂、天然沥青、石煤</td><td>原矿或者选矿</td><td>1%~4%</td></tr>
<tr><td>地热</td><td>原矿</td><td>1%~20%或者每立方米1~30元</td></tr>
<tr><td rowspan="11">金属矿产</td><td>黑色金属</td><td>铁、锰、铬、钒、钛</td><td>原矿或者选矿</td><td>1%~9%</td></tr>
<tr><td rowspan="10">有色金属</td><td>铜、铅、锌、锡、镍、锑、镁、钴、铋、汞</td><td>原矿或者选矿</td><td>2%~10%</td></tr>
<tr><td>铝土矿</td><td>原矿或者选矿</td><td>2%~9%</td></tr>
<tr><td>钨</td><td>选矿</td><td>6.50%</td></tr>
<tr><td>钼</td><td>选矿</td><td>8%</td></tr>
<tr><td>金、银</td><td>原矿或者选矿</td><td>2%~6%</td></tr>
<tr><td>铂、钯、钌、锇、铱、铑</td><td>原矿或者选矿</td><td>5%~10%</td></tr>
<tr><td>轻稀土</td><td>选矿</td><td>7%~12%</td></tr>
<tr><td>中重稀土</td><td>选矿</td><td>20%</td></tr>
<tr><td>铍、锂、锆、锶、铷、铯、铌、钽、锗、镓、铟、铊、铪、铼、镉、硒、碲</td><td>原矿或者选矿</td><td>2%~10%</td></tr>
<tr><td rowspan="8">非金属矿产</td><td rowspan="8">矿物类</td><td>高岭土</td><td>原矿或者选矿</td><td>1%–6%</td></tr>
<tr><td>石灰岩</td><td>原矿或者选矿</td><td>1%~6%或者每吨（或者每立方米）1~10元</td></tr>
<tr><td>磷</td><td>原矿或者选矿</td><td>3%~8%</td></tr>
<tr><td>石墨</td><td>原矿或者选矿</td><td>3%~12%</td></tr>
<tr><td>萤石、硫铁矿、自然硫</td><td>原矿或者选矿</td><td>1%~8%</td></tr>
<tr><td>天然石英砂、脉石英、粉石英、水晶、工业用金刚石、冰洲石、蓝晶石、硅线石（矽线石）、长石、滑石、刚玉、菱镁矿、颜料矿物、天然碱、芒硝、钠硝石、明矾石、砷、硼、碘、溴、膨润土、硅藻土、陶瓷土、耐火粘土、铁钒土、凹凸棒石粘土、海泡石粘土、伊利石粘土、累托石粘土</td><td>原矿或者选矿</td><td>1%~12%</td></tr>
<tr><td>叶腊石、硅灰石、透辉石、珍珠岩、云母、沸石、重晶石、毒重石、方解石、蛭石、透闪石、工业用电气石、白垩、石棉、蓝石棉、红柱石、石榴子石、石膏</td><td>原矿或者选矿</td><td>2%~12%</td></tr>
<tr><td>其他粘土（铸型用粘土、砖瓦用粘土、陶粒用粘土、水泥配料用粘土、水泥配料用红土、水泥配料用黄土、水泥配料用泥岩、保温材料用粘土）</td><td>原矿或者选矿</td><td>1%~5%或者每吨（或者每立方米）0.1~5元</td></tr>
</table>

续表

税目			征税对象	税率
非金属矿产	岩石类	大理岩、花岗岩、白云岩、石英岩、砂岩、辉绿岩、安山岩、闪长岩、板岩、玄武岩、片麻岩、角闪岩、页岩、浮石、凝灰岩、黑曜岩、霞石正长岩、蛇纹岩、麦饭石、泥灰岩、含钾岩石、含钾砂页岩、天然油石、橄榄岩、松脂岩、粗面岩、辉长岩、辉石岩、正长岩、火山灰、火山渣、泥炭	原矿或者选矿	1%～10%
		砂石	原矿或者选矿	1%～5%或者每吨（或者每立方米）0.1～5元
	宝玉石类	宝石、玉石、宝石级金刚石、玛瑙、黄玉、碧玺	原矿或者选矿	4%～20%
水气矿产	二氧化碳气、硫化氢气、氦气、氡气		原矿	2%～5%
	矿泉水		原矿	1%～20%或者每立方米1～30元
盐	钠盐、钾盐、镁盐、锂盐		原矿	3%～15%
	天然卤水		原矿	3%～15%或者每吨（或者每立方米）1～10元
	海盐			2%～5%

2. 资源税纳税人

在中华人民共和国领域和中华人民共和国管辖的其他海域开发应税资源的单位和个人，为资源税的纳税人。进口的应税产品和盐不征收资源税，相应的，出口应税产品也不免征或退还已纳资源税。

纳税人将自产应税产品用于非货币性资产交换、捐赠、偿债、赞助、集资、投资、广告、样品、职工福利、利润分配或连续生产非应税产品的，应按规定缴纳资源税；纳税人开采或生产应税产品自用于连续生产应税产品的，不缴纳资源税。

3. 资源税的纳税期限

资源税按月或者按季申报缴纳；不能按固定期限计算缴纳的，可以按次申报缴纳。

纳税人按月或者按季申报缴纳的，应当自月度或者季度终了之日起15日内，向税务机关办理纳税申报并缴纳税款；按次申报缴纳的，应当自纳税义务发生之日起15日内，向税务机关办理纳税申报并缴纳税款。

4. 资源税的纳税地点

纳税人应当向应税产品开采地或者生产地的税务机关申报缴纳资源税。

税收与新发展格局

资源税法，让发展更“绿”

2020年9月1日，《中华人民共和国资源税法》正式实施，资源税在法律形式上实现了从量计征到从价计征的改革。至此，车船税、环境保护税、烟叶税、耕地占用税、资源税五大资源环境类税种已全部完成立法。

开发资源，既不能浪费也不能污染环境，应实现“绿色开采”。作为绿色税制的重要组成部分，资源税法在保持现行税制框架和税负水平总体不变的基础上，适应经济社会发展的新形势、新要求，增强了资源税在促进资源节约集约利用、加强生态环境保护方面的功能。为绿水青山拉起了一张牢固的“保护网”。从价计征制度弥补了之前从量计征制度下资源税负与矿价不挂钩的不足。从价计征制度下，资源税负随着矿价的升降而自动增减，有利于促进资源节约集约利用。

资源税一系列的减免税政策，驱动企业“渣里淘金”，精准引导企业进行业务流程再设计、开采技术再升级、设施设备智能化和安全化，推动企业进行转型升级，走研发带动产出、绿色发展与安全生产之路，使资源税成为促进资源节约集约利用、经济高质量发展的催化剂。

二、资源税应纳税额的计算

（一）资源税的计税依据

资源税的计税依据为应税产品的销售额或销售数量，实行从价计征为主、从量计征为辅的征税方式。

根据《资源税税目税率表》的规定，地热、石灰岩、其他粘土、砂石、矿泉水和天然卤水可采用从价计征或从量计征的方式，其他应税产品统一适用从价定率征收方式。

1. 销售额

资源税应税产品的销售额，为纳税人销售应税产品向购买方收取的全部价款，不包括增值税税款。

计入销售额中的相关运杂费，凡取得增值税发票或者其他合法有效凭据的，准予从销售额中扣除。相关运杂费是指应税产品从坑口或者洗选（加工）地到车站、码头或者购买方指定地点的运输费用、建设基金以及随运销产生的装卸、仓储、港杂费用。

纳税人外购应税产品与自采应税产品混合销售或者混合加工为应税产品销售的，在计算应税产品销售额或者销售数量时，准予扣减外购应税产品的购进金额或者购进数量；当期不足扣减的，可结转下期扣减。纳税人应当准确核算外购应税产品的购进金额或者购进数量，未准确核算的，一并计算缴纳资源税。

2. 销售数量

资源税应税产品的销售数量，包括纳税人开采或者生产应税产品的实际销售数量和自用于应当缴纳资源税的应税产品数量。

（二）资源税应纳税额的计算

（1）采用从价计征办法应纳税额的计算公式为：

应纳税额 = 应税产品的销售额 × 适用税率

（2）采用从量计征办法应纳税额的计算公式为：

应纳税额 = 应税产品的销售数量 × 单位税额

（三）资源税的纳税义务发生时间

纳税人销售应税产品，纳税义务发生时间为收讫销售款或者取得索取销售款凭据的当天；自用应税产品的，纳税义务发生时间为移送应税产品的当日。

（四）资源税的税收优惠

（1）有下列情形之一的，免征资源税：

① 开采原油以及在油田范围内运输原油过程中用于加热的原油、天然气；

② 煤炭开采企业因安全生产需要抽采的煤成（层）气。

（2）有下列情形之一的，减征资源税：

① 从低丰度油气田开采的原油、天然气，减征20%资源税；

② 高含硫天然气、三次采油和从深水油气田开采的原油、天然气，减征30%资源税；

③ 稠油、高凝油减征40%资源税；

④ 从衰竭期矿山开采的矿产品，减征30%资源税。

⑤ 自2022年1月1日至2024年12月31日，由省、自治区、直辖市人民政府根据本地区实际情况以及宏观调控需要确定，对增值税小规模纳税人、小型微利企业和个体工商户，可以在50%的税额幅度内减征资源税。

⑥ 自2023年9月1日至2027年12月31日，对充填开采置换出来的煤炭，资源税减征50%。

根据国民经济和社会发展需要，国务院对有利于促进资源节约集约利用、保护环境等情形可以规定免征或者减征资源税，报全国人民代表大会常务委员会备案。

纳税人的免税、减税项目，应当单独核算销售额或者销售数量；未单独核算或者不能准确提供销售额或者销售数量的，不予免税或者减税。

三、资源税的智慧化申报

（1）登录电子税务局，进入财产和行为税纳税申报税源采集界面，单击资源税对应的税源采集。

（2）在税源采集界面输入税款所属期起和税款所属期止，单击“查询”，以前认定的税目会自动显示。按要求填写销售数量、销售额、准予扣除的运杂费、准予扣减的外购矿购进金额等信息。如有减免税等税收优惠情况，可切换到“减免税计算明细”，进行相关信息填写。资源税税源采集界面见图7–11。

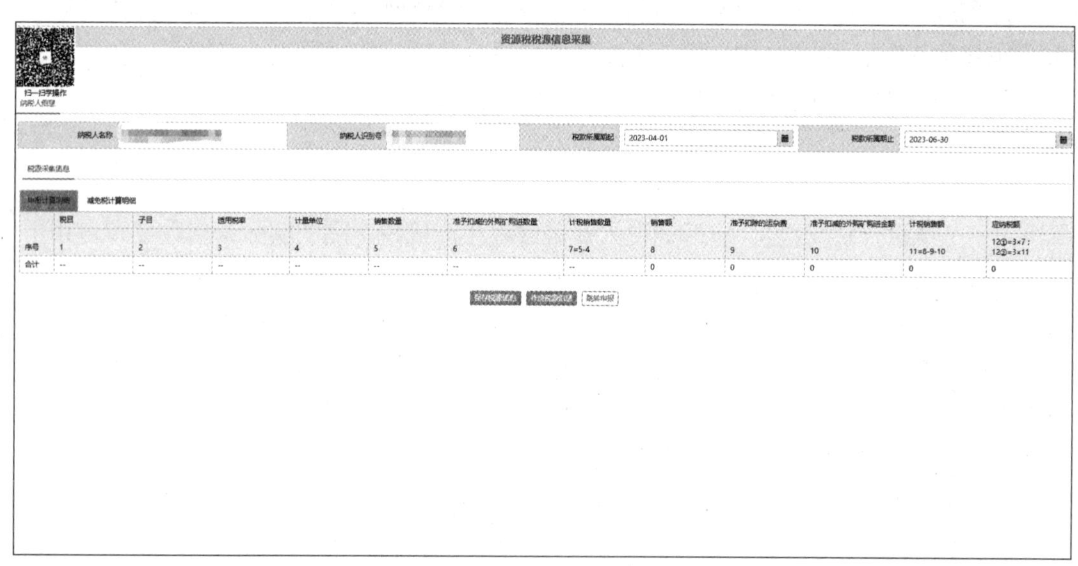

图7–11　资源税税源采集界面

（3）税源信息填报完成，单击“保存税源信息”，再单击“跳转申报”，返回到纳税申报界面，查看和审核自动生成的纳税申报表，审核无误，提交申报。

四、“金税四期”下资源税涉税风险与管理

（一）运杂费随意扣除导致的少缴或多缴资源税的风险

根据《财政部 国家税务总局关于资源税有关问题执行口径的公告》（2020年第34号）规定，准予从销售额中扣除的运杂费也需要满足一定的条件，销售环节前发生的运杂费不允许扣除，未取得符合规定的运杂费发票或其他合法凭据的不允许扣除。故纳税人应在销售合同中明确约定销售过程中发生的运输费；与运输方约定开具发票的种类并及时取得相关扣税凭据。

（二）资源税优惠事项留存资料不全导致的多缴资源税的风险

纳税人享受资源税优惠政策，一般实行“自行判别、申报享受、有关资料留存备查”的办理方式。纳税人应充分了解资源税的优惠政策并判断是否满足相关条件，将享受资源税优惠事项的相关材料备足并妥善保管，对留存资料真实性和合法性承担法律责任。

（三）会计核算不健全导致的多缴资源税的风险

纳税人以外购原矿与自采原矿混合为原矿销售，或者以外购选矿产品与自产选矿产品混合为选矿产品销售的，在计算应税产品销售额或者销售数量时，可以直接扣减外购原矿或者外购选矿产品的购进金额或者购进数量。但是纳税人应当准确核算外购应税产品的购进金额或者购进数量，未准确核算的，一并计算缴纳资源税。

纳税人开采或者生产同一税目下适用不同税率应税产品的，应当分别核算不同税率应税产品的销售额或者销售数量；未分别核算或者不能准确提供不同税率应税产品的销售额或者销售数量的，从高适用税率。

对于上述规定，纳税人应加强相关事项的会计核算，必要时建立备查账簿，避免核算不健全导致的多缴资源税风险。

综上，在以风险管理为导向，纳税人自主申报为前提的新型征管模式下，涉税事项更加还权还责于纳税人。为了避免发生不必要的涉税风险，财税人员要强化税收理论学习和实务操作，将被动缴税变为主动遵从，与税务机关一起营造和谐良好的征纳环境。

任务实施

1. 海强公司开采并销售铁矿石原矿、将开采的铁矿石原矿加工为精矿再销售属于资源税税目中“金属矿产——黑色金属——原矿或者选矿”，均应缴纳资源税，但原矿与精矿的税率不同，海强公司应分别核算原矿与精矿的销售数量、销售金额，未分开核算或者不能准确进行核算的，应从高适用税率。

2. 销售过程中发生的运杂费准予从销售额中扣除。因此海强公司开采并销售的铁矿石原矿，可以按照取得的运输费用发票从销售额中进行扣减，以扣减后的金额作为资源税计税依据；销售的精矿，只能扣减从选矿地到买方指定地点的运输费用，从坑口到选矿地的运输费用属于海强公司的生产成本，不得从销售额中扣除。

3. 海强公司在合同签订和运杂费扣除方面应注意以下事项：一是应税产品合同中需约定购买方支付的价款包含货物价格和运输费用，以证明运输费用与销售相关；二是运输过程中如有装卸、仓储等杂费最好在合同中一并注明，并要取得运输费用发票；三是将准予从销售额中扣除的运输费用和不得从销售额中扣除的运输费用建立备查账簿，分开核算。

任务六　环境保护税智慧化申报与管理

任务描述

建豪化工有限责任公司（简称“建豪公司”）地处A市郊区，其生产过程中会排放大气污染物和水污染物。其排放的大气污染物名称和相关指标（部分）见表7-7。建豪公司只有一个排放口直接向大气排放污染物，经测算该排放口2月份标杆流量为20万立方米，当地大气污染物每污染当量税额为1.2元。

表7-7　建豪公司排放污染物名称和相关指标

污染物	污染物排放浓度/(千克/立方米)	污染当量值/千克
一般性粉尘	0.000 2	4
二氧化硫	0.000 3	0.95
苯	0.000 1	0.05
二甲苯	0.000 1	0.27
总甲烷总烃	0.000 1	0

建豪公司财务人员根据上表及相关数据计算2月份大气污染物应缴纳的环境保护税为656.67元，计算过程见表7-8。

表7-8　建豪公司大气污染物应缴纳的环境保护税

污染物	污染物排放浓度/(千克/立方米) ①	污染物排放量/千克 ②=200 000×①	污染当量值/千克 ③	污染当量数 ④=②÷③	应纳税额/元 ⑤=④×1.2
一般性粉尘	0.000 2	40	4	10	12
二氧化硫	0.000 3	60	0.95	63.16	75.79
苯	0.000 1	20	0.05	400	480
二甲苯	0.000 1	20	0.27	74.07	88.88
总甲烷总烃			0	0	0
合计		140		547.23	656.67

建豪公司有一个污水排放口（一类水污染物），直接将水污染物排向当地工业园区污水处理厂。建豪公司根据检测口排放数据，将污染物当量数从大到小排序，取前五项计算应缴纳的水污染物环境保护税391.24元。

另外，建豪公司2月份有一新仓库在建，建筑噪声超过标准3分贝，财务人员计算2月份应缴纳工业噪声环境保护税350元。

任务要求：根据相关信息，完成下列工作任务：

1. 判断建豪公司需要缴纳环境保护税的污染物种类。
2. 计算建豪公司2月份应缴纳的环境保护税。

3. 分析建豪公司在环境保护税申报缴纳方面存在的问题。

知识准备

一、认识环境保护税

（一）环境保护税的概念

环境保护税是对在我国领域以及管辖的其他海域，直接向环境排放应税污染物的企业、事业单位和其他生产经营者征收的一种税。其立法目的是保护和改善环境，减少污染物排放，推进生态文明建设。环境保护税是我国首个明确以环境保护为目标的独立型环境税税种，有利于解决排污费制度存在的执法刚性不足等问题，有利于提高纳税人环保意识和强化企业治污减排责任。

现行环境保护税法的基本规范是2016年12月25日第十二届全国人民代表大会常务委员会第二十五次会议通过的《中华人民共和国环境保护税法》（自2018年1月1日起实施），以及2017年12月30日国务院发布的《中华人民共和国环境保护税法实施条例》。

（二）环境保护税的基本税制要素

1. 纳税人

环境保护税的纳税人是在中华人民共和国领域和中华人民共和国管辖的其他海域直接向环境排放应税污染物的企业事业单位和其他生产经营者。

应税污染物是指《中华人民共和国环境保护税法》所附《环境保护税税目税额表》《应税污染物和当量值表》所规定的大气污染物、水污染物、固体废物和噪声。

有下列情形之一的，不属于直接向环境排放污染物，不缴纳相应污染物的环境保护税：

（1）企业事业单位和其他生产经营者向依法设立的污水集中处理、生活垃圾集中处理场所排放应税污染物的。

（2）企业事业单位和其他生产经营者在符合国家和地方环境保护标准的设施、场所贮存或者处置固体废物的。

2. 税目和税率

环境保护税税目包括大气污染物、水污染物固体废物和噪声四大类。

环境保护税实行定额税率。环境保护税税目税额表见表7-9。

表7-9　环境保护税税目税额表

税目		计税单位	税额	备注
大气污染物		每污染当量	1.2元至12元	
水污染物		每污染当量	1.4元至14元	
固体废物	煤矸石	每吨	5元	
	尾矿	每吨	15元	
	危险废物	每吨	1 000元	
	冶炼渣、粉煤灰、炉渣、其他固体废物（含半固态、液态废物）	每吨	25元	

续表

<table>
<tr><th colspan="2">税目</th><th>计税单位</th><th>税额</th><th>备注</th></tr>
<tr><td rowspan="6">噪声</td><td rowspan="6">工业噪声</td><td>超标1～3分贝</td><td>每月350元</td><td rowspan="6">(1) 一个单位边界上有多处噪声超标，根据最高一处超标声级计算应纳税额；当沿边界长度超过100米有两个以上噪声超标，按照两个单位计算应纳税额。
(2) 一个单位有不同地点作业场所的，应当分别计算应纳税额，合并计征。
(3) 昼、夜均超标的环境噪声，昼、夜分别计算应纳税额，累计计征。
(4) 声源一个月内超标不足15天的，减半计算应纳税额。
(5) 夜间频繁突发和夜间偶然突发厂界超标噪声，按等效声级和峰值噪声两种指标中超标分贝值高的一项计算应纳税额。</td></tr>
<tr><td>超标4～6分贝</td><td>每月700元</td></tr>
<tr><td>超标7～9分贝</td><td>每月1 400元</td></tr>
<tr><td>超标10～12分贝</td><td>每月2 800元</td></tr>
<tr><td>超标13～15分贝</td><td>每月5 600元</td></tr>
<tr><td>超标16分贝以上</td><td>每月11 200元</td></tr>
</table>

3. 环境保护税的纳税期限

环境保护税按月计算，按季申报缴纳。不能按固定期限计算缴纳的，可以按次申报缴纳。

纳税人按季申报缴纳的，应当自季度终了之日起15日内，向税务机关办理纳税申报并缴纳税款。纳税人按次申报缴纳的，应当自纳税义务发生之日起15日内，向税务机关办理纳税申报并缴纳税款。

4. 环境保护税的纳税地点

纳税人应当向应税污染物排放地的税务机关申报缴纳环境保护税。应税污染物排放地是指应税大气污染物、水污染物排放口所在地；应税固体废物产生地；应税噪声产生地。

税收与新发展格局

环境保护税助力发展绿色转型

根据党的二十大报告精神，要加快发展方式绿色转型，实施全面节约战略，发展绿色低碳产业。我国的环境保护税自2018年1月1日开始实施，在构建促进经济结构调整、发展方式转变的绿色税制体系，强化税收调控作用，提高全社会环境保护意识，推进生态文明建设和绿色发展等方面发挥了重要的作用。

在制度上，环境保护税主要通过构建“两个机制”，发挥税收杠杆作用，形成促进环境保护的长远制度安排。一是“多排多征、少排少征、不排不征”的正向减排激励机制，环境保护税针对同一危害程度的污染因子按照排放量征税，排放越多，征税越多；同时，按照不同危害程度的污染因子设置差别化的污染当量值，实现对高危害污染因子多征税。二是“中央定底线，地方可上浮”的动态税额调整机制。《中华人民共和国环境保护税法》规定了应税大气污染物、水污染物税额标准的上限和下限，授权省、自治区、直辖市人民政府因地制宜、统筹考虑本地区环境承载能力、污染物排放现状和经济社会生态发展目标要求，提出具体的适用税额建议，以满足不同地区的环境治理需求。

二、环境保护税应纳税额的计算

（一）环境保护税的计税依据

（1）应税污染物的计税依据，按照下列方法确定：

① 应税大气污染物、水污染物按照污染物排放量除以折合的污染当量数确定，其计算公式为：

应税大气污染物、水污染物的污染当量数＝该污染物的排放量 ÷ 该污染物的污染当量值

② 应税固体废物按照固体废物的排放量确定，其计算公式为：

固体废物的排放量＝当期固体废物的产生量－当期固体废物的综合利用量－当期固体废物贮存量－当期固体废物的处置量

③ 应税噪声按照超过国家规定标准的分贝数确定。

（2）应税大气污染物、水污染物、固体废物的排放量和噪声的分贝数，按照下列方法和顺序计算：

纳税人安装使用符合国家规定和监测规范的污染物自动监测设备的，按照污染物自动监测数据计算。

纳税人未安装使用污染物自动监测设备的，按照监测机构出具的符合国家有关规定和监测规范的监测数据计算。

因排放污染物种类多等原因不具备监测条件的，按照国务院环境保护主管部门规定的排污系数、物料衡算方法计算。

不能按上述规定的方法计算的，按照省、自治区、直辖市人民政府环境保护主管部门规定的抽样测算的方法核定计算。

（二）环境保护税应纳税额的计算

环境保护税应纳税额按照下列方法计算：

应税大气污染物的应纳税额＝污染当量数 × 具体适用税额

每一排放口或者没有排放口的应税大气污染物，按照污染当量数从大到小排序，对前三项污染物征收环境保护税。

应税水污染物的应纳税额＝污染当量数 × 具体适用税额

每一排放口的应税水污染物，区分第一类水污染物和其他类水污染物，按照污染当量数从大到小排序，对第一类水污染物按照前五项征收环境保护税，对其他类水污染物按照前三项征收环境保护税。

应税固体废物的应纳税额＝固体废物排放量 × 具体适用税额

应税噪声的应纳税额＝超过国家规定标准的分贝数对应的具体适用税额

（三）环境保护税的税收优惠

下列情形，暂予免征环境保护税：

（1）农业生产（不包括规模化养殖）排放应税污染物的。

（2）机动车、铁路机车、非道路移动机械、船舶和航空器等流动污染源排放应税污染物的。

（3）依法设立的城乡污水集中处理、生活垃圾集中处理场所排放相应应税污染物，不超过国家和地方规定的排放标准的。

（4）纳税人综合利用的固体废物，符合国家和地方环境保护标准的。

（5）国务院批准免税的其他情形。

纳税人排放应税大气污染物或者水污染物的浓度值低于国家和地方规定的污染物排放标准30%的，减按75%征收环境保护税。纳税人排放应税大气污染物或者水污染物的浓度值低于国家和地方规定的污染物排放标准50%的，减按50%征收环境保护税。

（四）环境保护税的纳税义务发生时间

环境保护税纳税义务发生时间为纳税人排放应税污染物的当日。

三、环境保护税的智慧化申报

（1）登录电子税务局主页，选择“财产和行为税税源采集”—“环境保护税”，进入税源信息采集页面。

（2）在左上方下拉菜单中选择“环境保护税基础信息采集表”，在表头填写相应污染物基础信息必填项（如“是否取得排污许可”选择“是”，则必须如实填写排污许可证编号），在“税源信息”栏次，单击“增行”，填写税源信息后，单击“保存”。环境保护税基础信息采集界面见图7-12。

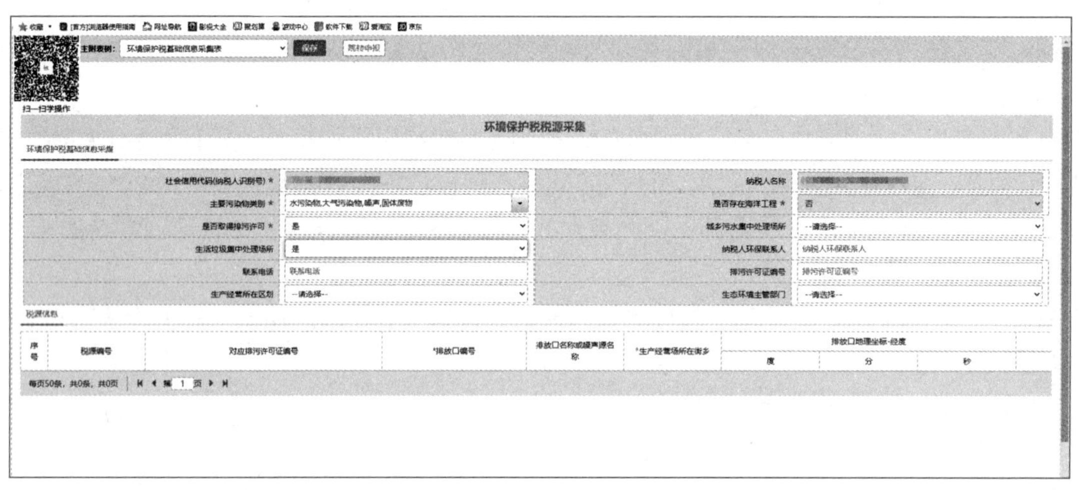

图 7-12　环境保护税基础信息采集界面

（3）在左上方下拉菜单中，分别选择“大气、水污染物基础信息采集表”“噪声基础信息采集表”“固体废物基础信息采集表”“产排污系数基础信息采集表”四项明细表。在相应的基础信息采集表中单击“增行”，选中对应的税源，单击“确定”填写必填项。四项基础信息采集表填写完毕后，单击保存。大气、水污染物基础信息采集见图7-13。

主附表树：大气、水污染物基础信息采集表　保存　跳转申报

大气、水污染基础信息采集表

提示：若大气、水污染基础信息采集表中已勾选采集信息，点击增行会直接复制已勾选的税源信息，若未勾选点击增行会弹出税源信息供选择

大气、水污染基础信息

序号	税源编号	水污染种类	*征收品目	征收子目	*污染物排放量计算方法	执行标准	*标准浓度值(毫克/升或毫克/标立方米)
1			二氧化硫（气）	二氧化硫（气）	自动监测	1	111.0
2			玻璃棉尘（气）	玻璃棉尘（气）	自动监测	111	111.0
3	W110108202100042	第一类水污染物	总汞（水）	总汞(水)	自动监测	1	111

增行　删行

图 7-13　大气、水污染基础信息采集

（4）在左上方下拉菜单中选择“申报计算及减免信息”，申报属性选择正常申报，税款所属期起止分别为季度第一天和最后一天。单击对应污染物（大气污染计算、固体废物计算、噪声计算、抽样测算计算）标签页，分别录入必填信息。在相应的标签页下方单击“增行”，先选择“月份”，双击税源

编号栏次，可弹出“税源信息”页面。勾选需要申报的税源，单击“保存”，然后完善税源申报信息。需要注意的是，使用排污系数法计算方式的，需要双击“产污系数”或者“排污系数”填写栏，弹出“排污系数基础信息”，选择后自动带出产排污系数。填写完毕后，单击页面左上方“保存”按钮，税源信息采集完毕。申报计算及减免信息见图7-14。

图7-14　申报计算及减免信息

（5）查看和审核自动生成的纳税申报表，审核无误，提交申报。

四、“金税四期”下环境保护税涉税风险与管理

（一）环境保护税应税范围界定不清导致的少缴或多缴税的风险

环境保护税的应税污染物分为大气污染物、水污染物、固体废物、噪声四类，同时采用税目方式将每类污染物加以详细列举。在税目列举范围内的属于应税污染物，应缴纳环境保护税；不在税目列举范围内的，不缴纳环境保护税。如大气污染物中的总甲烷总烃、噪声污染中的建筑噪声等都不属于环境保护税的征税范围。

企业应加强对环境保护税税目认知与辨析能力，结合本企业生产经营特点，将容易混淆的污染物加以辨认，明确征税范围，确保不偷税，也不多缴税。

（二）环境保护税的纳税人身份认识不清导致少缴或多缴税的风险

环境保护税的纳税人是直接排放应税污染物的企业事业单位和其他生产经营者，不包括个人，同时也不包括向依法设立的污水集中处理、生活垃圾集中处理场所排放应税污染物的主体。纳税人应明确自己的纳税义务，向主管税务机关办理相应的税种认定登记；财务人员应加强税收政策的学习，与税务机关多沟通，避免不必要的税务风险。

（三）环境保护税的计税依据认定不清导致的风险

环境保护税是一个新的税种，其应纳税额计算比较复杂，计税依据根据应税污染物的不同而有不同的确认方法。大气污染物和水污染物需要确定排放量，再根据当量值表折合为污染当量数即计税依据，还需要根据污染当量数从大到小排序再次确定前三项或前五项应缴税的污染当量数。

而污染物排放量也根据纳税人的实际情况分为自动监测数据、排污系数折合、抽样监测等不同方式确定。纳税人一定要分清情况，认真计算申报。

（四）税收优惠认识不清导致的风险

环境保护税的主要目的不在于财政收入，而是要发挥税收“多排多征，少排少征，不排不征”的

正向减排机制，所以税法给予了许多的税收优惠，以达到鼓励企业减排的目的。如集中进行污染物处理不缴税，污染物浓度值低于标准值的可享受减税优惠等。纳税人如采用减排增效的技术和专用设备，使得污染物浓度值降低，可查询相应政策在纳税申报时进行税收优惠备案，并保留相关佐证资料。

任务实施

1. 建豪公司需要缴纳的环境保护税的污染物种类如下：

（1）总甲烷总烃不属于环境保护税的大气污染物的税目范围，不缴纳环境保护税，此处建豪公司处理正确。

（2）大气污染物按污染当量数从大到小排序，取前三项计算环境保护税应纳税额，其他项不纳税。建豪公司的大气污染物当量数前三项分别为苯、二甲苯和二氧化硫，一般性粉尘不纳税。

（3）建豪公司的水污染物排放到污水处理厂，不属于直接向环境排放污染物，不缴纳环境保护税。

（4）建筑工地噪声不缴纳环境保护税。

2. 建豪公司2月份应缴纳的环境保护税税额 = 480 + 88.88 + 75.79 = 644.67（元）。

3. 建豪公司环境保护税涉税风险点提示：

（1）严格区分环境保护税的应税范围，防止扩大或缩小征税范围带来的税收风险。

（2）认真解读法律法规以及当地政策标准，正确判断环境保护税纳税人身份。

（3）环境保护税具有双向调节作用，一方面缴税会增加企业成本，另一方面又会促使企业研发与采用新技术、新设备，实现减排增效。同时购置环境保护专用设备也可享受企业所得税等其他税收优惠。财税人员可综合考虑，不局限于一税一事，以获取综合收益最大化。

任务七　城镇土地使用税智慧化申报与管理

任务描述

承任务一房产税任务描述，北京启宏占有土地的详细情况如表7-10所示：

表7-10　北京启宏占有土地明细表

名称	土地面积 / 每平方米	城镇土地使用税税额标准 /（元 / 每平方米）	房屋坐落地点	购置时间
文汇大厦15-1508	12	3	文汇大厦15-1505	2015年3月
文汇大厦15-1509	15	3	文汇大厦15-1509	2023年4月

任务要求：根据相关信息完成下列工作任务：

1. 分析北京启宏是否为城镇土地使用税的纳税人。
2. 计算北京启宏2023年应缴纳的城镇土地使用税税额。
3. 分析北京启宏进行城镇土地使用税纳税申报时应注意的事项。

知识准备

一、认识城镇土地使用税

（一）城镇土地使用税的概念及作用

城镇土地使用税，是国家在城市、县城、建制镇和工矿区范围内，对使用土地的单位和个人，以其实际占用的土地面积为计税依据，按照规定的税额计算征税的一种税。

城镇土地使用税能够促进土地资源的合理配置和节约使用，提高土地使用效益；能够调节不同地区因土地资源的差异而形成的级差收入；能够为企业和个人之间竞争创造公平的环境。

现行城镇土地使用税的基本法律规范是2006年12月31日国务院修订的《中华人民共和国城镇土地使用税暂行条例》。

（二）城镇土地使用税的基本税制要素

1. 城镇土地使用税的纳税人

城镇土地使用税的纳税人，是指在税法规定的范围内使用土地的单位和个人。城镇土地使有税的纳税人具体规定如表7-11所示。

表7-11　城镇土地使用税纳税人具体规定

土地使用者情况	纳税人
一般情况	拥有土地使用权的单位和个人
土地使用权拥有者不在土地所在地的	代管人或实际使用人为纳税人
土地使用权未确定或权属有纠纷的	实际使用人为纳税人
土地使用权共有的	共有各方均为纳税人，由共有各方分别纳税

2. 城镇土地使用税的征税范围

城镇土地使用税的征税范围，包括在城市、县城、建制镇和工矿区内的国家所有和集体所有的土地。

上述城市、县城、建制镇和工矿区，分别按以下标准确认：

（1）城市是指经国务院批准设立的市。

（2）县城是指县人民政府所在地。

（3）建制镇是指经省、自治区、直辖市人民政府批准设立的建制镇。

（4）工矿区是指工商业比较发达，人口比较集中，符合国务院规定的建制镇标准，但尚未设立建制镇的大中型工矿企业所在地，工矿区须经省、自治区、直辖市人民政府批准。

3. 城镇土地使用税的税率

城镇土地使用税采用定额税率，按大、中、小城市和县城、建制镇、工矿区分别规定每平方米城镇土地使用税年应纳税额。其中城市按照市区和郊区的非农业人口总数，划分为三级。具体税率如表7-12所示。

表7-12 城镇土地使用税税额表

土地所在地	人口规模	定额税率 /（元 / 每平方米）
大城市	人口≥50万	1.5~30
中等城市	20万≤人口＜50万	1.2~24
小城市	人口＜20万	0.9~18
县城、建制镇、工矿区		0.6~12

4. 城镇土地使用税纳税期限

城镇土地使用税实行按年计算、分期缴纳的征收方法，具体纳税期限由省、自治区、直辖市人民政府确定。

5. 城镇土地使用税纳税地点

城镇土地使用税在土地所在地缴纳。

纳税人使用的土地分属不同省、自治区、直辖市管辖的，由纳税人分别向土地所在地税务机关缴纳；在同一省、自治区、直辖市管辖范围内，纳税人跨地区使用的土地，其纳税地点由各省、自治区、直辖市税务局确定。

税收与新发展格局

税收优惠助力小微企业发展

小微稳，市场活；小微兴，百业旺。党中央、国务院高度重视小微企业发展，先后推出一系列税费优惠政策为小微企业纾困解难，为小微企业发展壮大保驾护航，助力小微企业强元气、增活力。

2022年3月，财政部、税务总局发布了《关于进一步实施小微企业“六税两费”减免政策的公告》（财政部 税务总局公告2022年第10号），其规定对增值税小规模纳税人、小型微利企业和个体工商户可以在50%的税额幅度内减征资源税、城市维护建设税、房产税、城镇土地使用税、印花税（不含证券交易印花税）、耕地占用税和教育费附加、地方教育附加。而该政策在2019年1月起就已经适用于增值税小规模纳税人了。

作为2022年新的组合式税费支持政策的组成部分，此次“六税两费”减免政策扩围，在应对宏观经济的三重压力、保障中小微企业可持续性发展、保民生稳就业等方面将发挥更为积极的作用。“六税两费”减免政策是在我国主体税种减税基础上的重要补充，推动形成了我国目前较为完整的减税降费政策体系。这有利于政策间形成协同效应，共同为减轻市场主体税费负担、激发市场活力发挥作用。

二、城镇土地使用税应纳税额计算

（一）城镇土地使用税的计税依据

城镇土地使用税是以纳税人实际占用的土地面积为计税依据，土地面积计量标准为每平方米。纳税人实际占用的土地面积按下列办法确定：

（1）由省、自治区、直辖市人民政府确定的单位组织测定土地面积的，以测定的面积为准。

（2）尚未组织测定，但纳税人持有政府部门核发的土地使用证书的，以证书确认的土地面积为准。

（3）尚未核发土地使用证书的，应由纳税人申报土地面积，并据此纳税，待核发土地使用证书后再作调整。

（4）对在城镇土地使用税征税范围内单独建造的地下建筑用地，按规定征收城镇土地使用税。其中，已取得地下土地使用权证的，按土地使用权证确认的土地面积计算应征税款，未取得地下土地使用权证或地下土地使用权证上未标明土地面积的，按地下建筑垂直投影面积计算应征税款。

对上述地下建筑用地暂按应征税款的50%征收城镇土地使用税。

（二）城镇土地使用税应纳税额的计算

城镇土地使用税的应纳税额等于纳税人实际占用的土地面积，乘以该土地所在地段的适用税额，其计算公式为：

全年应纳税额 = 实际占用应税土地面积 × 适用税额

（三）城镇土地使用税的纳税义务发生时间

（1）纳税人购置新建商品房，自房屋交付使用之次月起，缴纳城镇土地使用税。

（2）纳税人购置存量房，自办理房屋权属转移、变更登记手续，房地产权属登记机关签发房屋权属证书之次月起，缴纳城镇土地使用税。

（3）纳税人出租、出借房产，自交付出租、出借房产之次月起，缴纳城镇土地使用税。

（4）以出让或转让方式有偿取得土地使用权的，应由受让方从合同约定交付土地时间之次月起缴纳城镇土地使用税；合同未约定交付土地时间的，由受让方从合同签订之次月起缴纳城镇土地使用税。

（5）纳税人新征用的耕地，自批准征用之日起满1年时开始缴纳城镇土地使用税。

（6）纳税人新征用的非耕地，自批准征用次月起缴纳城镇土地使用税。

（四）城镇土地使用税的税收优惠

1. 一般规定

下列用地免征城镇土地使用税：

（1）国家机关、人民团体、军队自用的土地。

（2）由国家财政部门拨付事业经费的单位自用的土地。

（3）宗教寺庙、公园、名胜古迹自用的土地。

（4）市政街道、广场、绿化地带等公用土地。

（5）直接用于农、林、牧、渔业的生产用地。

（6）经批准开山填海整治的土地和改造的废弃土地，从使用的月份起免税5～10年。

2. 特殊规定

（1）凡是缴纳了耕地占用税的，从批准征用之日起满1年后征收城镇土地使用税。

（2）免税单位无偿使用纳税单位的土地，免征城镇土地使用税；纳税单位无偿使用免税单位的土地，纳税单位应照章缴纳城镇土地使用税。

（3）对于各类危险品仓库、厂房所需的防火、防爆、防毒等安全防范用地，可由各省、自治区、直辖市税务局确定，暂免城镇土地使用税。

（4）搬迁企业搬迁后原场地不使用的、企业范围内荒山等尚未利用的土地，免征城镇土地使用税。纳税人应事先向土地所在地的主管税务机关上报相关证明材料，以备税务机关查验。

（5）企业的铁路专用线、公路等用地除另有规定外，如在厂区以外，与社会公用地段未加隔离的，暂免城镇土地使用税。

（6）老年服务机构自用的土地免征城镇土地使用税。

（7）国家机关、军队、人民团体、财政补助事业单位、居民委员会、村民委员会拥有的体育场馆，用于体育活动的土地，免征城镇土地使用税。

三、城镇土地使用税的智慧化申报

（1）登录电子税务局，选择“城镇土地使用税税源采集”。

（2）进入税源信息采集后，系统会自动带出已采集的城镇土地使用税土地信息，纳税人可输入查询条件查询对应的土地信息。如果没有采集过土地信息则显示为空。单击“新增”按钮，进入“城镇土地使用税基础信息”的填写，见图7-15。

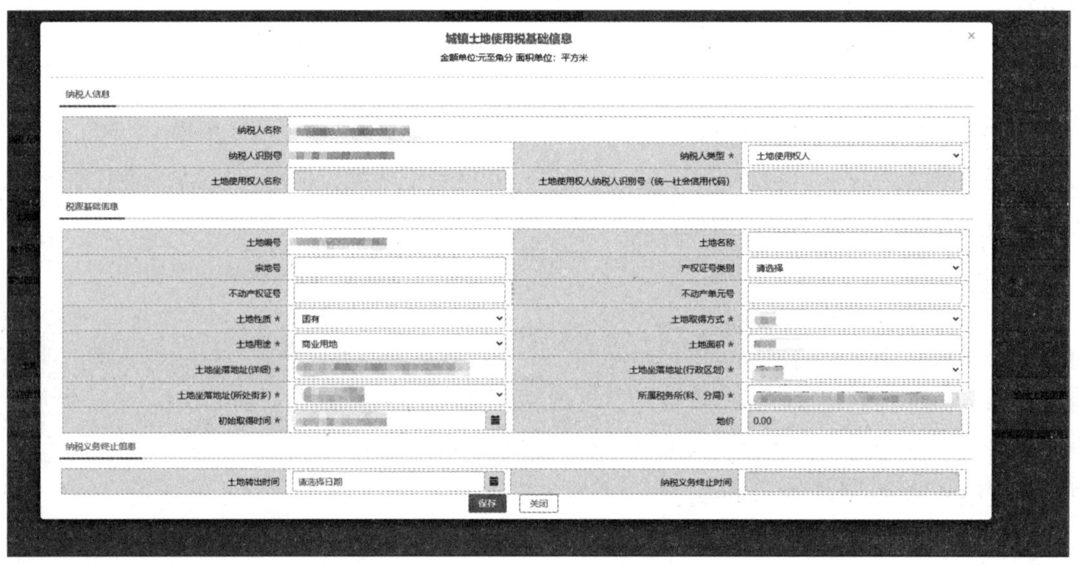

图 7-15　填写城镇土地使用税基础信息

（3）填写完毕，单击“保存”，系统自动弹出“土地信息”对话框，根据实际情况填写土地的应税信息，见图7-16。

图 7-16　土地应税信息

（4）完成税源信息采集后，返回到“城镇土地使用税基础信息”界面，单击“跳转申报”，进入财产和行为税纳税申报界面，审核自动生成的纳税申报表，完成申报和缴款。

四、“金税四期”下城镇土地使用税涉税风险与管理

（一）城镇土地使用税的征、免税范围的界定不清晰的风险及管理

目前农村的土地不属于征税范围。实务工作中也要注意免缴土地使用税的各种规定，如供热企业、大宗商品仓储设施用地等各种规章制度关于免税的规定；小规模纳税人和小微企业有“六税两费”的减免优惠等。纳税人要关注税法的变动与更新，按照税法规定正确缴纳。

（二）城镇土地使用税纳税义务发生时间不明确带来的风险及管理

在土地使用税的征管过程中，许多企业对土地使用税的纳税义务人、缴纳时间等判断不清晰而造成企业申报不规范甚至少申报、不申报缴纳城镇土地使用税。这些误区都会给企业带来税务风险。需要注意的是，是否取得土地使用证（不动产产权证），在有些情况下并不能作为纳税义务发生时间的依据。纳税人在购置土地签订合同时需注意土地交付时间、签订合同时间、办理权属变更时间等合同条款的规定。

（三）土地面积或等级发生变动，信息维护和变更不及时的风险及管理

企业的土地面积或等级发生了变动，相应适用的税额标准和应纳税额都会发生改变，要及时进行土地信息的维护和变更，避免由此带来的税务风险。

任务实施

1. 北京启宏拥有的两处房产在北京市顺义区，属于城镇土地使用税的征税范围，北京启宏是城镇土地使用税的纳税人，应向土地所在地的主管税务机关申报缴纳城镇土地使用税。

2. 2023年应缴纳的城镇土地使用税：

原有土地年应纳税额 = 12 × 3 = 36（元）；

新增土地年应纳税额 = 15 × 3 × 8/12 = 30（元）。

3. 对“六税两费”，小规模纳税人和小微企业可享受减免优惠。北京启宏可根据自身具体情况，判断是否可享受税收优惠，确保将国家的税收红利政策落实到位。

任务八　车辆购置税智慧化申报与管理

任务描述

北京飞鸿商贸公司（简称“飞鸿公司”）当年5月12日与当地一汽车有限公司用以物易物的方式等价换购了一辆小汽车作为办公用车，合同约定小汽车不含税成交价为283 000元，飞鸿公司提供等价的办公用品。车辆相关信息如下：

车辆类型：多用途乘用车；厂牌型号：东风日产DFL6461VAL2；车辆识别代号（车架号码）：LGBV3DF54GS314960；发动机号码：500267V。

飞鸿公司要求汽车有限公司开具不含税金额200 000元的机动车销售统一发票，发票代码：111002222001，发票号码00678155。

飞鸿公司位于北京大兴区，拟办理大兴区车牌。

任务要求：根据相关信息完成下列工作任务：

1. 计算飞鸿公司应缴纳的车辆购置税。
2. 完成飞鸿公司车辆购置税的纳税申报。
3. 分析飞鸿公司上述行为存在的问题。

知识准备

一、认识车辆购置税

（一）车辆购置税的概念及作用

车辆购置税是对在境内购置规定车辆的单位和个人征收的一种税。征收车辆购置税有利于合理筹集财政资金，规范政府行为，配合打击车辆走私，维护国家利益。

我国车辆购置税的基本法律规范是依据2018年12月29日第十三届全国人民代表大会常务委员会第七次会议通过，并于2019年7月1日起实施的《中华人民共和国车辆购置税法》。

（二）车辆购置税的基本税制要素

1. 车辆购置税的征税范围

车辆购置税的征收范围是汽车、有轨电车、汽车挂车、排气量超过150毫升的摩托车。

2. 车辆购置税纳税人

在中华人民共和国境内购置汽车、有轨电车、汽车挂车、排气量超过150毫升的摩托车（统称应税车辆）的单位和个人，为车辆购置税的纳税人。

购置是指以购买、进口、自产、受赠、获奖或者其他方式取得并自用应税车辆的行为。

3. 车辆购置税的税率

车辆购置税采用比例税率，税率为10%。

4. 车辆购置税的纳税期限

纳税人应当自纳税义务发生之日起60日内申报缴纳车辆购置税。

5. 车辆购置税的纳税地点

纳税人购置应税车辆，应当向车辆登记地的主管税务机关申报缴纳车辆购置税；纳税人购置不需要办理车辆登记的应税车辆的，应当向纳税人所在地的主管税务机关申报缴纳车辆购置税。

税收与新发展格局

车辆购置税税惠政策，为新能源汽车“续航”

自2014年起，为支持新能源汽车产业发展，中国对新能源汽车实施免征车辆购置税政策。2022年9月，财政部、国家税务总局、工业和信息化部明确规定，该项政策延续至2023年12月31日。

这项政策实施力度有多大？国家税务总局最新数据显示，2022年全国累计免征新能源汽车车辆购置税879亿元，同比增长92.6%，对促进新能源汽车消费和绿色低碳发展发挥了重要作用。

税惠政策如何为新能源汽车“续航”？一方面，免征政策让购车者得到实惠，有效激发新能源汽车消费潜力。另一方面，免征政策为汽车产业发展注入新动能。

数据显示，新能源汽车免征车辆购置税政策稳定了社会预期、提振了市场信心，对推进中国交通能源战略转型、促进汽车行业高质量发展具有重要意义。2022年，全国新能源汽车累计销售568.1万辆，同比增长70.6%；新能源汽车销量占全部汽车销量的比重达23.5%，较上年提高11.5个百分点，提前实现《新能源汽车产业发展规划（2021—2035年）》提出的：到2025年，新能源汽车新车销售量达到汽车新车销售总量的20%左右的目标。

二、车辆购置税应纳税额的计算

（一）车辆购置税的计税依据

车辆购置税的计税依据根据不同情况，其确定方式也有所不同，具体见表7-13。

表7-13　车辆购置税的计税依据

购置情形	计税依据	备注
购买应税车辆	实际支付的全部价款	不包括增值税
进口应税车辆	关税完税价格＋关税＋进口环节的消费税	
自产自用应税车辆	纳税人生产的同类应税车辆的销售价格	不包括增值税
受赠、获奖或其他方式购置应税车辆	购置凭证载明的价格	不包括增值税
申报价格明显偏低，又无正当理由的	税务机关核定	

（二）车辆购置税应纳税额计算

车辆购置税应纳税额的计算公式如下：

应纳税额＝计税依据 × 适用税率

（三）车辆购置税的纳税义务发生时间

车辆购置税的纳税义务发生时间为纳税人购置应税车辆的当日。

（四）车辆购置税的税收优惠

下列车辆免征车辆购置税：

（1）依照法律规定应当予以免税的外国驻华使馆、领事馆和国际组织驻华机构及其有关人员自用的车辆。

（2）中国人民解放军和中国人民警察部队列入装备订货计划的车辆。

（3）悬挂应急救援专用号牌的国家综合性消防救援车辆。

（4）设有固定装置的非运输专用作业车辆。

（5）城市公交企业购置的公共汽车、电车辆。

根据国民经济和社会发展的需要，国务院可以规定减征或者其他免征车辆购置税的情形，报全国人民代表大会常务委员会备案。

三、车辆购置税的智慧化申报

（1）登录电子税务局，选择“我要办税”—“税费申报及缴纳”—“其他申报”，单击车辆购置税申报。

（2）进行车辆信息确认及机动车销售发票信息录入。

（3）进入车辆购置税纳税申报表，相关信息已预填报，纳税人进行审核、完善、确认后即可完成相应申报。

（4）查询和打印电子完税证明。自2019年6月1日起，纳税人在全国范围内办理车辆购置税纳税业务时，税务机关不再打印和发放纸质车辆购置税完税证明。纳税人完成纳税申报后，在税务局网站单击“车辆购置税完税证明”，输入车辆信息进行查询，即可下载、打印车辆购置税的完税证明。

四、“金税四期”下车辆购置税涉税风险与管理

（一）纳税人身份界定的风险与管理

车辆购置税强调的是购置并消费的行为，只有购置并使用应税车辆的单位和个人才是车辆购置税的纳税人。如汽车销售公司购置车辆但是用于再销售而不是使用车辆，则不属于车辆购置税的纳税人。

（二）计税依据界定的风险与管理

《中华人民共和国车辆购置税法》中对车辆购置税的计税依据做了调整，购买应税车辆的计税依据不再包括价外费用；另外，其他方式取得应税车辆的计税依据为相关凭证载明的金额，纳税人及对方当事人应诚实地填写应税车辆金额。如计税金额明显偏低又无正当理由，税务机关可以依据税收征管法核定其计税金额。

（三）免税条件变化的风险与管理

免税车辆因转让、改变用途等原因，其免税条件消失的，纳税人可能存在未在免税条件消失之日起60日内到主管税务机关重新申报纳税的情况。免税车辆发生转让，但仍属于免税范围的，受让方可以自购买或取得车辆之日起60日内到主管税务机关重新申报免税。

任务实施

1. 飞鸿公司换购的小汽车车辆购置税的计税依据应为合同约定的成交价283 000元，而非取得的机动车销售统一发票载明的金额。即：

应纳车辆购置税＝283 000×10%＝28 300（元）。

飞鸿公司应在购置车辆之日起60日内完成车辆购置税的纳税申报，缴纳了车辆购置税，方能办理车辆登记。

2. 飞鸿公司在规定的纳税申报日期内登录电子税务局，在车辆购置税纳税申报界面，录入车辆识别代号和机动车销售统一发票代码及号码，即可查看到预填报的纳税申报表。单击“缴款”，完成税款缴纳。车辆购置税实行一车一申报制度，纳税人可在税务局网站查询车辆的完税证明。

3. “金税四期”会自动匹配相同型号车辆的信息，排查出飞鸿公司少缴车辆购置税的偷税行为。税务机关会追缴其少缴的税款，并据此对飞鸿公司处以罚款或征收滞纳金。因此纳税人应依法守法、诚信纳税，不心存侥幸，否则会得不偿失。

任务九　耕地占用税智慧化申报与管理

任务描述

萃华生物科技有限公司（简称“萃华公司”）地处天津市区，主要是一家集化学研发、技术服务于一体的高科技企业，专注定制农作物杂质、高纯度天然产物分离纯化，公司技术领先，与国内外多家科研单位建立了良好的合作关系，有着良好的发展前景。2023年5月，萃华公司收到了当地税务机关推送的税务风险自查通知书，提示公司有未经批准私自占用耕地、少缴耕地占用税和城镇土地使用税的问题。

萃华公司自查结果为：公司有8 200平方米的香料作物种植试验用地，土地属性为耕地。为进行产品市场推广，公司于2019年2月占用了3 800平方米的土地建设了产品展销大厅，并配备了露天停车位及相应的停车设施。全部建筑成本为4 100万元，于2019年11月正式投入使用，全部建筑成本记入了“固定资产——房屋建筑物”账户，并按规定每年申报缴纳了房产税。

当地土地适用的耕地占用税税额为35元/平方米。

任务要求：根据相关信息，完成下列任务：

1. 分析萃华公司占用农作物用地建设展销大厅涉及应缴纳的税种。
2. 计算萃华公司应缴纳的耕地占用税。
3. 完成萃华公司耕地占用税的纳税申报。
4. 分析萃华公司在税务管理方面存在的问题及风险。

知识准备

一、认识耕地占用税

（一）耕地占用税的概念及作用

耕地占用税是为了合理利用土地资源，加强土地管理，保护耕地，对占用耕地建房或从事其他非农业建设的单位和个人，就其实际占用的耕地面积征收的一种税。

我国人口众多，耕地资源相对较少，人多地少矛盾十分突出。征收耕地占用税，运用税收经济杠杆与法律、行政手段相配合，可有效保护耕地；也可以引导占用耕地从事非农业建设的单位和个人承担经济责任，更合理、节约使用耕地资源。

现行耕地占用税的法律依据是自2019年9月1日起实施的《中华人民共和国耕地占用税法》及配套的《中华人民共和国耕地占用税法实施办法》。

（二）耕地占用税的基本税制要素

1. 耕地占用税的纳税人

耕地占用税的纳税人为在我国境内占用耕地建设建筑物、构筑物或者从事非农业建设的单位和个人。

经批准占用耕地的，纳税人为农用地专用审批文件中标明的建设用地人；农用地转用审批文件中未标明建设用地人的，纳税人为用地申请人。

未经批准占用耕地的，纳税人为实际用地人。

2. 耕地占用税的征税范围

耕地占用税的征税范围包括纳税人为建设建筑物、构筑物或从事其他非农业建设而占用的国家所有和集体所有的耕地。耕地是指用于种植农作物的土地。其具体包括：

（1）园地，包括果园、茶园、橡胶园以及种植桑树、可可、咖啡、油棕、胡椒、药材等其他多年生作物的园地。

（2）林地，包括乔木林地、竹林地、红树林地、森林沼泽、灌木林地、灌丛沼泽以及疏林地、未成林地、迹地、苗圃等林地。不包括城镇村庄范围内的绿化林木用地，铁路、公路征地范围内的林木用地，以及河流、沟渠的护堤林用地。

（3）草地，包括天然牧草地、沼泽草地、人工牧草地，以及用于农业生产并已由相关行政主管部门发放使用权证的草地。

（4）农田水利用地，包括农田排灌沟渠及相应附属设施用地。

（5）养殖水面，包括人工开挖或者天然形成的用于水产养殖的河流水面、湖泊水面、水库水面、坑塘水面及相应附属设施用地。

（6）渔业水域滩涂，包括专门用于种植或者养殖水生动植物的海水潮浸地带和滩地，以及用于种植芦苇并定期进行人工养护管理的苇田。

建设直接为农业生产服务的生产设施占用上述农用地的，不缴纳耕地占用税。直接为农业生产服务的生产设施，是指直接为农业生产服务而建设的建筑物和构筑物。如专为农业生产服务的灌溉排水、供水、供电、供热、供气、通信基础设施；农业生产者从事农业生产必需的食宿和管理设施；其他直接为农业生产服务的生产设施。

3. 耕地占用税税率

耕地占用税实行地区差别定额税率。根据不同地区的人均耕地面积和经济发展情况实行有地区差别的幅度税额标准，税率具体标准如下：

（1）人均耕地不超过1亩[①]的地区（以县、自治县、不设区的市、市辖区为单位，下同），每平方米为10～50元；

（2）人均耕地超过1亩但不超过2亩的地区，每平方米为8～40元；

（3）人均耕地超过2亩但不超过3亩的地区，每平方米为6～30元；

（4）人均耕地超过3亩的地区，每平方米为5～25元。

各地区耕地占用税的适用税额，由省、自治区、直辖市人民政府根据人均耕地面积和经济发展等情况，在规定的税额幅度内提出，报同级人民代表大会常务委员会决定，并报全国人民代表大会常务委员会和国务院备案。各省、自治区、直辖市耕地占用税适用税额的平均水平，不得低于《各省、自治区、直辖市耕地占用税平均税额表》规定的平均税额见表7-14。

表7-14 各省、自治区、直辖市耕地占用税平均税额表

省、自治区、直辖市	每平方米平均税额／元
上海	45
北京	40
天津	35
江苏、浙江、福建、广东	30
辽宁、湖北、湖南	25
河北、安徽、江西、山东、河南、重庆、四川	22.5

① 亩为非法定计量单位，1亩≈666.67平方米。

续表

省、自治区、直辖市	每平方米平均税额/元
广西、海南、贵州、云南、陕西	20
山西、吉林、黑龙江	17.5
内蒙古、西藏、甘肃、青海、宁夏、新疆	12.5

在人均耕地低于0.5亩的地区，省、自治区、直辖市可以根据当地经济发展情况，适当提高耕地占用税的适用税额，但提高的部分不得超过确定的适用税额的50%。

占用基本农田的，应当按照当地适用税额，加按150%征收。

4. 纳税地点

纳税人占用耕地或其他农用地，应当在耕地或其他农用地所在地申报纳税。

税收与新发展格局

耕地占用税法助力严守耕地红线，确保粮食安全

人口众多、耕地质量总体不高、后备耕地资源稀缺一直是我国的基本国情。随着我国城镇化率的增长，耕地数量不足和粮食安全的问题更加凸显。党的十八大以来，我国实行最严格的耕地保护制度，牢牢守住了18亿亩耕地红线。而《中华人民共和国耕地占用税法》的立法与实施，也从法律上确保了更好地守住18亿亩耕地红线，确保国家粮食安全。

《中华人民共和国耕地占用税法》实行幅度定额税率，将税额制定下放给地方，确保土地越少、税额越高，从税负上保障对耕地资源的节约和集约使用；另外法律也赋予了地方提高税额的权限，规定：在人均耕地低于0.5亩的地区，省、自治区、直辖市可以根据当地经济发展情况，适当提高耕地占用税的适用税额，但提高的部分不得超过确定的适用税额的50%。占用基本农田的，应当按照当地适用税额，加按150%征收。这些规定使得税收杠杆在人均耕地偏少的地方发挥更大的调节作用。

《中华人民共和国耕地占用税法》以及相关配套文件正式施行，将从更高层级、以更大力度贯彻落实国家最严格的耕地保护制度，限制非农业建设无序、低效地占用农业生产用地，以经济手段保护有限的土地资源，尤其是耕地资源，促进土地资源合理配置。

二、耕地占用税应纳税额的计算

（一）耕地占用税计税依据

耕地占用税以纳税人实际占用的应税耕地面积为计税依据，按照规定的适用税额标准计算应纳税额，一次性缴纳。

实际占用的耕地面积，包括经批准占用的耕地面积和未经批准占用的耕地面积。

纳税人实际占用耕地面积的核定以农用地转用审批文件为主要依据，必要的时候应当实地勘测。

（二）耕地占用税应纳税额计算

耕地占用税以每平方米土地为计税单位，按适用的定额税率计税。应纳税额的计算公式为：

$$应纳税额 = 实际占用耕地面积（平方米）\times 适用税率$$

（三）耕地占用税税收优惠

（1）军事设施、学校、幼儿园、社会福利机构、医疗机构占用耕地，免征耕地占用税。

（2）农村居民在规定用地标准以内占用耕地新建自用住宅，按照当地适用税额减半征收耕地占用税；其中农村居民经批准搬迁，新建自用住宅占用耕地不超过原宅基地面积的部分，免征耕地占用税。

（3）农村烈士遗属、因公牺牲军人遗属、残疾军人以及符合农村最低生活保障条件的农村居民，在规定用地标准以内新建自用住宅，免征耕地占用税。

（4）铁路线路、公路线路、飞机场跑道、停机坪、港口、航道、水利工程占用耕地，减按每平方米2元的税额征收耕地占用税。

（5）农村居民在规定用地标准以内占用耕地新建自用住宅，按照当地适用税额减半征收耕地占用税。

（四）耕地占用税纳税义务发生时间

耕地占用税的纳税义务发生时间为纳税人收到自然资源主管部门办理占用耕地手续的书面通知的当日。纳税人应当自纳税义务发生之日起30日内申报缴纳耕地占用税。

自然资源主管部门凭耕地占用税完税凭证或者免税凭证和其他有关文件发放建设用地批准书。

未经批准占用耕地的，耕地占用税纳税义务发生时间为自然资源主管部门认定的纳税人实际占用耕地的当日。

三、耕地占用税的智慧化申报

（1）登录电子税务局主页，选择“耕地占用税”—“税源采集”进入税源信息采集页面。

（2）单击“新增”按钮，进入“耕地占用税税源采集”页面。选择“占地方式”，占地方式不同，需要填报的项目也不相同。根据不同的占用方式，填写相应必填项目。耕地占用税税源采集见图7-17。

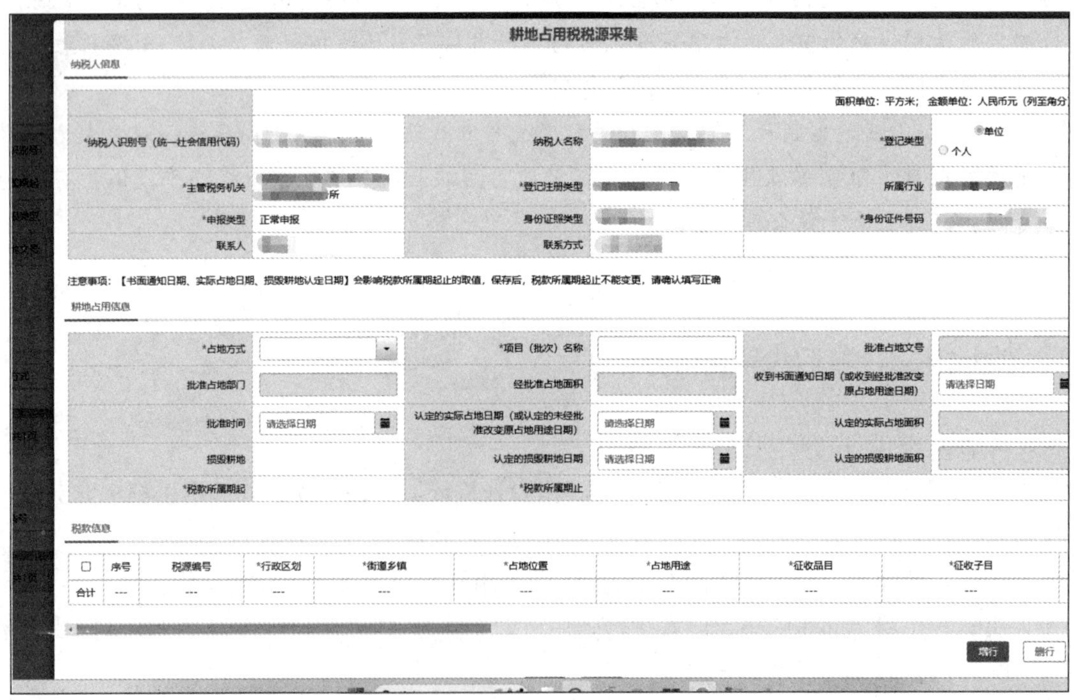

图 7-17　耕地占用税信息采集

（3）界面下拉，在“税款信息”处单击“增行”，完善税款信息。单击“保存”，税源信息采集完毕，返回主界面，单击“跳转申报”，查看和审核自动生成的纳税申报表，审核无误，提交申报。

四、“金税四期”下耕地占用税涉税风险与管理

（一）耕地占用税征税范围界定不清导致的未缴税风险

耕地占用税所指的“耕地”除传统种植农作物的土地，还包括园地、林地、草地、农田水利用地、养殖水面、渔业水域滩涂等。如矿业公司因开采作业而毁坏的林地、坡地、光伏发电而占用的草地等都属于耕地占用税的征税范围。纳税人一定要正确理解耕地占用税的征税范围，辨析自己所占用的土地性质，做到及时、诚信纳税。

（二）耕地占用税纳税人界定不清导致的少缴或多缴税风险

耕地占用税的纳税人具体可分为三类：一是经批准占用耕地的，为农用地转用审批文件中标明的建设用地人；二是农用地转用审批文件中未标明建设用地人的，为用地申请人；三是未经批准占用耕地的，为实际用地人。所以，判断某单位或个人是不是纳税人，需要结合其农用地转用审批文件确定。如房地产开发企业通过“招拍挂”方式取得的土地如果是耕地转化而来，则应由用地申请人而非房地产开发企业去申报缴纳耕地占用税。

（三）错误使用税收优惠政策导致的风险

耕地占用税法规定了若干免税的优惠。但一些纳税人由于理解有误，错误地使用了优惠政策导致少缴或未缴税的风险。如免税用地的学校是指县级以上人民政府教育行政部门批准成立的大学、中学、小学，学历性职业教育学校和特殊教育学校，以及经省级人民政府或其人力资源社会保障行政部门批准成立的技工院校，商业性的培训机构用地不能免税。另外，如果临时占用耕地，复垦后可申请退税，享受先征后退的政策。

（四）耕地占用税减免税条件消失，未及时进行申报的风险

根据《中华人民共和国耕地占用税法》规定，纳税人改变原占地用途，不再属于免征或减征情形的，自改变用途之日起30日内申报补缴税款。未及时申报，则依据税收征收管理法的相关规定，除补税外还会面临罚款、缴纳滞纳金等处罚。

综上所述，耕地占用税虽然是个小税种，计算也很简单，但纳税人不能忽视该税种的细节规定，否则很容易产生涉税风险，承担不必要的损失。

任务实施

1. 萃华公司占用原农作物用地用于新建建筑物和停车场，属于改变土地属性，应缴纳耕地占用税。新建的展销大厅和露天停车场为经营性场所，其实际占用的土地应缴纳城镇土地使用税，展销大厅应缴纳房产税。

2. 萃华公司应缴纳耕地占用税 = 3 800 × 35 = 133 000（元）。

3. 萃华公司申报缴纳耕地占用税时，应一并提供实际占地的相关证明材料复印件。填写纳税申报表时，“占地方式”应注意选择“未批先占”。

4. 萃华公司在耕地占用税申报方面存在以下问题：萃华公司财税人员在小税种管理方面存在业务不精、管理混乱的问题。首先原占用耕地的用途发生改变未及时申报缴纳耕地占用税、城镇土地使用税导致公司被判处罚款与被征收滞纳金；其次，露天停车场不属于房产税中的房产范围，无须缴纳房

产税，但萃华公司将停车场建筑成本一同计入展销大厅的入账金额，使得展销大厅的房产税计税依据增加而多缴了房产税。

任务十　土地增值税智慧化申报与管理

任务描述

北京天宇商贸有限责任公司（简称“北京天宇”）当年7月份处置了一座闲置的仓库，取得全部收入946.75万元。该仓库系2015年5月购入，购入原值为700万元，北京天宇选择简易计税方法计算缴纳了增值税11.75万元及相应的附加税费1.41万元，按946.75万元的合同金额缴纳了印花税4 733.75元。两个月后，北京天宇收到了主管税务机关推送的风险自查通知，提示企业存在未缴纳土地增值税的风险。北京天宇通过计算补缴了土地增值税779 349.88元，但之后又收到了税务机关的税务事项通知书，提到其土地增值税与增值税的纳税情况不符，存在土地增值税偷税现象，要求自查并限期补税。

北京天宇土地增值税计算过程如下：

出售仓库不含税收入=9 467 500 ÷ 1.05 = 9 016 666.67（元）；

扣除项目金额=8 000 000 × 80% + 14 100 + 4 733.75 = 6 418 833.75（元）；

增值额税额=9 016 666.67−6 418 833.75 = 2 597 833.92（元）；

增值税占扣除项目金额之比=40%；

适用税率30%，速算扣除系数为0；

应纳土地增值税 = 2 597 833.92 × 30% = 779 349.88（元）。

补充信息：当地房地产评估机构的评估显示该仓库的重置成本为800万元，成新度系数80%。

任务要求：根据相关信息完成下列工作任务：

1. 分析北京天宇是否负有缴纳土地增值税的纳税义务。
2. 计算北京天宇应缴纳的土地增值税税额。
3. 分析北京天宇土地增值税申报存在的问题及风险管理。

知识准备

一、认识土地增值税

（一）土地增值税的概念及作用

土地增值税是对有偿转让国有土地使用权、地上建筑物及其附着物（简称“转让房地产”）并取得收入的单位和个人，就其转让房地产所取得的增值额征收的一种税。

（二）土地增值税的征税范围

土地增值税的基本征税范围包括：转让国有土地使用权；地上的建筑物及其附着物连同国有土地使用权一并转让；存量房地产的买卖。

1. 属于土地增值税征税范围的情况

（1）转让国有土地使用权（指以出售方式转让国有土地使用权），对出让国有土地使用权的行为不征税。

（2）地上建筑物及其他附着物连同国有土地使用权一并转让。

（3）存量房地产买卖。

（4）抵押期满以房地产抵债。

（5）单位之间交换房地产。

（6）投资方或接收方属于房地产开发企业的房地产投资。

（7）投资联营后将投入的房地产再转让。

（8）合作建房建成后转让。

2. 不属于土地增值税征税范围的情况

（1）房地产继承。

（2）房地产赠与。

将房地产进行公益性赠与、赠与直系亲属或承担直接赡养义务人的，不征收土地增值税；进行非公益性赠与的，征收土地增值税。

（3）房地产出租。

（4）房地产抵押期内。

房地产抵押，是指房产所有者或土地使用者作为债务人或第三人向债权人提供不动产作为清偿债务的担保而不转移权属的法律行为。这种情况下房产的产权、土地使用权在抵押期间并没有发生权属的变更，因此对房地产的抵押，在抵押期间不征收土地增值税。待抵押期满后，视该房地产是否发生转移占有而确定是否征收土地增值税。对于以房地产抵押而发生房地产权属转让的，应列入土地增值税的征税范围。

（5）房地产的代建房行为。

代建房行为，是指房地产开发公司代客户进行房地产的开发，开发完成后向客户收取代建收入的行为。对于房地产开发公司而言，虽然取得了收入，但没有发生房地产权属的转移，其收入属于劳务收入性质，故不在土地增值税征税范围内。

（6）房地产评估增值。

（三）土地增值税的纳税人

土地增值税的纳税义务人是指转让国有土地使用权、地上的建筑物及其附着物并取得收入的单位和个人。有偿转让单位包括各类企业、事业单位、国家机关和社会团体及其他组织。个人包括个体经营者。土地增值税也适用于外商投资企业、外国企业及外籍纳税人。

（四）土地增值税的税率

土地增值税采用四级超率累进税率。与超额累进税率不同的是，超率累进税率的累进依据为相对数，而超额累进税率的累进依据为绝对数。土地增值税的累进依据为增值额与扣除项目金额之间的比率。土地增值税的税率表如表7-15所示。

表7-15　土地增值税的税率表

级次	增值额与扣除项目金额之间的比率	税率	速算扣除系数
1	50%以下（含50%）的	30%	0
2	超过50%，不超过100%（含100%）的	40%	5%
3	超过100%，不超过200%（含200%）的	50%	15%
4	200%以上的	60%	35%

（五）土地增值税的纳税期限

土地增值税的纳税人应当自转让房地产合同签订之日起7日内向房地产所在地主管税务机关办理纳税申报。

纳税人因经常发生房地产转让而难以在每次转让后申报的，经税务机关审核同意后，可以定期进行纳税申报，具体期限由税务机关根据情况确定。

（六）土地增值税的纳税地点

土地增值税的纳税人应到房地产所在地主管税务机关办理纳税申报。

税收与新发展格局

税收杠杆净化房地产市场

土地增值主要有两方面的原因：自然增值和投资增值。自然增值是因为土地资源是有限的，随着社会经济的发展，土地资源会相对发生紧缺而导致价格上升；投资增值是对土地进行开发和对周边的环境进行建设导致的土地价格上升。

对于土地增值课税，其主要目的是抑制炒买炒卖土地获取暴利的行为，以保护正当房地产开发的发展。国家在城市建设方面投入了大量资金，建设了许多的基础设施，这是土地增值税的一个主要因素，对这部分土地增值收益，国家理应参与土地增值收益分配，并取得较大份额。征收土地增值税有利于减少国家土地资源增值收益的流失，同时，是国家运用税收杠杆引导房地产经营的方向，是规范房地产市场交易秩序的一种手段。对投资房地产开发的合理收益给予保护，使其能够得到一定的回报，以促进房地产业的正常发展。同时土地增值税用高税率进行调节，有利于遏制投机者牟取暴利的行为，维护国家整体利益。

二、土地增值税的计算

（一）土地增值税的计税依据

土地增值税的计税依据是纳税义务人转让房地产所取得的增值额。即纳税义务人转让房地产取得的应税收入减除法定的扣除项目金额后的余额。其计算公式为：

增值额 = 转让房地产所取得的应税收入 − 法定扣除项目金额

（1）转让房地产所取得的应税收入的确定。根据《中华人民共和国土地增值税暂行条例》及其实施细则的规定，纳税人转让房地产取得的不含增值税的收入，应包括转让房地产的全部价款及有关的经济利益。从收入形式上看，包括货币收入、实物收入和其他收入。

（2）扣除项目的确定。准予纳税人从转让收入额减除的扣除项目包括以下6个：

① 取得土地使用权所支付的金额（适用新建房转让和存量房地产转让），包括纳税人为取得土地使用权所支付的地价款，和纳税人在取得土地使用权过程中为办理有关手续，按国家统一规定缴纳的有关登记、过户手续费和契税。

② 房地产开发成本（适用新建房转让），是指纳税人房地产开发项目实际发生的成本，包括土地的征用及拆迁补偿费、前期工程费、建筑安装工程费、基础设施费、公共配套设施费、开发间接费用等。

③ 房地产开发费用（适用新建房转让），是指与房地产开发项目有关的销售费用、管理费用和财

务费用。根据现行财务会计制度的规定，这三项费用作为期间费用，直接计入当期损益，不按成本核算对象进行分摊，故不按纳税人房地产开发项目实际发生的费用进行扣除，而应区分以下两种情况分别计算扣除：

财务费用中的利息支出，凡能够按转让房地产项目计算分摊并提供金融机构证明的，允许据实扣除，但最高不能超过按商业银行同类同期贷款利率计算的金额。其他房地产开发费用，按《中华人民共和国土地增值税暂行条例实施细则》有关规定（即取得土地使用权所支付的金额和房地产开发成本，下同）计算的金额之和的5%以内计算扣除，其计算公式为：

允许扣除的房地产开发费用＝利息＋(取得土地使用权所支付的金额＋房地产开发成本)×5%以内

财务费用中的利息支出，凡不能按转让房地产项目计算分摊利息支出或不能提供金融机构贷款证明的，房地产开发费用按《中华人民共和国土地增值税暂行条例实施细则》的有关规定计算的金额之和的10%以内计算扣除，其计算公式为：

允许扣除的房地产开发费用＝(取得土地使用权所支付的金额＋房地产开发成本)×10%以内

④ 旧房及建筑物的评估价格（适用于存量房地产转让），是指在转让已使用的房屋及建筑物时，由政府批准设立的房地产评估机构评定的重置成本价乘以成新度折扣率后的价格。评估价格须经当地税务机关确认。重置成本价，是指对旧房及建筑物，按转让时的价格及人工费用计算，建造同样面积、同样层次、同样结构、同样建设标准的新房及建筑物所需花费的成本费用。成新度折扣率，是指按旧房的新旧程度做一定比例的折扣。

按照税法规定，纳税人转让旧房的，应按房屋及建筑物的评估价格、取得土地使用权所支付的金额以及在转让环节缴纳的税金作为扣除项目金额计征土地增值税。

纳税人转让旧房及建筑物，凡不能取得评估价格，但能提供购房发票的，经当地税务部门确认，《中华人民共和国土地增值税暂行条例》第六条第一项和第三项规定的扣除项目的金额，可按发票所载金额并从购买年度起至转让年度止每年加计5%计算。对于纳税人购房时缴纳的契税，凡能够提供契税完税凭证的，准予作为“与转让房地产有关的税金”予以扣除，但不作为加计5%的基数。

⑤ 与转让房地产有关的税金（适用新建房转让和存量房地产转让），是指在转让房地产时缴纳的城市维护建设税、印花税。因转让房地产缴纳的教育费附加，也可视同税金予以扣除。

⑥ 加计扣除金额（适用新建房转让）。对从事房地产开发的纳税人可按取得土地使用权所支付的金额和房地产开发成本的金额之和，加计20%扣除。

（二）土地增值税应纳税额计算

土地增值税应纳税额计算公式为：

应纳税额＝增值额×税率－扣除项目金额×速算扣除系数

（三）免征土地增值税的情形

（1）因国家建设需要依法征用、收回的房地产，免征土地增值税。

（2）因城市实施规划、国家建设的需要而搬迁，由纳税人自行转让原房地产的，比照有关规定免征土地增值税。

（3）纳税人建造普通标准住宅出售，增值额未超过扣除项目金额20%的，免征土地增值税；超过20%的，应就其全部增值额按规定计税。

（4）自2008年11月1日起，个人转让住房的，免征土地增值税。

（5）对企事业单位、社会团体以及其他组织转让旧房作为改造安置住房或公共租赁住房房源的，增值额未超过扣除项目金额20%的，免征土地增值税。

（四）土地增值税的纳税义务发生时间

土地增值税纳税义务发生时间为房地产转移合同签订的当日。

纳税人因经常发生房地产转让而难以在每次转让后申报的，经税务机关同意后，可以定期进行纳税申报，具体期限由税务机关根据相关规定确定。

三、土地增值税的智慧化申报（以非房地产开发企业为例）

（1）登录电子税务局，进入“土地增值税税源采集”界面，房地产开发企业如果有新立项项目或转让项目选择“新增项目”，非房地产开发企业则选择“新增税源信息”。土地增值税税源采集见图7-18。

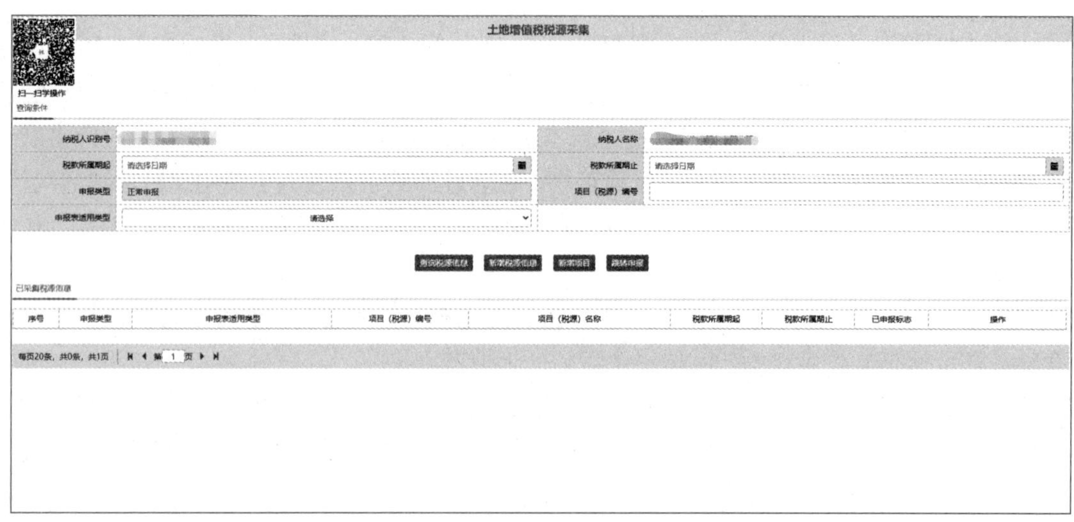

图7-18　土地增值税税源采集

（2）在“新增税源信息”界面，选择申报表适用类型“6.转让旧房及建筑物的纳税人使用”、税源标志选择房源编号（因为是旧房，已在系统中登记），单击“下一步”进入土地增值税纳税申报表。

（3）根据实际情况填写申报表明细信息，收入填写不含增值税的收入。以北京天宇7月份的业务为例，对土地增值税纳税申报表进行展示，见表7-16。

表7-16　土地增值税纳税申报表（转让旧房及建筑物的纳税人适用）

项目	行次	金额
一、转让房地产收入总额	1=2+3+4	9 350 000
1．货币收入	2	9 350 000
2．实物收入	3	
3．其他收入	4	
二、扣除项目金额合计	（1）5=6+7+10+15 （2）5=11+12+14+15	6 418 833.75
（一）提供评估价格		640 000

续表

项目		行次	金额
1. 取得土地使用权所支付的金额		6	
2. 旧房及建筑物的评估价格		7＝8×9	
其中：旧房及建筑物的重置成本价		8	8 000 000
成新度折扣率		9	80%
3. 评估费用		10	
（二）提供购房发票			
1. 购房发票金额		11	
2. 发票加计扣除金额		12＝11×5%×13	
其中：房产实际持有年数		13	
3. 购房契税		14	
4. 与转让房地产有关的税金等		15＝16＋17＋18＋19	18 833.75
其中：营业税		16	
城市维护建设税		17	8 225
印花税		18	4 733.75
教育费附加		19	5 875
三、增值额		20＝1－5	2 931 166.25
四、增值额与扣除项目金额之比（%）		21＝20÷5	46%
五、适用税率（核定征收率）（%）		22	30%
六、速算扣除系数（%）		23	0
七、减免税额		24＝26＋28＋30	
其中：减免税（1）	减免性质代码和项目名称（1）	25	
	减免税额（2）	26	
减免税（2）	减免性质代码和项目名称（2）	27	
	减免税额（2）	28	
减免税（3）	减免性质代码和项目名称（3）	29	
	减免税额（3）	30	

（4）完成纳税申报表明细信息填写后保存，单击“跳转申报”返回到财产和行为税纳税申报界面，对自动生成的纳税申报表进行审核后进行申报与缴款。

四、“金税四期”下土地增值税涉税风险与管理

（一）房地产开发企业土地增值税主要涉税风险分析与管理

（1）视同销售行为应缴未缴纳税款的风险：房地产开发企业将开发产品用于职工福利、奖励、对外投资、分配给股东或投资人、抵偿债务、换取其他单位和个人的非货币性资产等发生所有权转移的，未视同销售申报纳税。

核查“开发产品”“应付职工薪酬”“应付利润（股利）”“应付账款”等账户明细账，分析企业有无视同销售房产而无申报纳税的情形。

（2）土地增值税收入确认风险：纳税人不得隐瞒、虚报房地产转让价格。土地增值税应税收入包括货币形式的收入和非货币形式的收入，且不含增值税；适用一般计税方法的项目，其收入不含增值税销项税额，适用简易计税方法的项目，其收入不含增值税应纳税额。因为可能涉及差额纳税，不能简单地用“含增值税收入 ÷（1＋增值税税率或征收率）”来剔除增值税。

审核房地产开发企业的施工许可证、销售合同、增值税纳税申报数据、取得土地使用权的购置合同等明细数据，确定土地增值税的应税收入与申报数据是否一致。另外隐瞒、虚报转让价格或价格明显偏低的，可能会被税务机关按照同类房地产市场交易价格进行评估，进而按照评估价格确定房地产的转让收入。

（3）土地增值税扣除项目确认风险：主要体现在未取得合法凭据的扣除项目不能扣除，未实际发生的成本不得扣除，扣除项目的分摊或分摊不合规定给予了扣除，开发费用确认错误。

核查企业扣除项目取得的票据是否符合规定。对方单位是经营性质的企业，应该取得合规的发票；对方单位如果是行政机关等，则可以是符合要求的行政事业性收据。

扣除项目金额中归属的各类成本必须是真实发生的（除去特别规定的可以预提的成本）。可以审核相关合同中的建筑工程款、材料费、单位用量、工程造价等信息与“开发成本”“工程物资”等账户是否存在差异，开票方与领用方是否相符，分析成本是否为实际发生的成本。

审核房地产开发企业的房地产开发土地面积、建筑面积和可售面积与权属证、预售证、房屋测绘所测量数据、销售记录、销售合同、有关主管部门的文件等载明的面积数据是否一致，并确定各项扣除项目的分摊标准。扣除项目分配或分摊不合规定的，不得作为扣除项目或者需要进行调整。

房地产开发费用包括房地产开发项目相关的销售费用、管理费用和财务费用等。其中财务费用中的融资费用是常出现的风险点。需要审核相关金融机构的贷款合同、多个开发项目的贷款利息支出分摊表、“开发成本——借款费用”“财务费用——利息支出”等账户的明细账，确定正确的开发费用扣除金额。

（二）非房地产开发企业土地增值税主要涉税风险及管理

非房地产开发企业因为通常不涉及土地增值税，单位的财税人员很少进行土地增值税的核算与申报，所以在偶尔发生转让不动产等应税行为时会导致以下风险：① 漏缴税款的风险：发生应税行为但不知道要缴纳土地增值税而导致漏缴税款的风险；② 计税依据不准确导致的风险：土地增值税计算比较复杂，非房地产企业销售存量房的扣除项目金额计算与房地产开发企业销售开发产品的扣除项目金额计算不同，容易发生错误。财税人员应加强专业认知，避免漏缴税款或少（多）缴税的风险。

任务实施

1. 北京天宇转让了房地产且取得了收入，属于土地增值税的征税范围，应就转让房屋取得的增值部分缴纳土地增值税。

2. 土地增值税应税收入＝9 467 500−117 500＝9 350 000（元）。

说明：土地增值税的收入为不含增值税的金额，即含税收入扣除应缴纳的增值税税额，而不是简单地用含税销售额除以“（1＋征收率）”。

仓库的评估价格＝8 000 000×80%＝6 400 000（元）；

转让环节的税金＝14 100＋4 733.75＝18 833.75（元）；

扣除项目合计＝6 418 833.75（元）；

增值额税额＝9 350 000−6 418 833.75＝2 931 166.25（元）；

增值税占扣除项目金额之比＝46%；

适用税率30%，速算扣除系数为0；

应纳土地增值税＝2 931 166.25×30%＝879 349.88（元）。

3. 北京天宇在土地增值税申报方面存在以下问题：首先是纳税人身份认识不清，错误认为只有房地产开发企业才属于土地增值税纳税人，实际上非房地产开发企业只要存在转让不动产并取得收入的行为，就要缴纳土地增值税；其次是收入确认错误，在含税销售额换算为不含税金额时计算错误，导致少缴税款。因此，财务人员应强化专业知识，提高专业素养，避免漏缴税、错缴税的风险。

项目七任务完成要点提示

职业能力测评表

（在□中打✓，A掌握，B基本掌握，C未掌握）

评价指标	自测结果
1. 已了解财产和行为税各税种的主要税制要素。	□A　□B　□C
2. 已熟悉财产和行为税合并申报的基本流程。	□A　□B　□C
3. 已熟悉财产和行为税各税种的税源信息采集。	□A　□B　□C
4. 已熟悉“金税四期”背景下财产和行为税各税种的风险防控及管理。	□A　□B　□C
5. 能够准确完成财产和行为税各税种应纳税额的计算。	□A　□B　□C
6. 能够在电子税务局办理财产和行为税纳税申报业务。	□A　□B　□C
7. 能够准确判断财产和行为税的税收优惠及进行资料准备工作。	□A　□B　□C
8. 已了解财产和行为税在调节社会公平方面的作用。	□A　□B　□C
9. 基本形成严谨细致的工作态度和精益求精的工匠精神。	□A　□B　□C
10. 基本具备较强的涉税风险防控意识。	□A　□B　□C

教师评语：

成绩：	教师签字：

参考文献

［1］ 李晓曼．大数据税收风险管理及应用案例［M］．北京：金城出版社，2021.
［2］ 李万甫．“互联网＋税收治理创新”问题研究［M］．北京：中国税务出版社，2018.
［3］ 杨则文．纳税实务［M］．4版．北京：高等教育出版社，2022.
［4］ 翟继光，郭宇泰．金税四期管控下的税务管理与纳税筹划［M］．上海：立信会计出版社，2021.
［5］ 冯秀娟．一案解析增值税纳税申报［M］．北京：中国税务出版社，2020.
［6］ 彭怀文．企业所得税实务与税务风险管理［M］．北京：中国铁道出版社 2020.
［7］ 郑伟．企业全流程财税处理（会计核算＋税务风险＋合同管理）［M］．北京：中国铁道出版社，2022.
［8］ 栾庆忠．增值税纳税实务与节税技巧．［M］．6版．北京：中国市场出版社，2020.
［9］ 杜春法．增值税新政策新业务大全［M］．2版．上海：立信会计出版社，2022.
［10］ 马莉．货物和劳务税操作实务案例（2020版）［M］．北京：中国财政经济出版社，2020.
［11］ 梁伟样．税费计算与申报［M］．5版．北京：高等教育出版社，2022.
［12］ 刘霞．消费税实务政策解析与操作指南［M］．上海：立信会计出版社，2018.
［13］ 任保国，刘慧平．货物和劳务税实务与风险管理［M］．北京：中国税务出版社，2022.
［14］ 彭怀文．个人所得税实务操作与汇算清缴［M］．北京：中国铁道出版社．2020.
［15］ 李旭东．个人所得税纳税筹划与风险防控［M］．北京：中国铁道出版社．2022.
［16］ 李增欣，马文君，朱红云．智能化税费核算与管理［M］．北京：机械工业出版社，2023.
［17］ 贺志东．全税（费）种政策解读及案例分析［M］．上海：立信会计出版社，2022.
［18］ 国家税务总局所得税司．个人所得税综合所得年度汇算清缴操作手册［M］．中国税务出版社，2021.
［19］ 刘海湘．企业税务风险识别、分析与评价操作实务［M］．2版．北京：中国财政经济出版社，2023.
［20］ 王有松．全新增值税政策与会计实操大全：实务难点＋财务处理＋税务筹划［M］．北京：中国铁道出版社，2020.
［21］ 国家税务总局．中华人民共和国税收基本法规（2023年版）［M］．北京：中国税务出版社，2023.
［22］ 于芳芳．2023年企业所得税汇算清缴纳税申报与风险管理［M］．2版．上海：立信会计出版社，2023.
［23］ 吴健．土地增值税实务与案例［M］．2版．上海：立信会计出版社，2022.
［24］ 姚涛．房产税改革的财富分配效应与制度创新研究［M］．北京：经济科学出版社，2019.
［25］ 李言．中国房产税改革与宏观经济运行［M］．杭州：浙江工商大学出版社，2021.
［26］ 冯秀娟．一案解析企业所得税纳税申报及税会差异处理（2023年版）［M］．北京：中国税务出版社，2023.

[27] 彭怀文. 企业所得税实务与税务风险管理 [M]. 北京：中国铁道出版社，2020.
[28] 国家税务总局所得税司. 企业所得税业务手册 [M]. 北京：中国税务出版社，2020.
[29] 刘霞，庞思诚. 消费税实务政策解析与操作指南 [M]. 4版. 上海：立信会计出版社，2021.
[30] 任保国，刘慧平. 货物和劳务税实务与风险管理 [M]. 北京：中国税务出版社，2022.
[31] 郝龙航，朱志春，石雨. 个人所得税、社保新政详解与实务操作指南 [M]. 北京：中国财政经济出版社，2019.

主编简介

冯秀娟，教授，经济学博士，北京经济管理职业学院数字财金学院院长，国际注册高级创新管理师（CIM），会计师，北京市青年拔尖人才，北京市青年教学名师，北京市智能财税专业创新团队带头人，北京市财税大数据应用专业带头人。曾获北京市教育教学成果二等奖，教师教学能力比赛一等奖，北京市技能大赛一等奖优秀指导教师。担任中国财政科学研究院税务专业硕士研究生导师，中国航天信息股份有限公司、百望股份有限公司、中联企业管理集团等企业特聘财税专家。在《国际税收》《税务与经济》等全国中文核心期刊及省级以上期刊发表论文近30篇；出版《中国增值税制度深化改革研究》《一案解析企业所得税纳税申报与税会差异调整》《一案解析增值税纳税申报》《企业数字化税务管理》等著作10余部，主持或参与省部级项目10余项。

李辉，教授，注册会计师，苏州信息职业技术学院智慧财经学院院长。曾获江苏省职业教育教学成果一等奖，江苏省技能大赛一等奖，江苏省技能大赛一等奖优秀指导教师；江苏省“333工程”培养对象，江苏省高校“青蓝工程”优秀青年骨干教师，江苏省职业教育审计名师工作室领衔人，江苏省职业教育会计专业教师教学创新团队负责人，江苏省职业教育纳税事务专业教师教学创新团队负责人，江苏省现代化会计专业群负责人，江苏省高水平大数据与会计专业群负责人，江苏省会计专业现代学徒制试点项目负责人。主编教材8部，其中2部教材获江苏省“十四五”职业教育规划教材，1部教材获“十四五”职业教育国家规划教材，主持多项省级以上科研项目。

读者意见反馈

为收集对教材的意见建议，进一步完善教材编写并做好服务工作，读者可将对本教材的意见建议通过如下渠道反馈至我社。

咨询电话　400-810-0598

反馈邮箱　gjdzfwb@pub.hep.cn

通信地址　北京市朝阳区惠新东街 4 号富盛大厦 1 座
　　　　　高等教育出版社总编辑办公室

邮政编码　100029

防伪查询说明

用户购书后刮开封底防伪涂层，使用手机微信等软件扫描二维码，会跳转至防伪查询网页，获得所购图书详细信息。

防伪客服电话　（010）58582300

网络增值服务使用说明

授课教师如需获取本书配套教辅资源，请登录“高等教育出版社产品信息检索系统”（http：//xuanshu.hep.com.cn/），搜索本书并下载资源。首次使用本系统的用户，请先注册并进行教师资格认证。

高教社高职会计教师交流及资源服务 QQ 群（在其中之一即可，请勿重复加入）：

QQ3 群：675544928　QQ2 群：708994051（已满）　QQ1 群：229393181（已满）